apartment architecture now
residential developments

apartment architecture now
residential developments

AUTHOR
Arian Mostaedi

PUBLISHERS
Carles Broto & Josep Mª Minguet

EDITORIAL TEAM
Editorial Coordinator: Jacobo Krauel, Joan Fontbernat
Architectural Adviser & Graphic Design: Pilar Chueca
Text: Contributed by the architects, edited by Jacobo Krauel, Sarah Spalding & Amber Ockrassa

Cover photograph: © Luuk Kramer

© All languages (except Spanish language)
Carles Broto i Comerma
Ausias Marc 20, 4-2. 08010 Barcelona, Spain
Tel.: +34-93-301 21 99 · Fax: +34-93-302 67 97
www.linksbooks.net · info@linksbooks.net

© Spanish language
Instituto Monsa de Ediciones, SA
Gravina, 43. 08930 Sant Adrià de Besòs. Barcelona, Spain
Tel.: +34-93-381 00 50 · Fax: +34-93-381 00 93
www.monsa.com · monsa@monsa.com

ISBN English edition: 84-89861-94-3
ISBN Spanish edition: 84-95275-90-2
D.L.: B-2480-03

Printed by FILABO, S.A. Barcelona, Spain

Está prohibida la reproducción total o parcial de este libro, su recopilación en un sistema informático, su transmisión en cualquier forma o medida, ya sea electrónica, mecánica, por fotocopia, registro o bien por otros medios, sin el previo permiso y por escrito de los titulares del Copyright.

No part of this publication may be reproduced, stored in retrieval system or transmitted in any form or means, electronic, mechanical, photocopying, recording or otherwise, without the prior written permission of the owner of the Copyright.

apartment architecture now
residential developments

6   Introduction

8   BKK-3
        MISS Sargfabrik

20   Mecanoo architecten b. v.
        Nieuw Terbregge

30   Alexander Reichel
        Urban Villa in Kassel

42   Behnisch & Partner
        Social Housing in Ingolstadt-Hollerstauden

54   Maki & Associates
        Hillside West

64   Brullet, Frutos, de Luna & Sanmartín
        129 viviendas de protección oficial

72   Max Rieder, Wolfgang Tschapeller, Hans Peter Wörndl
        OASIS / housingproject in Salzburg

82   AV1 Architekten: Butz Dujmovic Schanné Urig
        Wohnpark am Betzenberg

92   Antonio Besso-Marcheis
        Case in cooperativa

102   Dieter Jüngling + Andreas Hagmann
        Refurbishment of Tivoli Housing

112   Baumschlager & Eberle
        Wohnen am Lohbach

120	Claus en Kaan Architecten, Amsterdam/Rotterdam Silverline Tower
132	SWECO FFNS Arkitekter AB & Moore Ruble Yudell Architects & Planners Bo01 Tango Building
144	Wingårdh Arkitektkontor AB Kajplats 01
158	Jacques Schär & Christine Sjöestedt Ensemble de logements El Masr
168	Criteria Artquitecthos Edificio Criteria
178	Fink + Jocher Solar House
186	Miklòs Berczelly & Daniel Stefani (Proplaning Architekten) Obere Widen
196	Jan Störmer Architekten Stadtlagerhaus
208	Burkard, Meyer Housing in Martinsbergstrasse
218	Cino Zucchi House "D"/ Ex-Junghans factory urban renewal
230	de Architekten Cie. - Frits van Dongen the Whale

INTRODUCTION

La tipología del alojamiento colectivo ha sufrido numerosas transformaciones a lo largo del siglo XX. Los postulados del Movimiento Moderno, que comportó un cambio radical en la concepción de los hábitos de vida y en la organización de la arquitectura residencial durante la primera mitad del siglo XX, incidieron en el desarrollo de nuevas propuestas en el campo de la habitación colectiva.

A pesar de estar ya a principios del siglo XXI, no podemos decir que los objetivos se hayan logrado. El crecimiento económico experimentado en buena parte del planeta tras la segunda guerra mundial supuso la creación de programas residenciales colectivos que, regidos por las leyes de la especulación y carentes de todo tipo de planificación previa, no sólo afearon nuestras ciudades sino que contribuyeron en gran medida a la degradación de la vida de sus habitantes. Por su parte, los experimentos de vanguardia que perseguían una reformulación científica de la sociedad y la ciudad a través de la arquitectura se han revelado, en la mayoría de los casos, fallidos. De este modo, no es de extrañar que, junto a un comprensible desencanto fruto de la constatación de lo largo que es el camino que queda por recorrer, reine entre los arquitectos un clima favorable a la reflexión y al invento. La mayoría de los proyectos residenciales que no se ajustan al patrón familiar convencional adolecen de falta de imaginación. Repiten postulados aprehendidos, que no resultan válidos ni se ajustan a las necesidades reales de sus futuros moradores.

Los proyectos reunidos en este volumen ilustran las últimas tendencias en vivienda colectiva. Los proyectos de vivienda vertical convencional comparten un espíritu común: se trata de propuestas rigurosas e imaginativas, que respetan tanto a las personas que las ocuparán como al entorno donde se ubican. Soluciones atractivas y funcionales concebidas por algunos de los autores más comprometidos con la arquitectura actual.

The typology of collective housing has undergone major transformations in the course of the 20th century. The postulates of the Modern Movement, which involved a radical change in the conception of the habits of life and in the organisation of residential architecture during the first half of the 20th century, led to the development of new proposals for collective housing.

Though we are now on the 21st century, it cannot be said that the objectives of this ambitious enterprise have been achieved. The economic growth that took place in a large part of the world after the World War II led to the creation of mass housing programmes governed by the laws of speculation and lacking planning, which not only made our cities ugly but also contributed greatly to the degradation of the life of their inhabitants. Furthermore, the avant garde experiments that pursued a scientific reformulation of society and the city through architecture have in most of cases proven to be failures.

It is therefore not surprising that though architects feel an understandable disenchantment with the knowledge of how much remains to be done, there is a favourable climate for reflection and invention. The standards that govern housing are out of date, far from the real demands of their residents. Nevertheless, architects still find the dwelling a fascinating subject. The possibility of designing an inhabitable space, of creating an environment in which a group of people live and interact, is a challenge that few professionals can resist.

The projects in this volume illustrate the latest tendencies in collective housing. They include both large and small-scale residential projects that share a common spirit: they are rigorous and imaginative proposals that give priority to the inhabitants and use the environment in which they are located as a framework for defining them and giving them meaning; attractive and functional solutions conceived by architects who are highly committed to current trends.

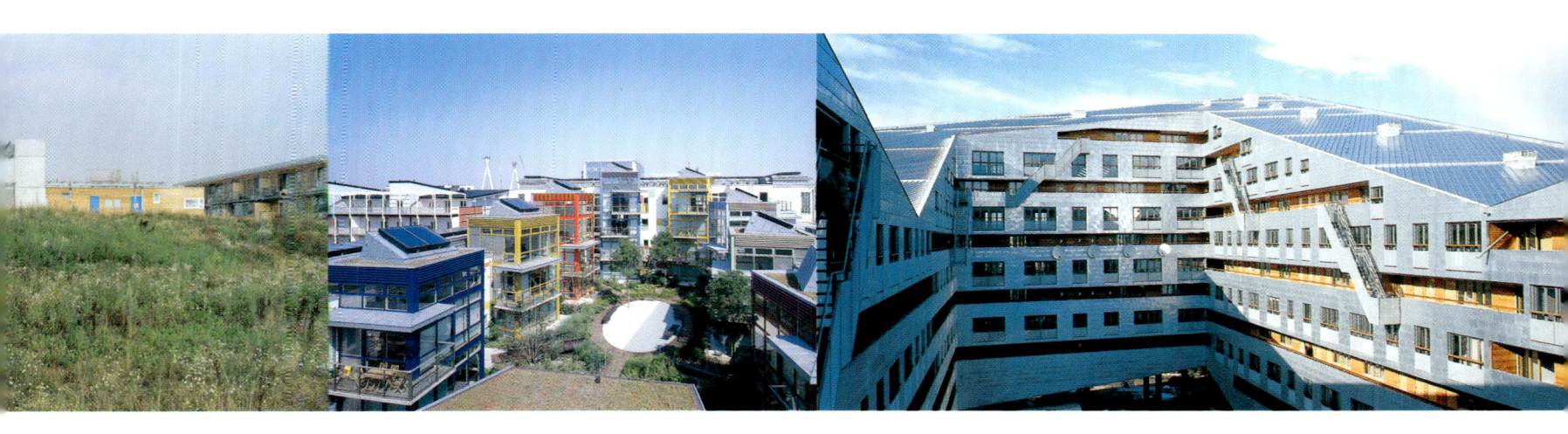

BKK-3

MISS Sargfabrik

Wien, Austria   Photographs: Hertha Hurnaus

Located in Vienna, MISS Sargfabrik is the continuation of the Sargfabrik housing complex, which was awarded the 1996 Austrian Adolf Loos Prize. The original project presented community-oriented ideas that integrated culture and housing. The project takes up ideas from the previous complex as well as taking its roots from the tradition of Viennese social housing. The architectural concept was to create an evolutionary design: a space for development. The building is intended to satisfy the multiple and varying needs of the urban human being in the 21st century by setting new standards in architecture. Flexibility is a key element in the sense that attention has been paid to individual ideas in each apartment in terms of design and detail. Each space and room offers a different kind of experience. "Living the good life" in sculptural space and habitable landscapes is no longer a privilege of the rich. Spaciousness and comfort are the norm, achieved through the creative and imaginative use of space.

Ecology, low energy, heating hidden in the walls -protecting the eye from unattractive radiators- are part of the standard.

The main idea of the complex is to offer retreat as well as openness; as seen not only in the glass facades, which provide natural light and transparency, but also in the figurative sense of openness of solutions regarding the community. The complex's main nucleus is the shared area, which combines a library, high-tech community kitchen, TV-room, office, laundry room, and a recreation area with an organically shaped sofa.

MISS Sargfabrik is distinguished by heterogeneity. There are 39 living units including housing for teenagers, three units for wheelchair users, and flats in combination with home-offices, with a private and a public entrance.

Situado en Viena, MISS Sargfabrik es la continuación del complejo Sargfabrik de viviendas, que recibió el Premio Austríaco Adolf Loos en 1996. El proyecto original presentaba ideas comunitarias que integraban la cultura y la vivienda. El proyecto retoma esas ideas del complejo anterior, enraizándose así en la tradición vienesa de viviendas sociales. El concepto de los arquitectos era crear una pieza evolutiva: un espacio para el desarrollo. El edificio tiene la misión de cumplir las múltiples y variadas necesidades del hombre urbano en el siglo XXI estableciendo nuevos estándares de arquitectura.

La flexibilidad es un elemento clave ya que en cada apartamento se ha prestado atención a ideas individuales en cuanto al diseño y los detalles. Cada espacio y cada habitación ofrecen un tipo de experiencia diferente. "Vivir una buena vida" en un espacio escultural y con paisajes habitables ya no es un privilegio exclusivo de los ricos.

La amplitud y la comodidad son la norma, y son alcanzadas mediante el aprovechamiento creativo e imaginativo del espacio.

El estándar marcado incluye, entre otras cosas, ecología, bajo consumo energético y la instalación de la calefacción en las paredes, escondiendo de la vista los siempre poco estéticos radiadores.

La idea principal del complejo es ofrecer privacidad y apertura a la vez, refiriéndose no sólo a las fachadas de cristal que aportan luz natural y transparencia, sino también en el sentido figurativo de soluciones comunitarias. Se puede decir que el núcleo del complejo es el área común, que combina biblioteca, una cocina comunitaria de alta tecnología, cuarto de TV, oficina, lavandería, y una zona chill-out con un sofá con forma orgánica.

MISS Sargfabrik se distingue por su heterogeneidad. Hay 39 unidades de vivienda, que incluyen casas para estudiantes, tres unidades para usuarios de sillas de ruedas y pisos combinados con oficinas, con entrada pública y privada.

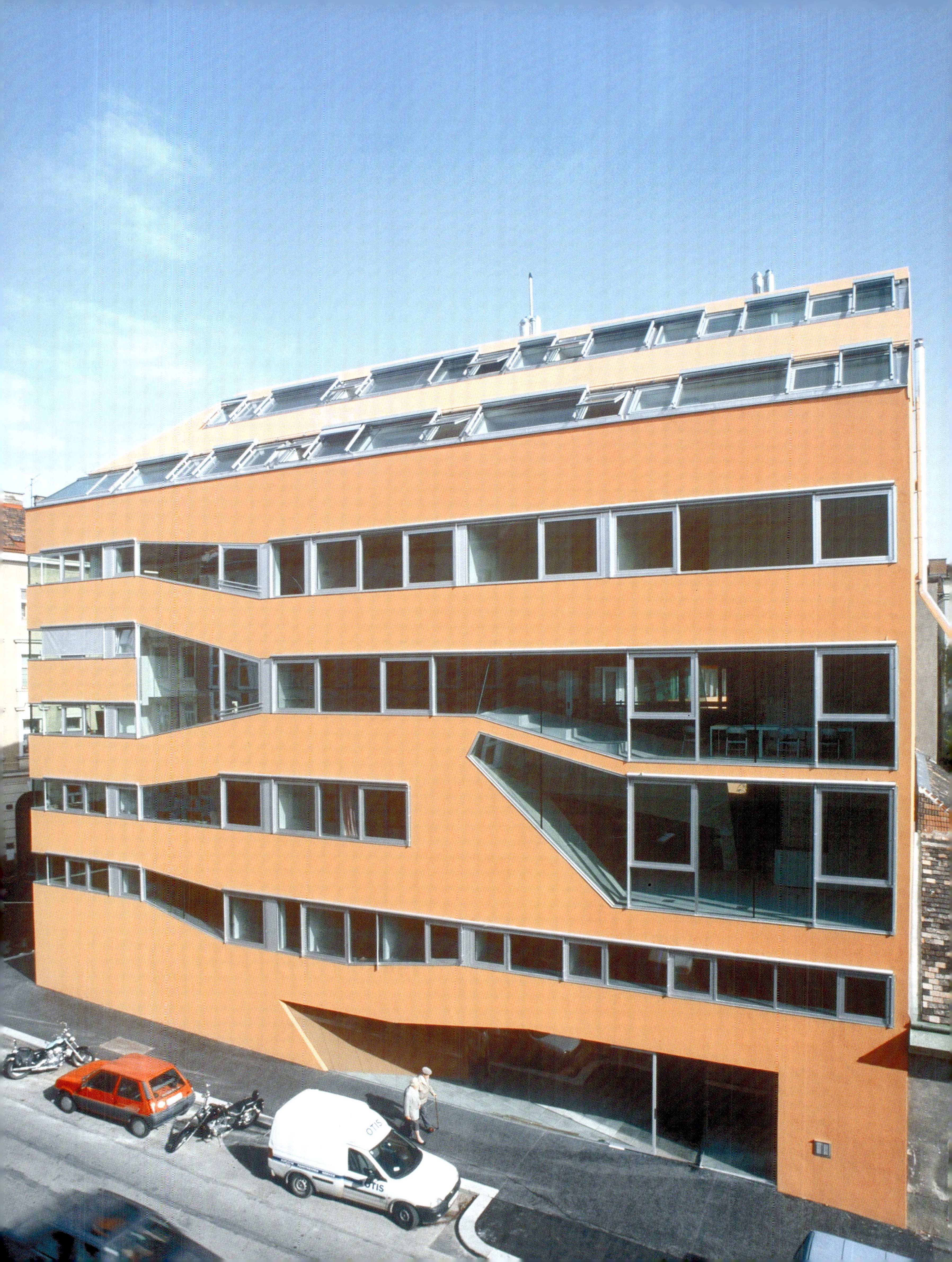
OTIS

The varying window sizes and shapes creates distinct perspectives on all sides of the building. Likewise, this asymetric exterior produces highly individualized interior volumes: no two apartments are alike.

La variedad de tamaños y formas de las ventanas crea perspectivas distintas desde todos los lados del edificio. Asimismo, esta asimetría exterior hace que los volumenes interiores sean diferentes entre sí: ningún apartamento es igual a los demás.

Site plan / Plano de situación

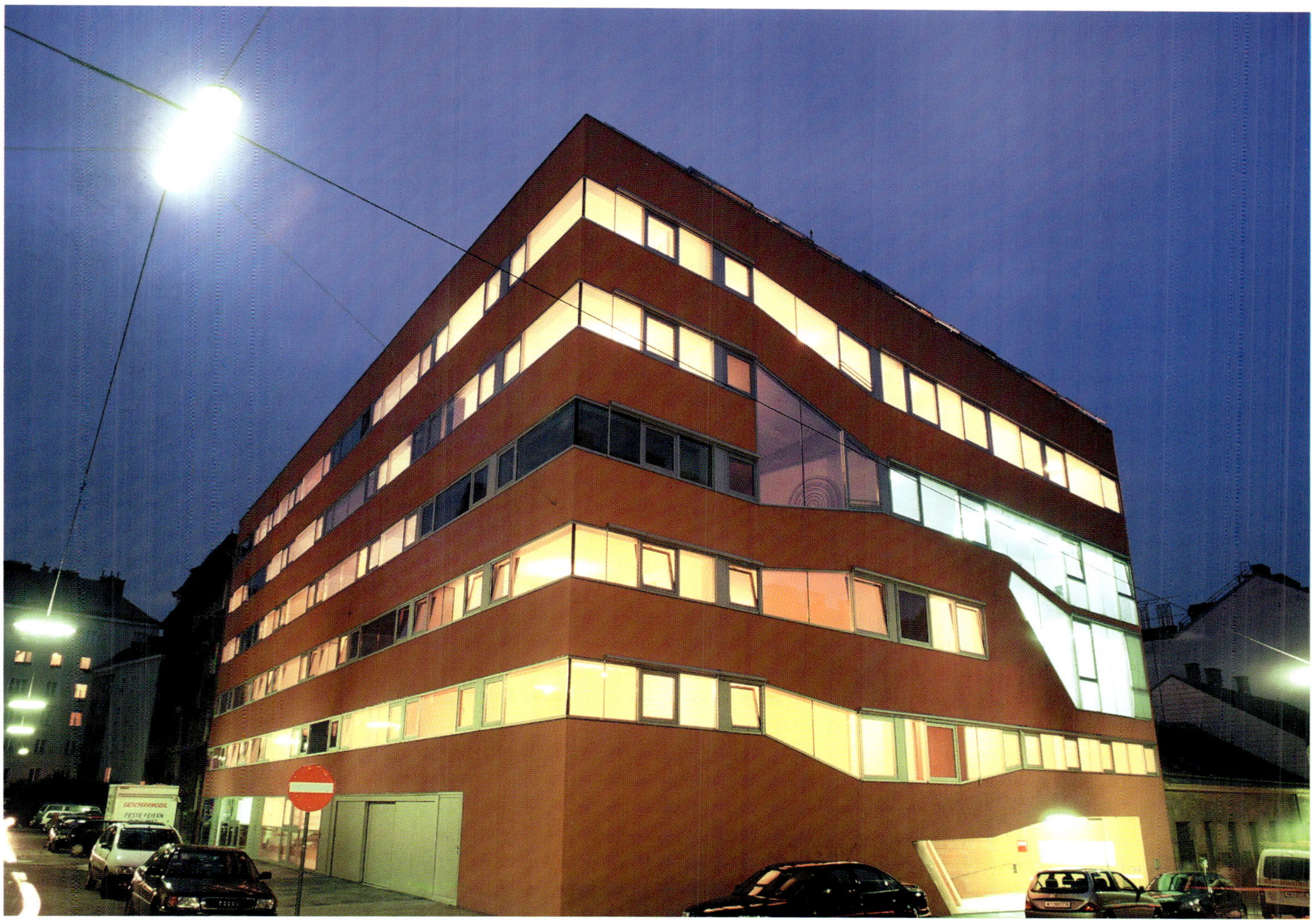

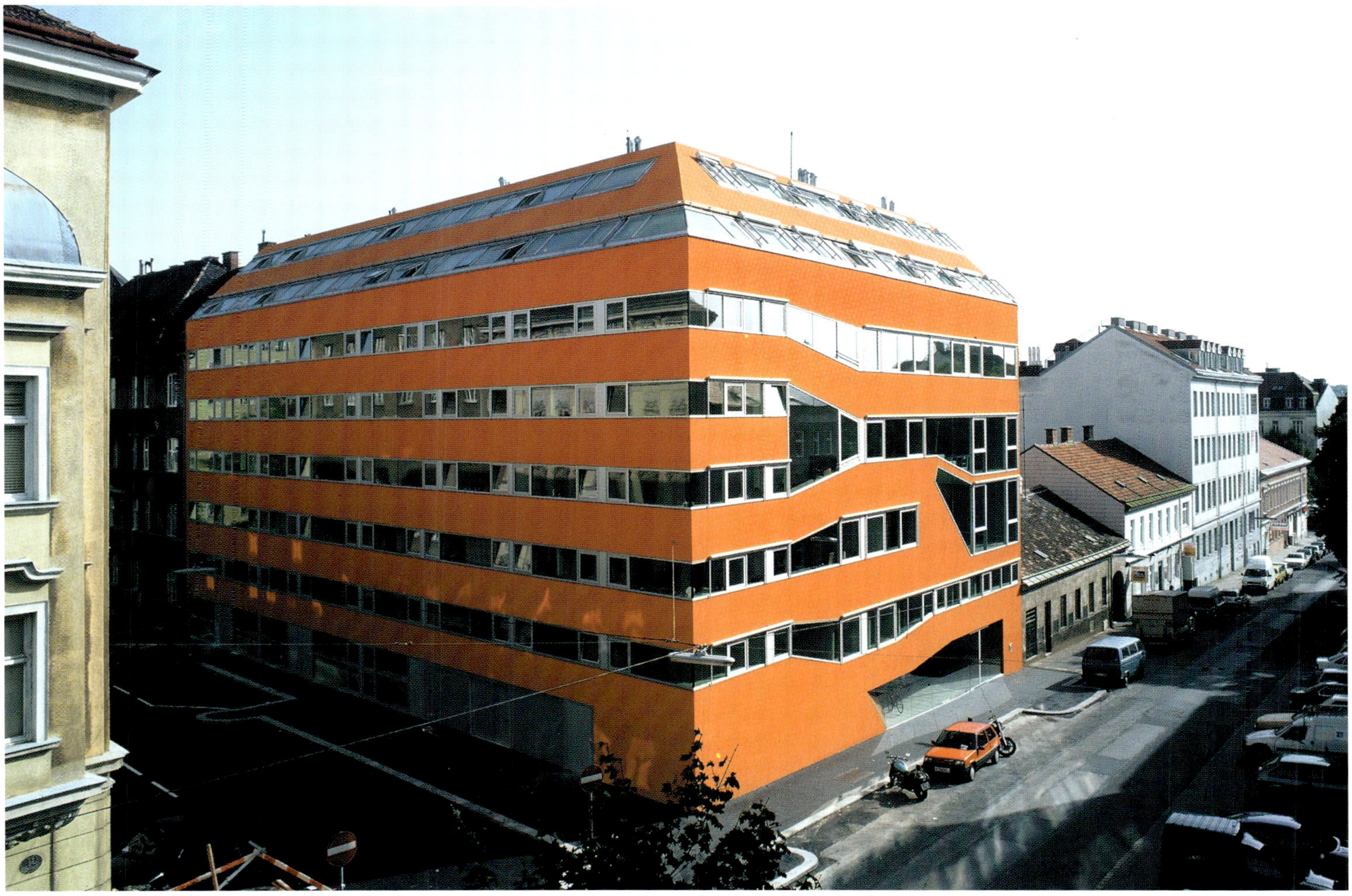

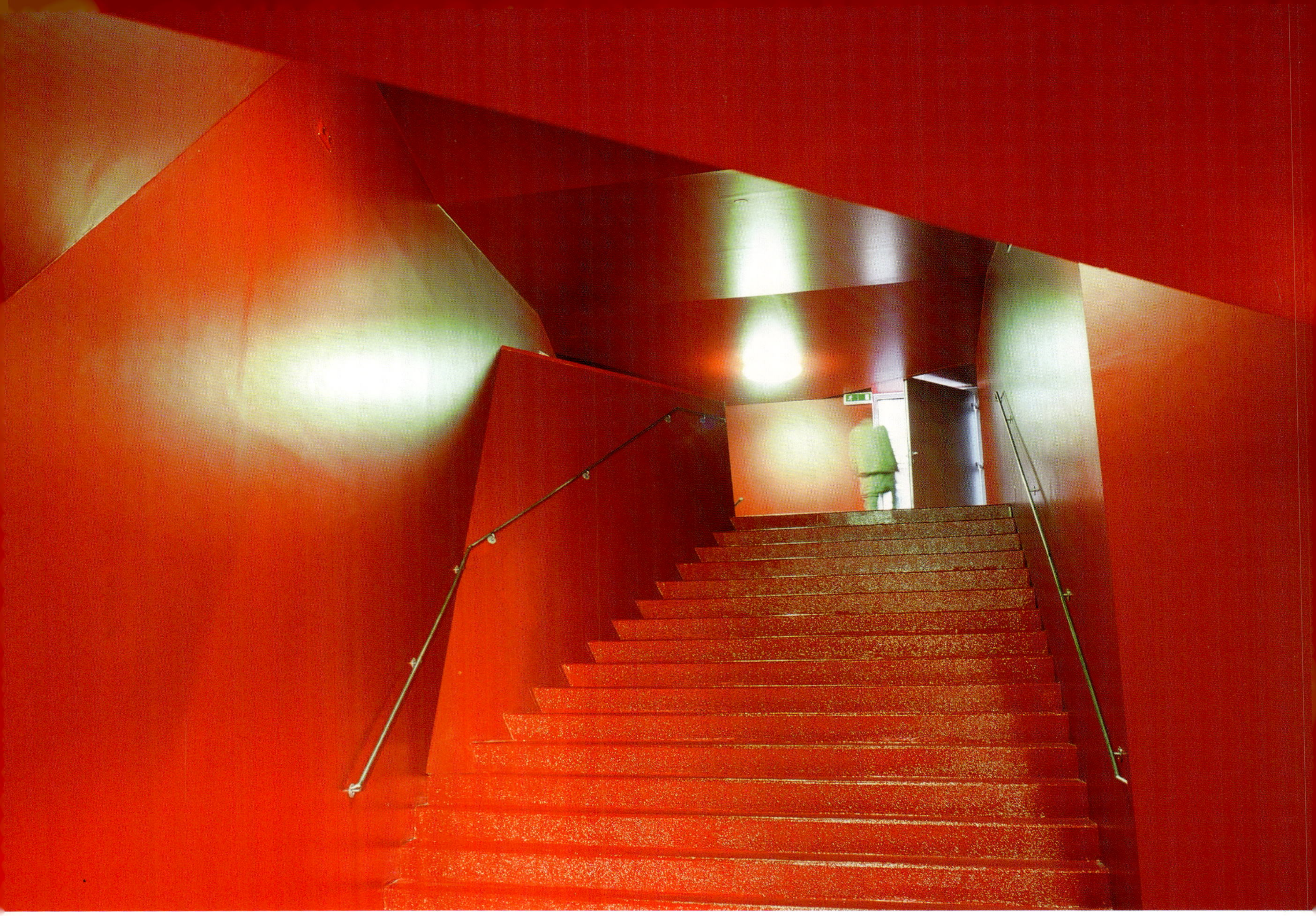

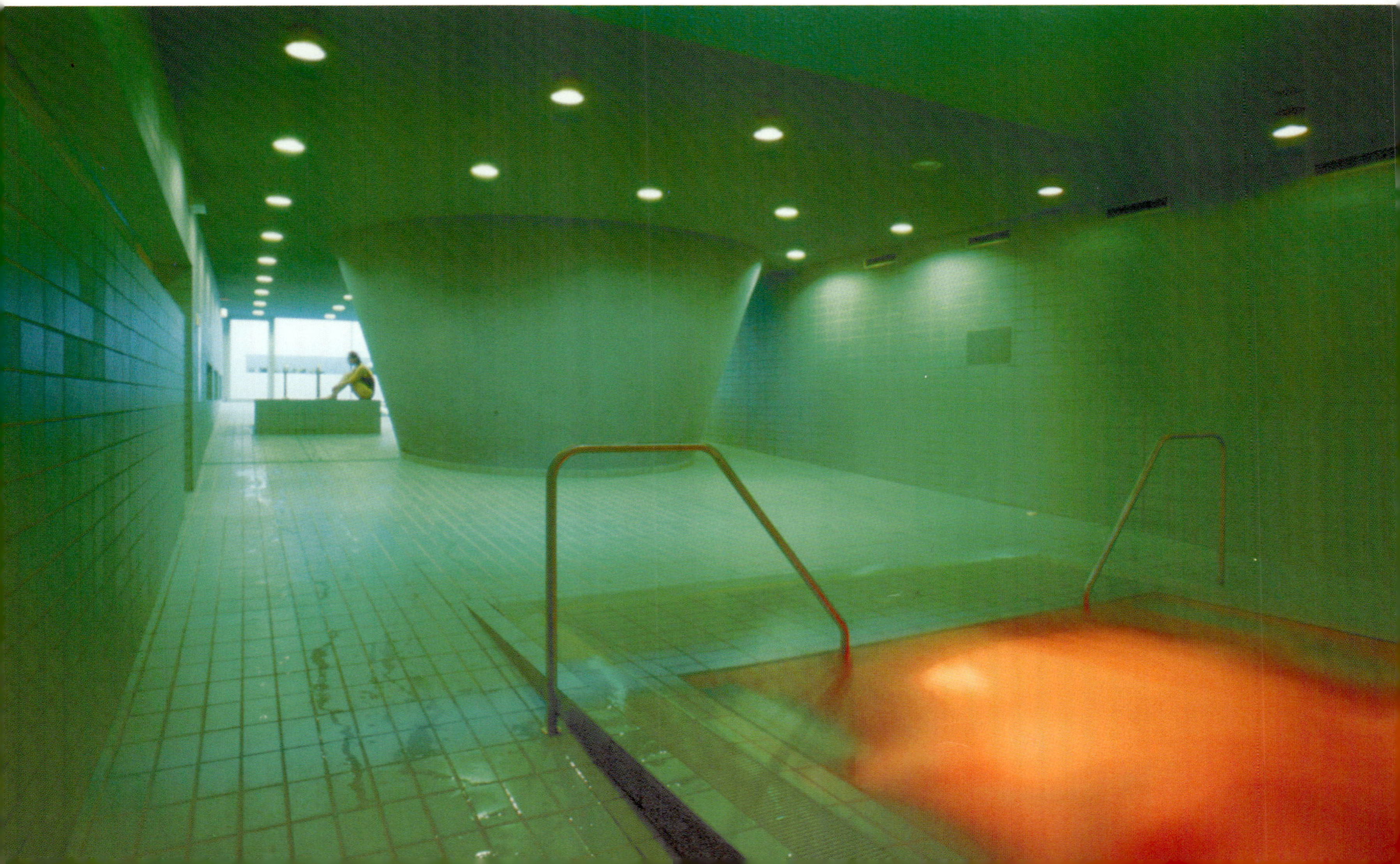

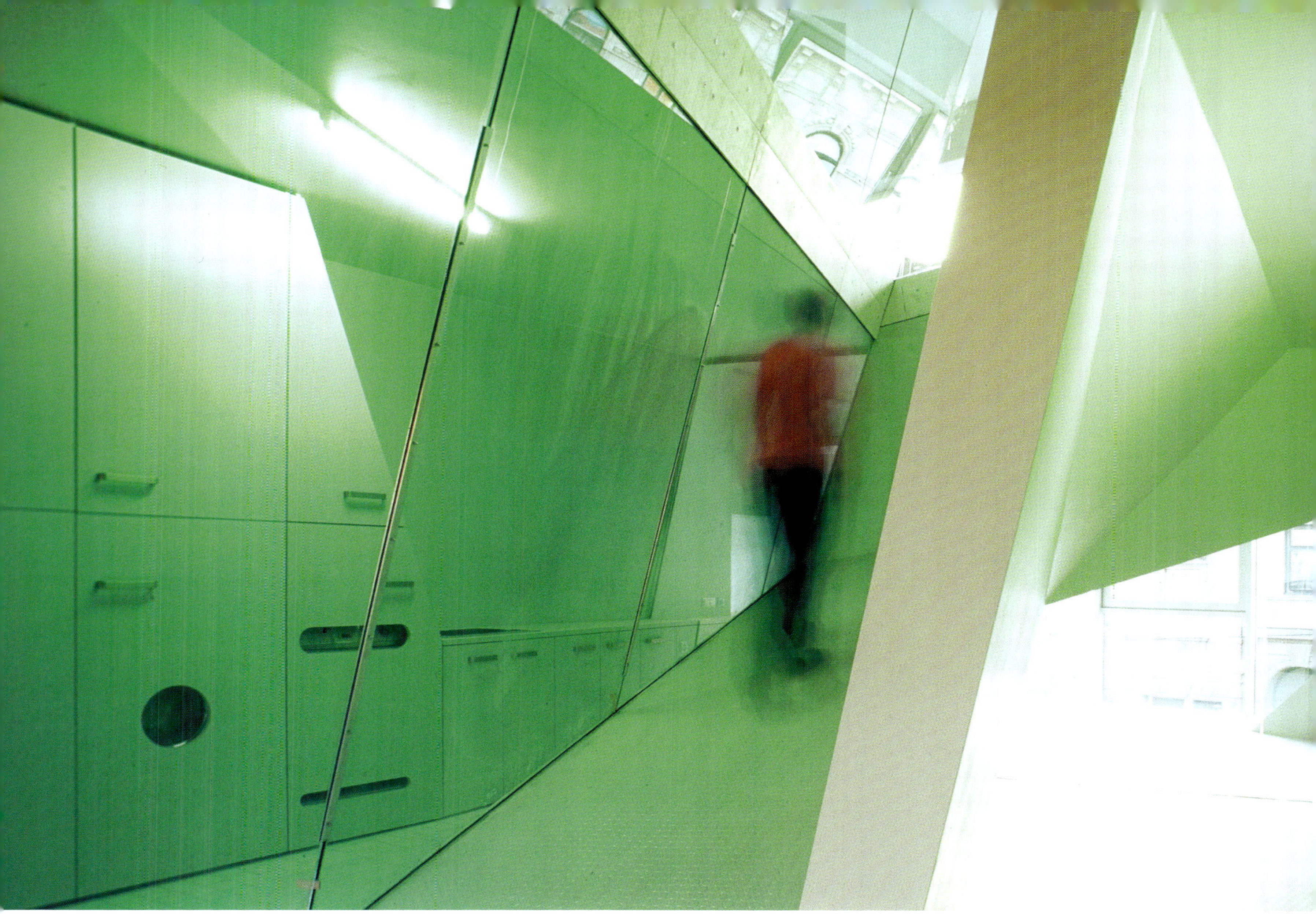
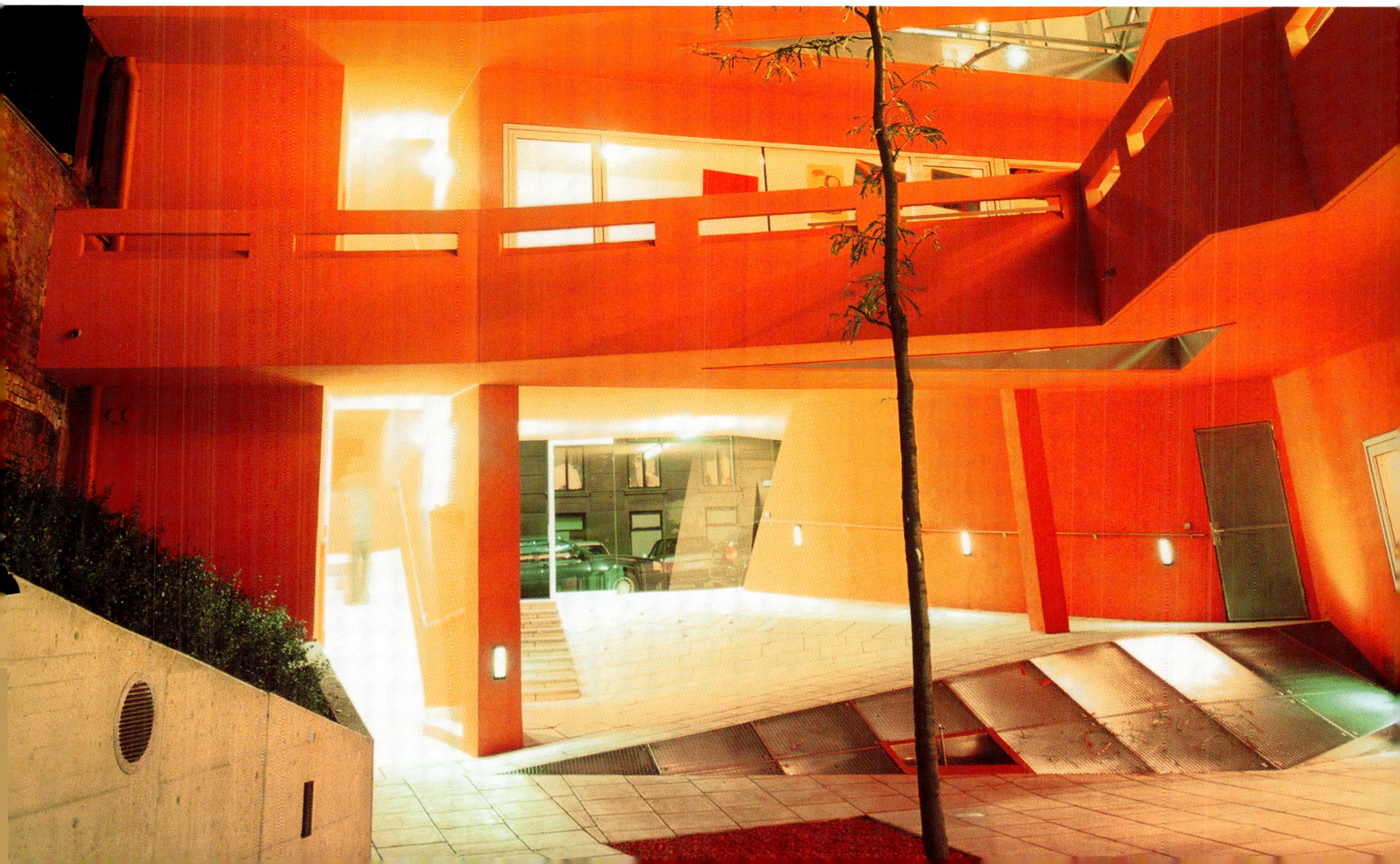

First floor plan / Planta primera

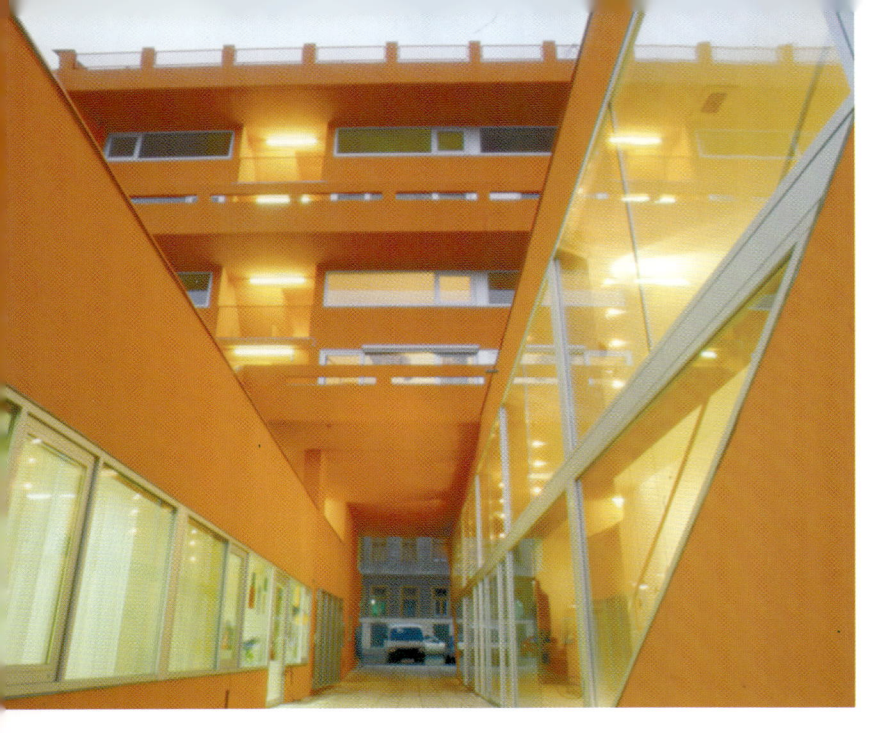

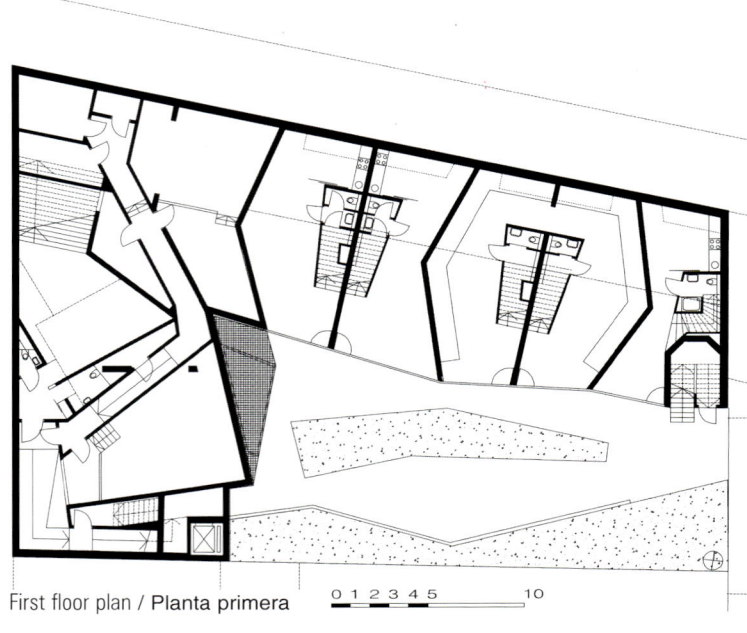

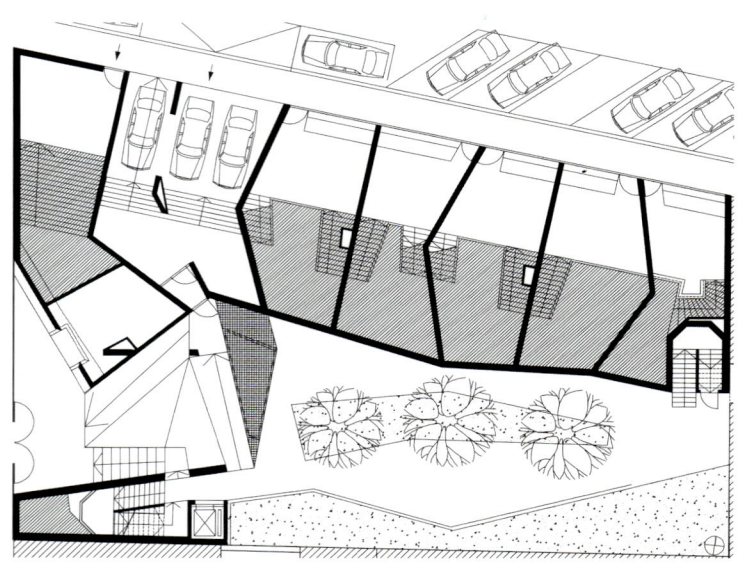

Second floor plan / Planta segunda

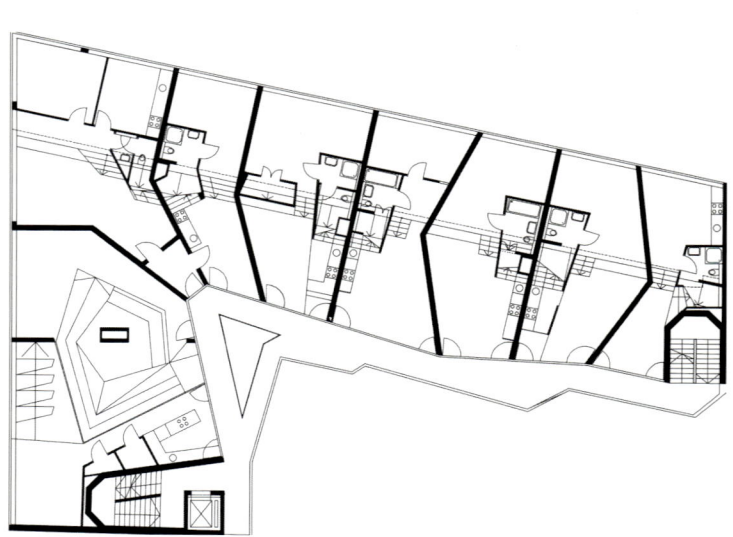

Fith floor plan / Planta quinta

Sixth floor plan / Planta sexta

Seventh floor plan / Planta séptima

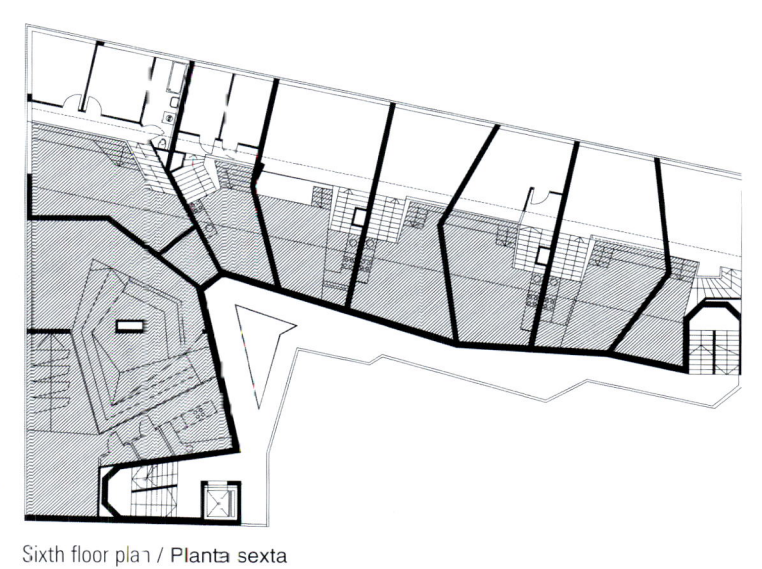

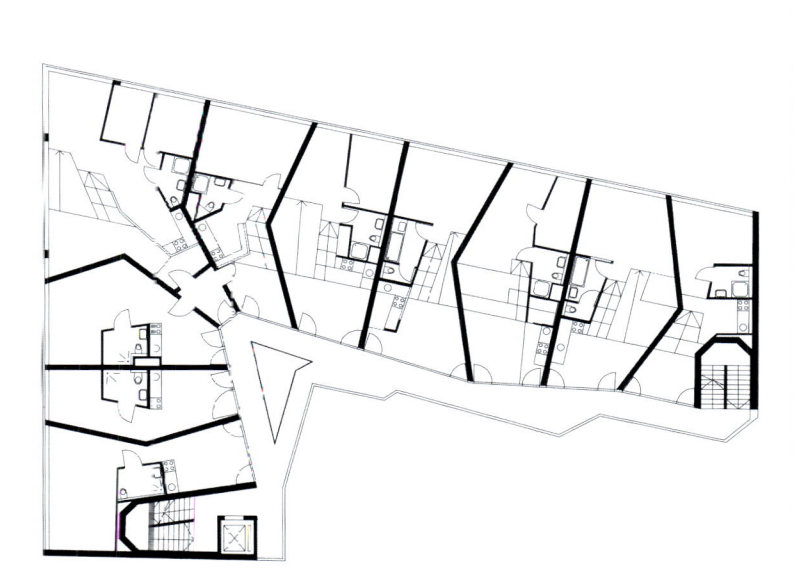

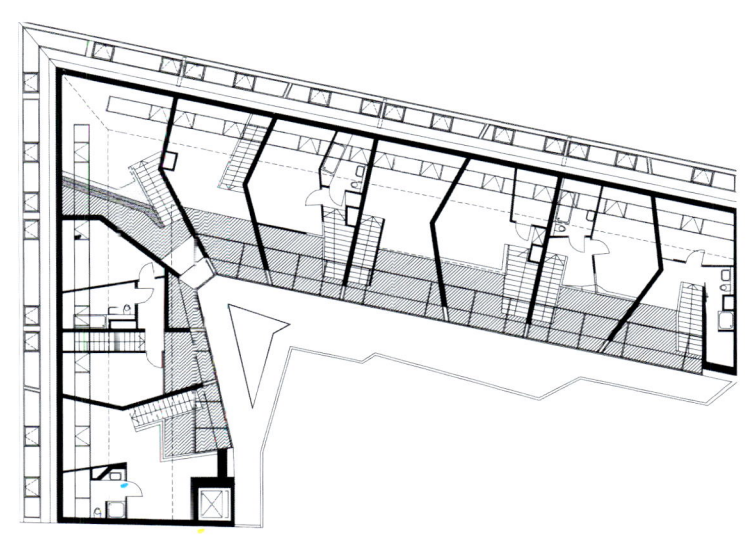

Ninth floor plan / Planta novena

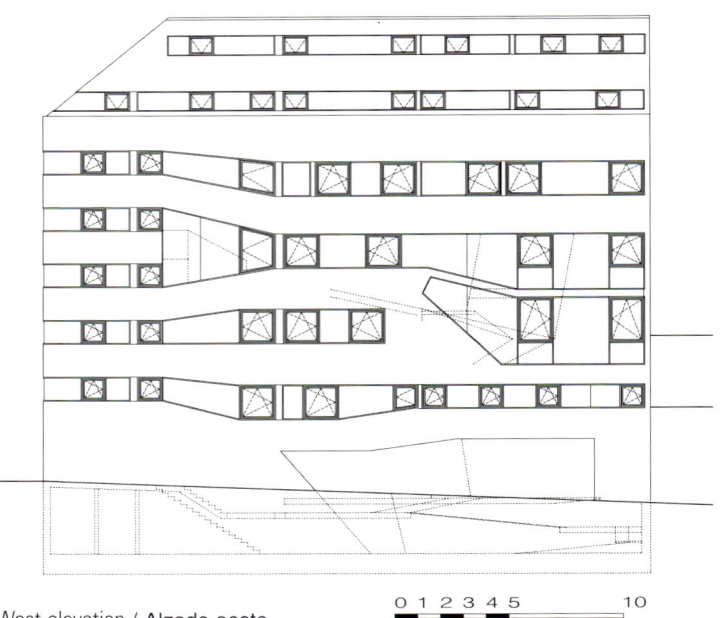

West elevation / Alzado oeste

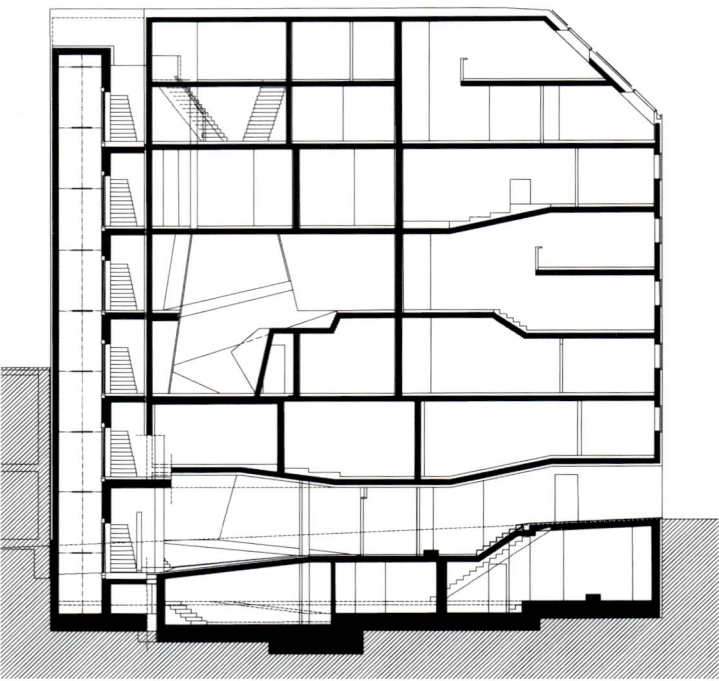

North South section / Sección norte sur

East West section / Sección este oeste

Following the philosophy that new, cheap construction does not have to mean smaller, narrower living spaces, the project offers the luxury of high ceilings also in small apartments of between 50 and 60 m². The average ceiling height ranges between 2.25 and 3.12 meters.

Siguiendo la filosofía de que una construcción nueva y económica no tiene por qué significar espacios más angostos. El proyecto ofrece las ventajas de los cielo rasos altos, incluso en los pequeños pisos de entre 50 y 60 m². La altura promedio de los cielos rasos está entre 2,25 y 3,12 metros.

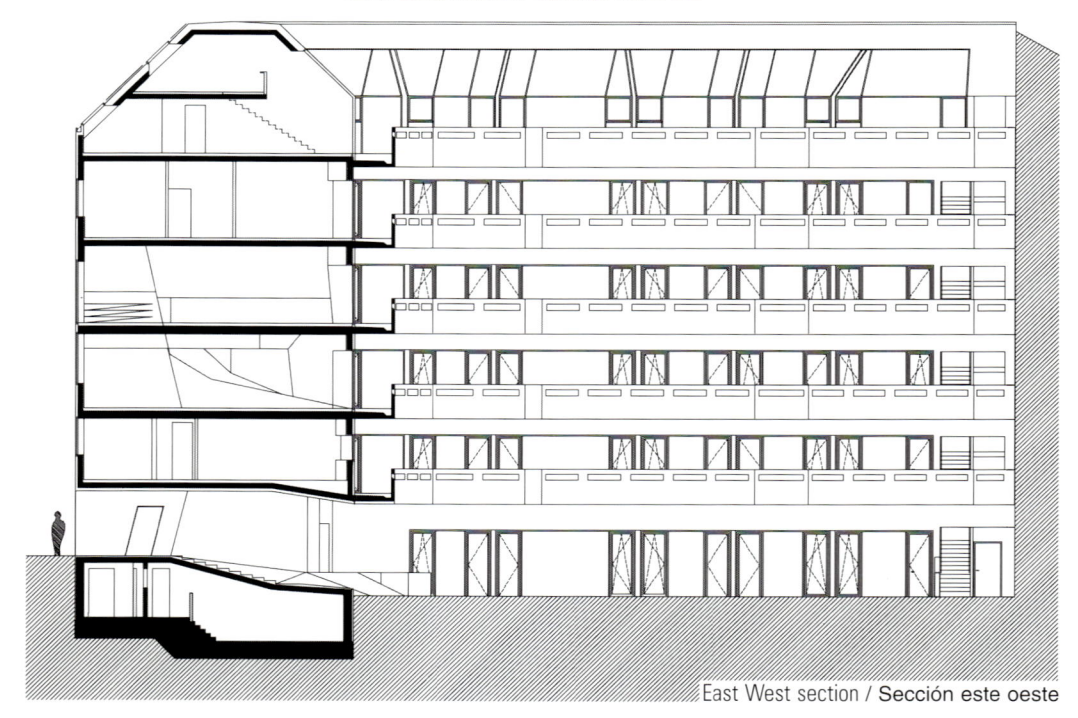

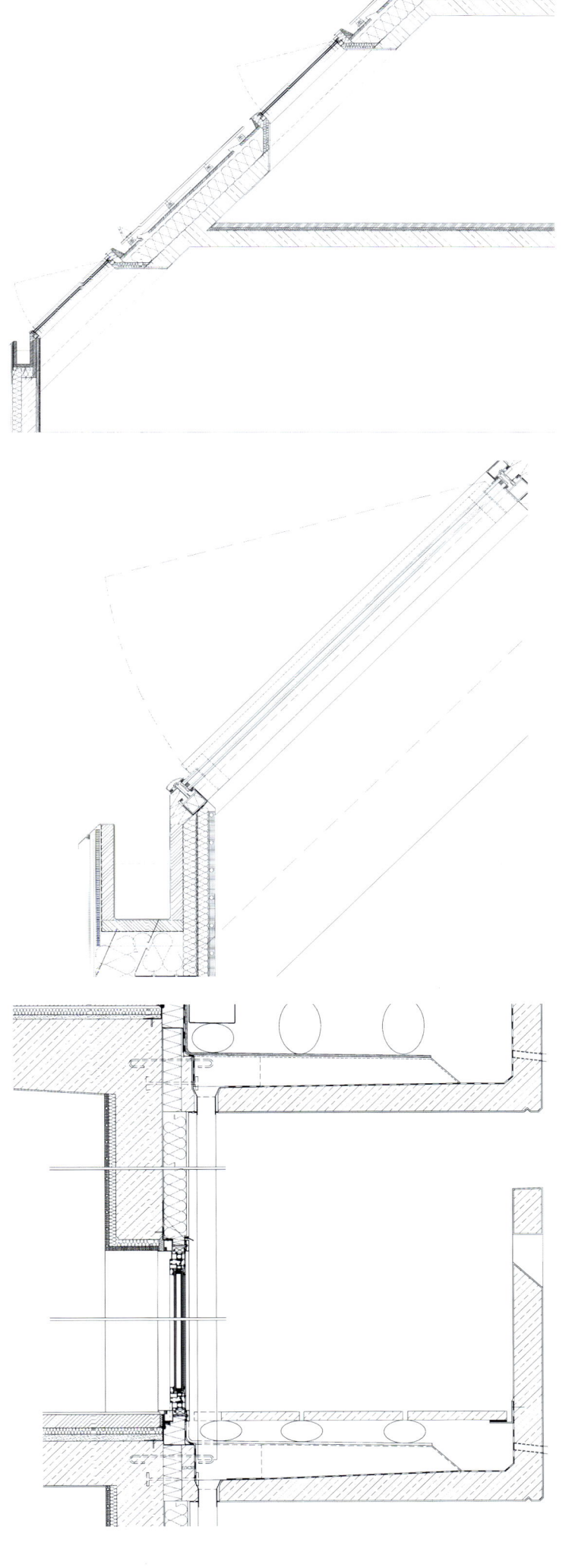

Constructive details / Detalles constructivos

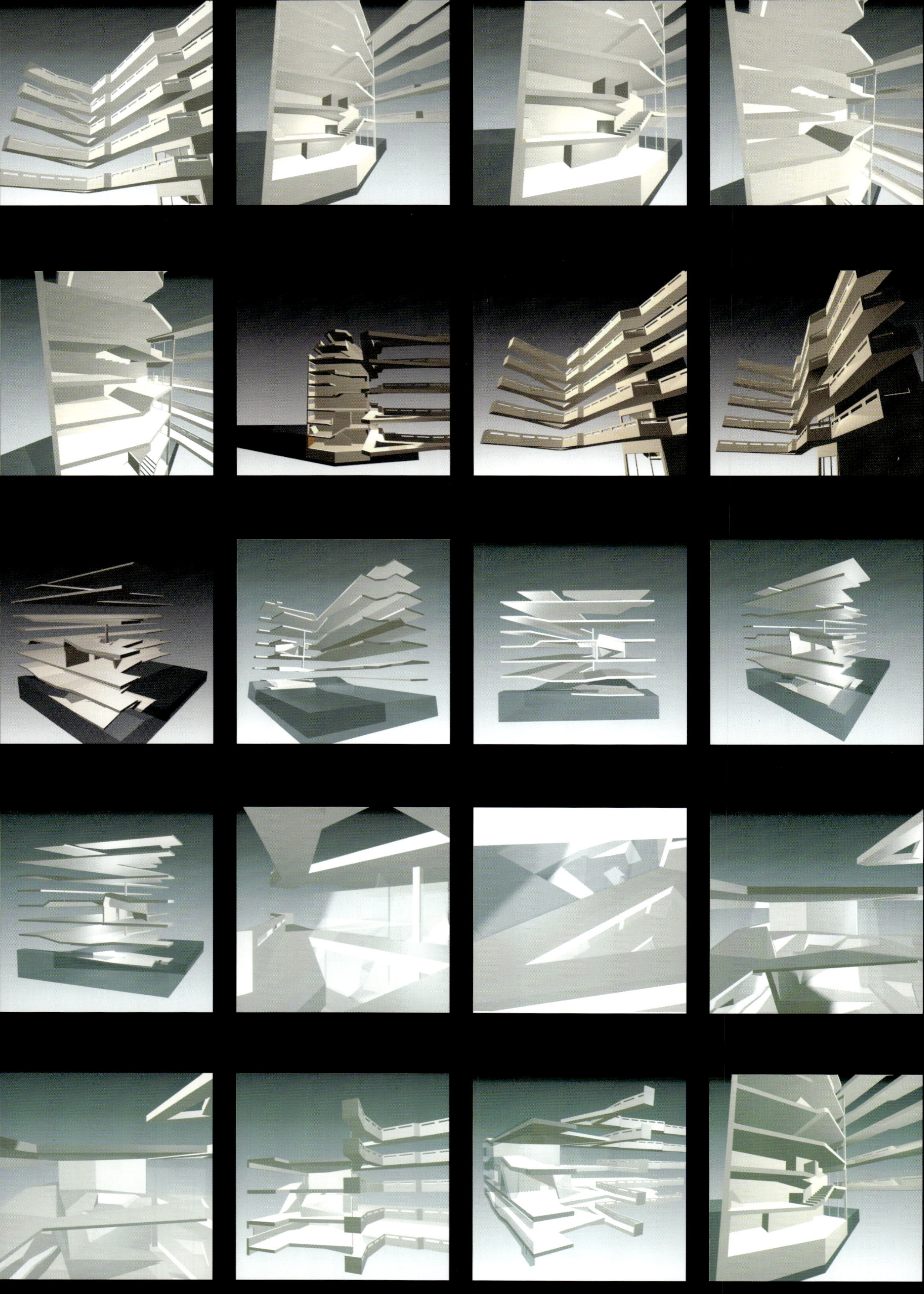

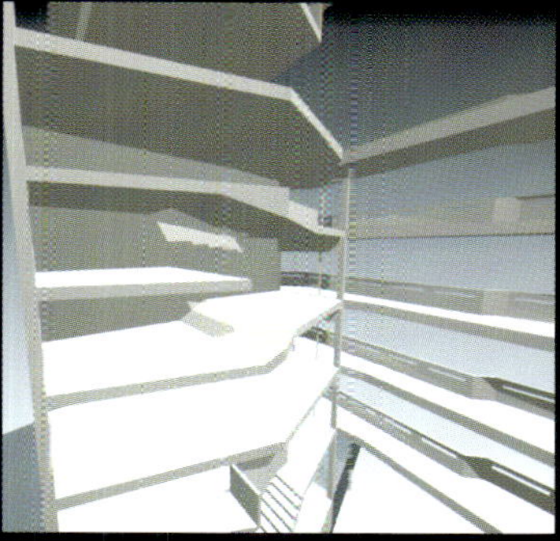
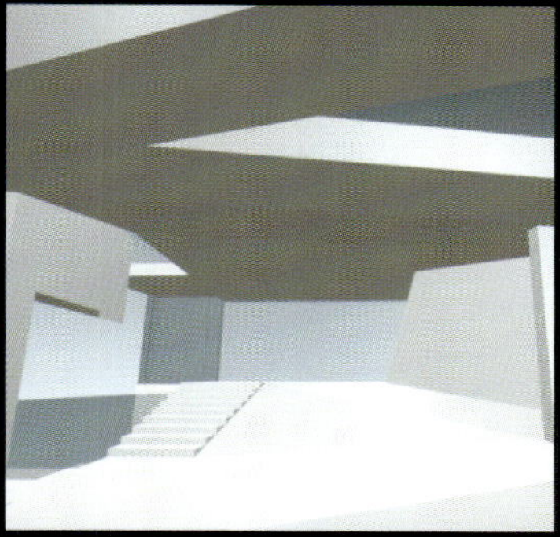
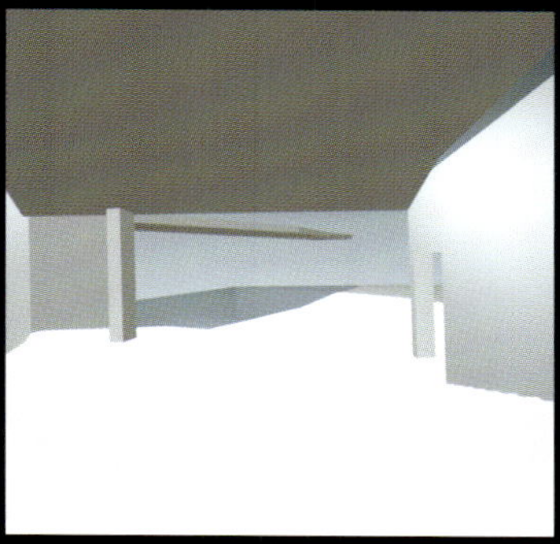
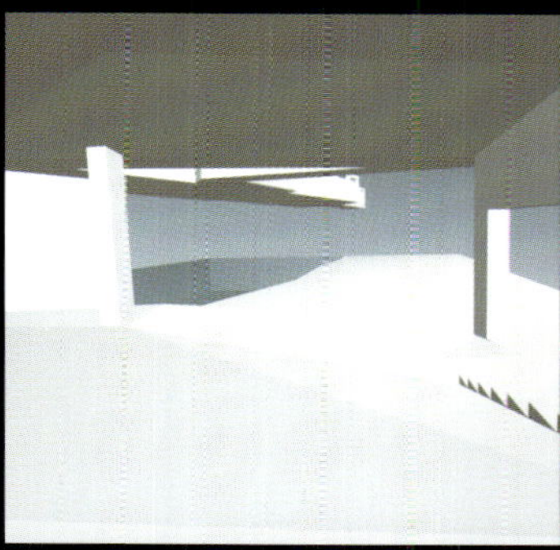
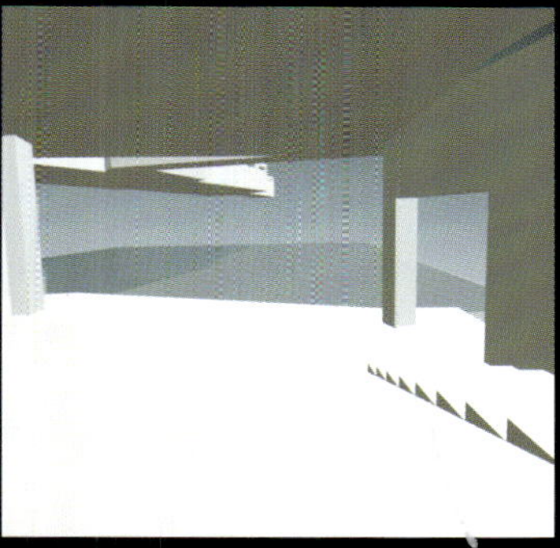
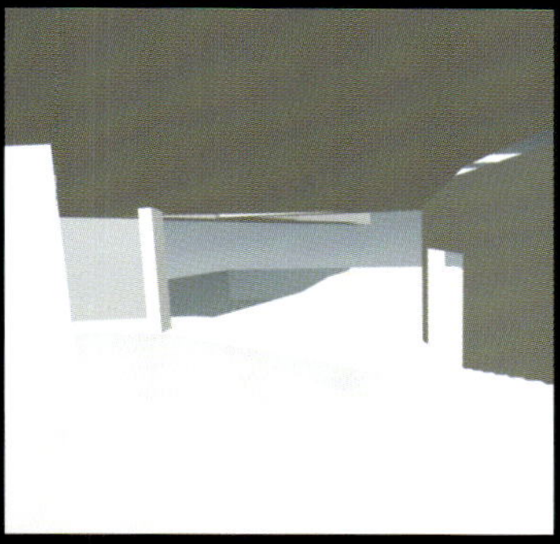
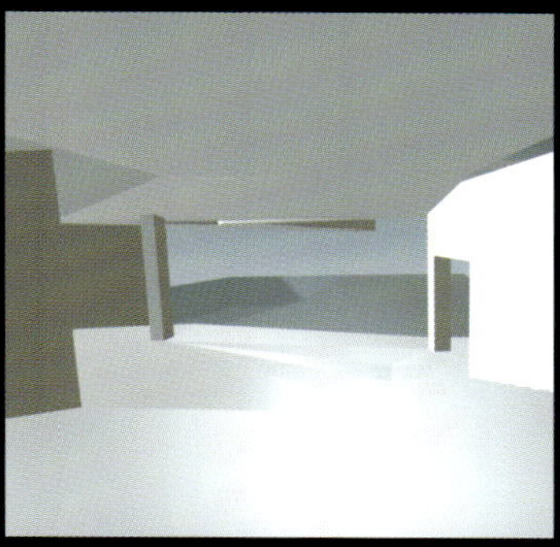
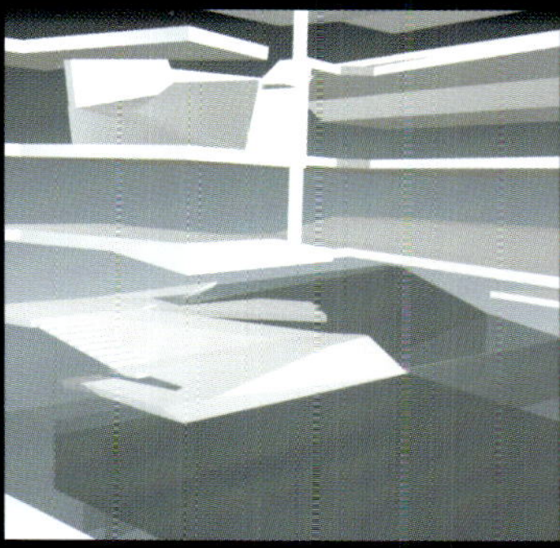
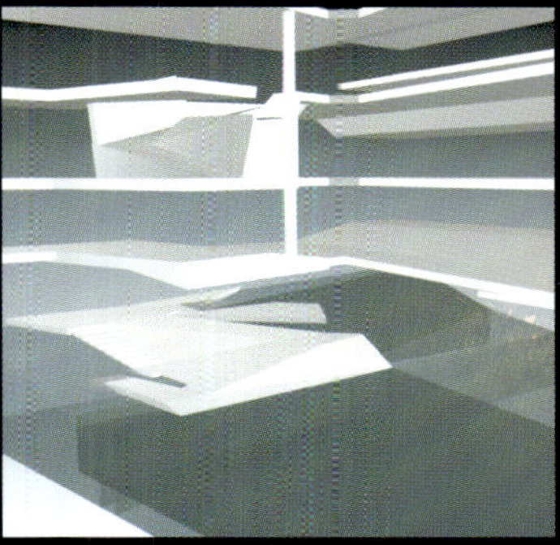
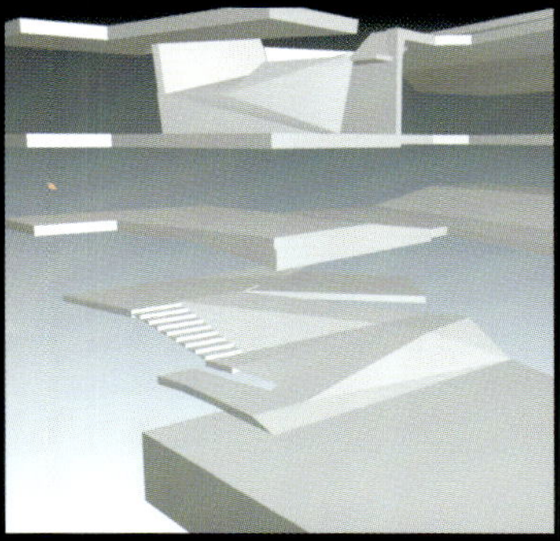
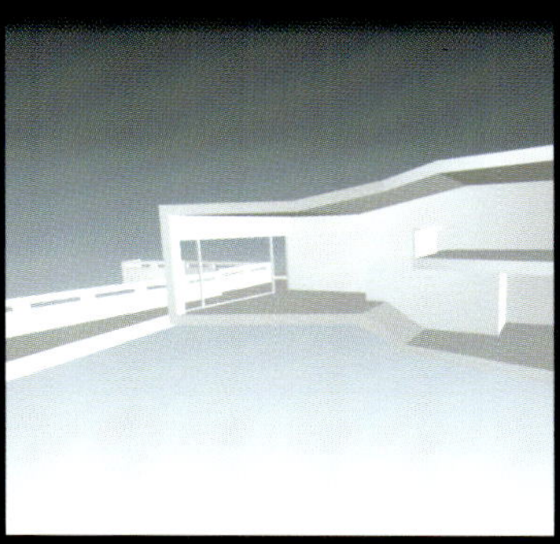
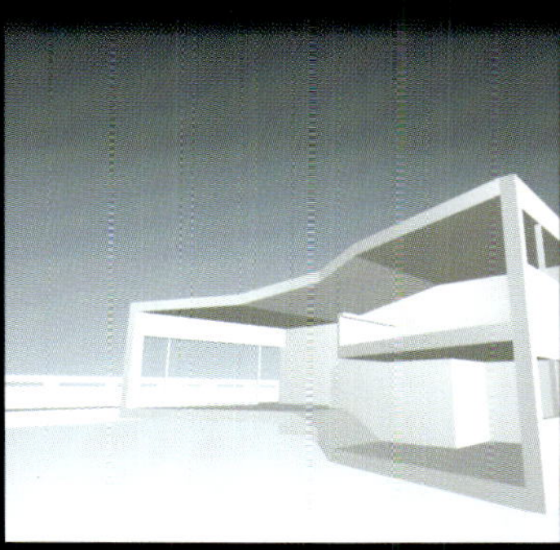
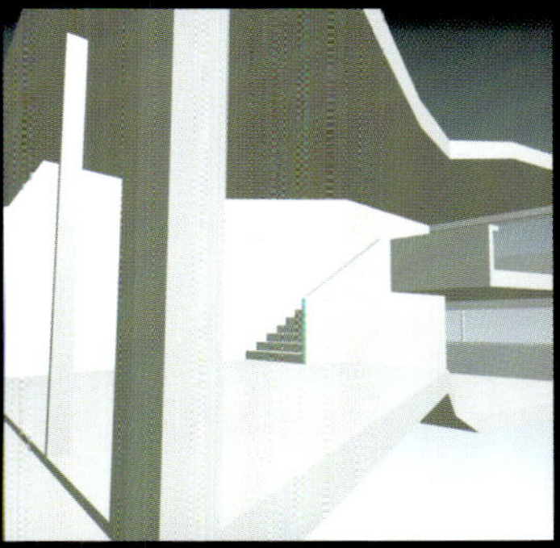
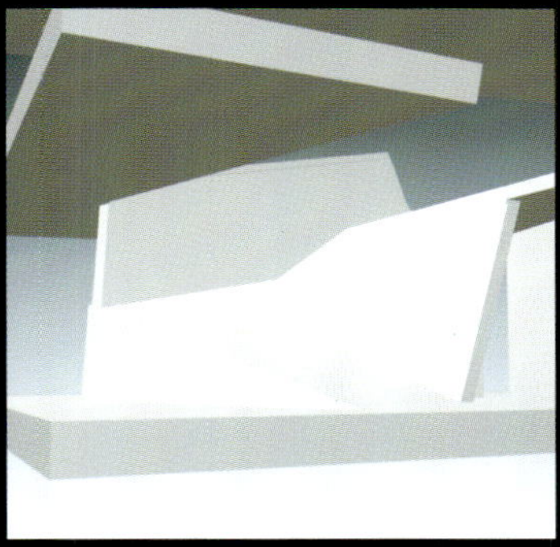
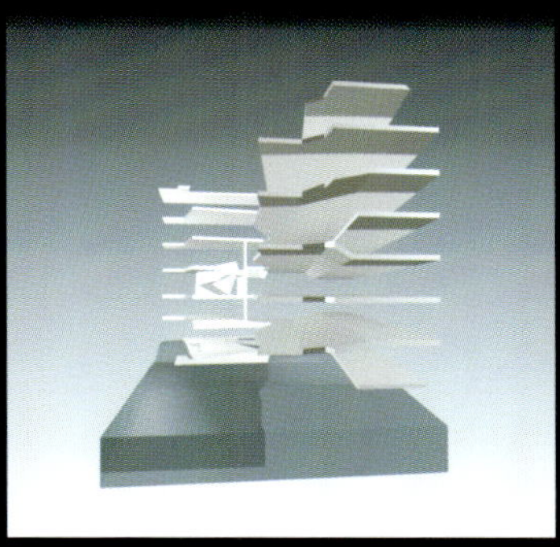
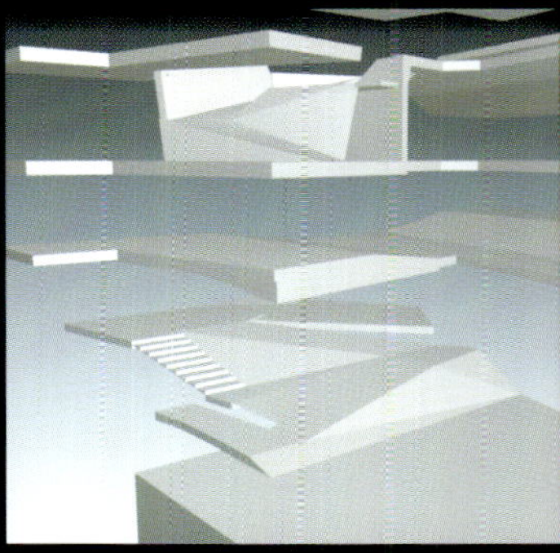
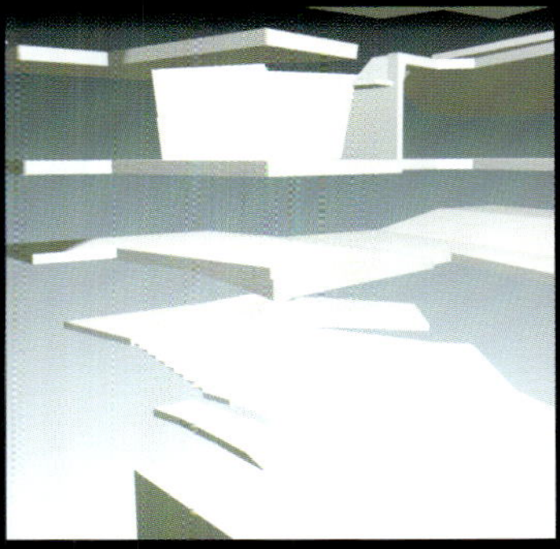
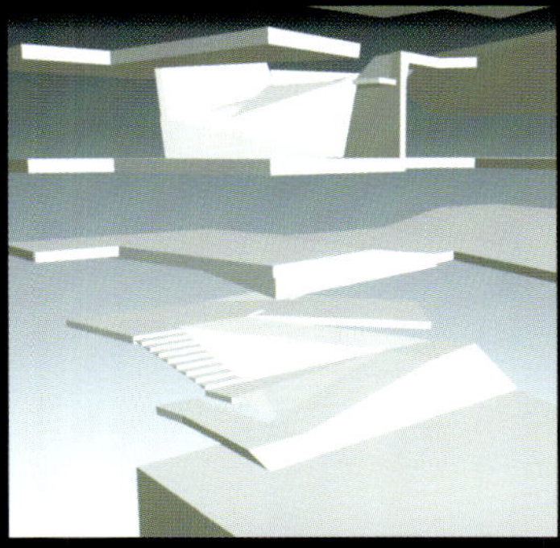
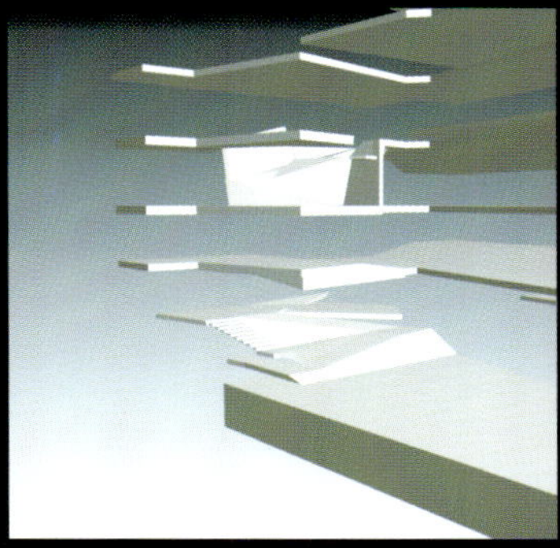
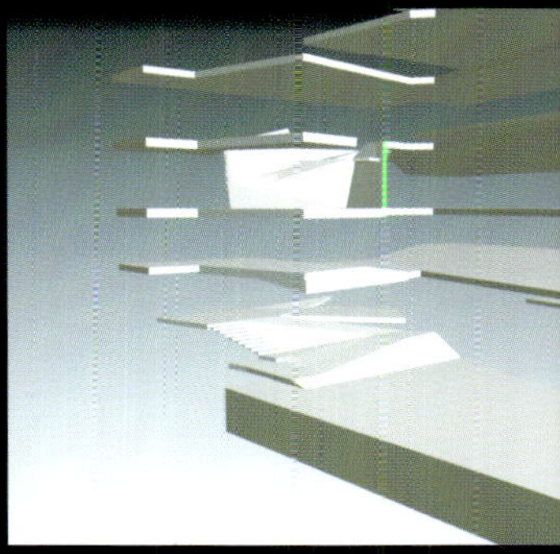

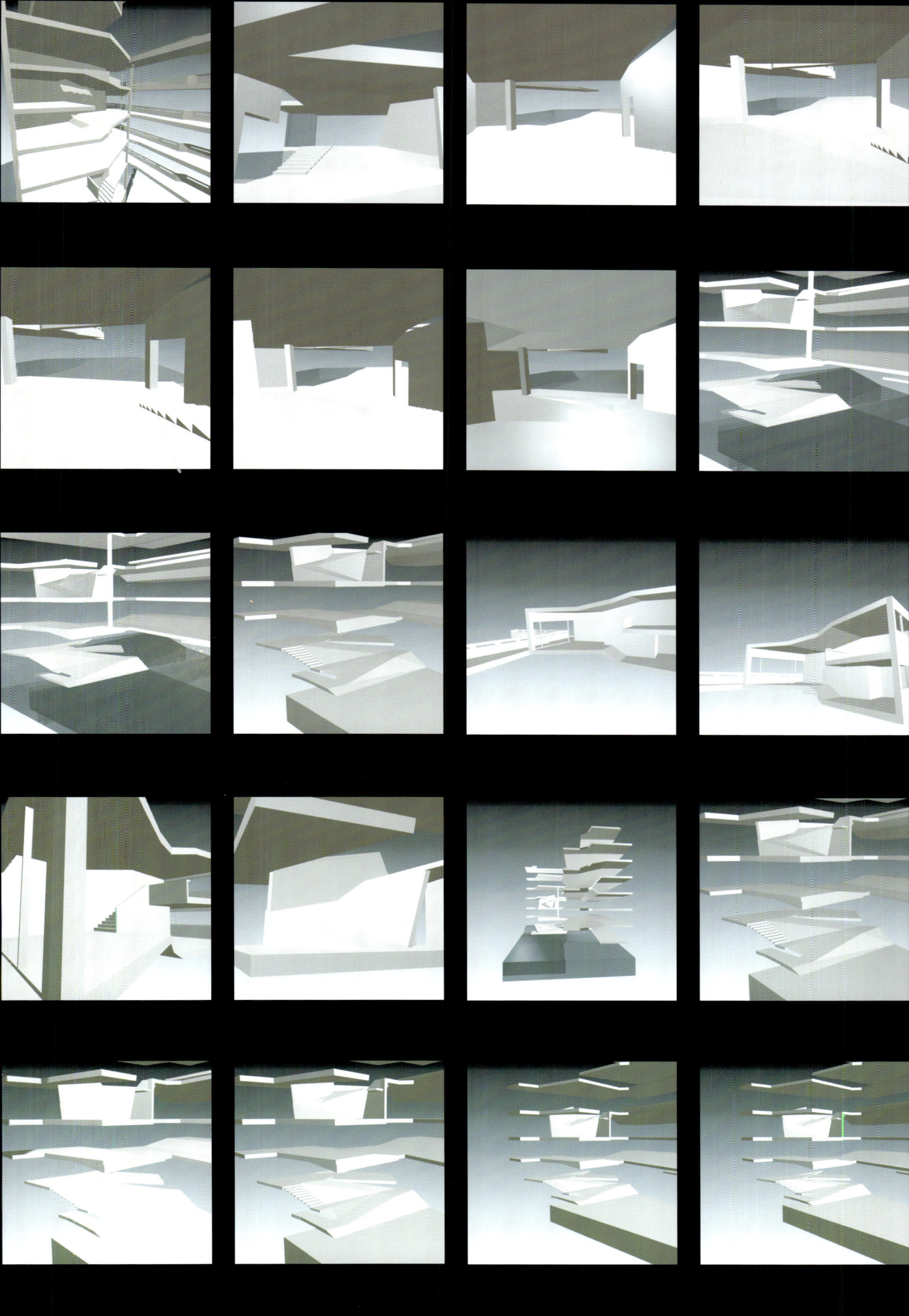

Mecanoo architecten b. v.
Nieuw Terbregge

Rotterdam, The Netherlands　　　　　　Photographs: Christian Richters

Nieuw Terbregge is in an inner city zone in Rotterdam called Vinex, situated on a typically Dutch site where the water level is higher than the land.
The project is comprised of 107 dwellings located on four islands, called the Landjes. Next to this area, 48 waterfront houses have been designed in an eight-under-one-roof style.
The design ambition was to create a holiday atmosphere around the house. The double-deckers have a wooden terrace, which flows into the floor of the living and kitchen area as a continuous surface. The car park below the decks uses a stone flooring surface. The two worlds are connected to each other through trees that grow through holes in the terrace and staircases. The gaps between the wooden planks of the platform, built in the traditional scaffolding manner, let filtered light through to the interior. The islands are connected via a bridge.
These homes are a protest against the tidiness of neighborhoods in Vinex, which lack all sense of adventure. Here is a neighborhood where you can run and roll between the double-deckers, play hide and seek, jog along horizontal and vertical routes, or hold a barbecue in the street as if you are on holiday at home.
The rhythm of the slightly irregular blocks in combination with the dancing roofs ensures a coherent composition for each island. The staccato of the alternation - per half house - between dark brown, unpolished wood and uncompromising white plaster, brings about a visual interruption and refinement of the dimensions of the typical Dutch row-house.

Nieuw Terbregge está en una zona de la ciudad de Rotterdam llamada Vinex, ubicada en un emplazamiento típicamente holandés, donde el nivel del agua es más alto que la tierra.
El proyecto consiste en 107 viviendas ubicadas en cuatro islas, llamadas las Landjes. Al lado de esta zona se han diseñado 48 casas sobre el agua, agrupando 8 apartamentos bajo un mismo techo.
La intención del diseño era crear un ambiente de vacaciones alrededor de la casa. Las casas, de doble planta, tienen una terraza de madera que fluye, en la misma planta, hacia el área de estar y la cocina como una superficie continua. El aparcamiento situado debajo de las terrazas tiene un revestimiento de piedra en el suelo. Los dos mundos se conectan entre sí por los árboles que crecen a través de los huecos que hay en las terrazas y en las escaleras. Los espacios entre las tablas de madera de la plataforma, construidos como si fueran un andamio, permiten que la luz filtrada llegue fácilemte al interior. Las islas están conectadas entre sí mediante un puente. Representan una protesta contra el orden en las urbanizaciones en Vinex, que carecen de elementos innovadores. Esta es una urbanización en la que se puede correr y jugar entre las casas, jugar al escondite, hacer footing por rutas horizontales y verticales, o hacer una barbacoa en la calle como si se estuviera de vacaciones en casa.
El ritmo de los edificios levemente irregulares, combinado con los techos variantes, asegura una composición coherente para cada isla. El ritmo de la alternancia -cada media casa- entre el marrón oscuro, la madera no pulida y el yeso blanco, resalta una interrupción visual y el refinamiento de las dimensiones de la típica casa holandesa en fila.

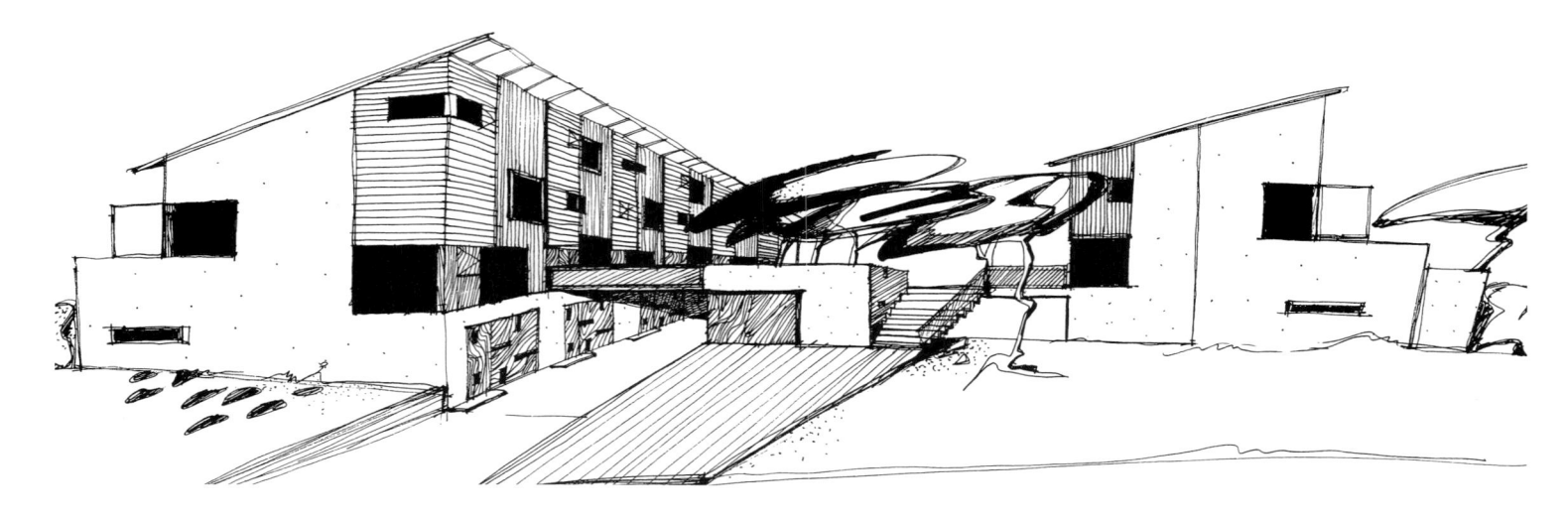

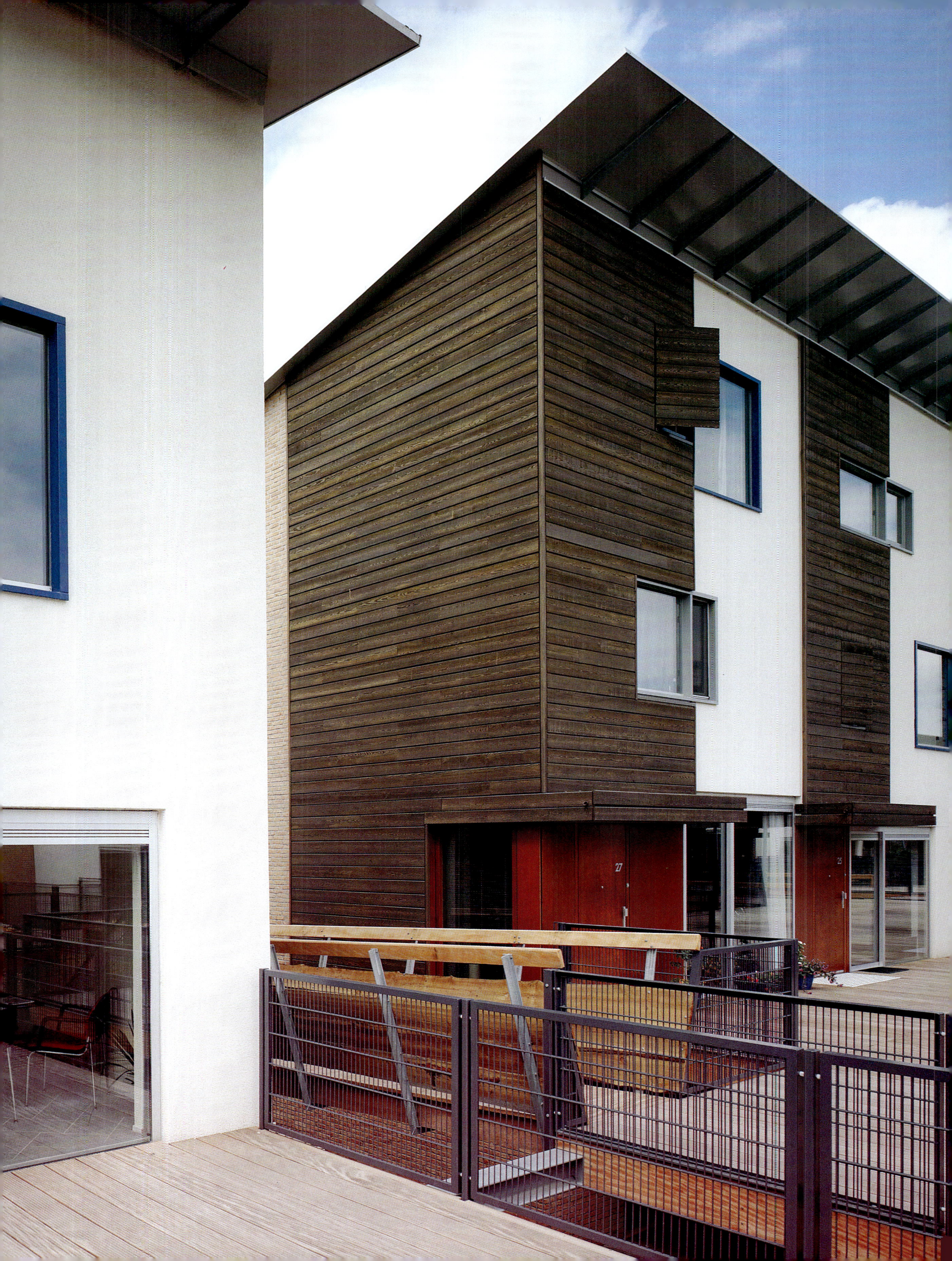
27

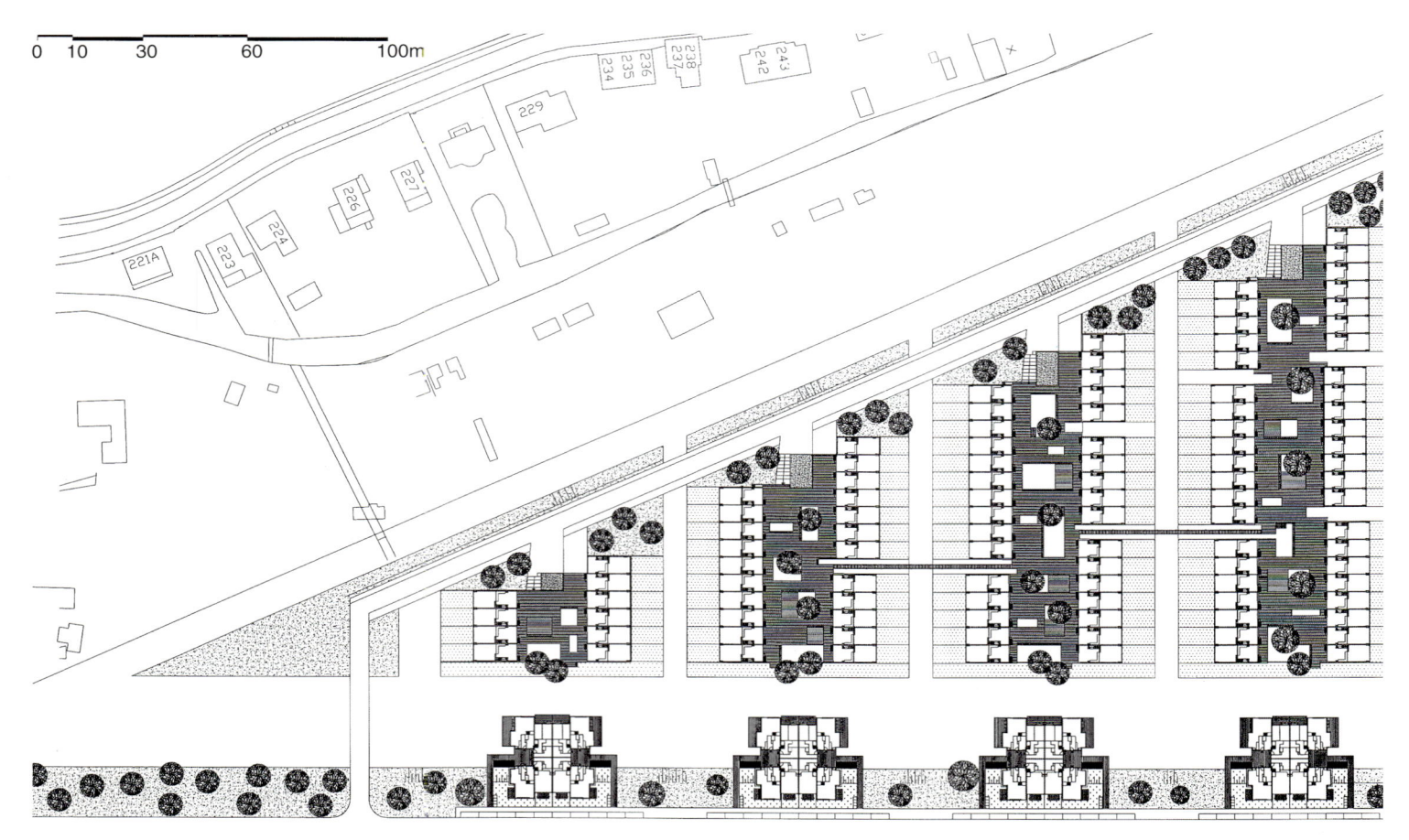

Site plan / Plano de situación

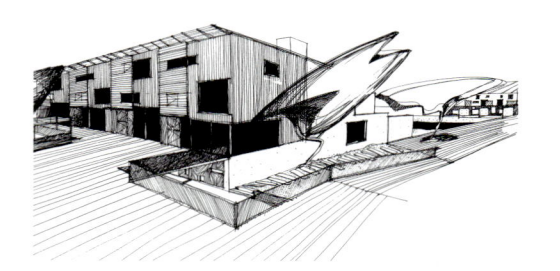

The double-decker building is highly organized; everything is arranged centrally as in a large block of flats: a mini boiler room, a container room for waste, the lighting of the trees on the terrace and the placement of the cables and piping.

El edificio de dos plantas está sumamente organizado, todo está dispuesto de manera centralizada, como en un gran edificio de viviendas: una pequeña sala de calderas, un depósito para desechos, la iluminación de los árboles en la terraza, la posición de los cables y las tuberías.

23

Waterdwellings Viviendas sobre el agua

Ground floor plan Planta baja

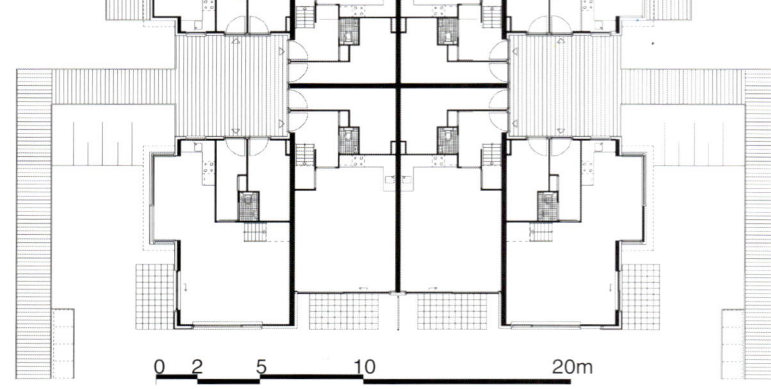

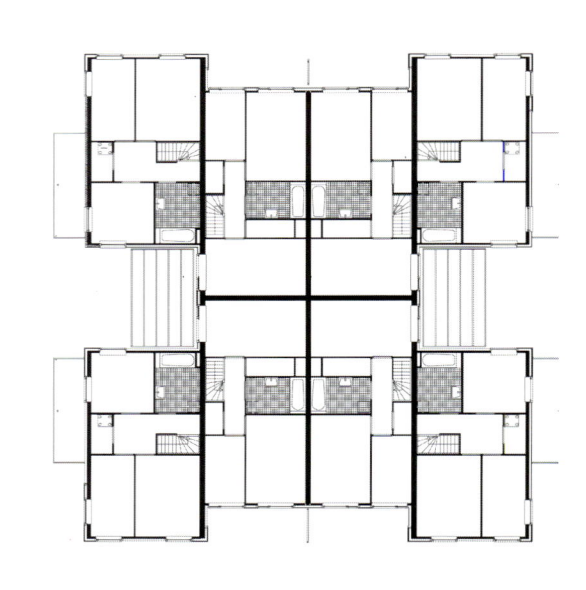

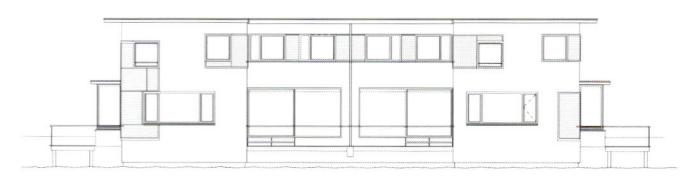

First floor plan Planta primera

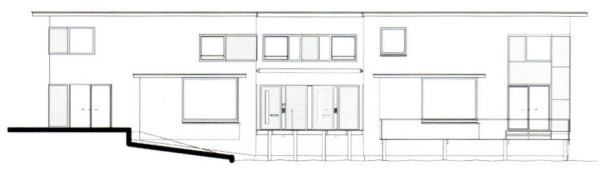

East elevation / Alzado este

North elevation / Alzado norte

West elevation / Alzado oeste

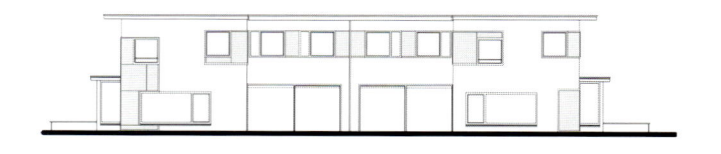

South elevation / Alzado sur

Deckdwellings / Viviendas en el muelle

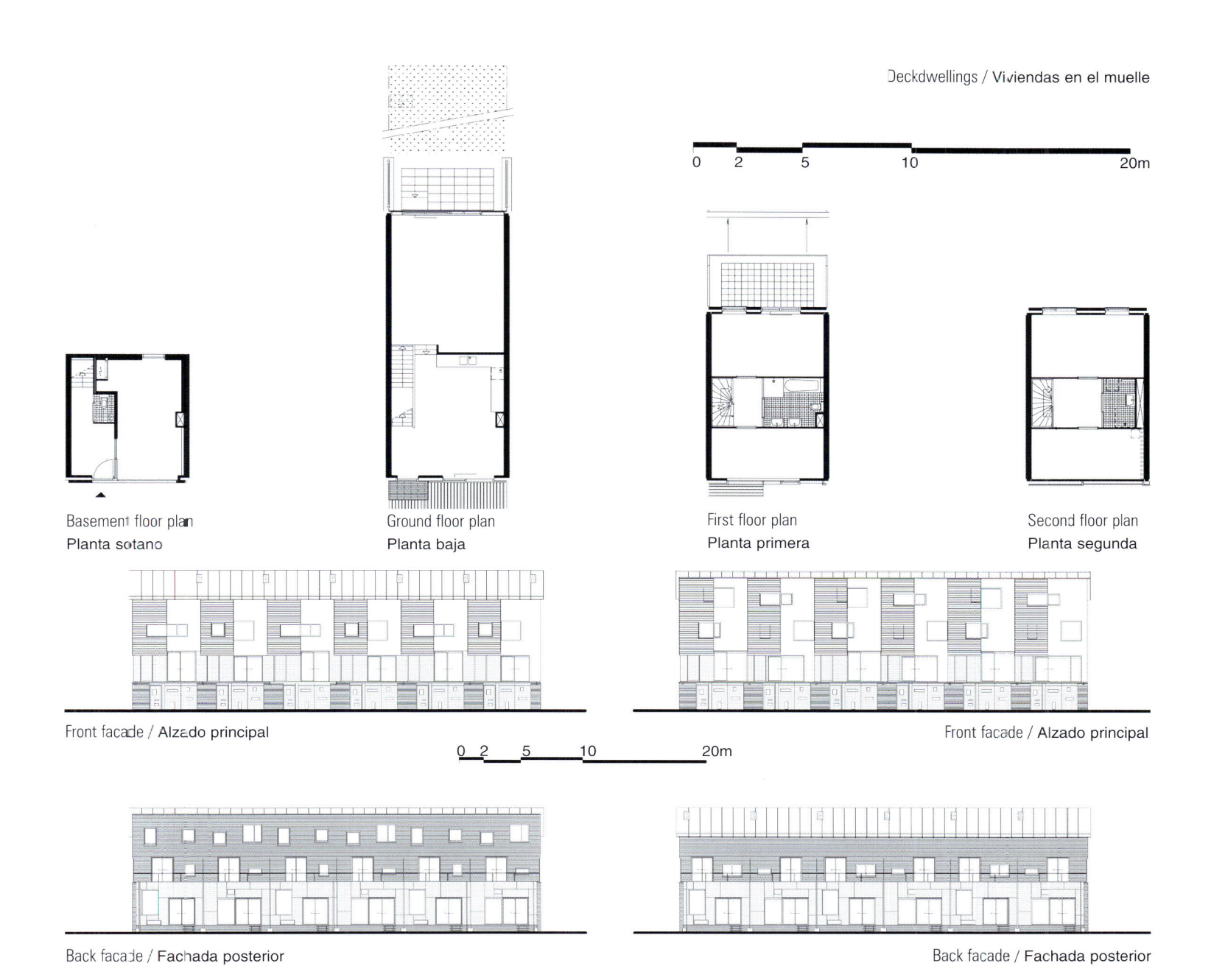

Basement floor plan / Planta sótano

Ground floor plan / Planta baja

First floor plan / Planta primera

Second floor plan / Planta segunda

Front facade / Alzado principal

Front facade / Alzado principal

Back facade / Fachada posterior

Back facade / Fachada posterior

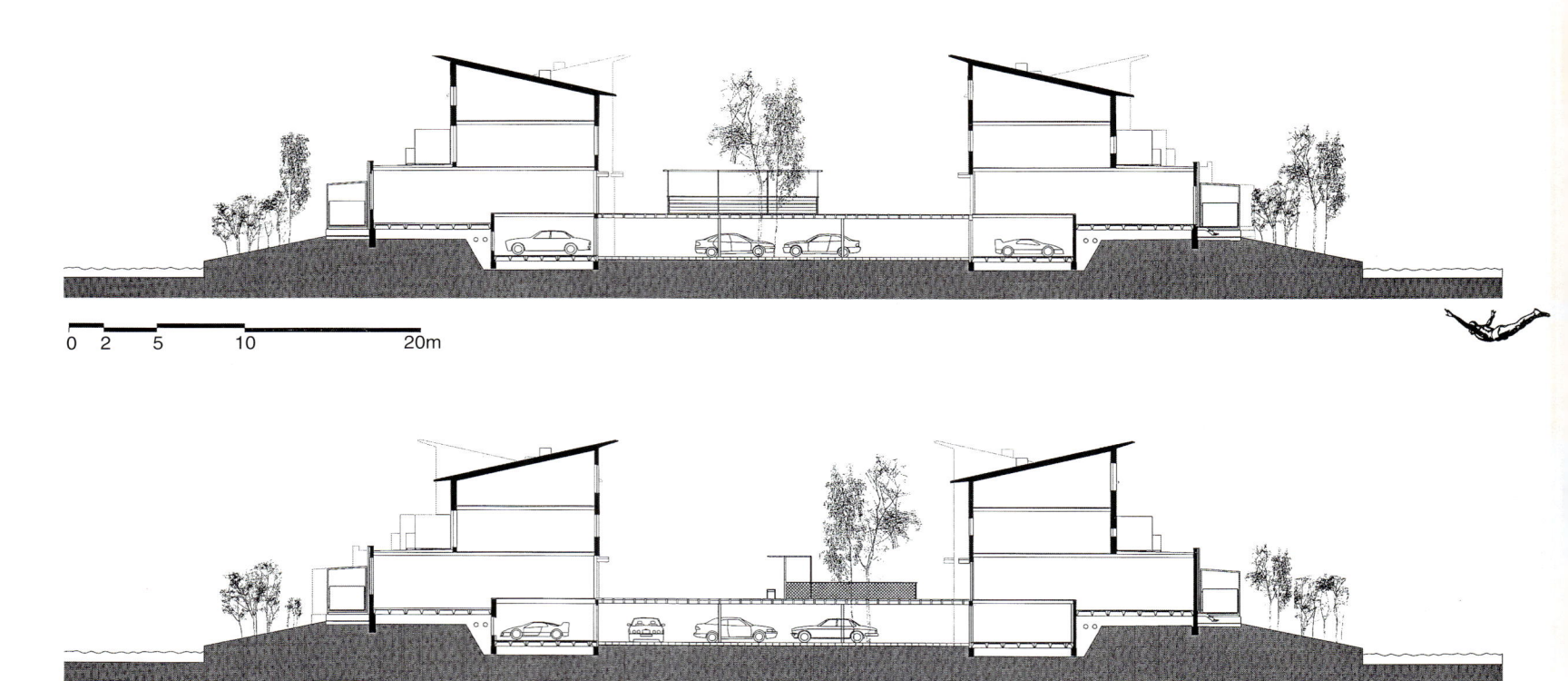

Sections / Secciones

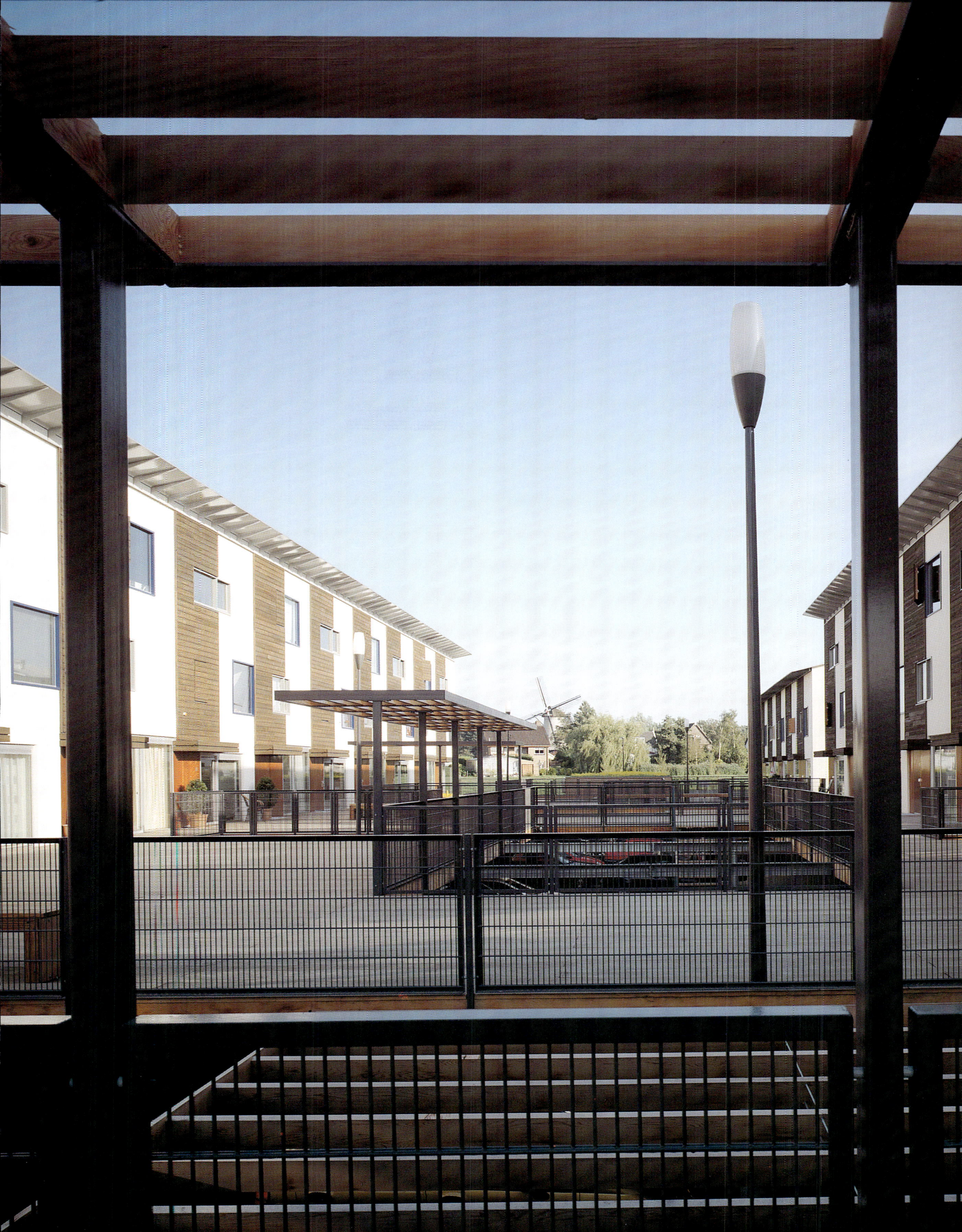

A bridge connects the various islands. The gaps between the wooden planks of the platform, built in the traditional scaffolding manner, let filtered light through to the interior.

Las diferentes islas quedan conectadas mediante un puente. Los espacios que quedan libres entre las tablas de madera de las pasarelas, construidas como si fueran andamios, permiten que la luz filtrada llegue fácilmente al interior.

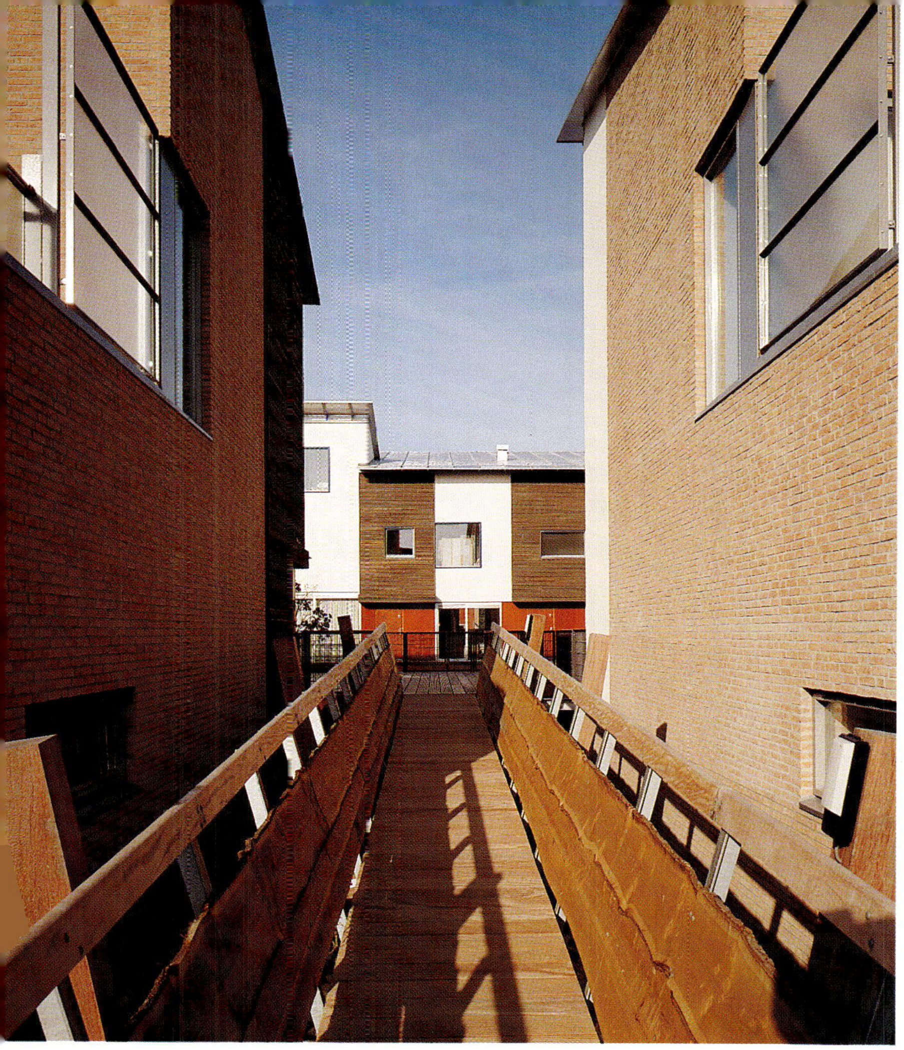

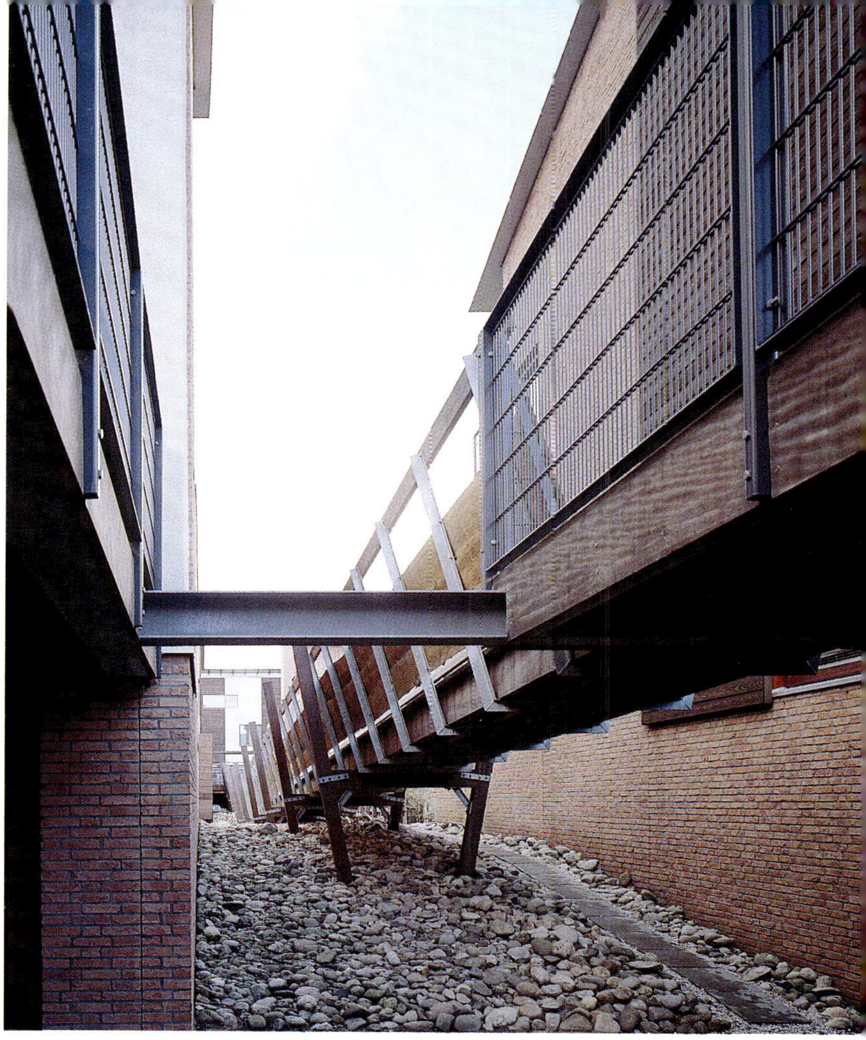

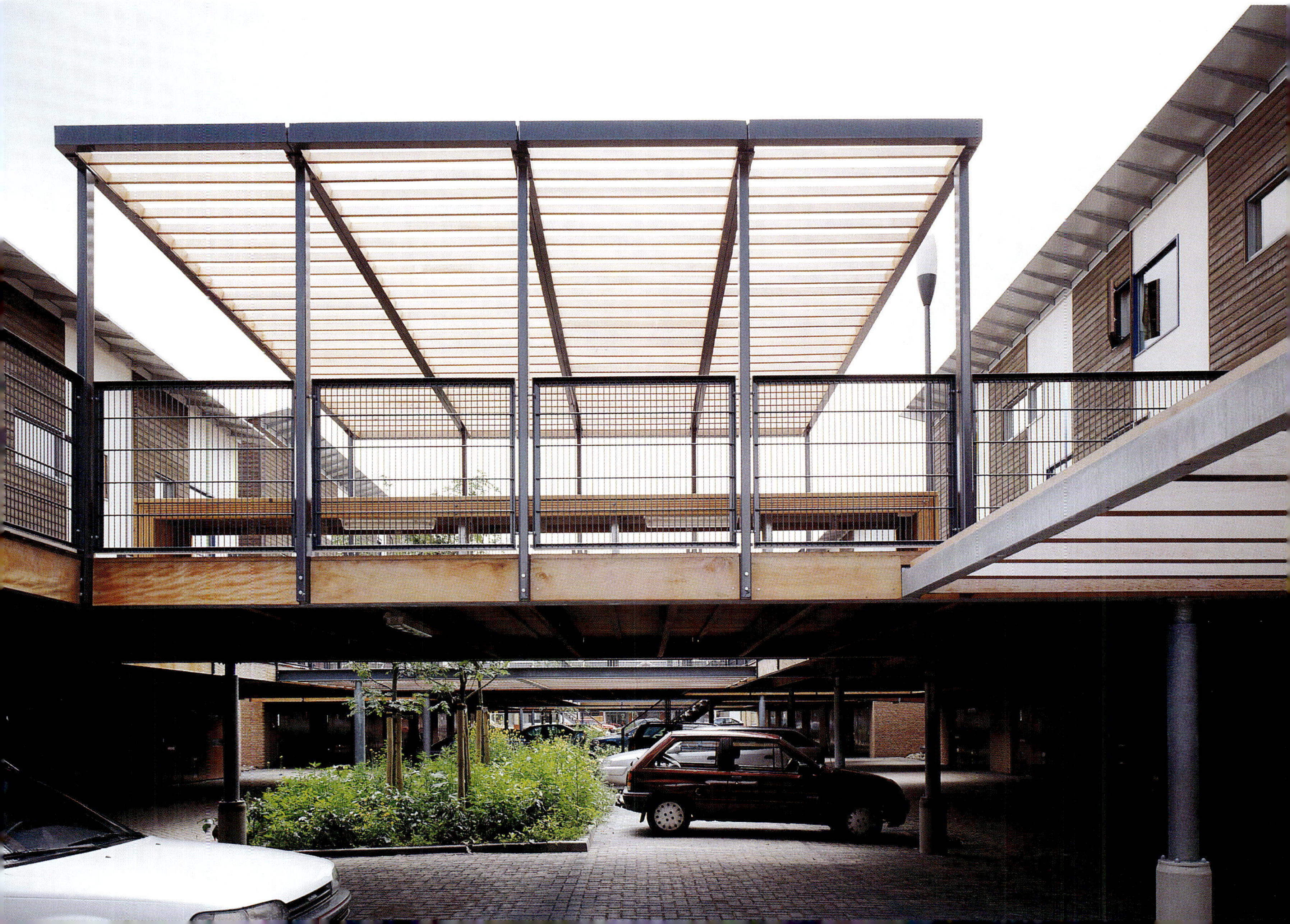

Alexander Reichel
Urban Villa in Kassel

Kassel, Germany   Photographs: Christian Richters

This development, situated on the banks of the River Fulda, diagonally opposite the Dokumenta exhibition grounds, comprises six dwellings (including two maisonettes) and a 120 m2 office unit. The building also includes an underground car elevator parking system.

The project was conceived as a unit construction system, designed in response to the competition brief. The brief required a building type that would allow a maximum of flexibility in the use and layout and that could be adapted to various site conditions. A three-dimensional load-bearing structure was developed that could be extended in all directions and would provide functionally neutral spaces.

The traditional timber-framed form of local construction was taken as a point of reference for the design of the cubic structure. Only the staircase attached to the north side breaks out of the cube, and it serves to house storage and service spaces. By day, this staircase is filled with natural light; at night, the access spaces are illuminated by a specially designed lighting column and the lighting behind the glazing to the lift shaft.

The two top stories contain two four-room maisonettes with roof terraces. These roof terraces afford extensive views over the green landscaped surroundings. To the south, one can look across the River Fulda and the Dokumenta site to the city center of Kassel.

Layering on the facade allows individual control of ventilation and the penetration of natural light, depending on the time of day and user needs. The wind-resistant folding and sliding shutters are operated from inside the building by manual cranks. This resulted in a facade with a varied and lively appearance that changes with day-to-day occupant use.

Esta urbanización, situada a orillas del Río Fulda y opuesta diagonalmente al centro de exposiciones Dokumenta, está compuesta por seis viviendas (incluyendo dos duplex) y una unidad de oficinas de 120 m2. El edificio incluye además un sistema subterráneo de aparcamiento con ascensor incorporado.

El proyecto se concibió como un sistema de unidad de construcción, diseñado siguiendo las directrices del concurso. El concurso requería un tipo de edificio que permitiera la máxima flexibilidad de usos y de distribución, y que pudiera adaptarse a las diferentes condiciones del emplazamiento. Se diseñó una estructura de carga tridimensional que podía ser extendida en todas las direcciones y que proporcionaría espacios neutrales funcionales.

El tipo de construcción tradicional de la zona, con entramados de madera, fue el punto de referencia para el diseño de la estructura cúbica. Sólo sobresale del cubo la escalera adjunta en el lado norte, creando espacios para almacenamiento y de servicio. Durante el día esta escalera está iluminada con luz natural; por la noche, los espacios de acceso están iluminados por una columna de luz especialmente diseñada y por la luz visible a través del cristal del hueco del ascensor.

Los dos pisos superiores albergan los dos duplex, con cuatro habitaciones cada una y terraza en el tejado. Estas terrazas ofrecen vistas extensas del paisaje de los alrededores. Hacia el sur se puede ver más allá del Río Fulda y del Dokumenta, llegándose a ver el centro de Kassel.

El uso de capas en la fachada permite un control individual de la ventilación y la entrada de luz natural, dependiendo de la hora del día y de las necesidades del usuario. Las persianas abatibles y deslizantes son resistentes al viento y se controlan desde el interior de los apartamentos por medio de manivelas. Esto ha tenido como resultado una fachada con una apariencia variada que cambia con el uso diario de los residentes.

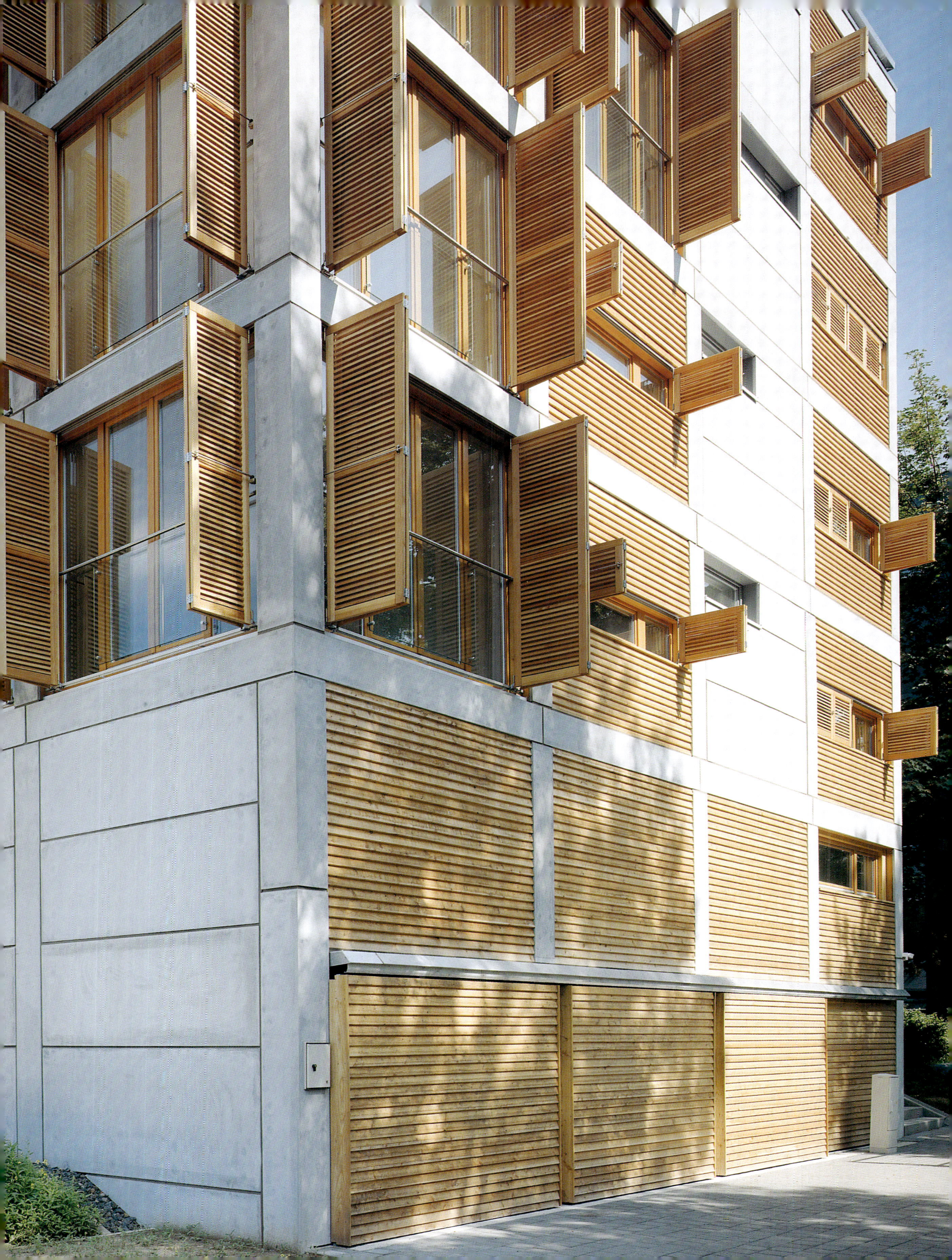

Located on the banks of the River Fulda, not far from the town center, the building combines a reinforced concrete skeleton frame and solid areas of external walling, clad in fiber-glass-reinforced, pre-cast concrete elements, with larch timber in-fill.

Ubicado a orillas del Río Fulda, no muy lejos del centro del pueblo, el edificio combina un esqueleto de hormigón armado y áreas sólidas en sus muros externos con elementos prefabricados de hormigón reforzado con fibra de vidrio y con relleno de madera de alerce.

Site plan / Plano de situación

33

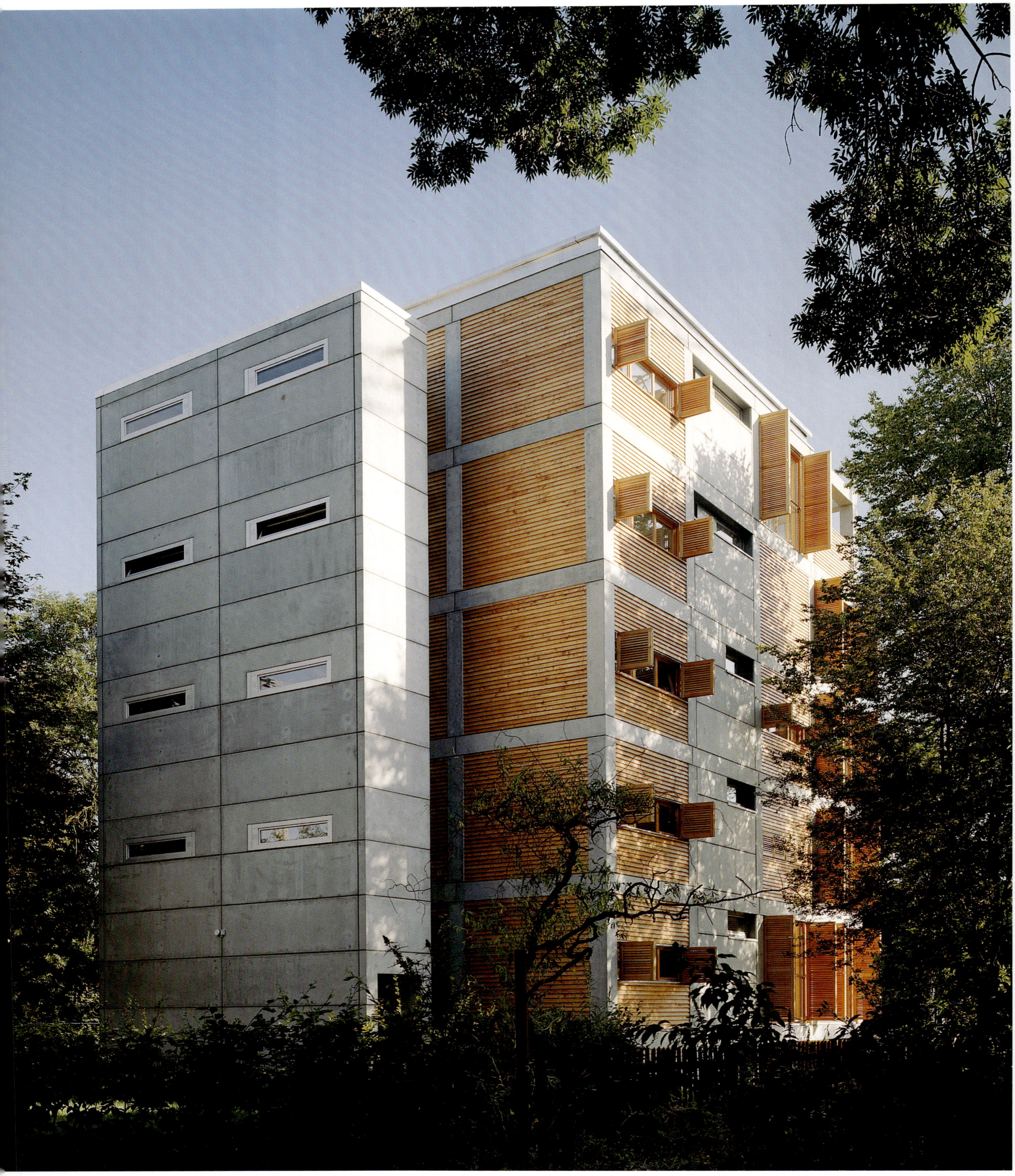

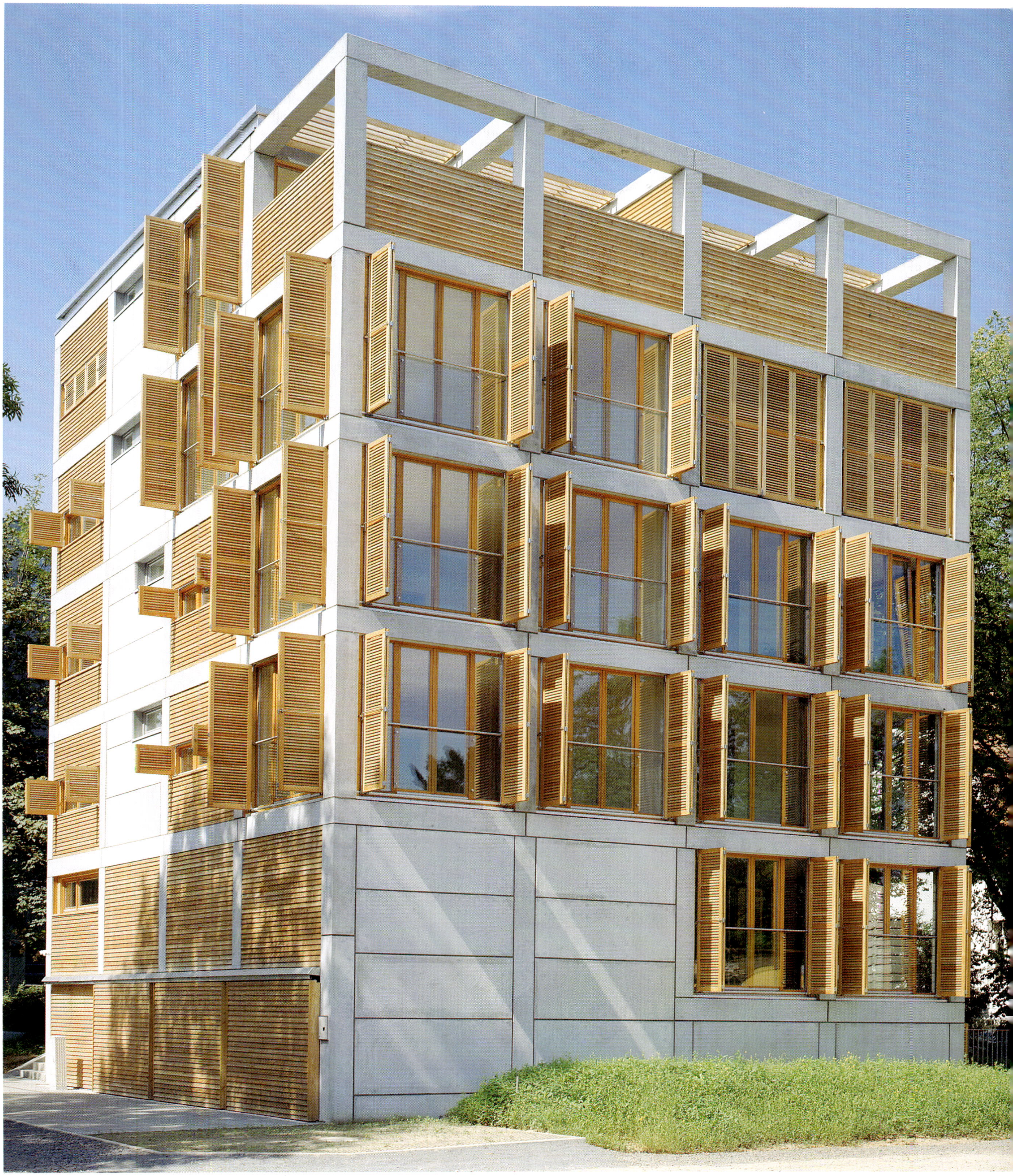

Ground floor plan / Planta baja

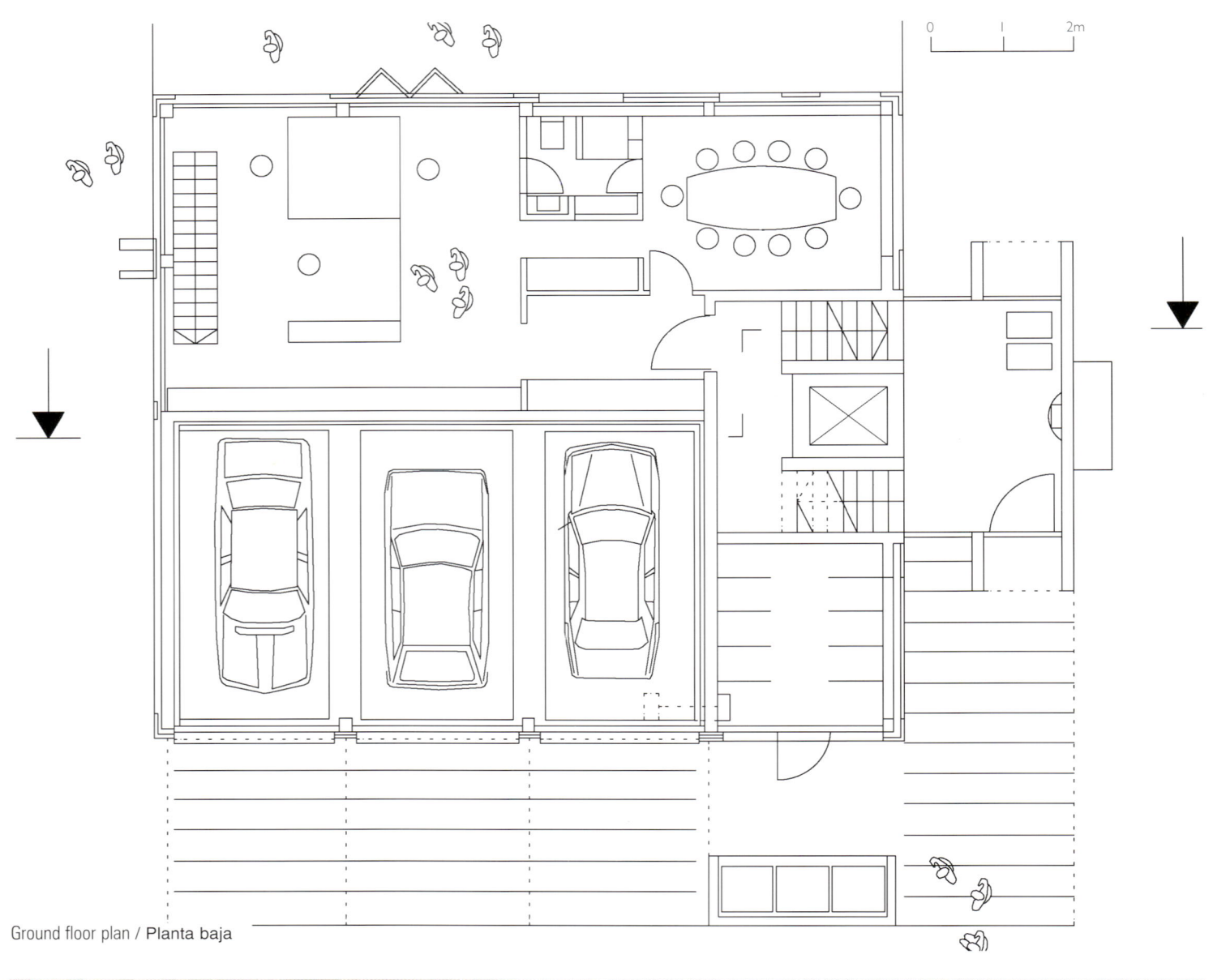

Third floor plan / Planta tercera

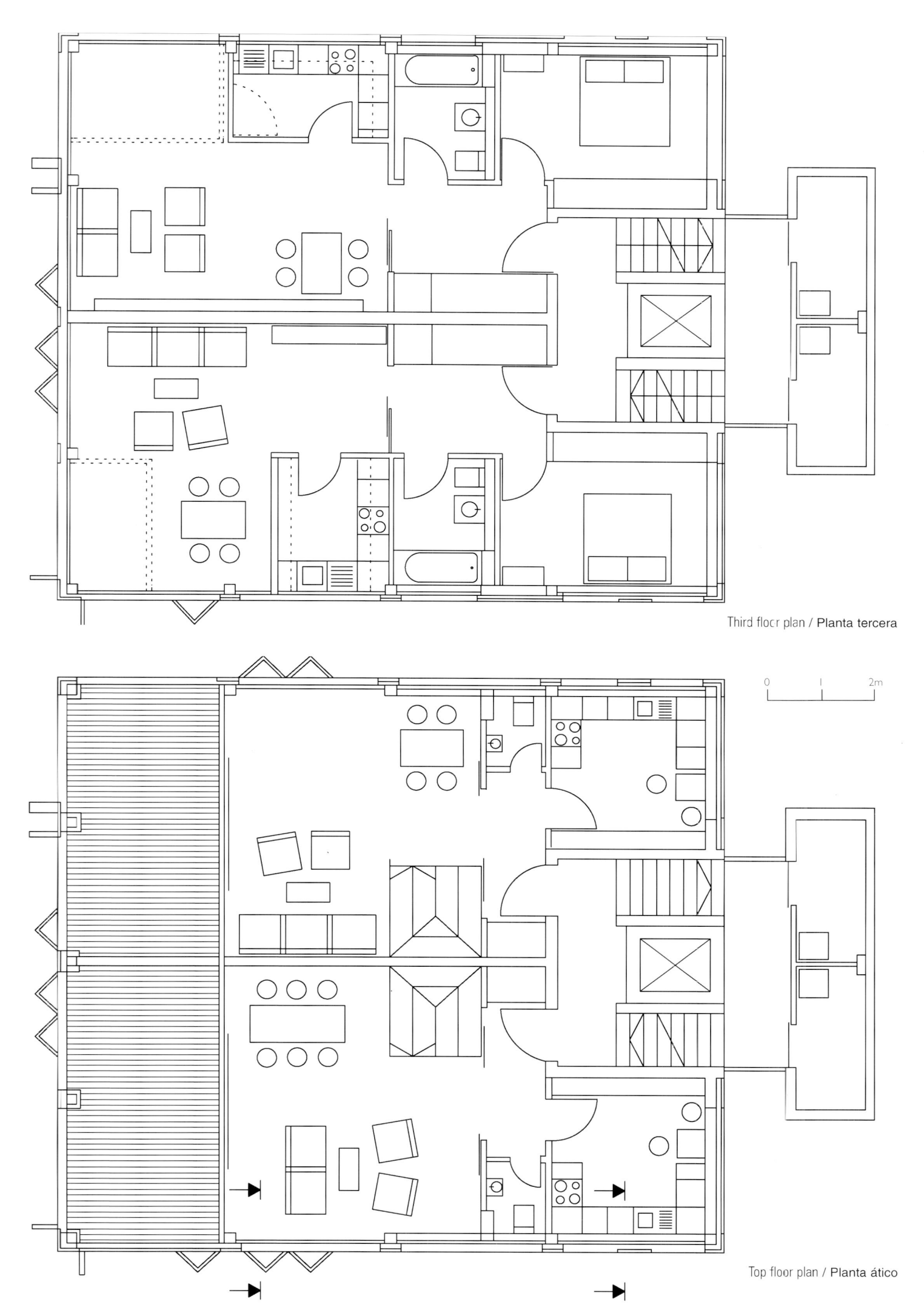

Top floor plan / Planta ático

37

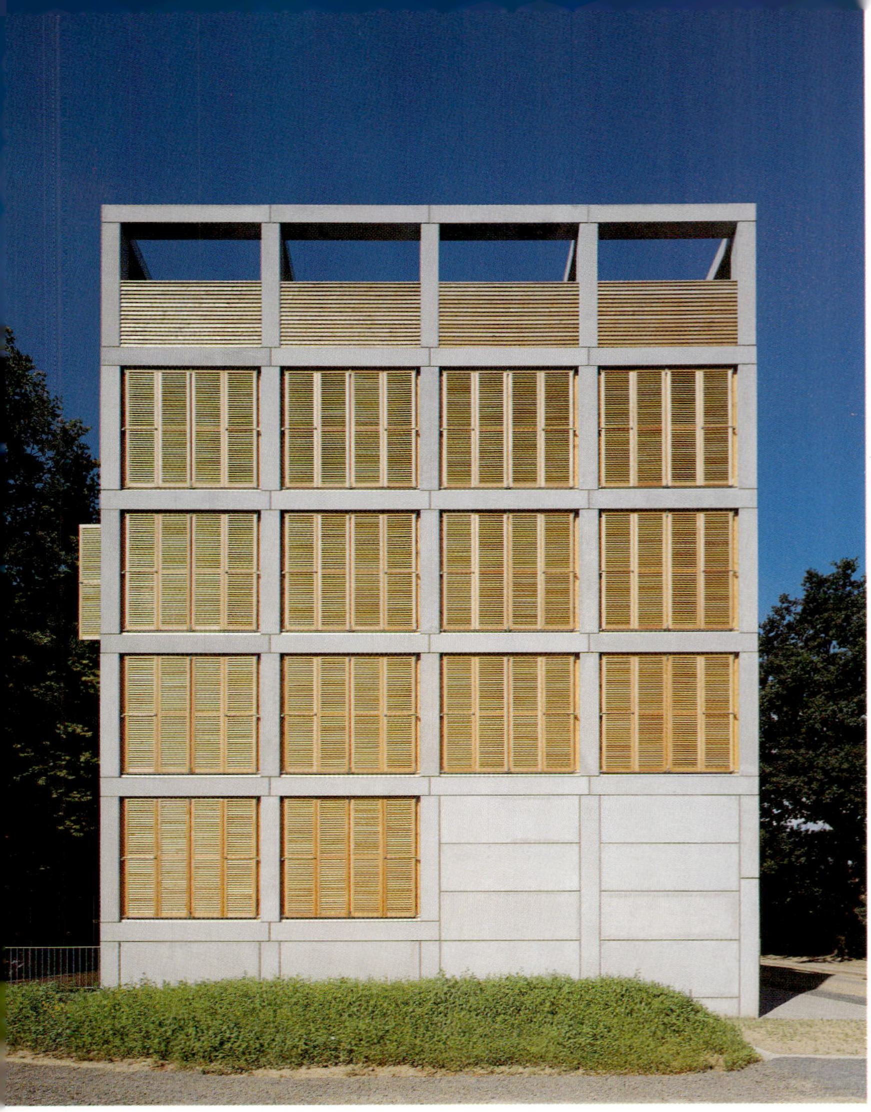

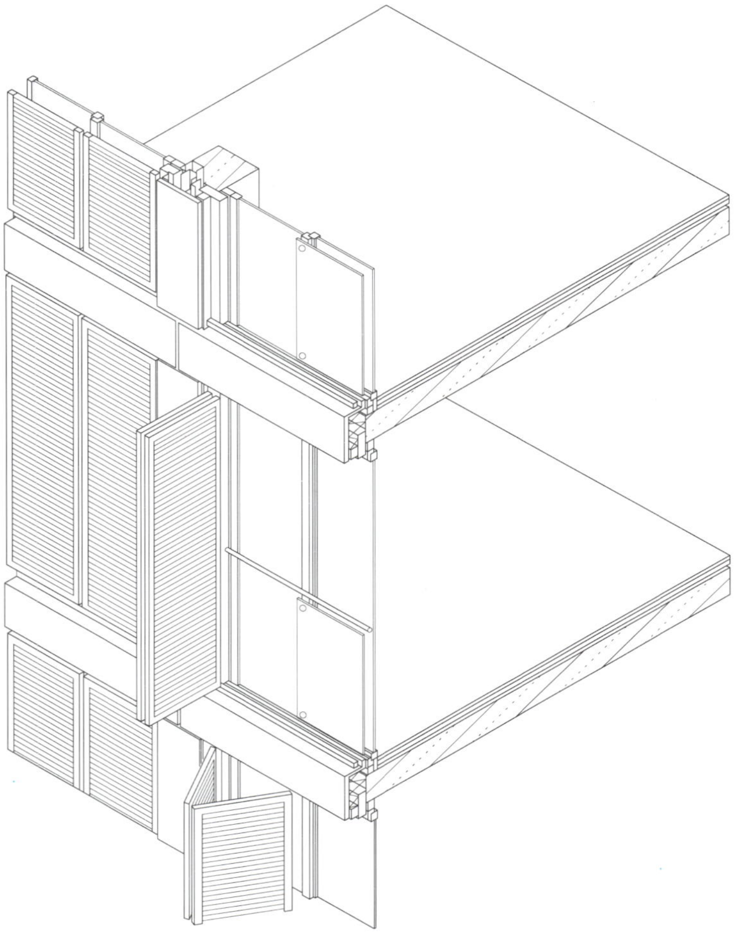

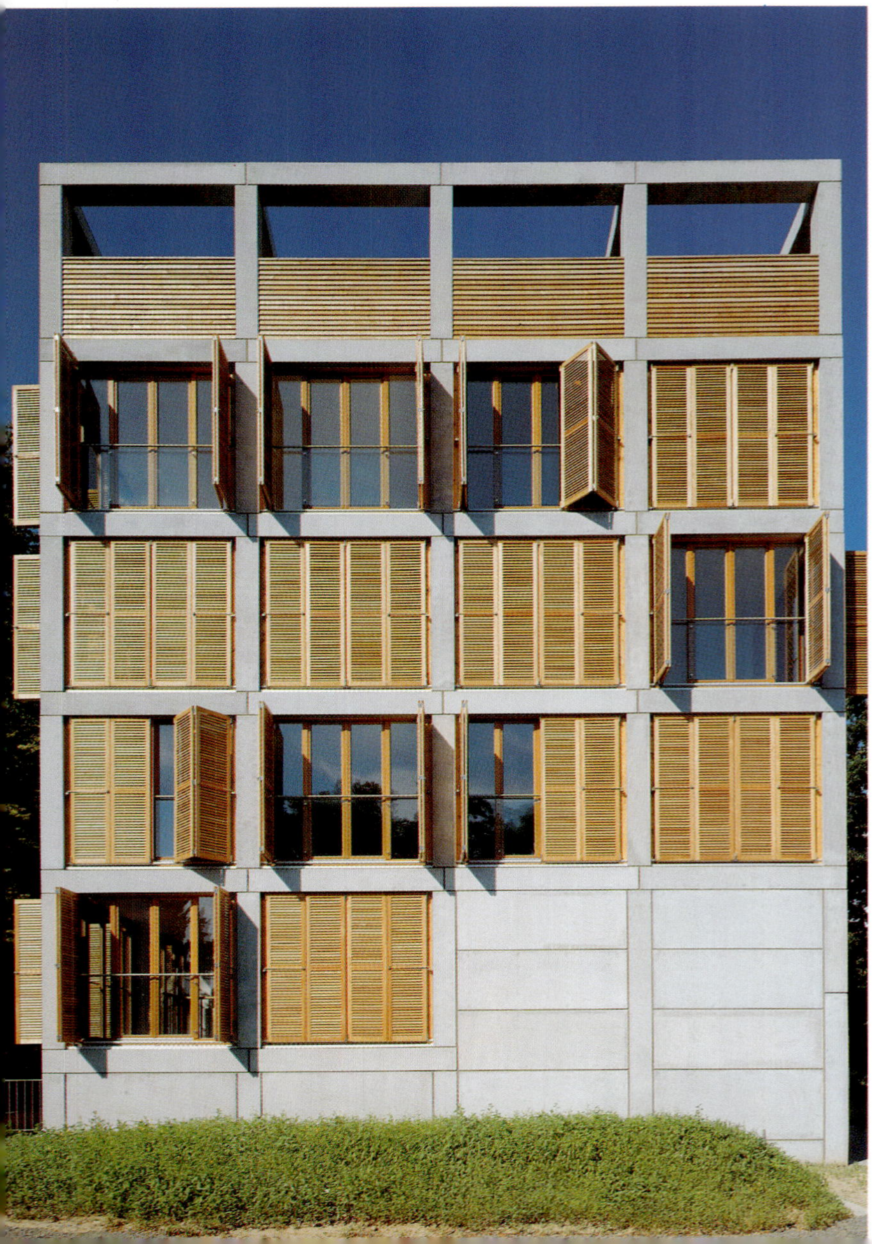

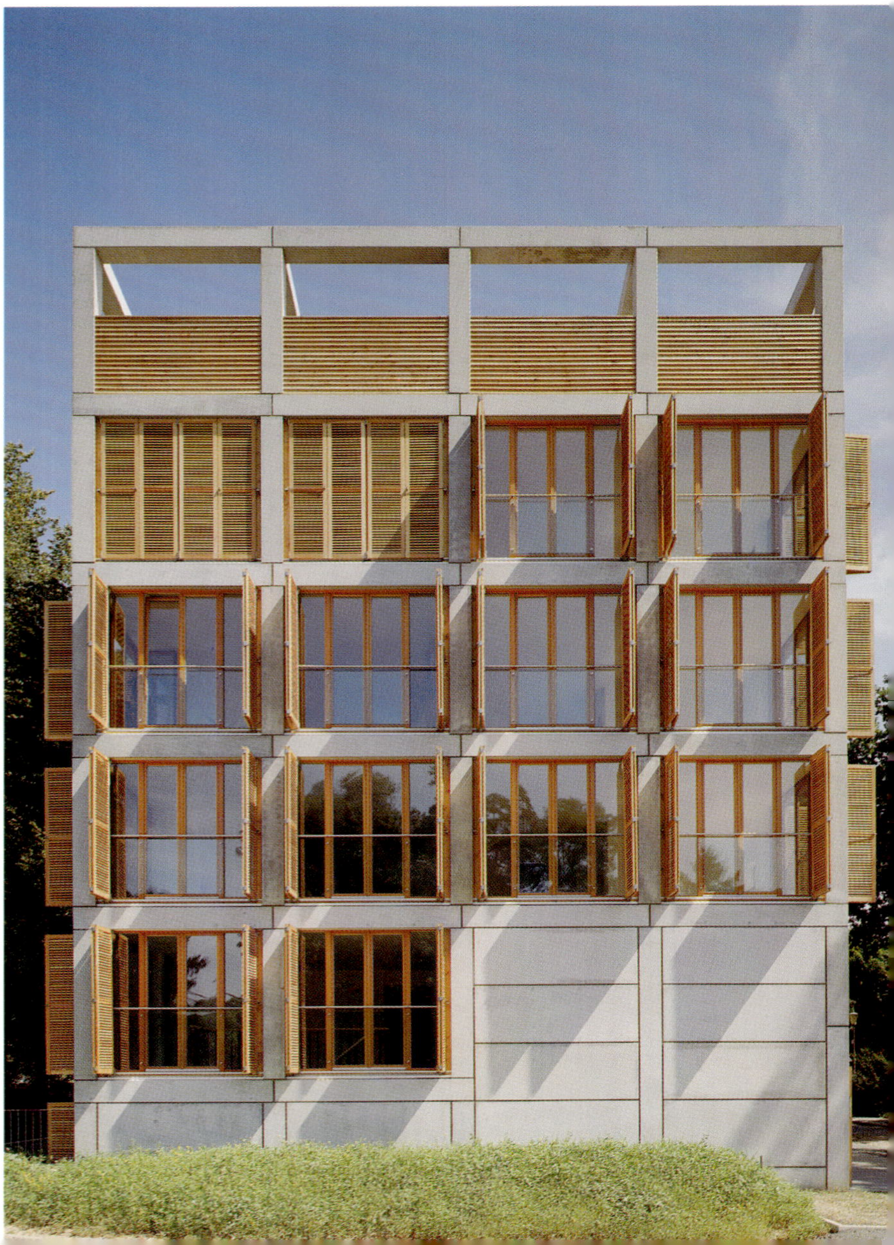

Cross section / Sección transversal

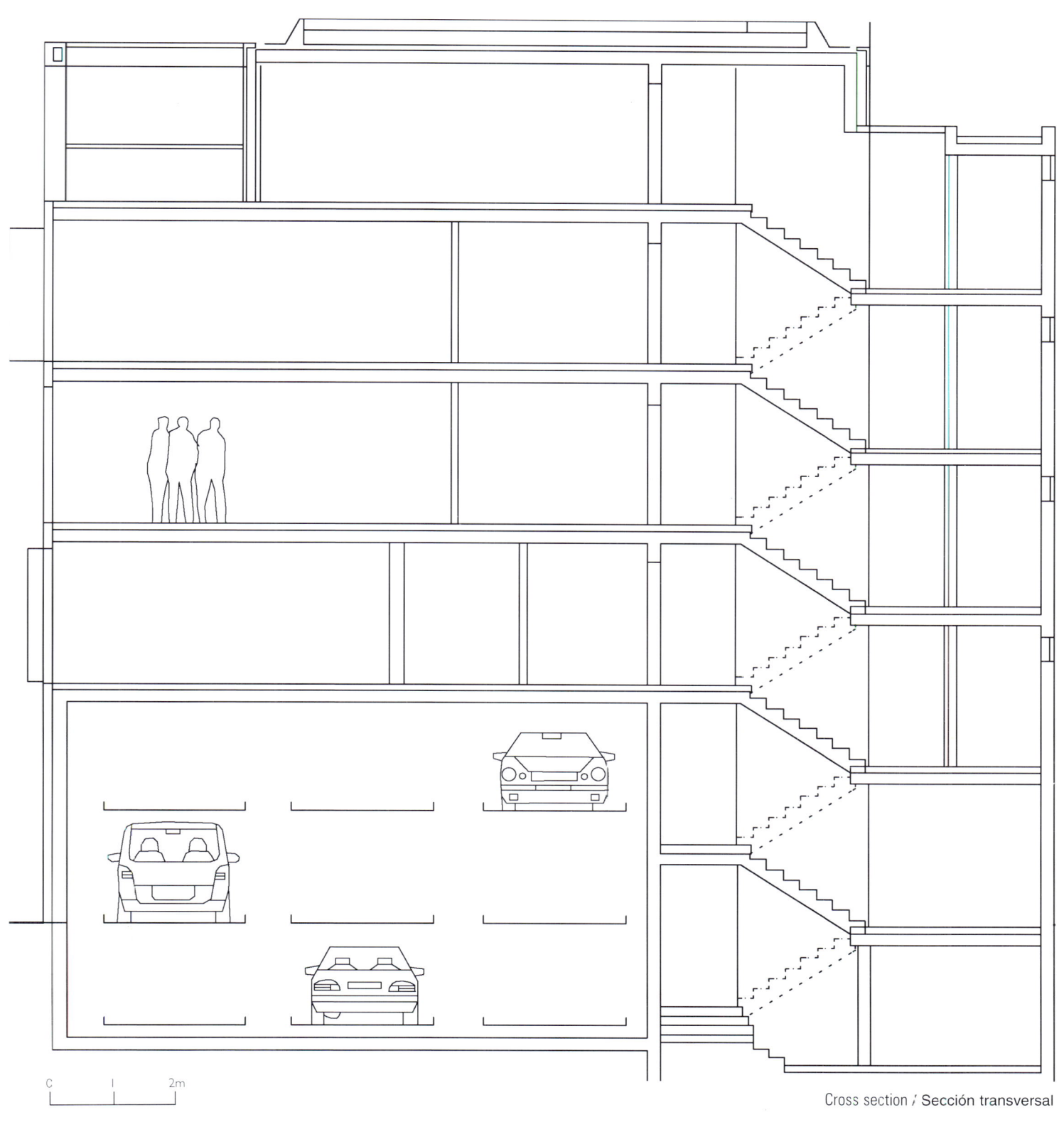

39

Detail horizontal section / Detalle sección horizontal

1. Larch casement, clear varnished
   Hoja giratoria de alerce, barnizada
2. Untreated larch sliding-folding shutter
   Persiana abatible, deslizante de alarce no tratado
3. 30 mm glass-fibre-reinforced concrete adhesive-fixed
   Hormigón reforzado con fibra de vidrio de 30 mm, pegado
4. Cranking handle for sliding-folding shutter
   Manecilla de la persiana abatible, deslizante
5. 240/240 mm in-situ concrete column
   Pilar de hormigón in situ de 240/240 mm

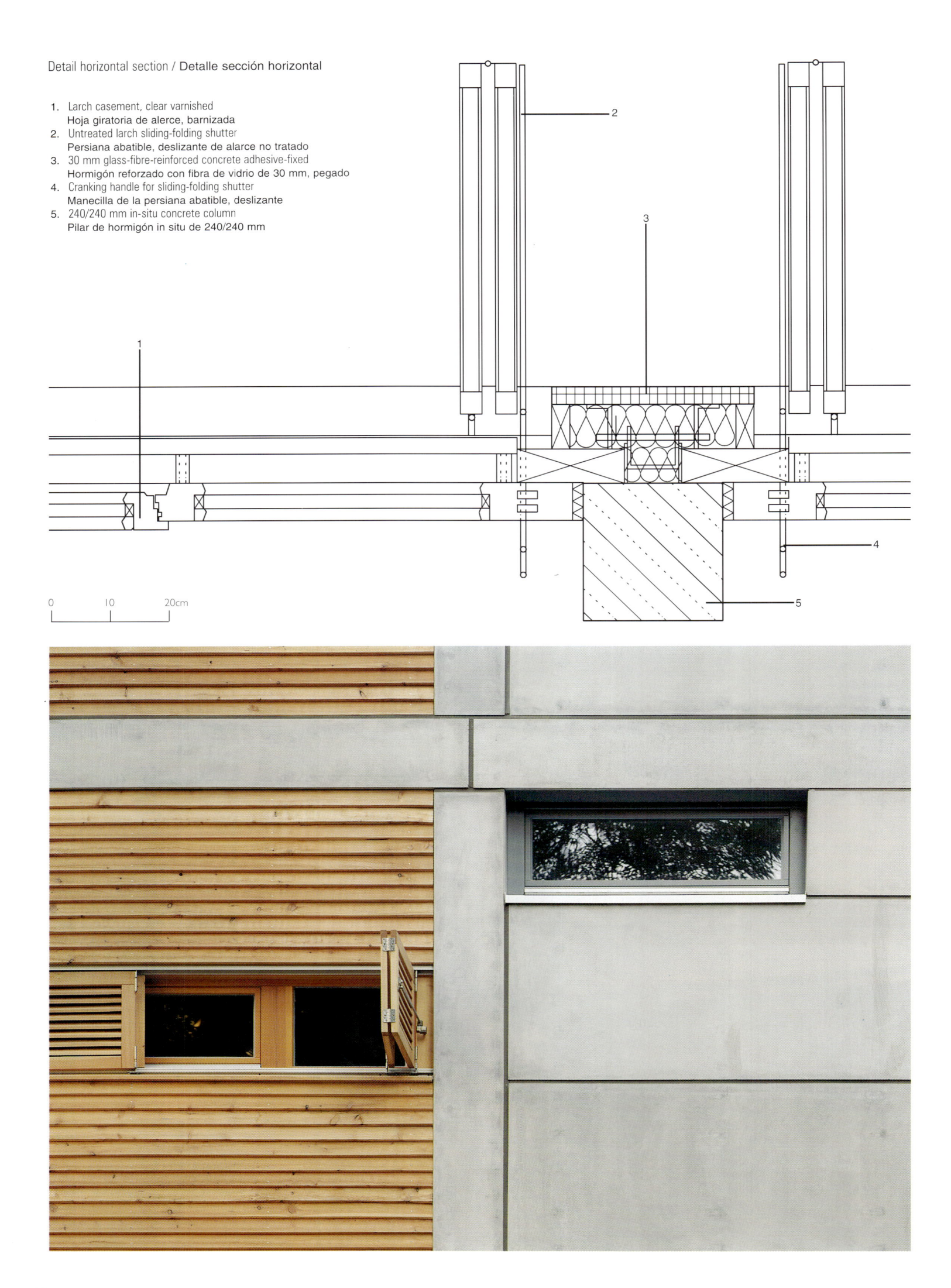

Vertical section of east-west timber wall
Sección vertical del muro este-oeste

1. 22 mm industrial-quality parquet
   Parquet de calidad industrial de 22mm
2. 30 mm glass-fibre-reinforced concrete
   Hormigón reforzado con fibra de vidrio de 30 mm
3. 22/80 mm larch shiplap boarding
   Tingladillo de alerce de 22/80mm
4. 50 mm untreated larch sliding-folding shutters
   Persiana abatible deslizante de alerce no tratado de 50 mm
5. Larch window, clear varnished
   Ventana de alerce, barnizada

Vertical section of south facade
Sección vertical de la fachada sur

1. 22 mm industrial-quality parquet
   Parquet de calidad industrial de 22 mm
2. 30 mm glass-fibre-reinforced concrete
   Hormigón reforzado con fibra de vidrio de 30 mm
3. 50 mm untreated larch sliding-folding shutters
   Persianas abatibles, deslizantes de alerce no tratado de 50 mm
4. Larch window, clear varnished
   Ventana de alerce, barnizada
5. 30 mm diam. polished stainless-steel safety rail
   Pasamanos de seguridad de acero inoxidable pulido de 30 mm de diámetro
6. 12 mm safety glass balustrade
   Balaustrada de seguridad de cristal de 12 mm

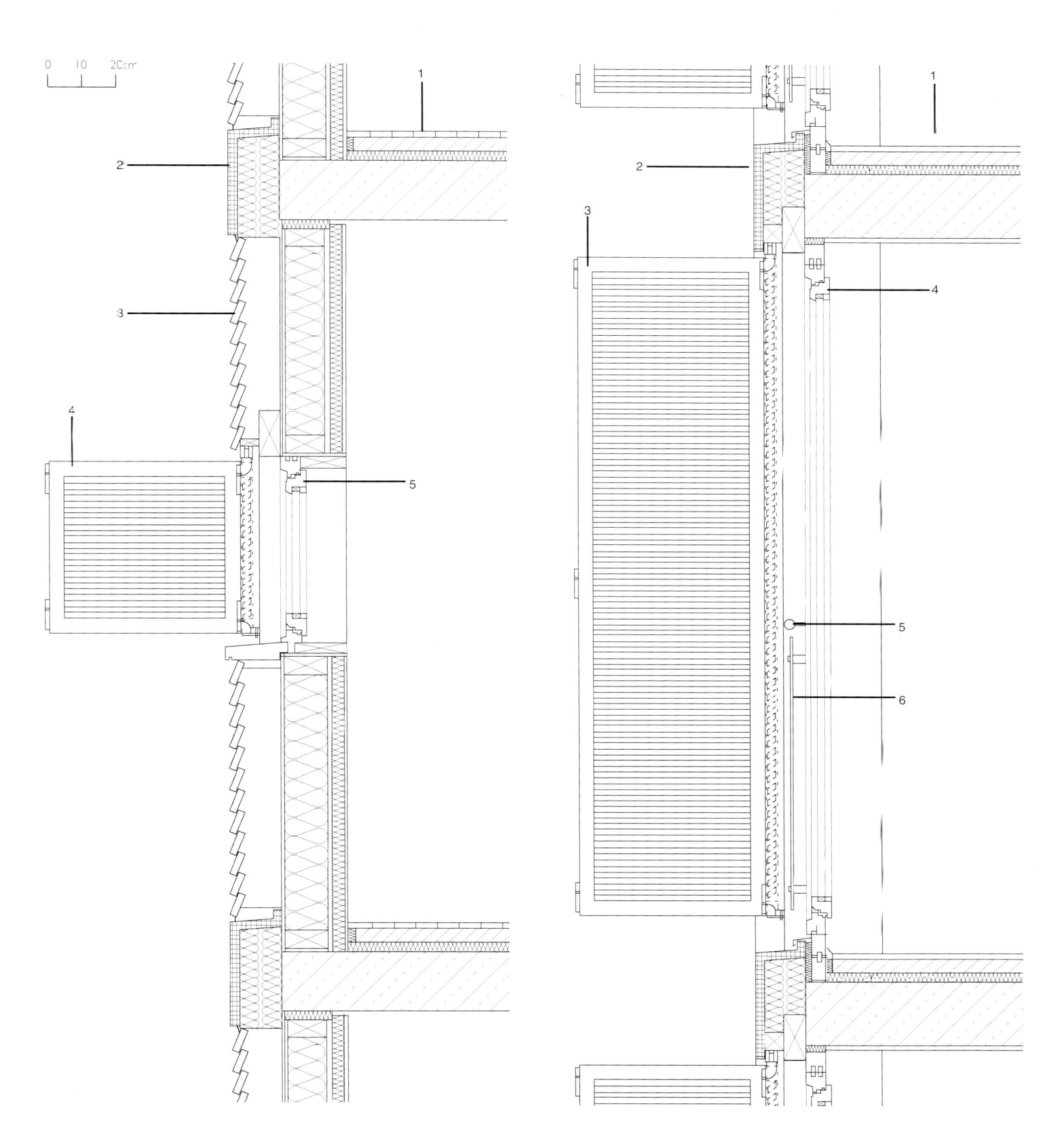

Behnisch & Partner

Social Housing in Ingolstadt-Hollerstauden

Ingolstadt, Germany

Photographs: Behnisch & Partner, Christian Kandzia

This apartment complex has been designed to provide accommodation for those who currently do not have adequate housing - large families, single mothers, students, and senior citizens. It will house approximately 300 people. The buildings are located northwest of the city of Ingolstadt, near two other Behnisch buildings, a Montessori school, and a kindergarden. They are part of Hollerstauden, a residential district. The original development plan proposed mainly public buildings for the site; however, when it became clear that there were insufficient public projects for the allocated area, part of it was made available for further residential development.

While the building's typology would no longer be very distinguishable from that of its neighboring structures, the strategy was to make it so via form and pattern. In contrast to the existing rows of four and five-story apartment blocks, the new complex is conceived as a dense carpet of two to three story buildings. The area is accessible for pedestrians from all sides. Private sun-filled gardens and a sequence of varying courts and gardens near each entrance emphasize this alternative pattern. The concept of usable public spaces is well developed, as seen in these courts and gardens as well as the presence of benches, public bicycle parking spaces, and paths linking the blocks.

The external staircases and halls have been carefully covered by transparent roofs, which offer protection from the rain while allowing sunlight in. Aside from the stairs, the upper levels can also be accessed using the elevators, which are also external, with transparent walls to give a wider sense of space.

Colorful facades and varying materials add richness and depth to this distinguished set of homes. A total of thirty apartments were completed in the course of the first building phase.

Este complejo de apartamentos ha sido diseñado para acomodar a aquellos que actualmente carecen de viviendas apropiadas - familias numerosas, madres solteras, estudiantes y personas mayores. Aproximadamente unas 300 personas vivirán en este nuevo espacio. Los edificios forman parte del distrito residencial de Hollerstauden, al noroeste de la ciudad de Ingolstadt, cerca de otros dos edificios de Behnisch, una escuela Montessori y una guardería.

El plan de desarrollo original proponía principalmente edificios públicos para este lugar. Sin embargo, cuando se hizo evidente que no había suficientes proyectos públicos programados para el área, una parte se puso a disponibilidad para la construcción de edificios residenciales. Si bien la tipología del edificio no se diferenciaría mucho de las construcciones vecinas, la estrategia era distinguirlo a través de su forma y diseño. En contraste con las filas de bloques de apartamentos de cuatro y cinco plantas, el nuevo complejo fue concebido como una densa alfombra de edificios de dos y tres plantas. El área es accesible para peatones desde todos sus lados. Este patrón alternativo se ve enfatizado por jardines privados y soleados y por una secuencia de pequeñas placetas y jardines cerca de cada entrada. El concepto de espacios públicos está bien desarrollado, como se aprecia en estas placetas y jardines, en la presencia de bancos, espacios para aparcar bicicletas y caminos que conectan los diferentes bloques.

Las escaleras externas y los pasillos están cubiertos por techos transparentes, los cuales ofrecen protección de la lluvia permitiendo a la vez el paso de la luz. Además de las escaleras, se pude acceder a las plantas superiores por medio de ascensores, también externos, con paredes transparentes que dan una sensación de mayor amplitud.

Las fachadas coloridas y la variedad de materiales aportan riqueza y profundidad a estas casas distinguidas. En el transcurso de la primera fase de construcción se completaron treinta apartamentos.

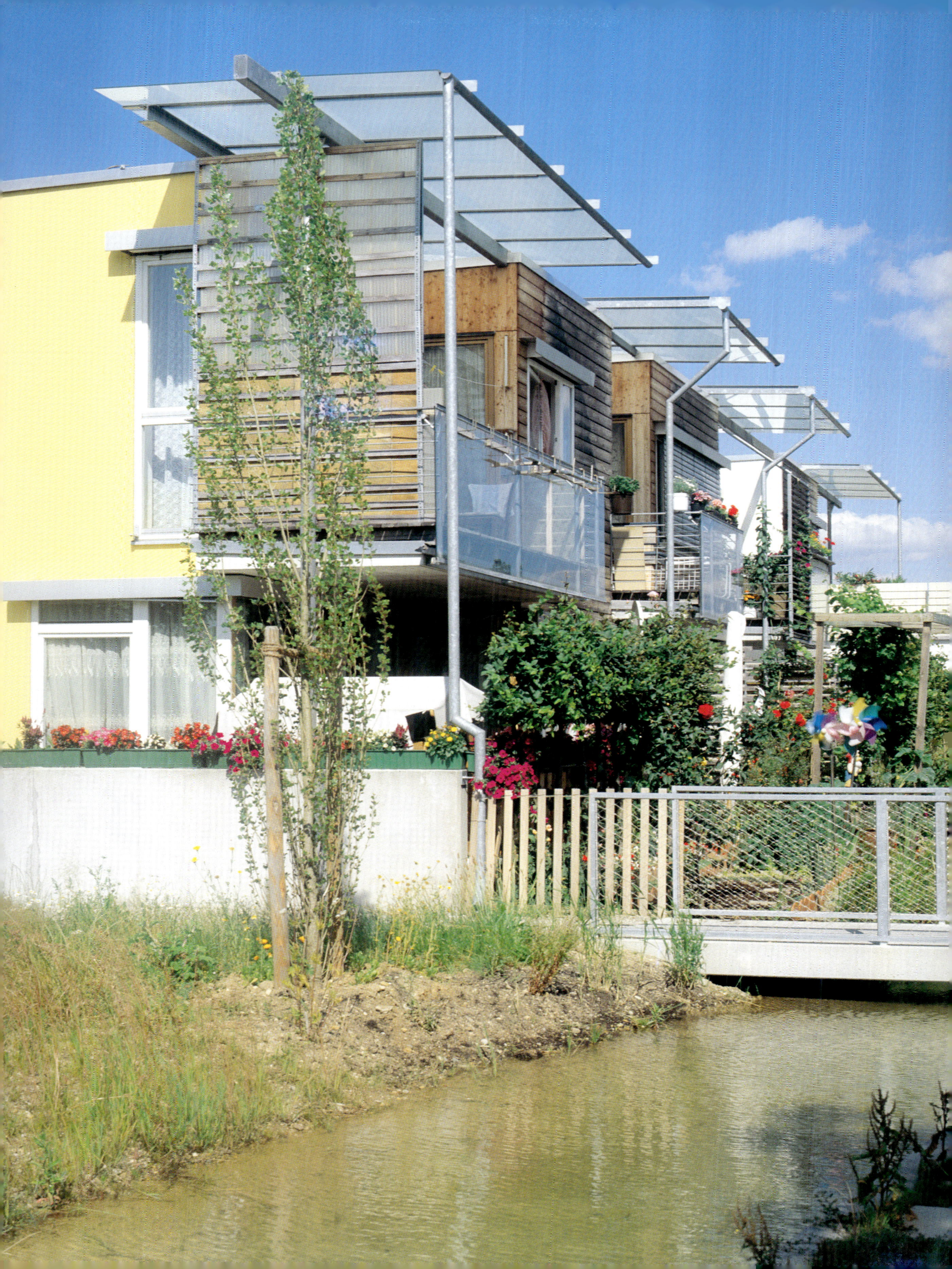

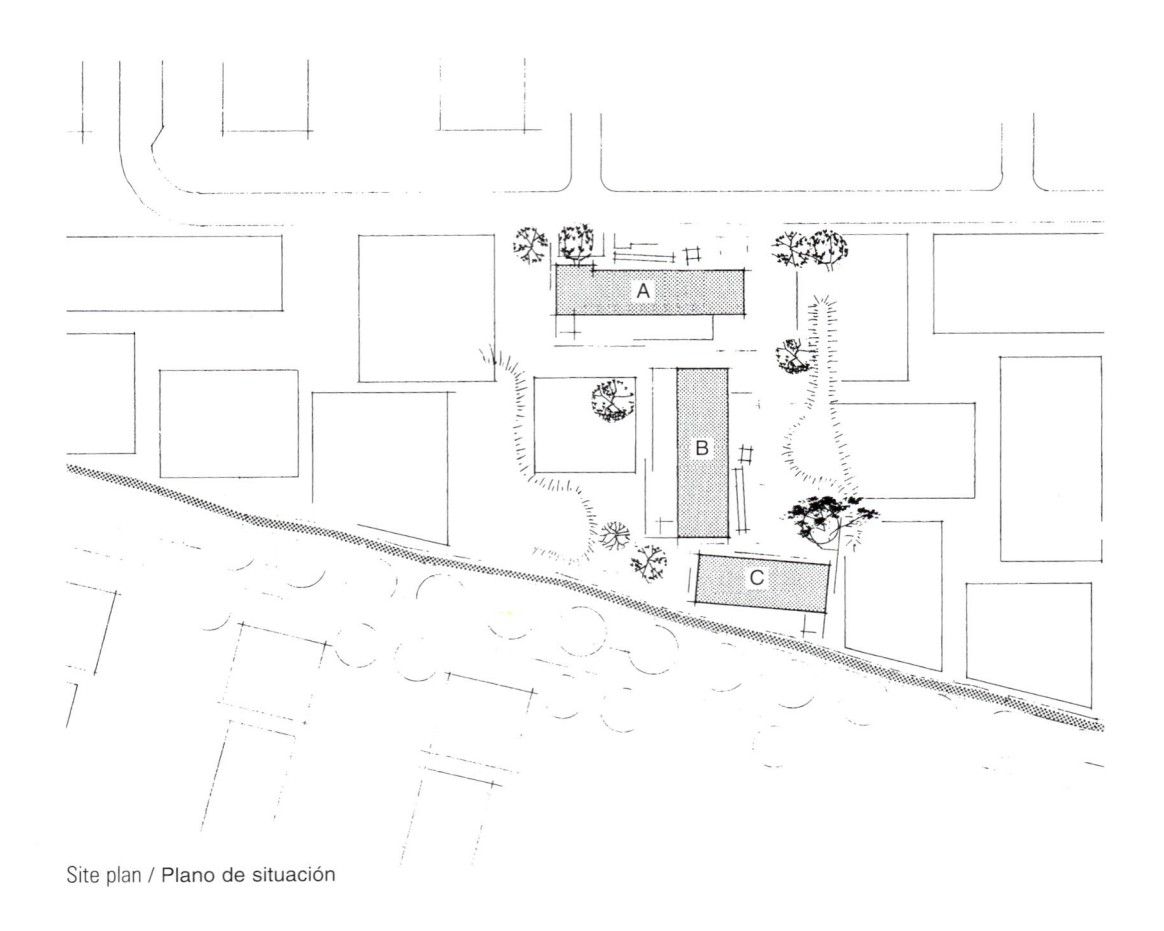

The project includes various public gardens amidst the apartment blocks. Transparent roofs covering the stairwells and external corridors heighten the feeling of spaciousness while at the same time providing shelter from the rain.

El proyecto desarrolla diferentes espacios públicos ajardinados entre los bloques de apartamentos. Por otro lado, los techos transparentes que cubren las escaleras y pasillos externas ayudan a incrementar la sensación de amplitud al tiempo que protegen estos espacios de tránsito de la lluvia.

Site plan / Plano de situación

Plot distribution plan / Plano de parcelación

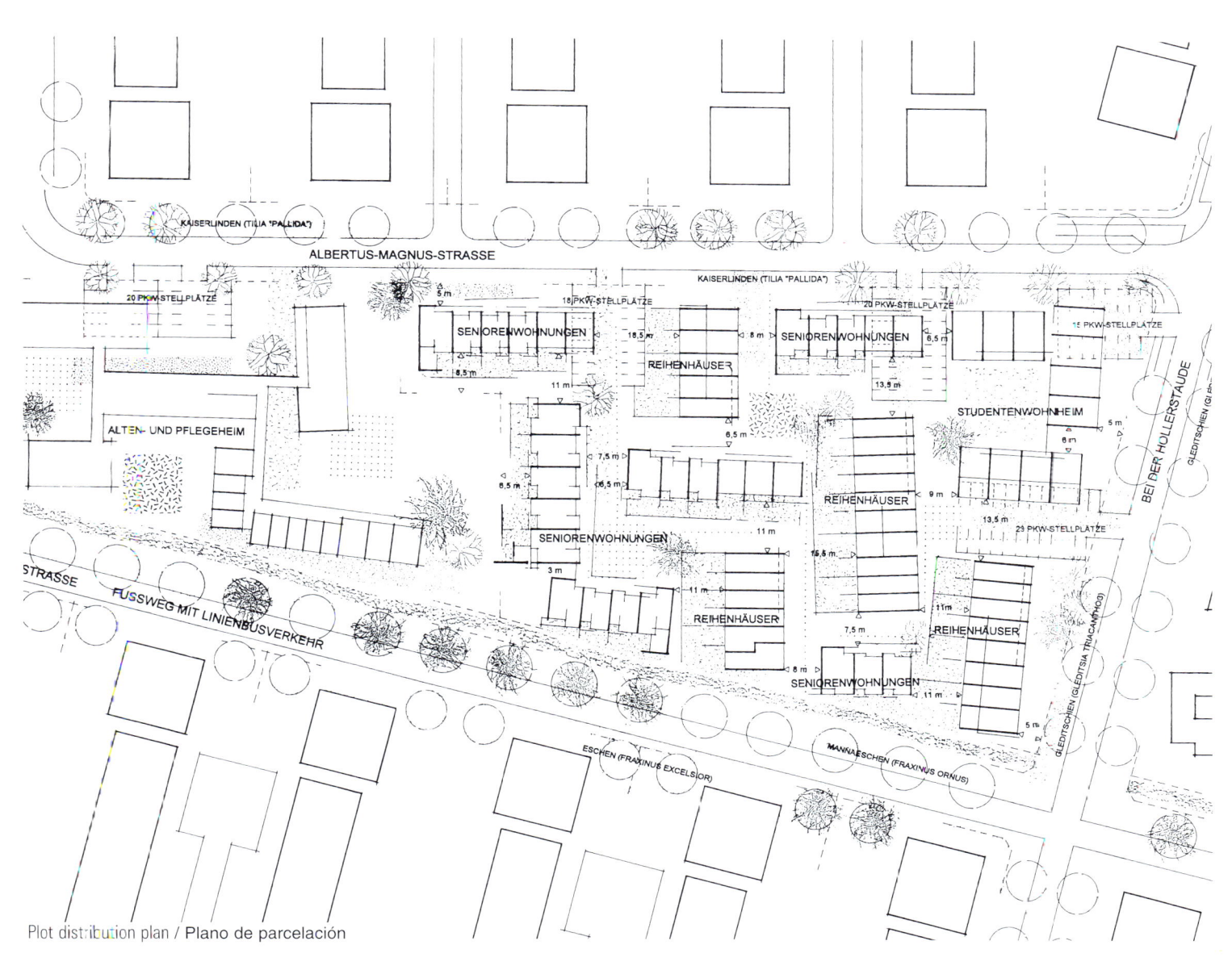

Ground floor plan / **Planta baja**

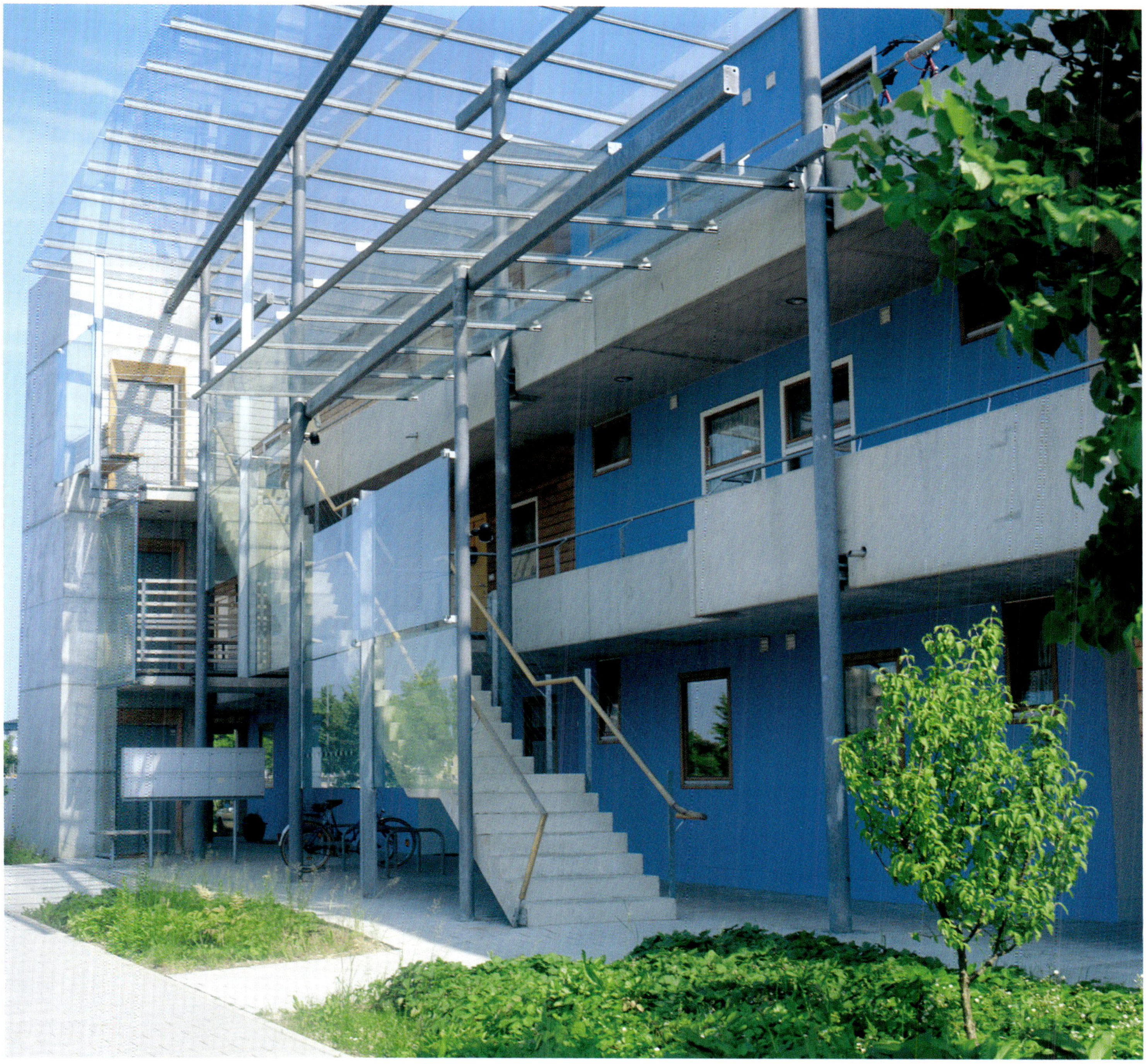

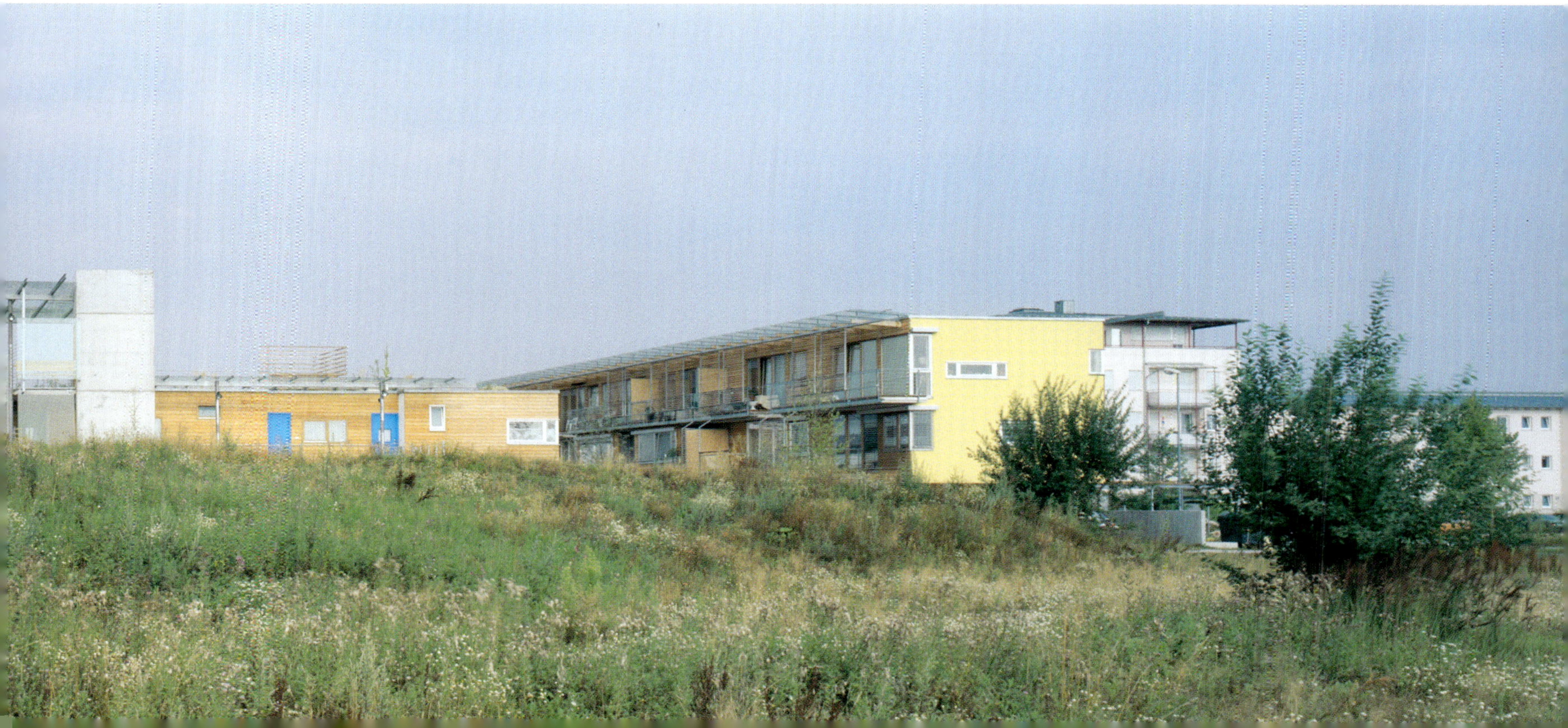

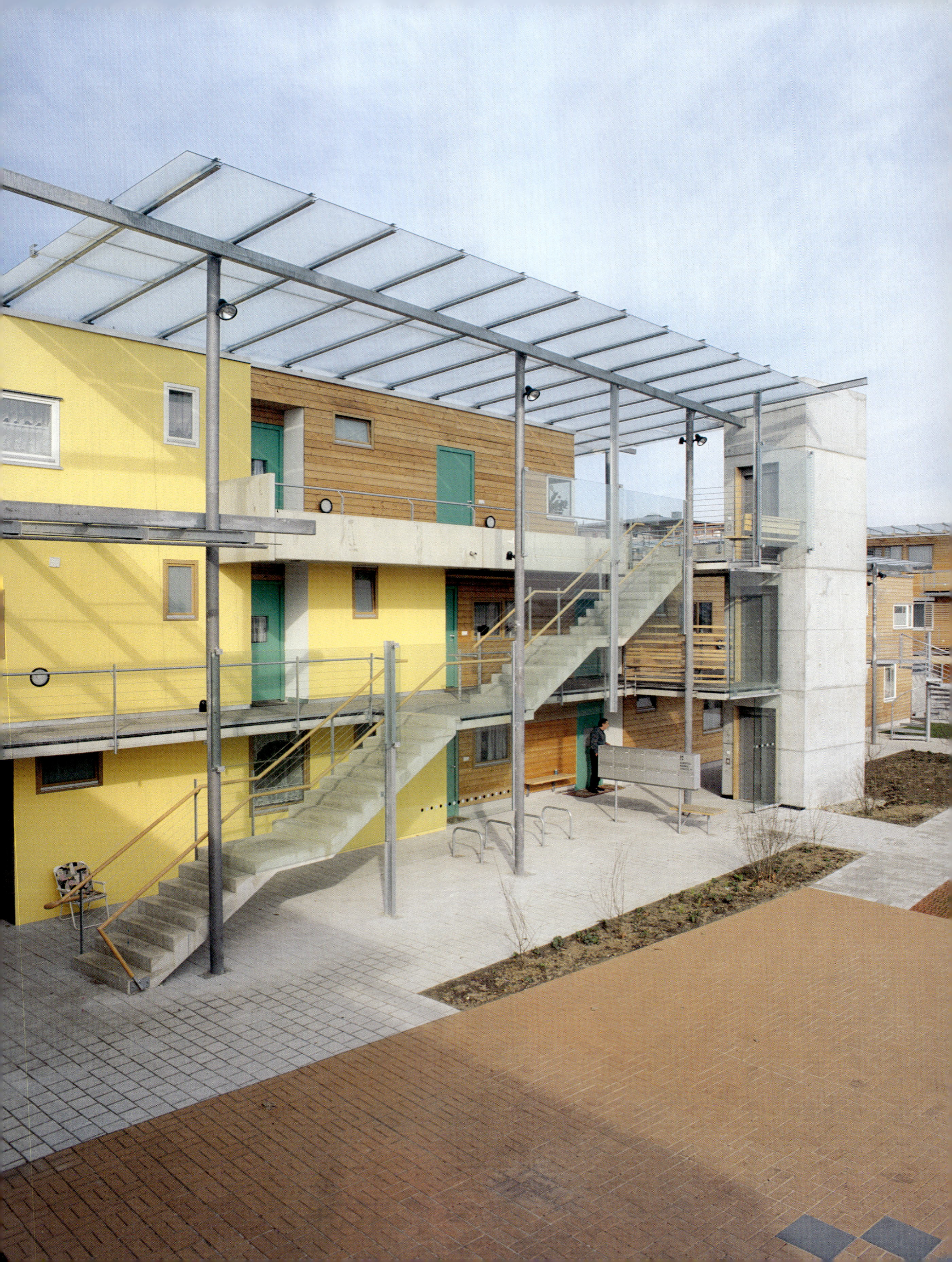

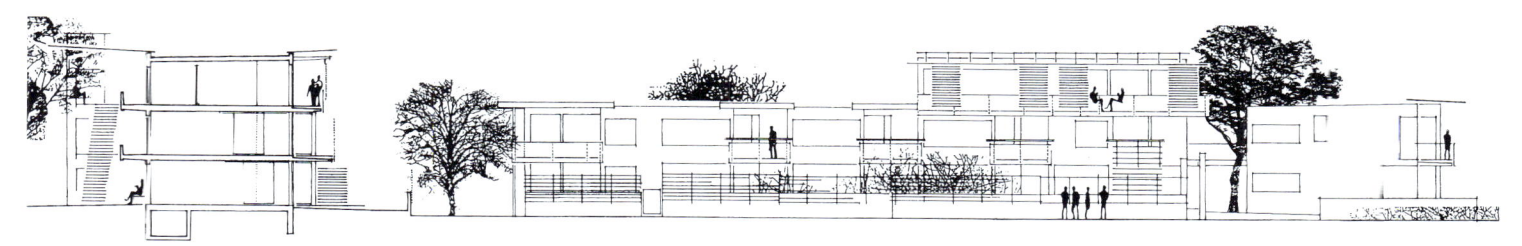

Cross section / Sección transversal

50

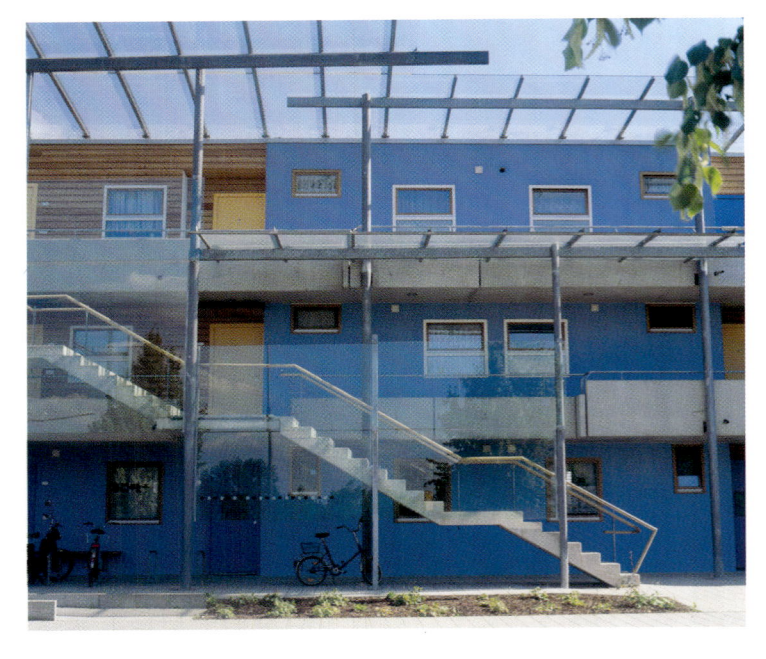

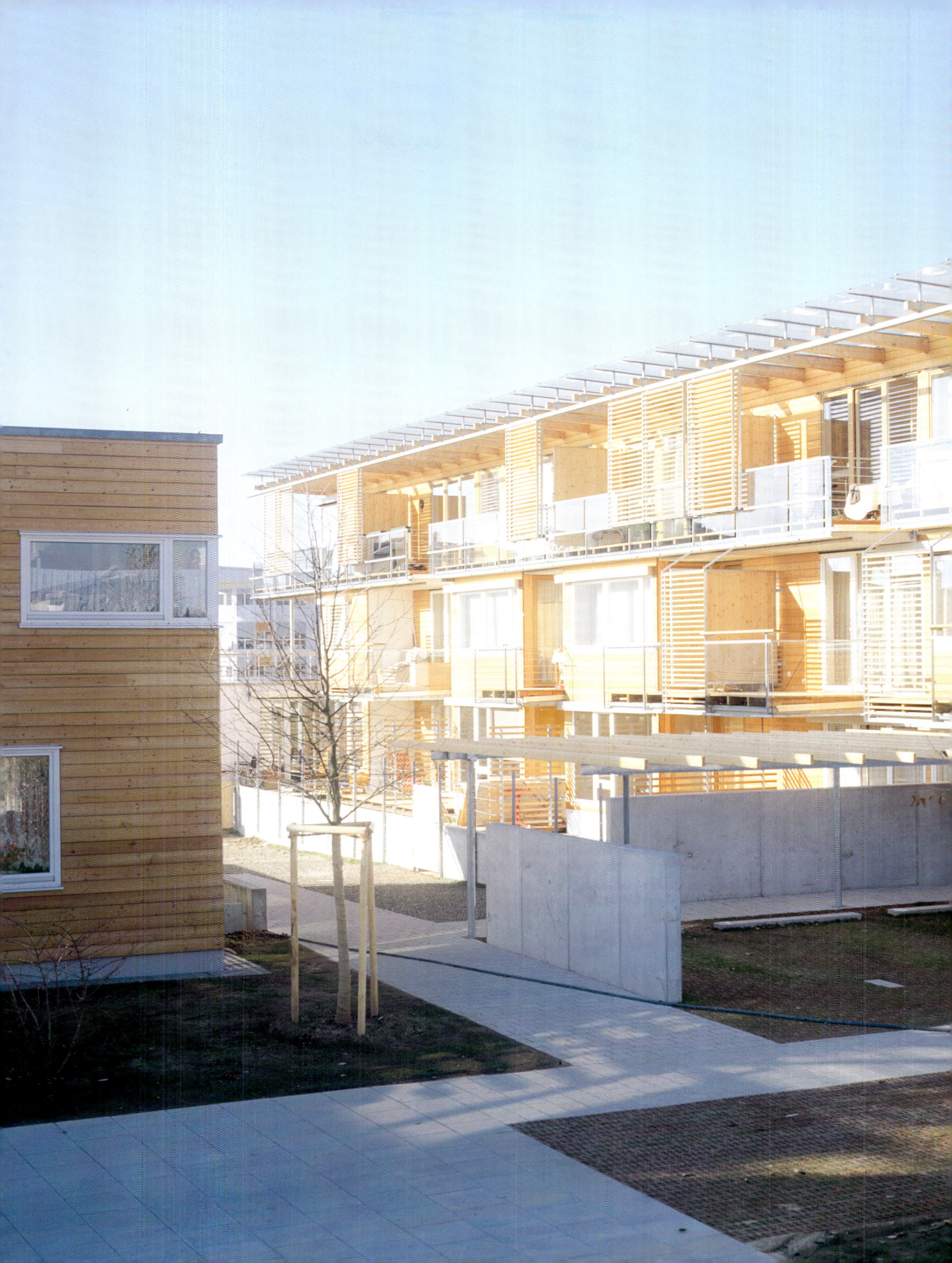

52

53

ature
Maki and Associates
Hillside West

Tokyo, Japan

Photographs: Toshiharu Kitajima
Shinkenchiku-sha

Hillside Terrace is a complex composed mainly of apartments and shops. It is located in Daikanyama, not far from Shibuya Station, a major terminal in central Tokyo. The first phase of the project was initiated at the end of the 1960s and there have been several subsequent phases leading up to Hillside West, which was constructed in 1998.

Hillside Terrace was a creative experiment in urban design, aimed at constructing a townscape using the architectural language of modernism. The most recent scheme - Hillside West - follows this philosophy in its pursuit of the creation of an informal realm within an urban setting.

The Hillside West site lies between Kyu-Yamate Avenue to the front, and a quiet residential street in the back, with a 5,5 meter difference in level between the two streets. The complex is laid out in three main volumes, each with its own specific character and each adopting the height of the neighboring developments.

Different colors ranging from white to gray, and different materials such as aluminum, glass and Corona mosaic tile have been used on the building's surfaces. The rear space between the individual tracts has been laid out as a small garden, which forms a transition between the courtyard areas at the center of the complex and the residential street. There is a semi-public route threaded between the three buildings that enables pedestrians to cut through the site to the residential street at the rear.

In front of the living areas there is a louvered screen suspended at a distance of 75 cm from the facade. This screen enhances the private character of these areas by acting as a visual filter, and it also provides shading for the balconies on this face. The screen is made of aluminum tubes which not only allow the penetration of fifty per cent of the light, but which also seem to reflect the light into the depths of the rooms beyond, thereby creating a bright and airy interior atmosphere.

Hillside Terrace es un complejo formado principalmente por apartamentos y tiendas. Está ubicado en Daikanyama, cerca de la estación de Shibuya, una terminal importante en el centro de Tokyo. La primera fase del proyecto se inició a finales de los años 60 y ha habido varias fases subsiguientes hasta llegar a Hillside West, construido en 1998. Hillside Terrace era un experimento creativo en urbanismo cuya meta era la construcción de un paisaje urbano utilizando el idioma arquitectónico del modernismo. El proyecto más reciente -Hillside West- sigue esta filosofía en su búsqueda de la creación de un mundo informal dentro de un marco urbano. Hillside West está ubicado entre la Avenida Kyu-Yamate y una tranquila calle residencial en la parte trasera, con una diferencia de nivel de 5,5 metros entre las dos calles. El complejo está articulado en tres volúmenes principales, cada uno con su propio carácter específico y adoptando la altura de los edificios vecinos. Distintos colores, que van desde blanco hasta el gris, y distintos materiales, como aluminio, cristal y el mosaico Corona han sido utilizados en las superficies de los edificios. El espacio posterior entre las extensiones individuales se ha establecido como un pequeño jardín que representa la transición entre las áreas del patio interior, en el centro del complejo, y la calle residencial. Hay un camino semipúblico que discurre entre los tres edificios y que permite a los peatones atravesar el sitio hacia la calle residencial situada en la parte de atrás.

En frente de los espacios de vivienda hay una pantalla suspendida a una distancia de 75 cm de la fachada. Esta pantalla resalta el carácter de estas áreas actuando como un filtro visual, y también proporciona sombra a los balcones situados en este lado. La pantalla está hecha de tubos de aluminio que no sólo permiten que pase el 50 por ciento de la luz, sino que también, por su forma, parecen reflejar la luz hacia la profundidad de las habitaciones. Esto ayuda a crear una atmósfera interna iluminada y aireada.

Site plan / Plano de situación

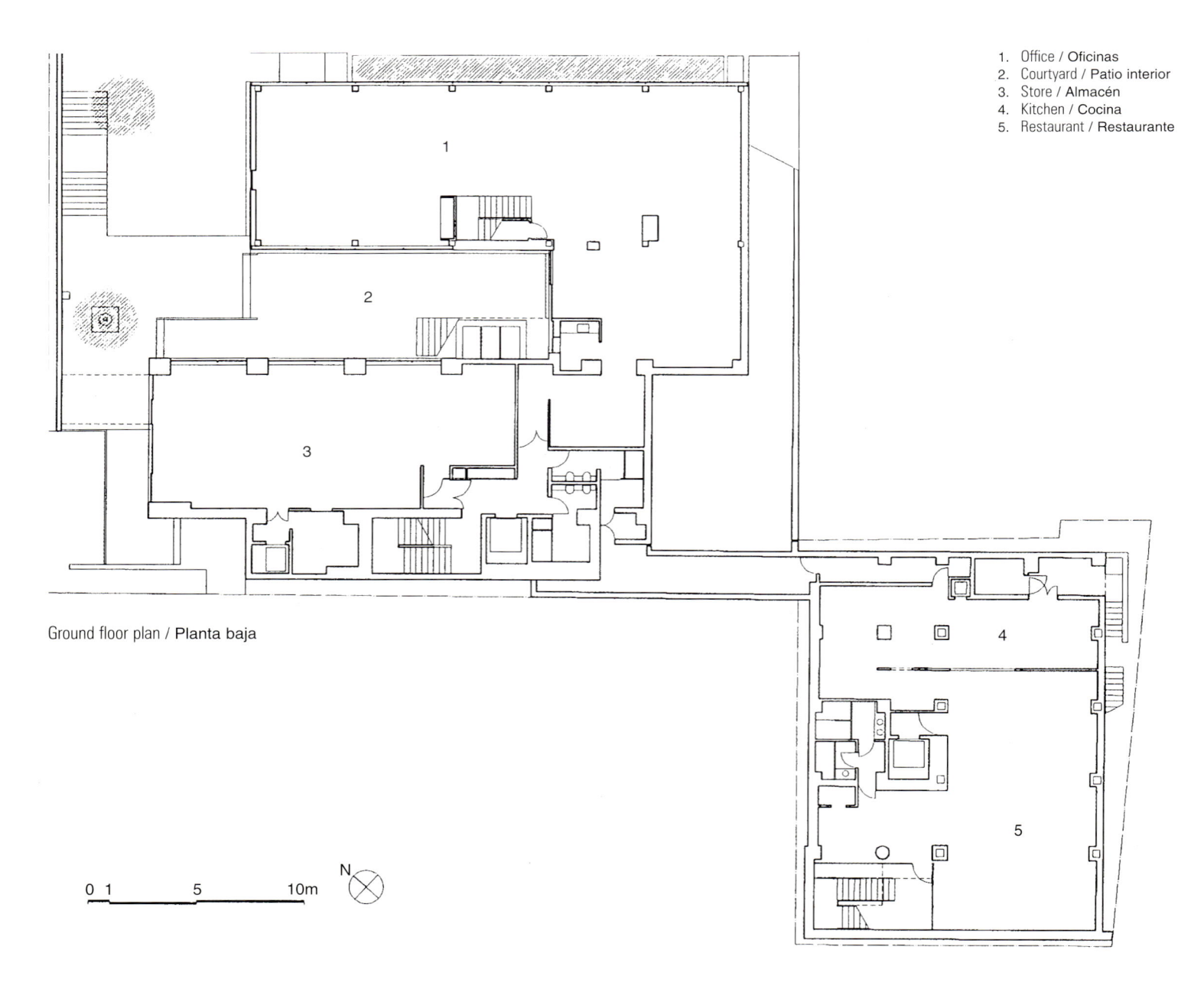

1. Office / Oficinas
2. Courtyard / Patio interior
3. Store / Almacén
4. Kitchen / Cocina
5. Restaurant / Restaurante

Ground floor plan / Planta baja

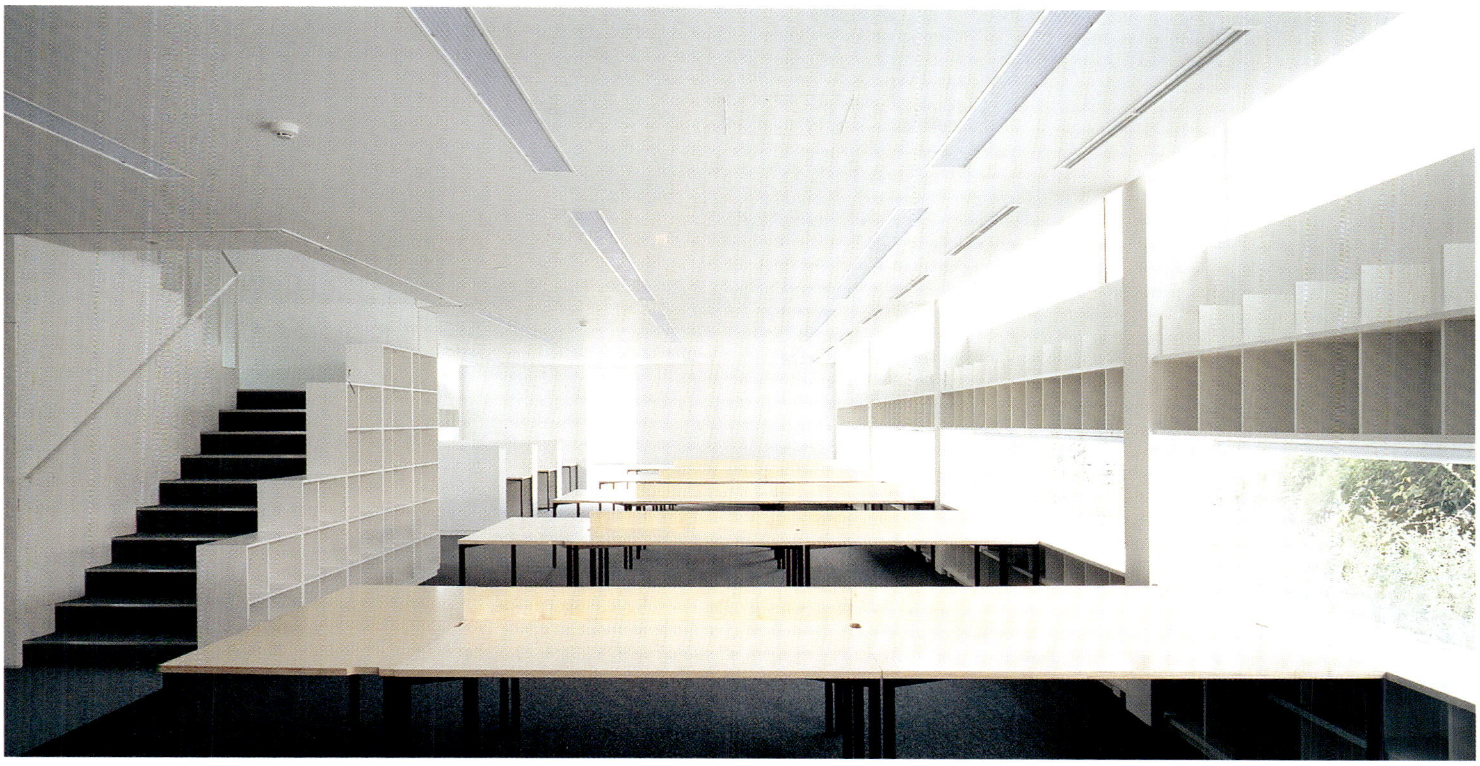

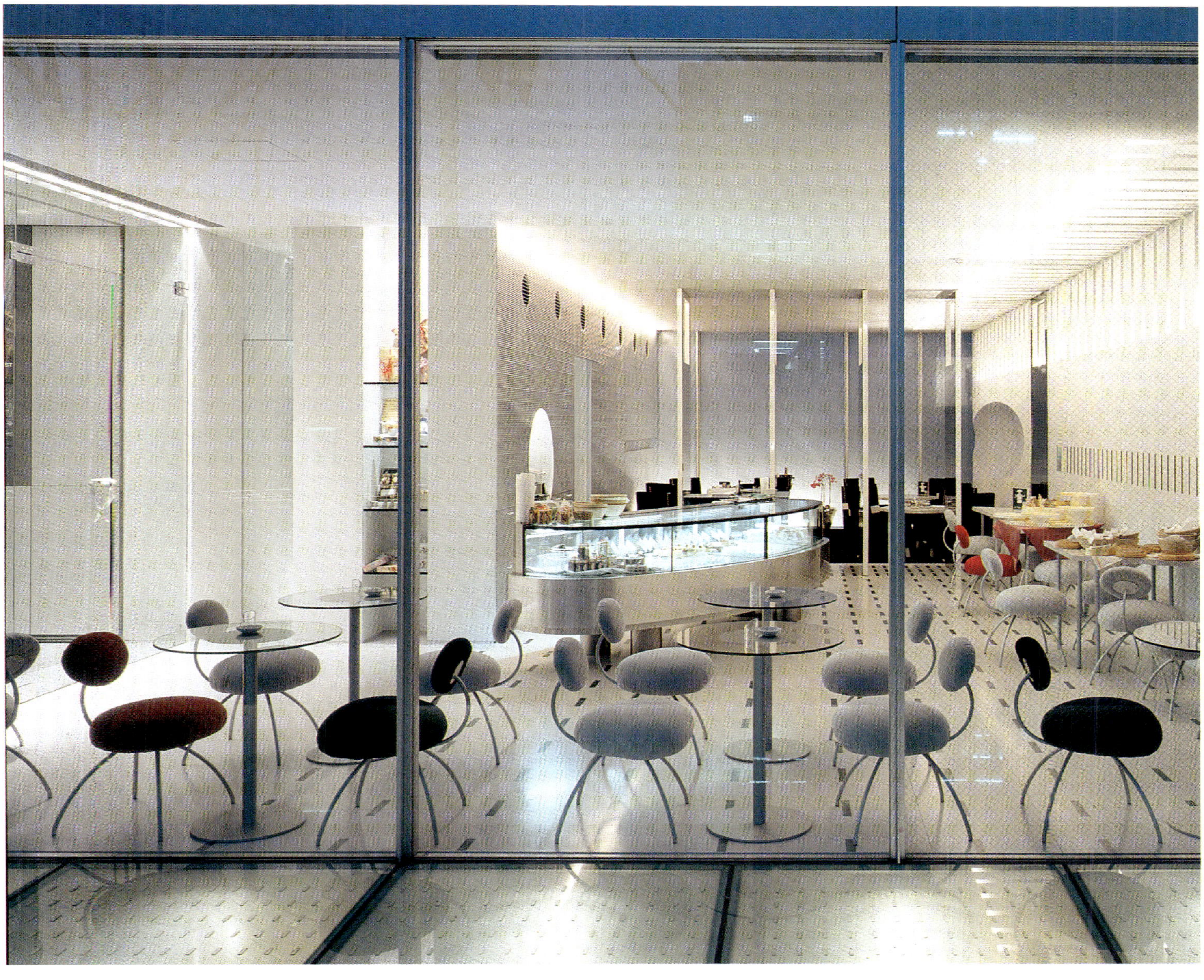

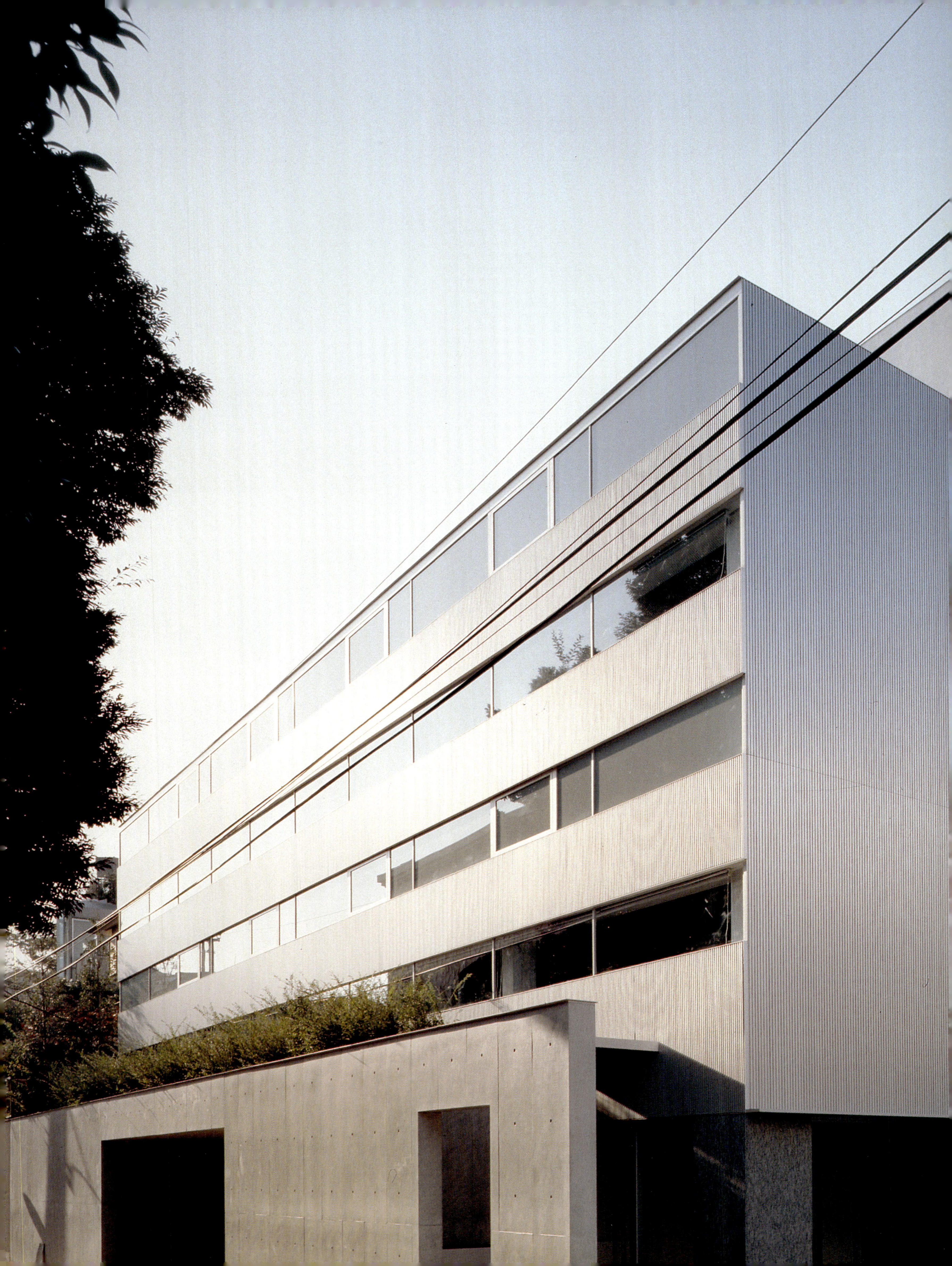

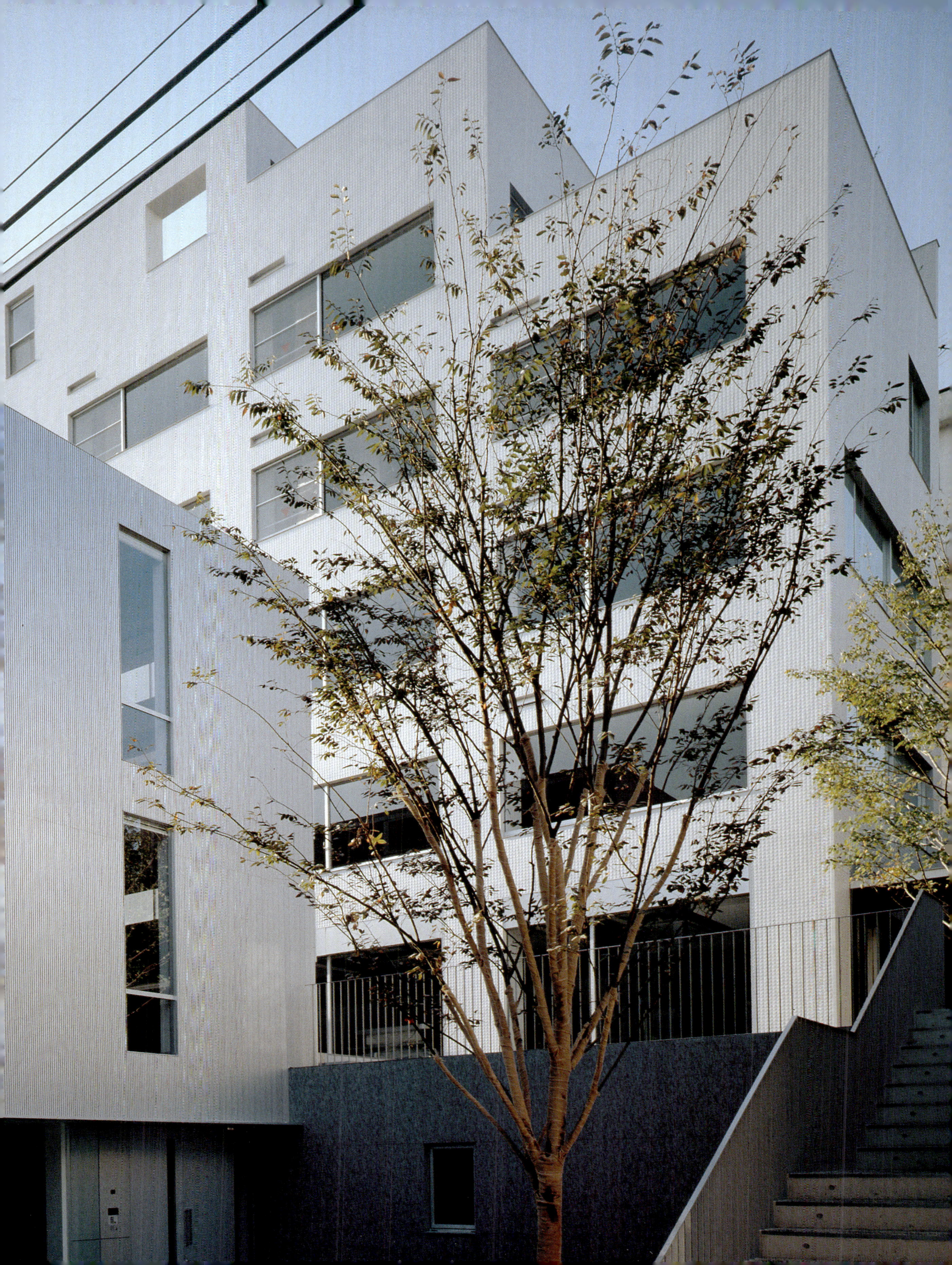

Third floor plan / Planta tercera

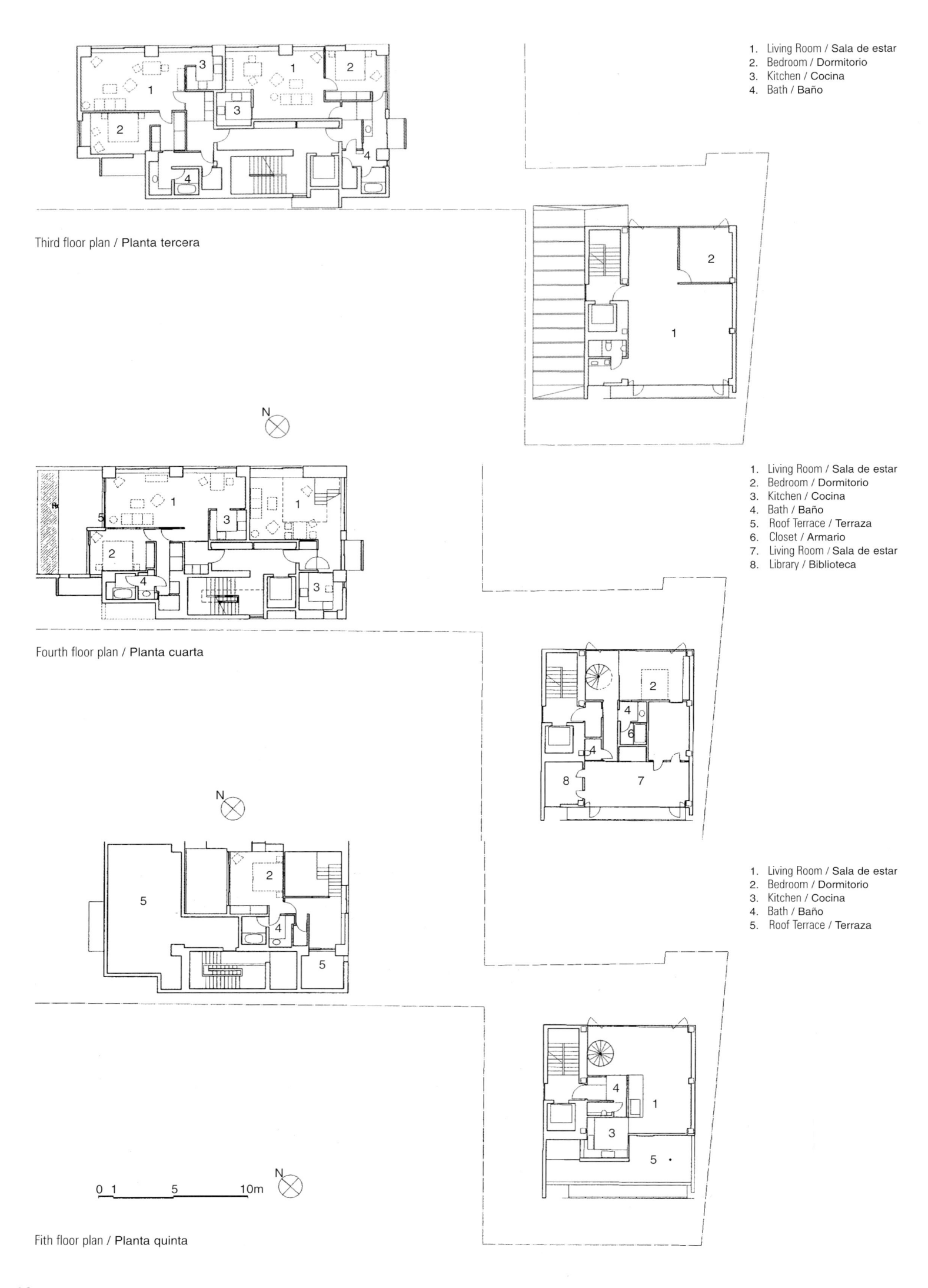

1. Living Room / Sala de estar
2. Bedroom / Dormitorio
3. Kitchen / Cocina
4. Bath / Baño

Fourth floor plan / Planta cuarta

1. Living Room / Sala de estar
2. Bedroom / Dormitorio
3. Kitchen / Cocina
4. Bath / Baño
5. Roof Terrace / Terraza
6. Closet / Armario
7. Living Room / Sala de estar
8. Library / Biblioteca

Fith floor plan / Planta quinta

0 1   5   10m

1. Living Room / Sala de estar
2. Bedroom / Dormitorio
3. Kitchen / Cocina
4. Bath / Baño
5. Roof Terrace / Terraza

61

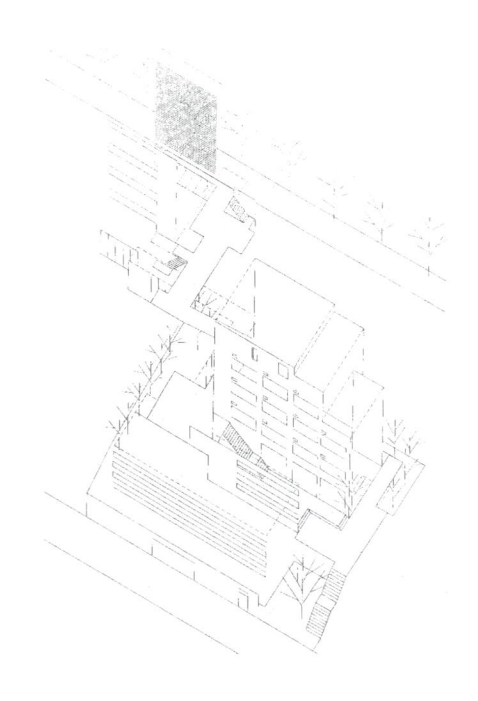

The curtain facade construction consists of 15 mm diameter aluminum tubes at 30 mm centers. The aluminum tubes are riveted to a framework suspended from the steel load-bearing structure of the building. The true facade behind the screen consists of room-height aluminum casement elements.

La cortina sobre la fachada consiste en tubos de aluminio de 15 mm de ancho a 30 mm de distancia entre sí. Los tubos de aluminio están pegados a un marco suspendido de la estructura de carga, hecha de acero, del edificio mismo. La verdadera fachada está detrás de la pantalla y se realizó con elementos de aluminio de la altura de las habitaciones.

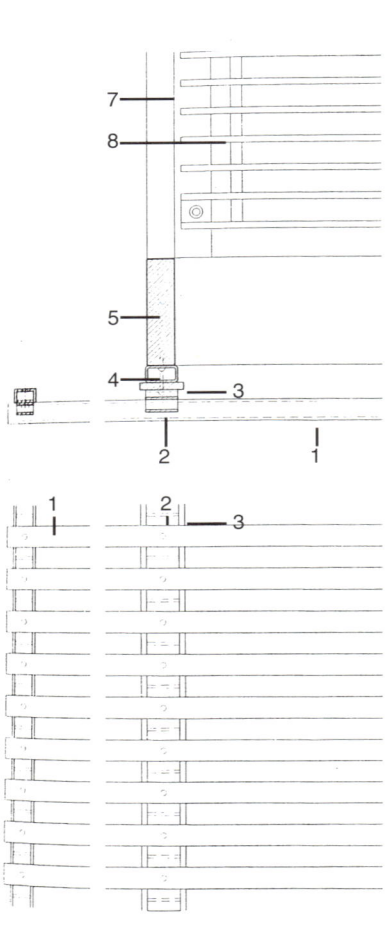

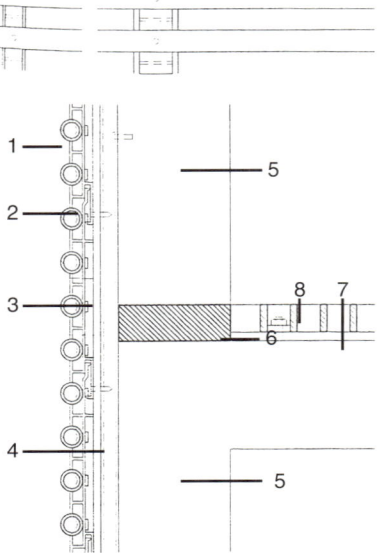

Enclosure detail / Detalle de cerramiento

1. 15 mm dia. aluminum tube, riveted
   Tubo de aluminio de 15 mm. de diám., remachado

2. Aluminum section
   Sección de aluminio

3. 5/30 mm aluminum flat
   Perfil de aluminio de 5/30 mm

4. 22/12/1.5 mm stainless-steel RHS
   Acero inoxidable RHS 22/12/1.5 mm

5. Steel flats: 19/75 mm
   Perfiles de acero: 19/75 mm

6. 25/75 mm steel flat
   Perfil de acero de 25/75 mm

7. 6/25 mm steel flat
   Perfil de acero de 6/25 mm

8. 4.5/19 mm galvanized steel flat
   Perfil de acero galvanizado de 25/75 mm

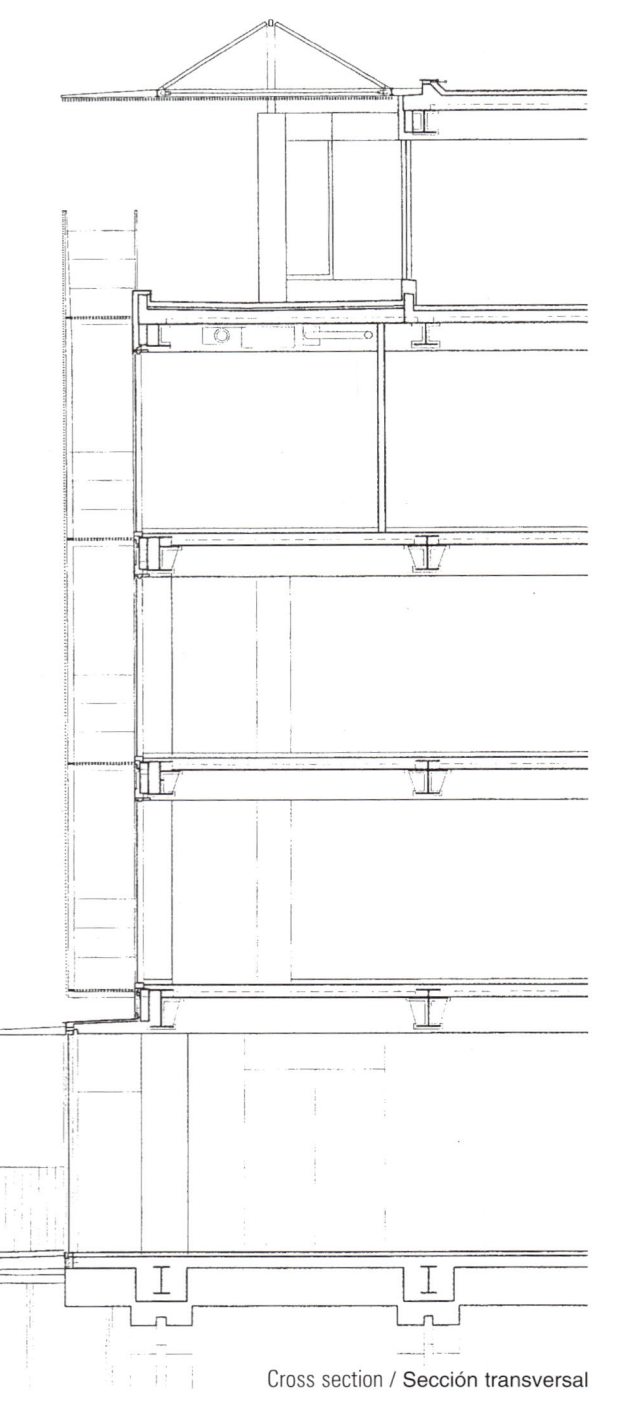

Cross section / Sección transversal

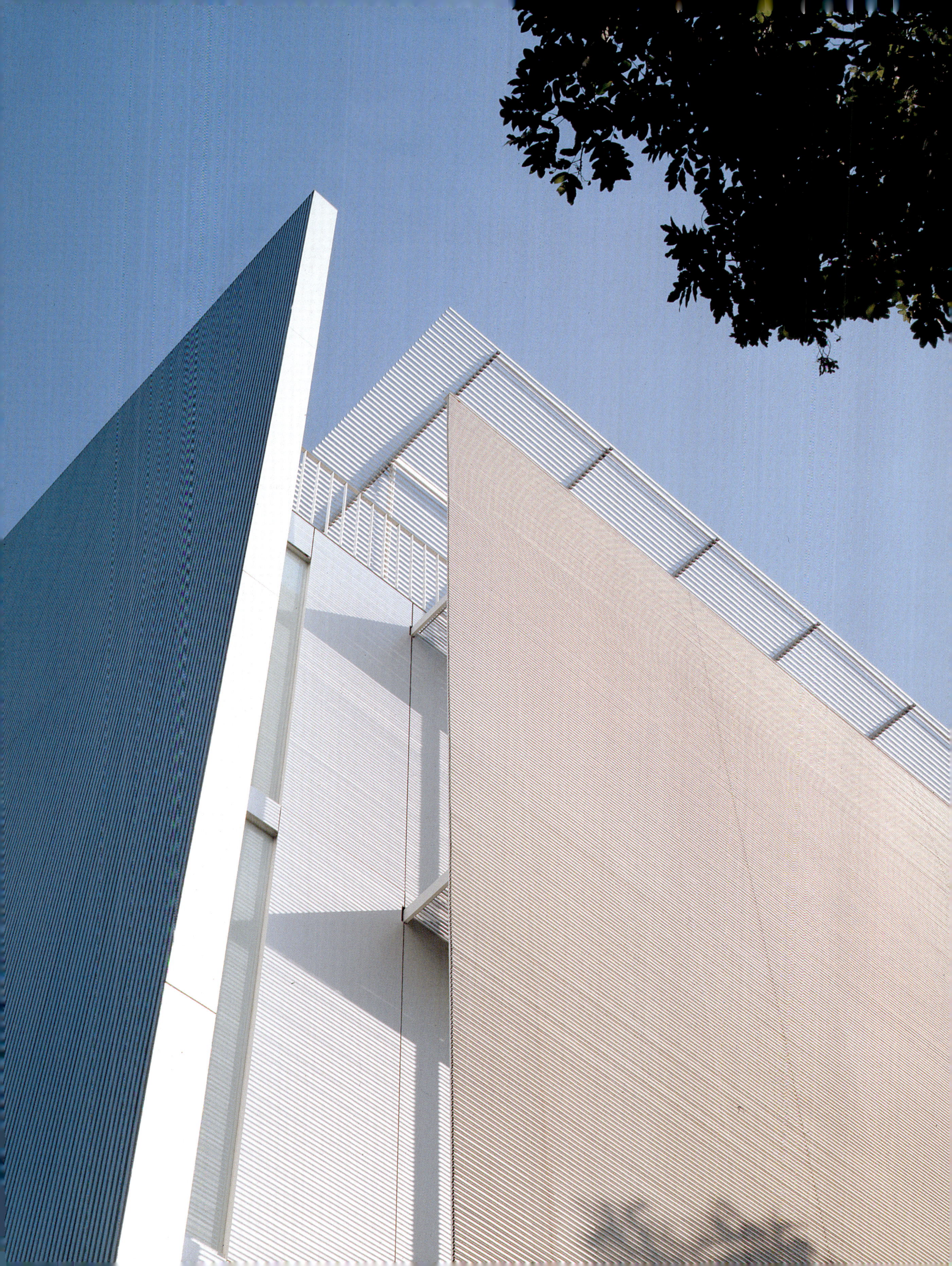

Brullet, Frutos, de Luna y Sanmartín

129 viviendas de protección oficial

El Prat de Llobregat, Spain   Photographs: Lluís Casals

This project was developed within a fairly unstructured urban development plan, where the housing block is a very isolated unit, surrounded by large plots with constructions whose volumes have not been designed with the urban fabric of the overall complex in mind. Thus, it was decided to accept the block's isolated situation, giving it an autonomous image with regards to the other constructions. The idea is that its considerable size will give it a passive role in the organization of the new pedestrian avenue and urban zone.

The block's isolation also led to the decision to route the apartments' pedestrian access through the large inner courtyard. The courtyard access enabled the correction of the one-meter difference in floor level to the ground-floor apartments on one side, also allowing access to the apartments facing the pedestrian avenue from a level above the ground floor shops.

Two slightly inclined planes, which thereby allow maximum visual control of the space, comprise the courtyard, which has been fitted with trees; the surface has been paved in order to prevent rapid deterioration and to avoid elevated maintenance costs.

Aside from the main courtyard access, there are also pedestrian access routes on the other three corners of the block.

For the actual construction of the apartments, an effort was made to optimize the established surfaces of 70 and 90 m^2 for the 129 apartments by introducing the concept of adapting the dwelling to different uses. Each unit has a day and night zone, based on the meticulous study of the relation between spaces: for cooking and eating, the location of the toilets, and the laundry area. The most important aspect is being able to integrate these spaces in diverse ways.

Este proyecto se desarrolló dentro de una ordenación urbanística bastante desestructurada, donde la manzana de viviendas objeto del proyecto queda como una pieza muy aislada, rodeada por grandes parcelas con equipamientos volumétricamente poco pensados para dar estructura urbana a todo el conjunto. Dada esta condición, se planteó aceptar esta situación de aislamiento de la manzana dándole a ésta una imagen autónoma respecto al resto de edificaciones, pensando que el volumen (considerable) de la misma le permitirá jugar un papel tranquilo dentro de la ordenación de la nueva rambla y la nueva zona urbana. También como consecuencia del aislamiento de la manzana, se propuso el acceso de los viandantes a las viviendas desde el gran patio interior de la manzana. El acceso a las viviendas desde el gran patio posibilita salvar el desnivel de un metro para las viviendas que están en planta baja en un lado, permitiendo el acceso a las mismas a pie plano, y a la vez acceder a las viviendas que dan a la Rambla desde un nivel superior a la planta baja comercial.

El patio se ha tratado a partir de dos planos ligeramente inclinados de manera que posibilitan el máximo control visual del espacio. La superficie se urbanizó con árboles y se pavimentó para evitar una degradación rápida y grandes costes de mantenimiento.

Además del acceso principal del patio se plantearon unos accesos de viandantes en las otras tres esquinas de la manzana.

En la construcción misma de las viviendas se ha tratado de optimizar las superficies dadas de 70 y 90 m^2 para las 129 viviendas mediante la introducción del concepto de adaptabilidad de la vivienda a diferentes usos. Cada unidad tiene una zona de día y una de noche, estudiando de manera cuidadosa la relación entre los espacios: de cocinar y comer, la ubicación de los servicios sanitarios y el espacio de lavandería y secado de ropa. Lo importante es que estos espacios puedan ser integrados de diversas maneras.

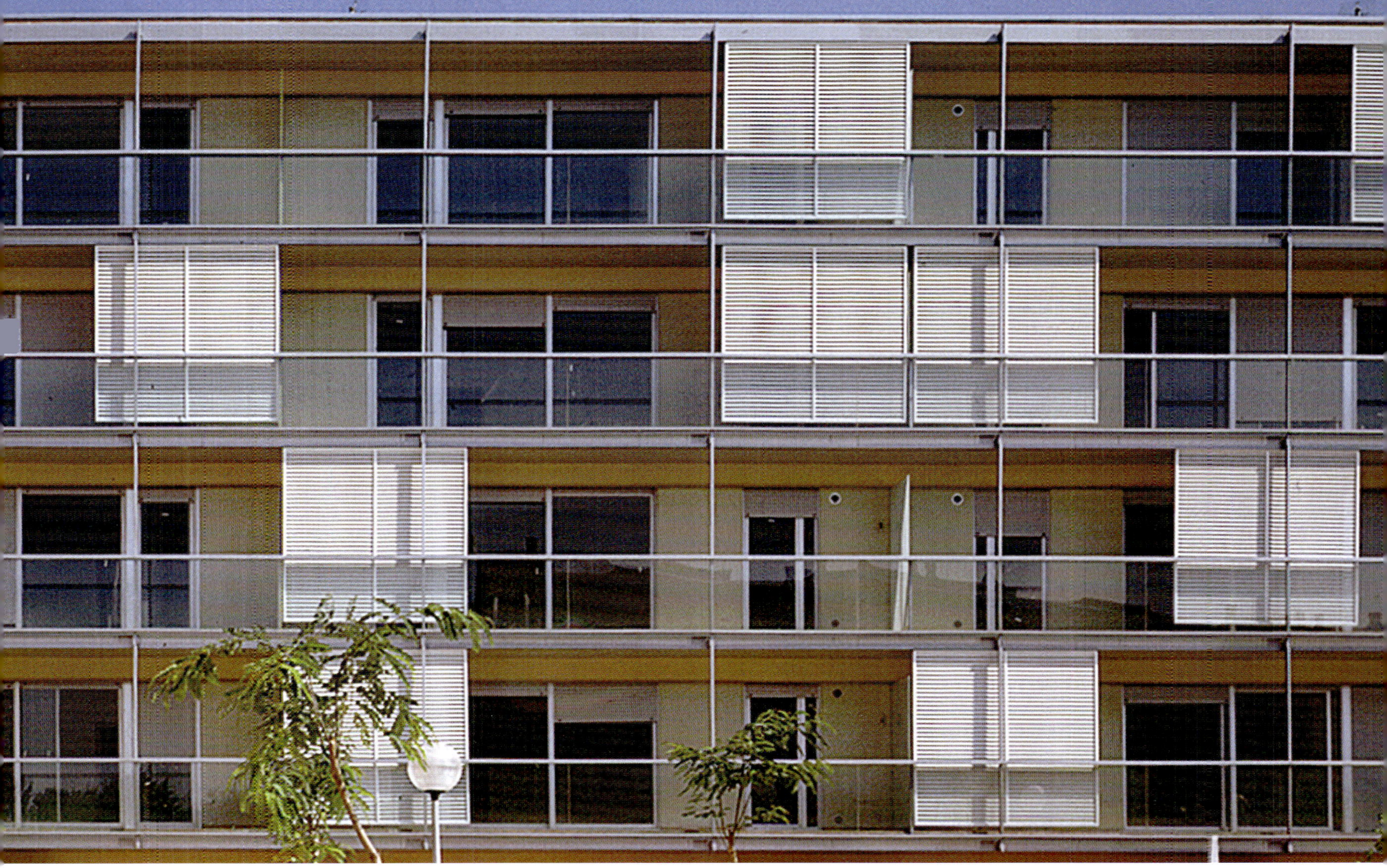

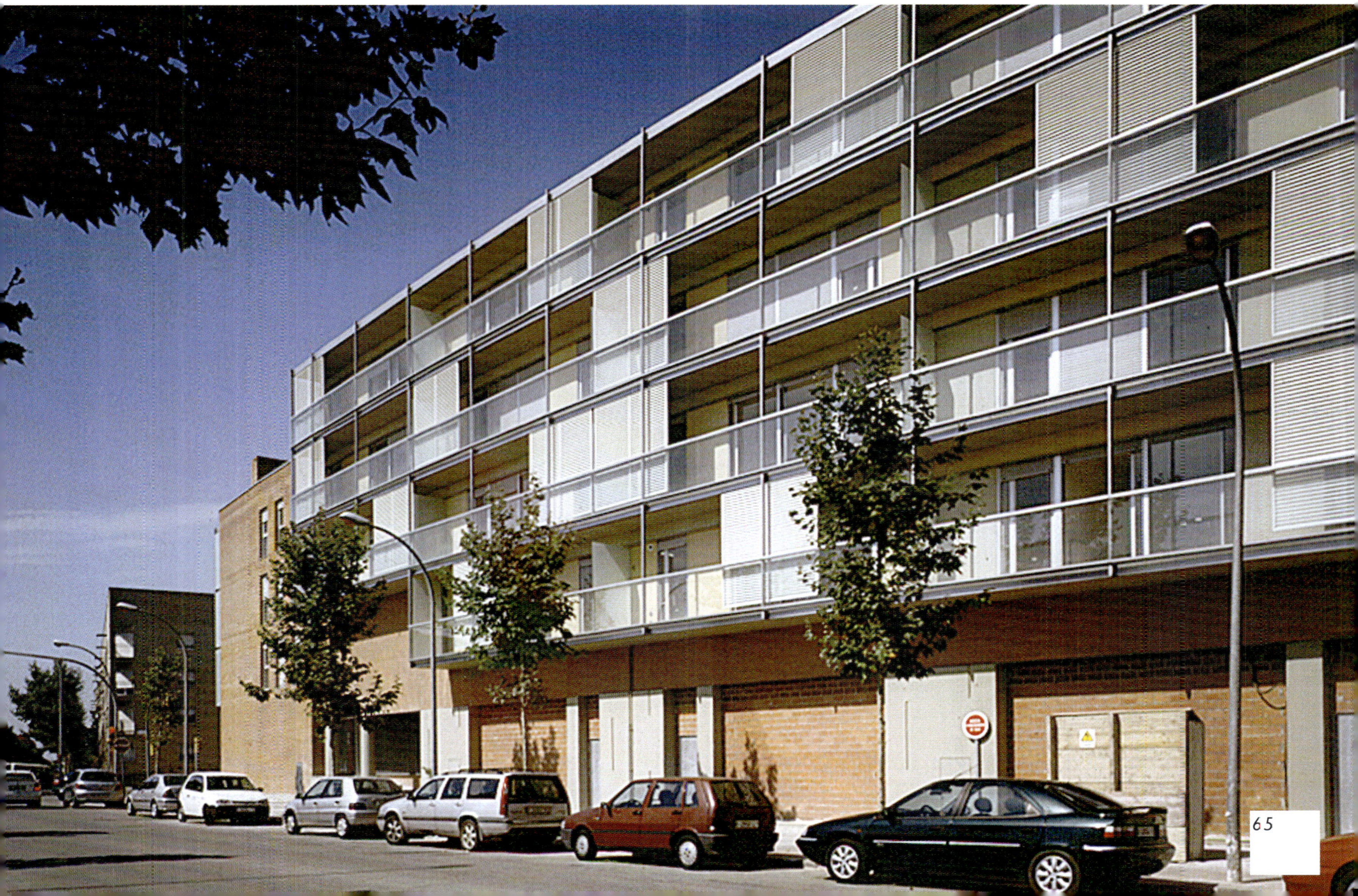

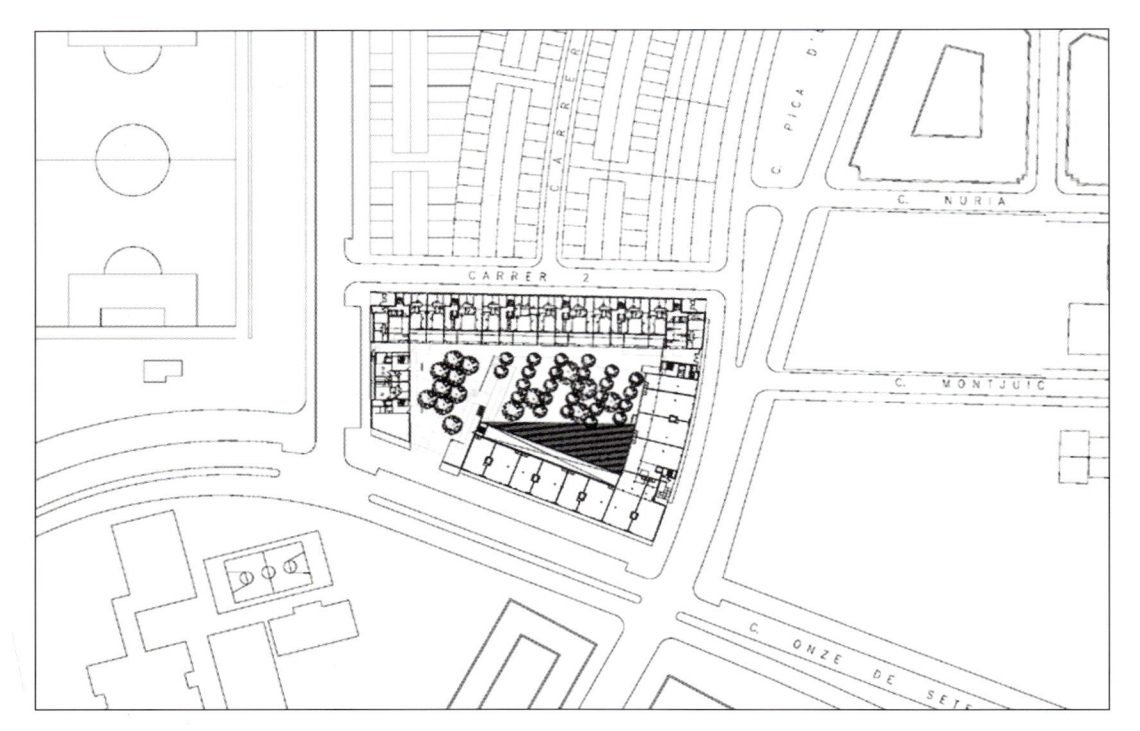

Site plan / Plano de situación

Due to the block's isolation, access to the homes from the inner courtyard was established. Making use of the block's trapezoidal shape, a portion of the narrowest end of the courtyard was left unbuilt in order to create a large entrance, light penetration and openness toward the exterior.

Debido al aislamiento de la manzana se planteó el acceso a las viviendas desde el patio interior. Aprovechando su forma trapezoidal se dejó de edificar una parte del bloque en el lado más estrecho del patio para tener un gran acceso, entrada de luz y apertura sobre el exterior.

Type floor plan
Planta tipo

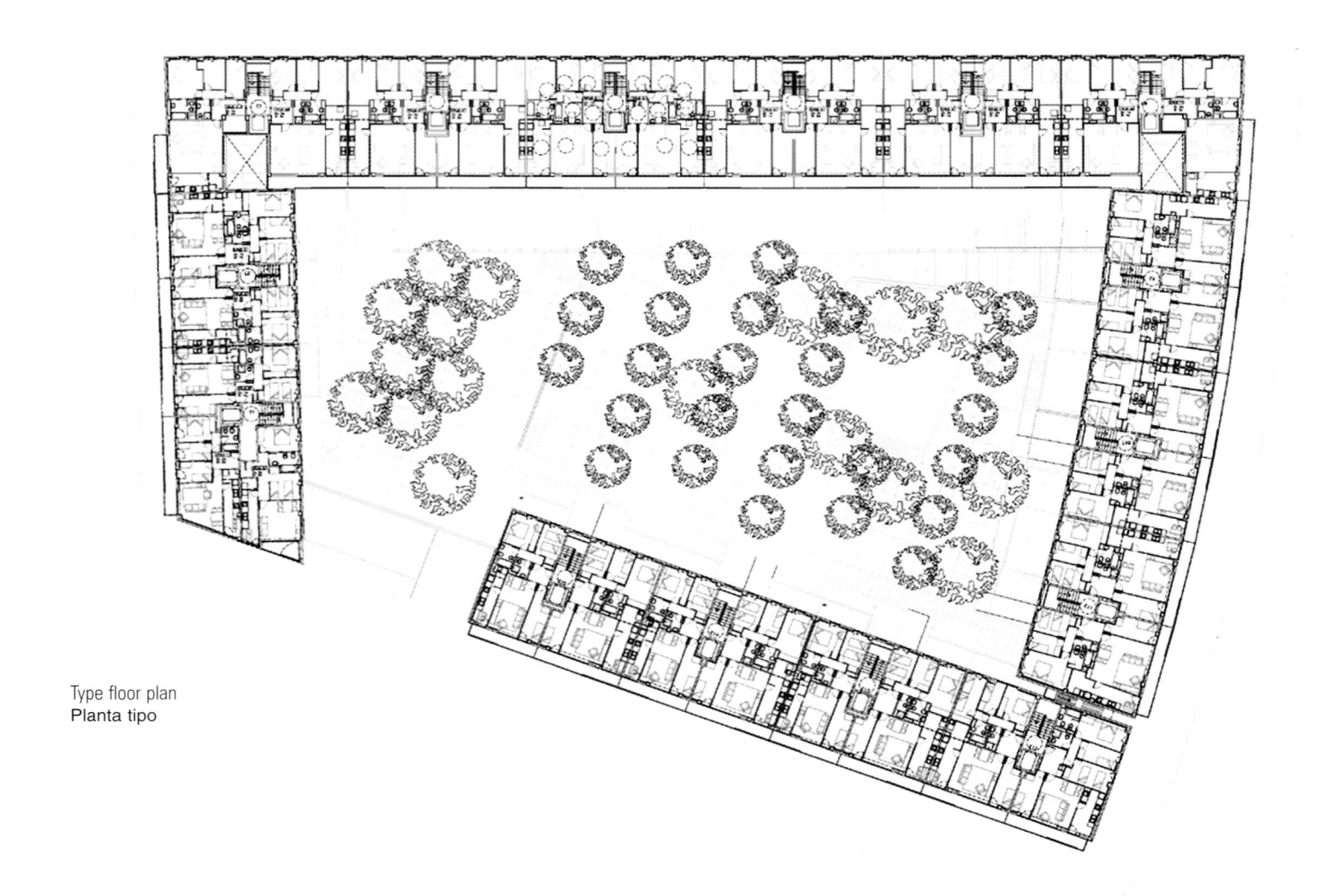

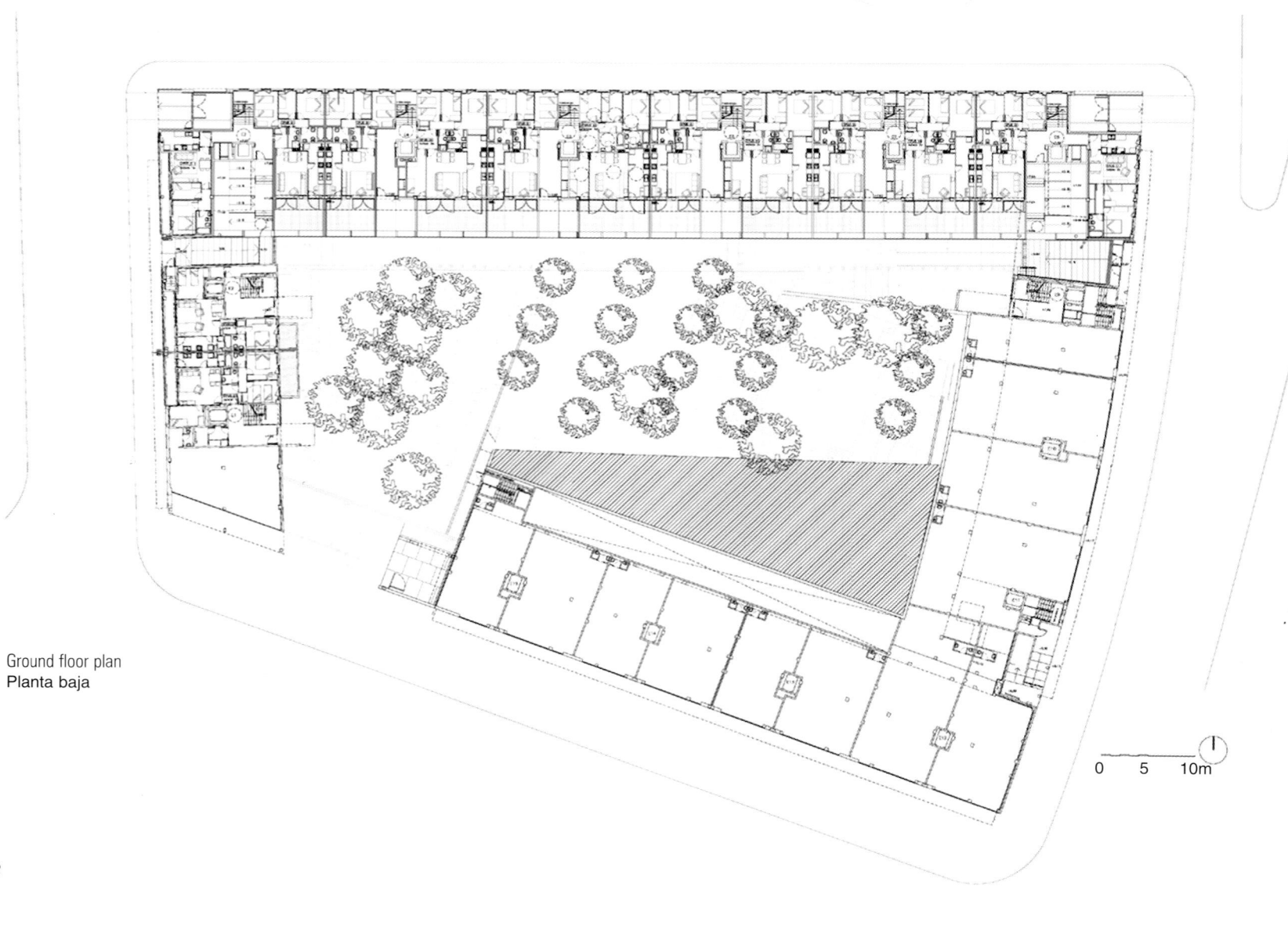

Ground floor plan
Planta baja

0 5 10m

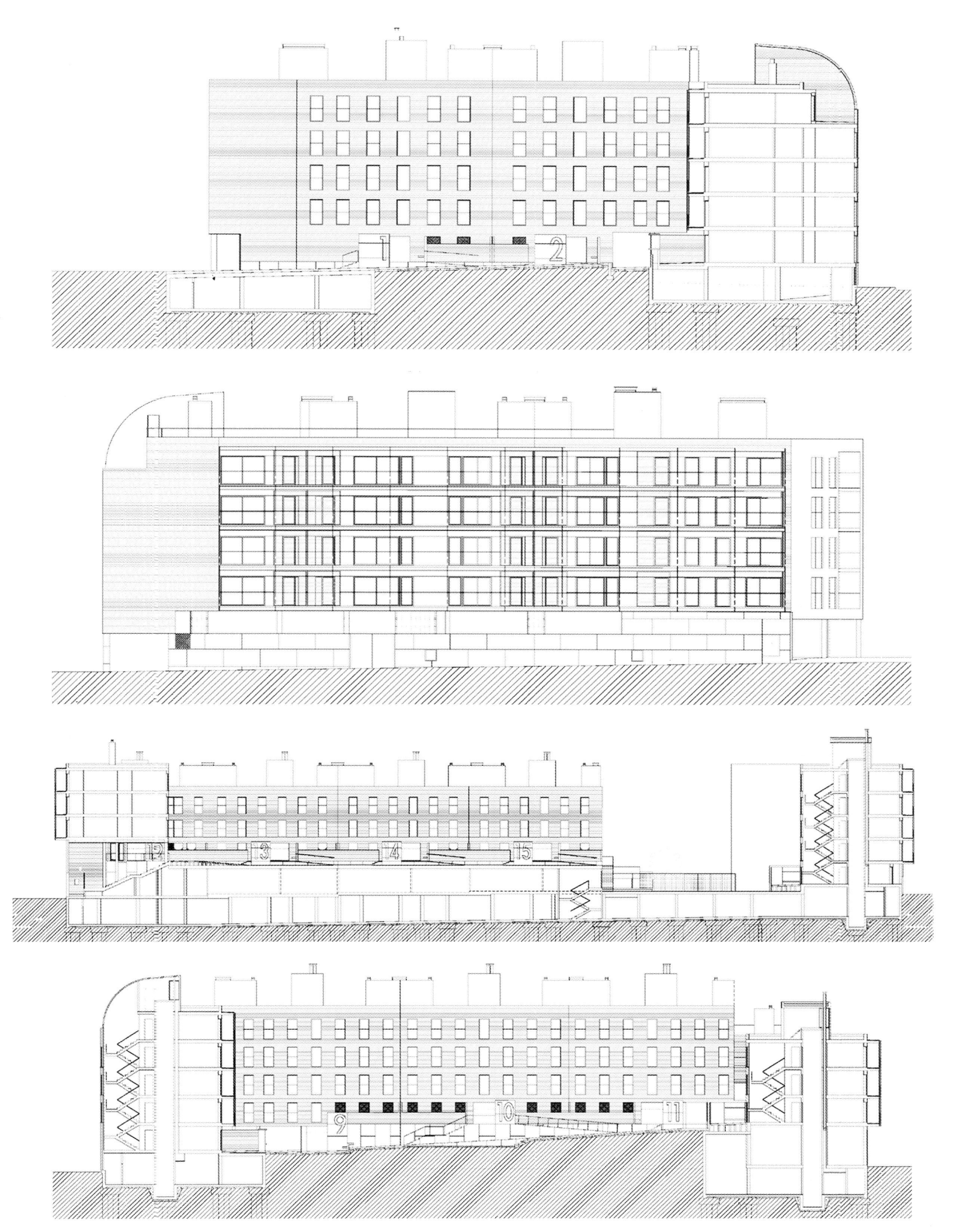

Sections / Secciones

69

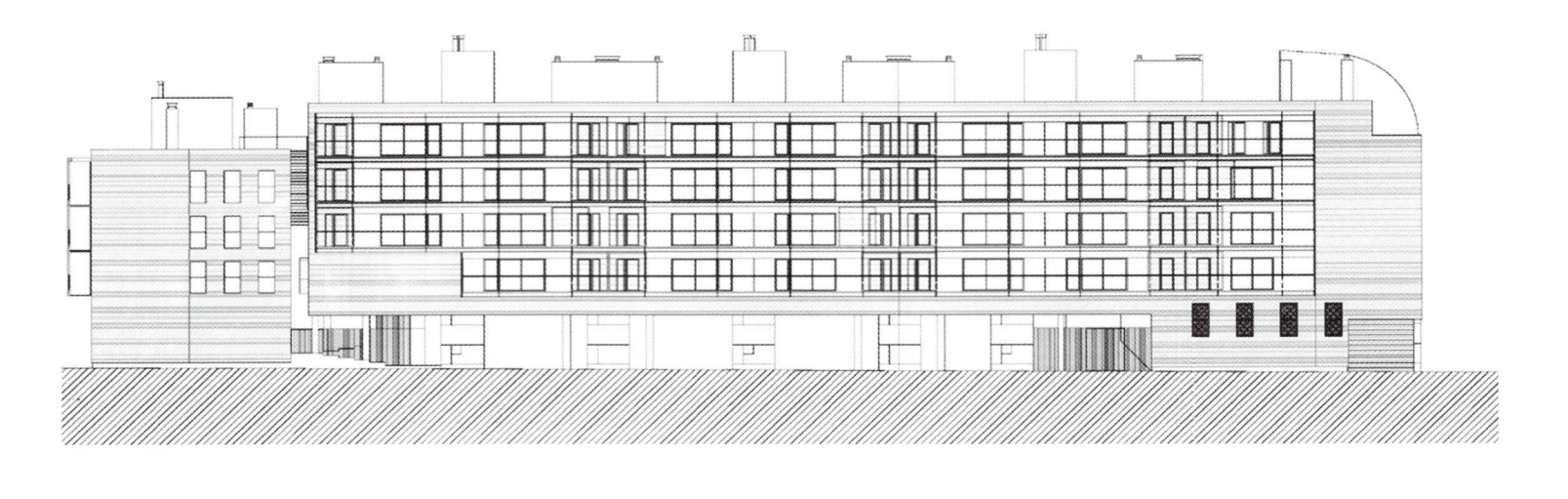

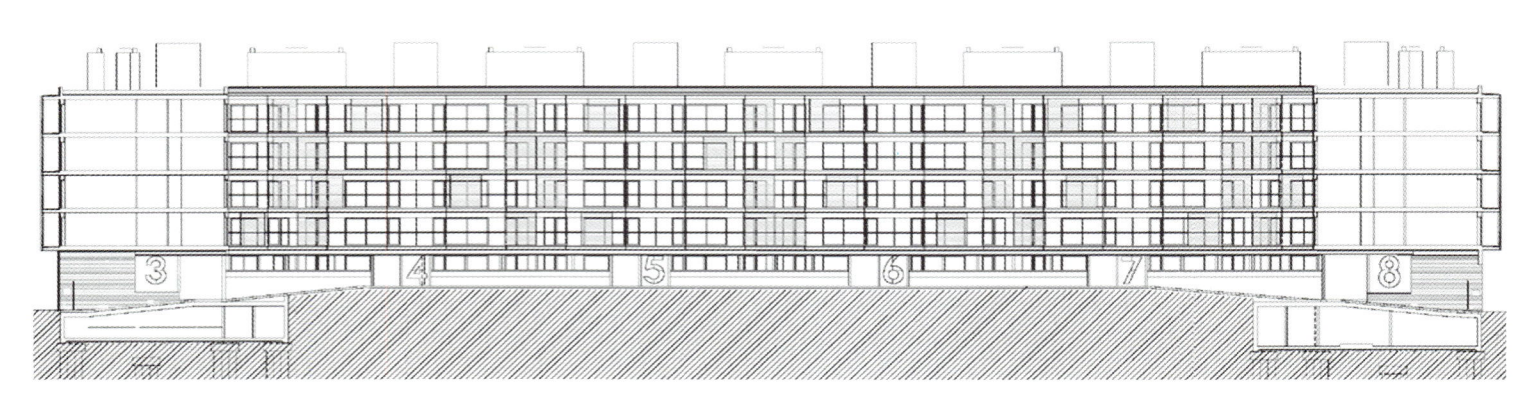

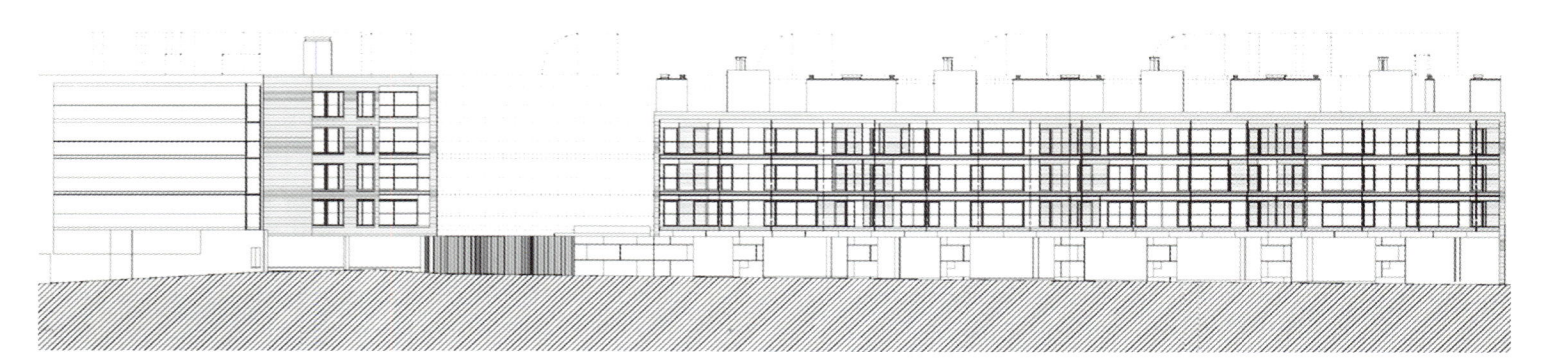

Elevations / **Alzados**

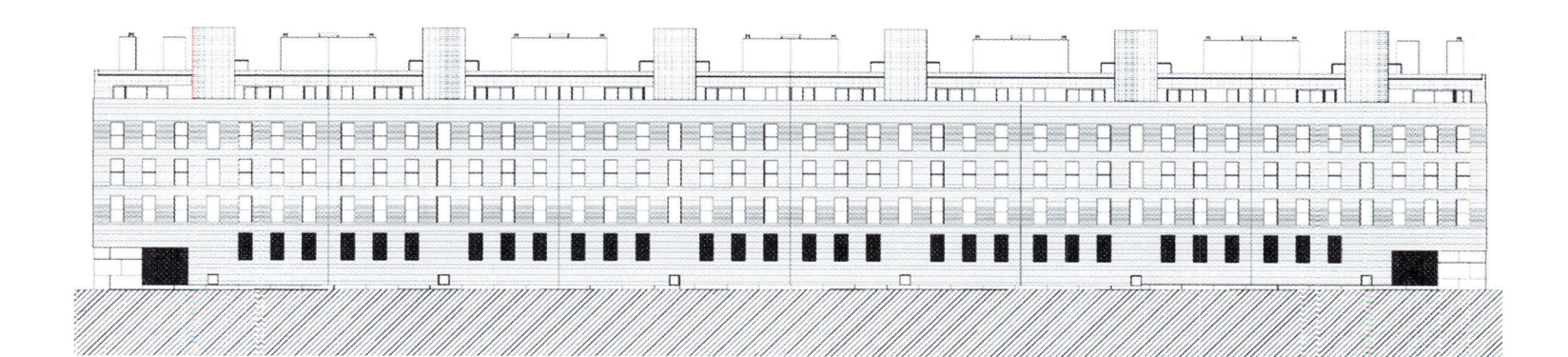

The block's courtyard is seen as a large space for recreation and relaxation, where the height of the buildings has been strategically designed to allow the maximum sunlight and to reduce shadows at certain times of the day.

El patio interior de la manzana se ve como un gran espacio de ocio y de reposo, donde se ha diseñado estratégicamente la altura de las edificaciones para permitir la máxima entrada del sol y reducir las sombras a determinadas horas.

Max Rieder, Wolfgang Tschapeller, Hans Peter Wörndl
OASIS / housingproject in Salzburg

Salzburg, Austria

Photographs: Paul Ott

The essence of this project consisted of making the most of the diverse slopes of the land selected for the construction of this group of dwellings. The project consists of a total of 48 built dwellings: 24 duplex, 20 one-story houses, and 4 with attics. It also includes 48 gardens and 24 terraces, as well as 48 parking spaces and 2 covered parking zones. The heating system is connected to a solar system on the roof.

The dwellings have three levels. The entrance level, aligned with the bridge or corridor that connects all the houses, includes a small entrance gallery, and the sanitary installations. This gallery opens onto a large living room, a kitchen and two bedrooms. The kitchen and living room are projected towards the large garden, of some 20 m^2, while the bedrooms project onto a smaller garden, so that during the summer, when the doors are open, the view is increased.

If you go up the stairs, the house changes radically, it turns into an open, free space. This is an "exterior" space within the house, where several skylights allow light to pass through to the lower levels.

The tower, located at the top of the slope, houses three dwellings with a surface of 50 m^2 each. A kind of bridge-like hallway or corridor connects all the houses, allowing a separation between the landscape and the constructed volumes, as well as interacting simultaneously with the complex.

A membrane, reinforced with fiberglass, which also simulates the curves of the terrain, covers the facade and wraps around the construction.

La esencia de este proyecto consiste en sacar partido a las diversas inclinaciones del terreno que se ha escogido para la construcción de este grupo de viviendas. Este proyecto se compone de un total de 48 viviendas edificadas: 24 dúplex, 20 viviendas de una sola planta y 4 con áticos. Además cuenta con 48 jardines y 24 terrazas, así como 48 plazas de aparcamiento para turismos y 2 zonas de aparcamiento cubiertas. El sistema de calefacción está acoplado a un sistema solar en la cubierta.

Las viviendas se sitúan en tres niveles. El nivel de entrada, alineado con el puente o corredor que conecta todas las viviendas, incluye una pequeña galería de entrada y las instalaciones sanitarias. Esta galería se abre, a su vez, a una gran sala de estar, a la cocina y a dos dormitorios. La cocina y la sala de estar se proyectan hacia el gran jardín, de unos 20 m^2, mientras que los dormitorios están orientados hacia un jardín más pequeño, de modo que en verano, cuando las puertas permanecen abiertas, la vista es aun más extensa. Si subimos la escalera, la vivienda cambia radicalmente y se convierte en un espacio abierto y libre. Este es un espacio "exterior" dentro de la vivienda en el que las diversas claraboyas permiten la entrada de luz a las plantas situadas en las plantas más bajas del terreno.

La torre, situada en lo alto de la pendiente, alberga tres viviendas de una superficie de 50 m^2 cada una. Una especie de pasillo o corredor a modo de puente conecta todas las viviendas, permitiendo una separación entre paisaje y el volumen construido, aunque interactuando a la vez en el conjunto.

Una membrana con refuerzo de fibra de vidrio, que también simula las ondulaciones del terreno, cubre la fachada y envuelve la construcción.

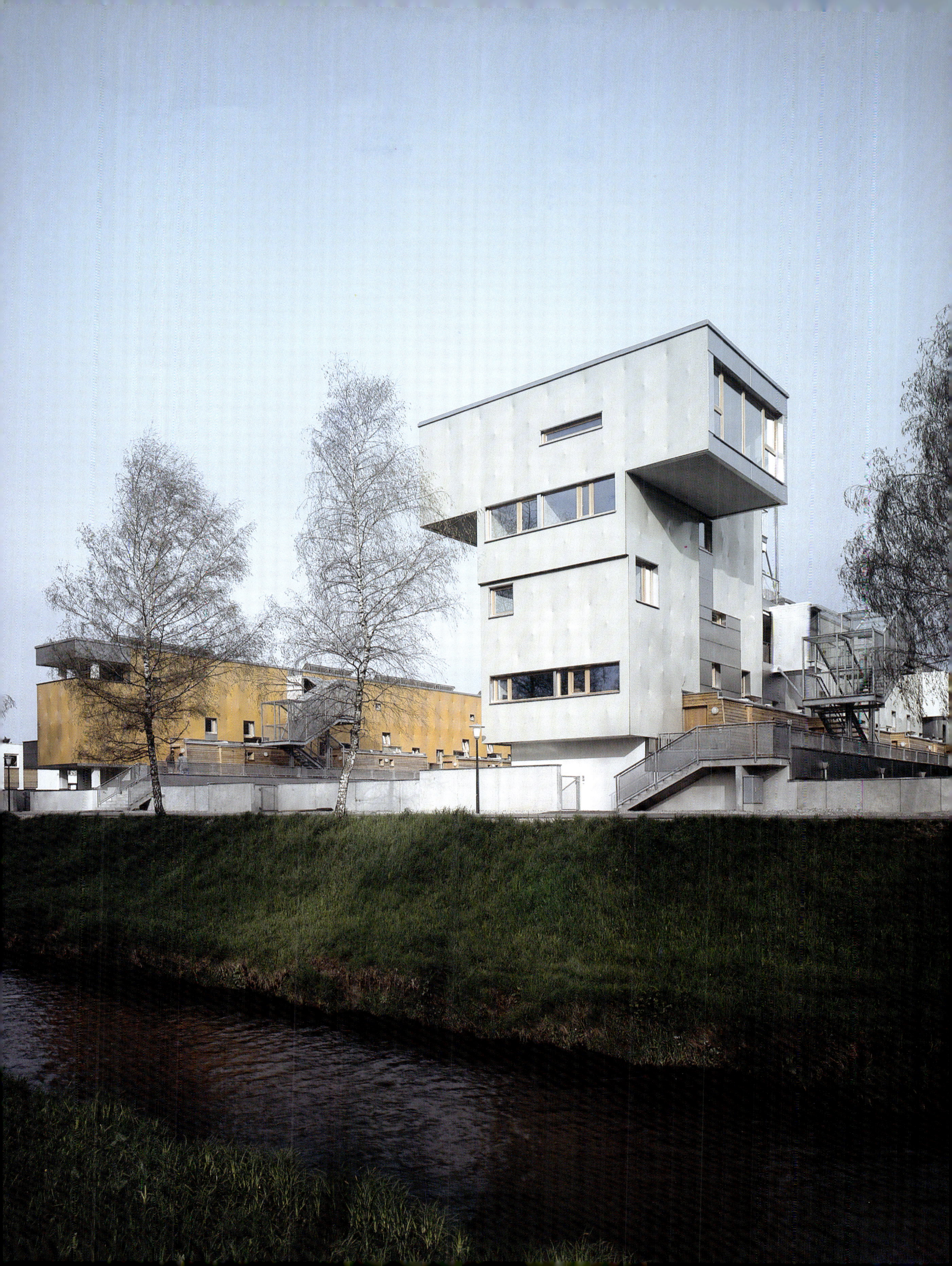

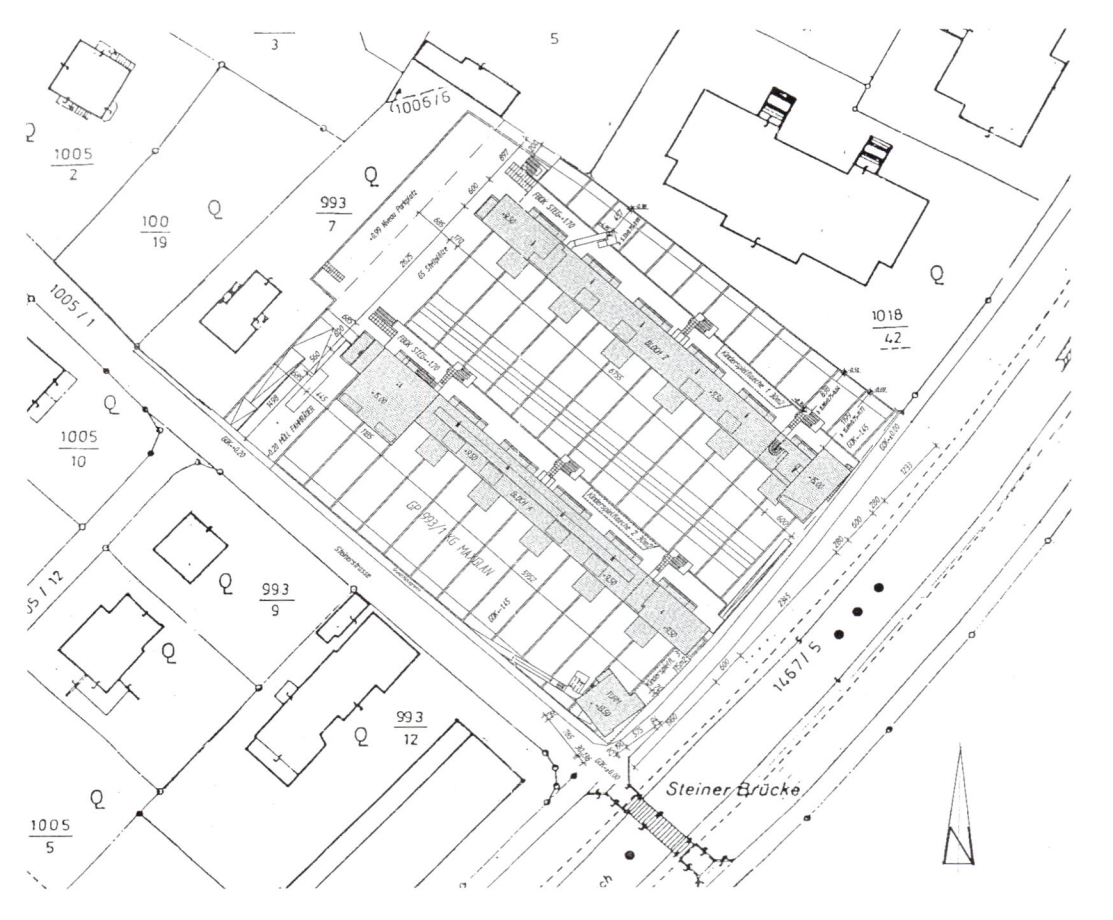

The structural walls and reinforced concrete roofs are prefabricated elements. Likewise, the wood-clad façade is composed of prefabricated windows, doors and ceilings.

La construcción se ha realizado con elementos prefabricados tales como las paredes estructurales y las cubiertas de hormigón armado. La construcción de la fachada, en madera, también se ha realizado con elementos prefabricados, así como las ventanas, puertas y techos.

Site plan / Plano de situación

General plan / Planta general

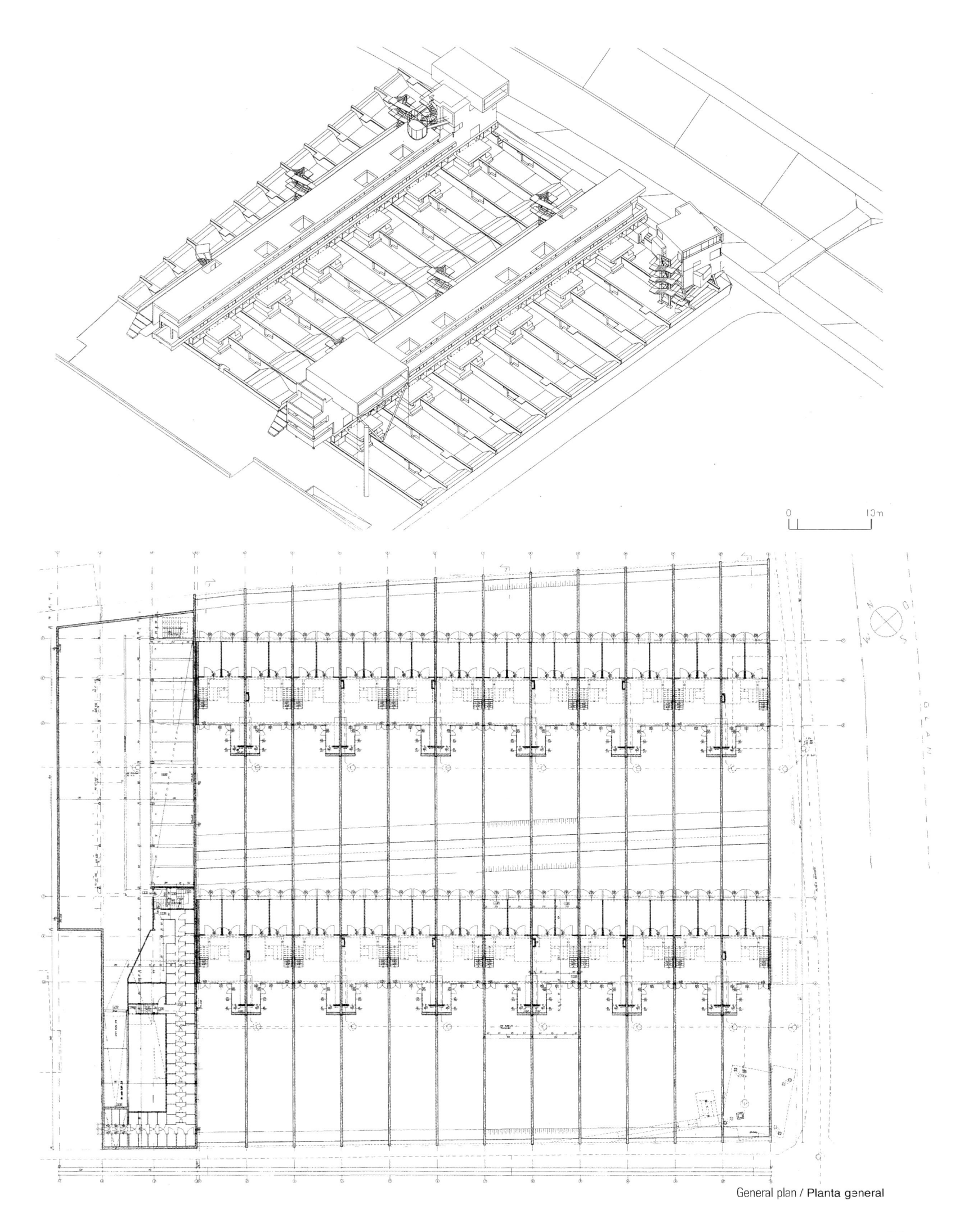

Ground floor plan / Planta baja

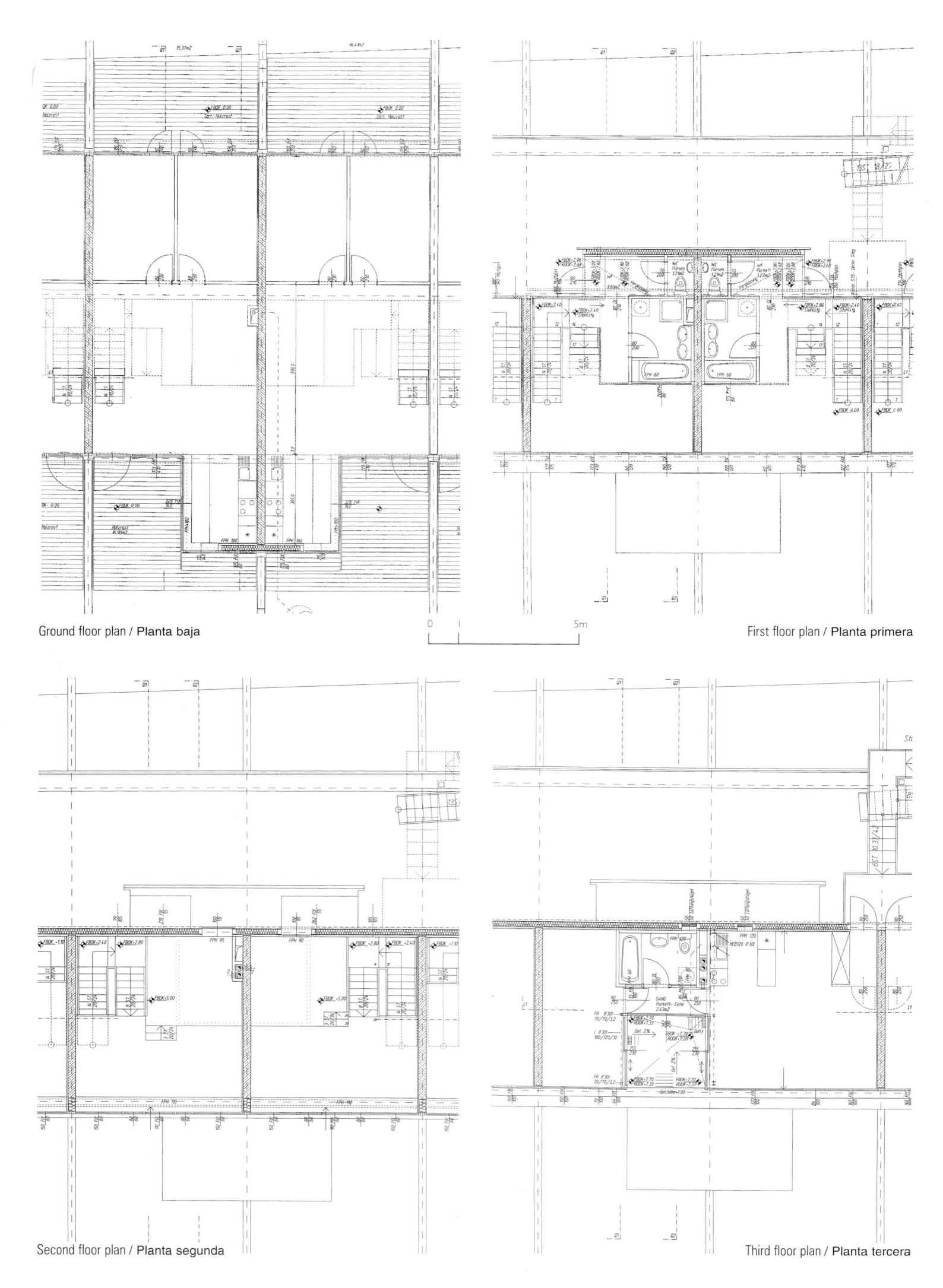

First floor plan / Planta primera

Second floor plan / Planta segunda

Third floor plan / Planta tercera

0   5m

77

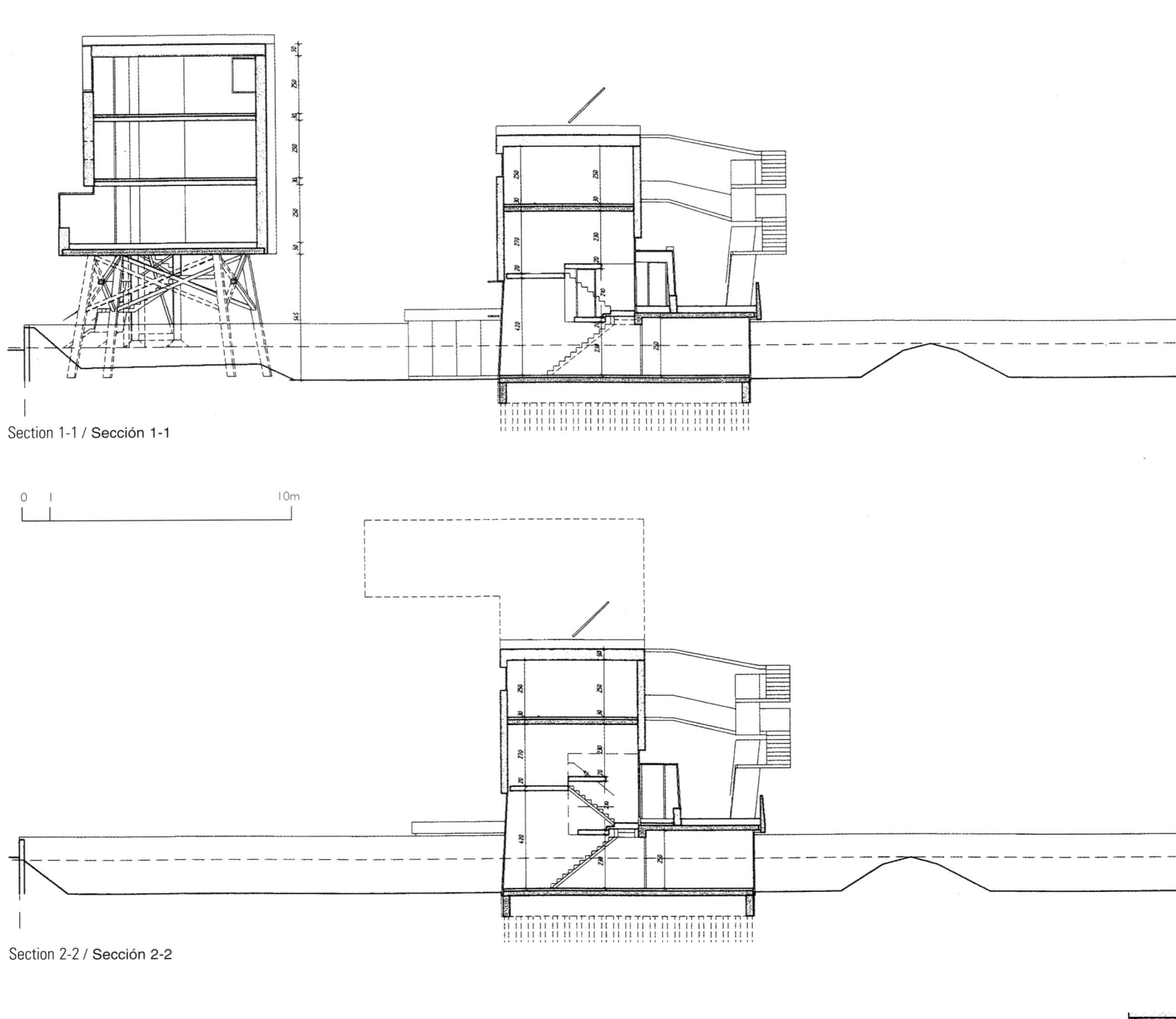

Section 1-1 / Sección 1-1

0 1   10m

Section 2-2 / Sección 2-2

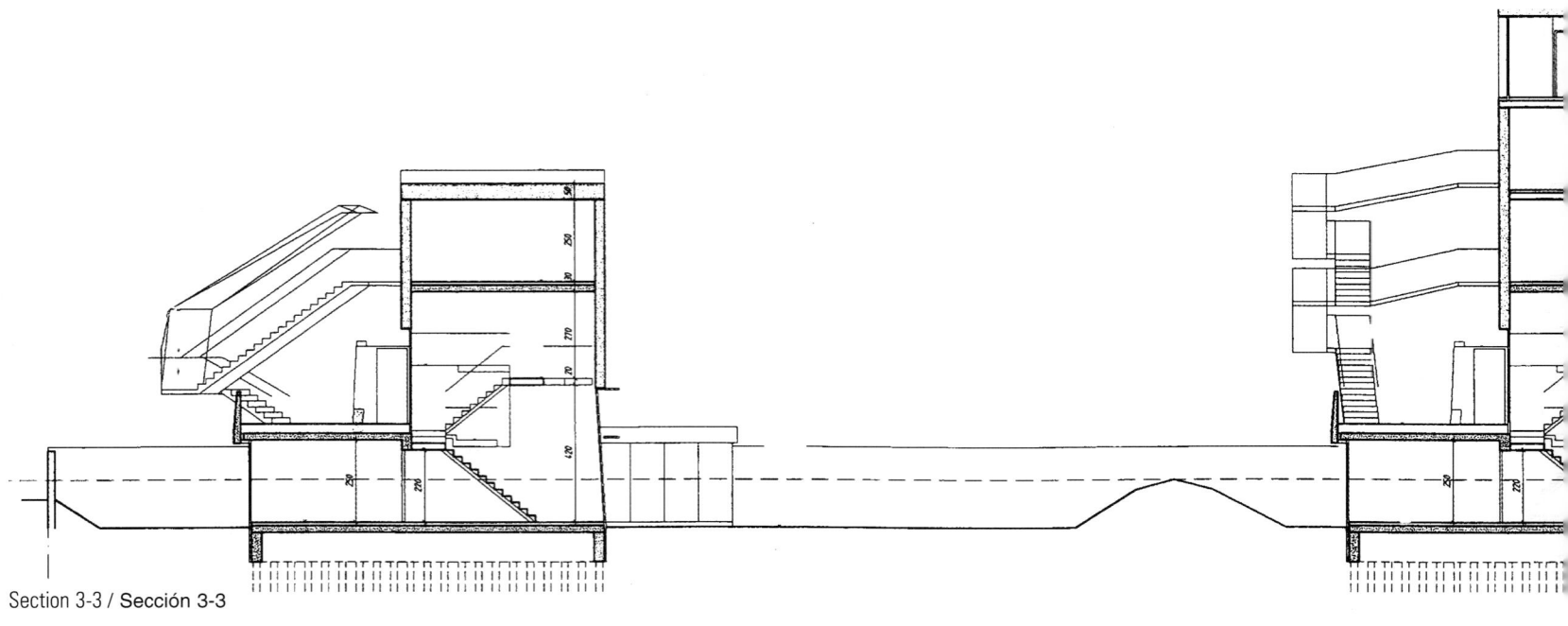

Section 3-3 / Sección 3-3

78

79

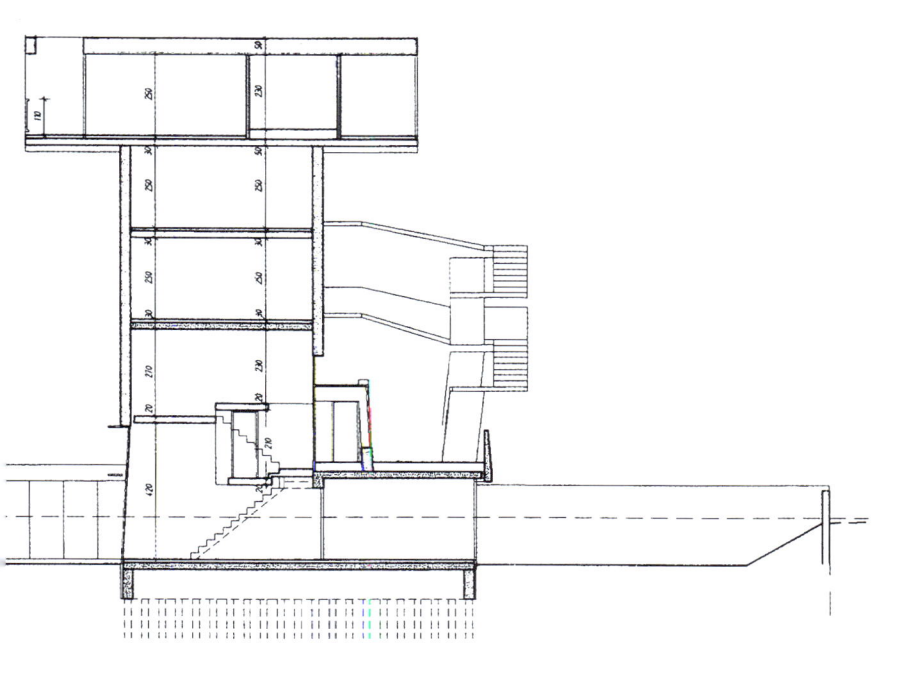

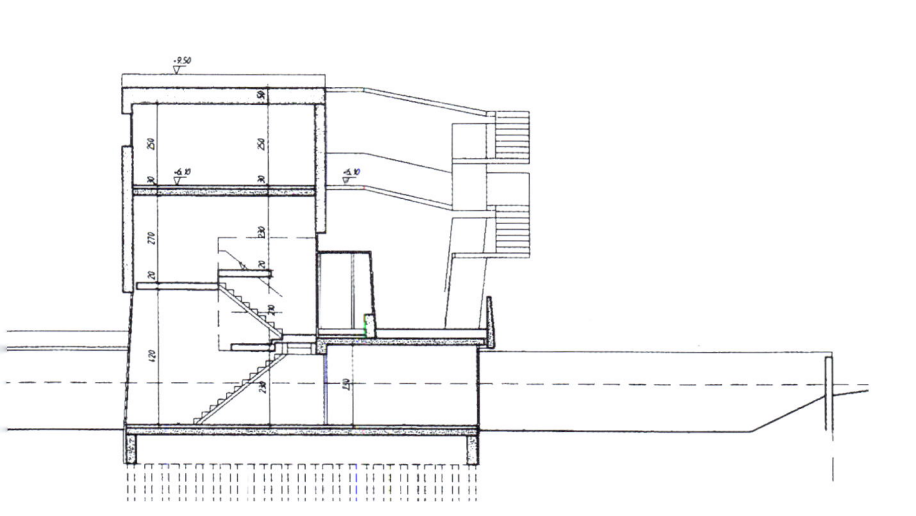

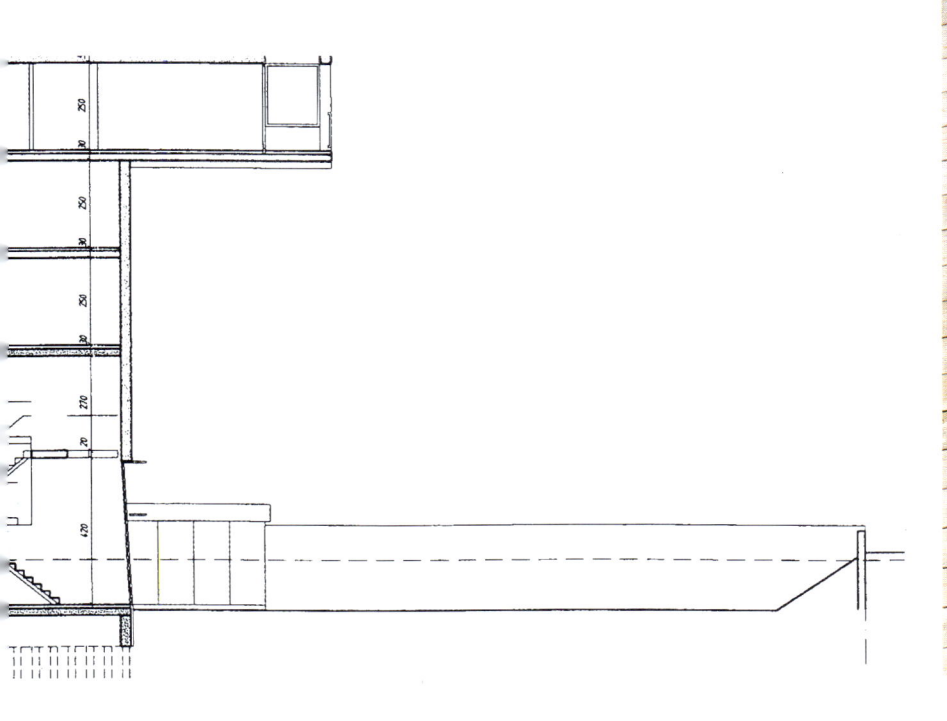

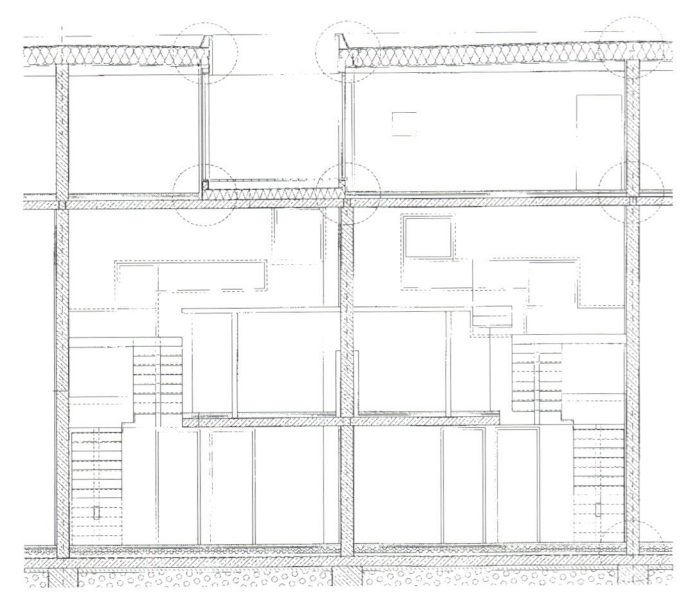

Longitudinal section / Sección longitudinal

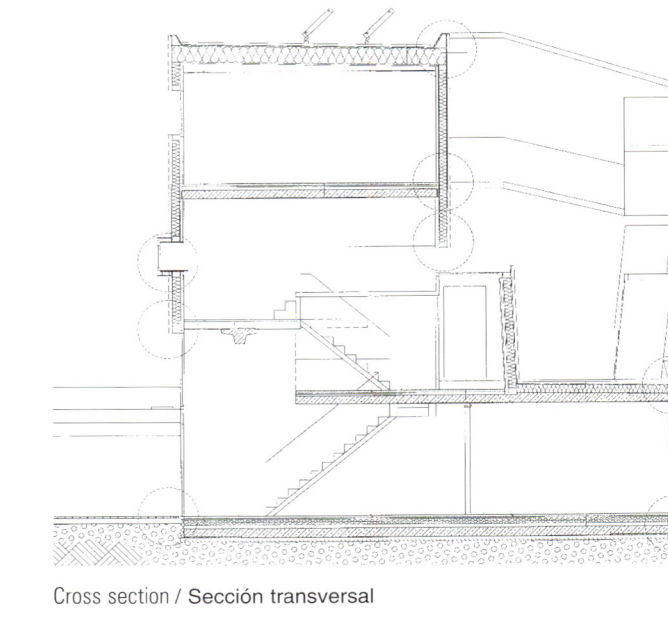

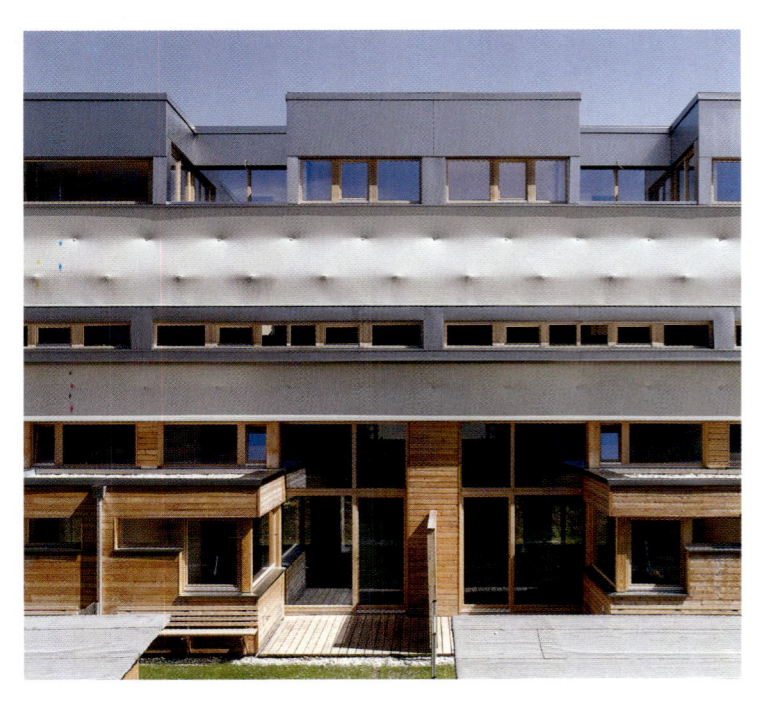

Cross section / Sección transversal

81

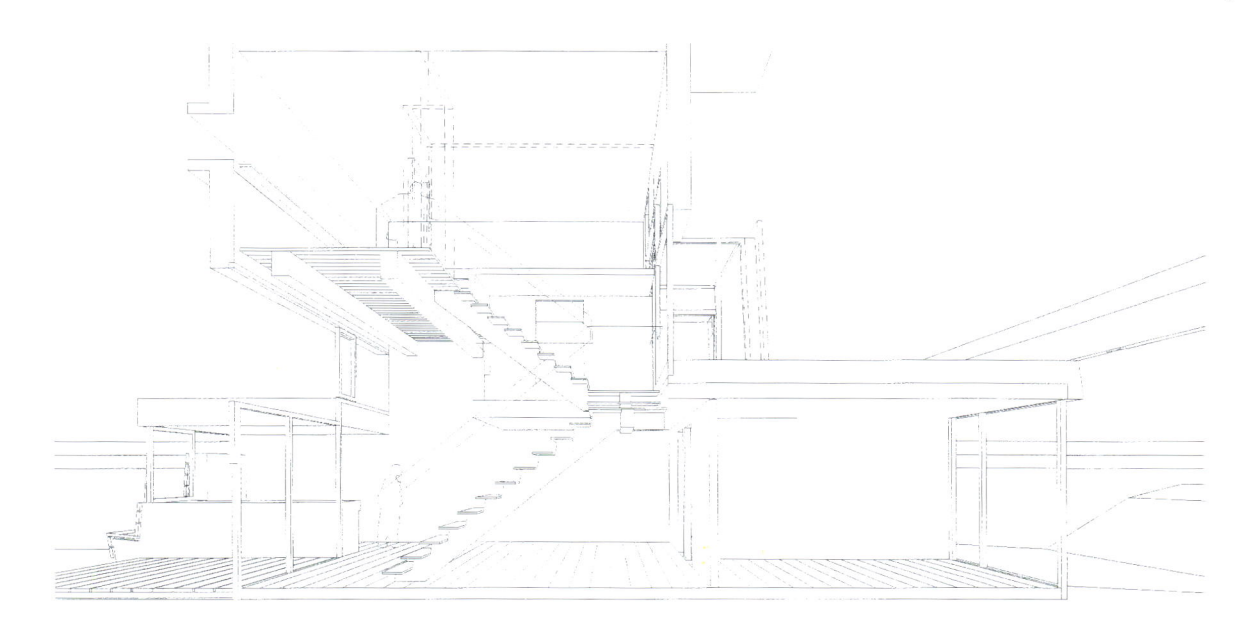

AV1 Architekten: Butz Dujmovic Schanné Urig
Wohnpark am Betzenberg

Kaiserslautern, Germany   Photographs: Michael Heinrich

This five-house development, which stands upon the red sandstone quarry remains at the edge of the city center, follows the theme "Architecture versus Nature". This theme stands for all the important decisions that make up the planning itself. There is a sense of communion between the external and internal, made possible by the materials and spatial distribution, both of which vary from house to house depending on the specific surroundings.

All five houses are surrounded by red sandstone rocks to the North and forest and meadow to the South. To the North, East and West the homes are clad in horizontally-placed larch-wood planks - the facade's unifying element. To the South the houses open onto the meadow and forest via wood-framed sliding glass doors. The balconies on this facade are the connection between interior and exterior and serve as sun shading during the summer.

On the roof, which is equipped with high gauge insulation, there is a special layer for channeling rainwater. The surplus rainwater drains through the ground without adding to the municipal sewage.

A flexible ground-floor design was made possible by a lack of bend-resistant corners between the wall and the ceiling - there are no tie walls. The rooms have been individually designed for their corresponding requirements; for instance, the view (garden, house, red rocks) dictates the interior of the second house, where the ground-floor plan is oriented towards the red rocks (entrance) and also towards the meadow and forest (terrace). Here, the walls and ceilings are of facing concrete. Satin-finished floor-to-ceiling glass panes limit the plumbing units in the inside of the rooms. All electrical and sanitary installations are either free-standing or set behind glass.

Conserving resources and high-energy efficiency were fundamental in the construction method used in this project.

Este proyecto de cinco casas, situado sobre los restos de una cantera de piedra arenisca roja en el borde del centro de la ciudad, sigue el tema "Arquitectura versus Naturaleza". Este tema representa las decisiones importantes que se tomaron durante el proceso de planificación. Existe una comunión entre lo externo y lo interno que es posible debido a los materiales y a la distribución del espacio, donde ambos varían de casa en casa dependiendo de la especificidad de los alrededores.

Las cinco viviendas están rodeadas de rocas areniscas rojas hacia el norte y de bosque y campo hacia el sur. Hacia el norte, este y oeste las casas tienen un panel horizontal de madera de alerce que representa el elemento conector de la fachada. Hacia el sur las casas se abren sobre el campo y el bosque con puertas de vidrio deslizantes y con marcos de madera. Los balcones en esta fachada son la conexión entre el interior y el exterior y ofrecen protección del sol durante el verano.

En el techo, que dispone de un aislamiento de gran calidad, hay una capa especial para canalizar el agua de lluvia. Ésta se filtra directamente en el suelo sin unirse al alcantarillado municipal.

La existencia de esquinas dobladas y resistentes entre la pared y el cielo raso -no hay muros de contención- posibilita que el diseño de la planta baja sea flexible. Las habitaciones están diseñadas individualmente en base a sus correspondientes requisitos. Por ejemplo, la vista determina el interior de la segunda casa. El plano de la planta baja está orientado hacia las rocas rojas (entrada) y también hacia el campo y el bosque (terraza). Aquí las paredes y el cielo raso están hechos de hormigón visto. Unos paneles de vidrio con acabados satinados van del suelo al techo y limitan las conducciones de fontanería en el interior de las estancias. Todas las instalaciones eléctricas y sanitarias están detrás del vidrio o son no-empotradas.

La conservación de recursos y una alta eficiencia energética fueron fundamentales en el método de construcción empleado en este proyecto.

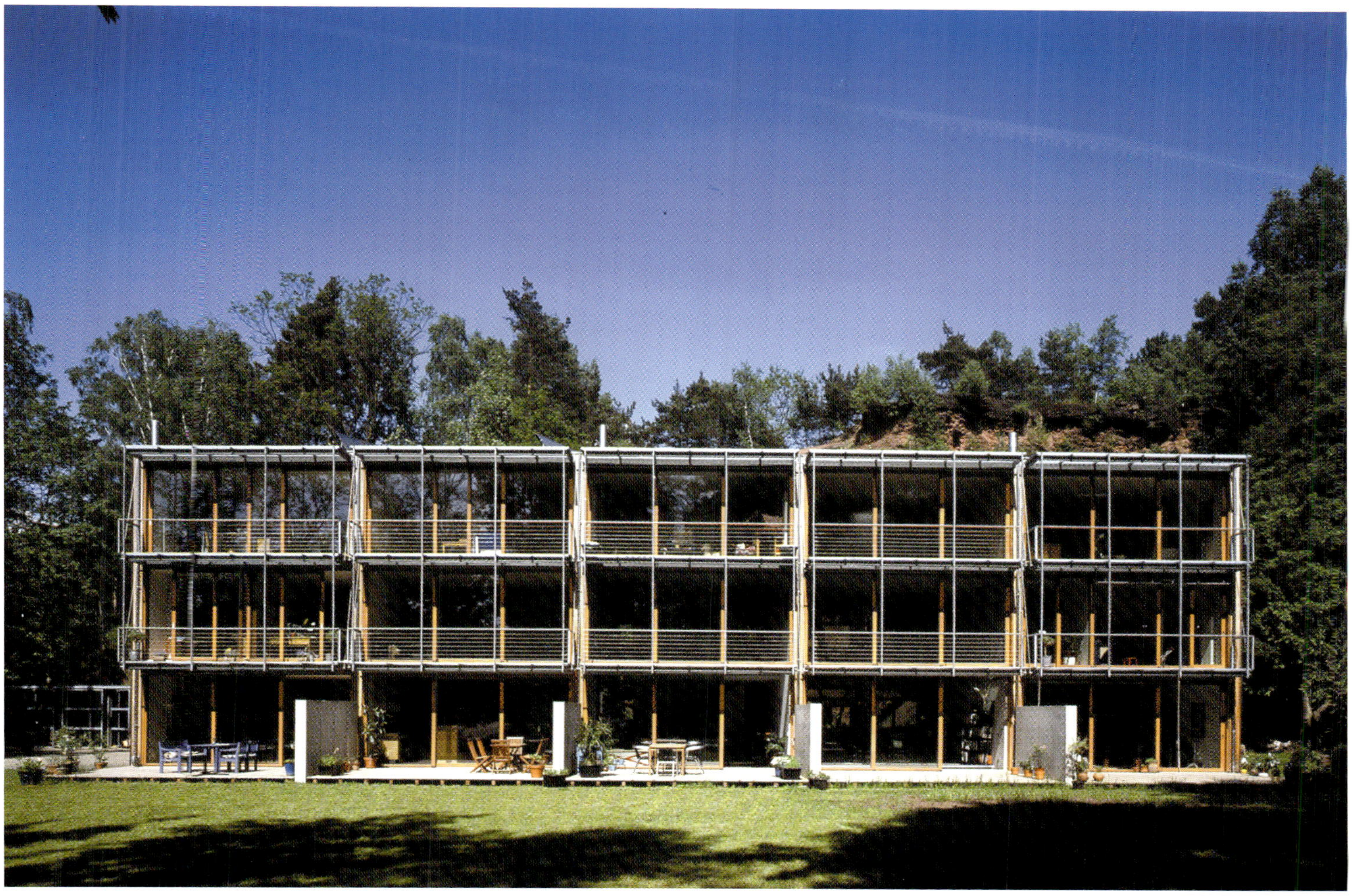

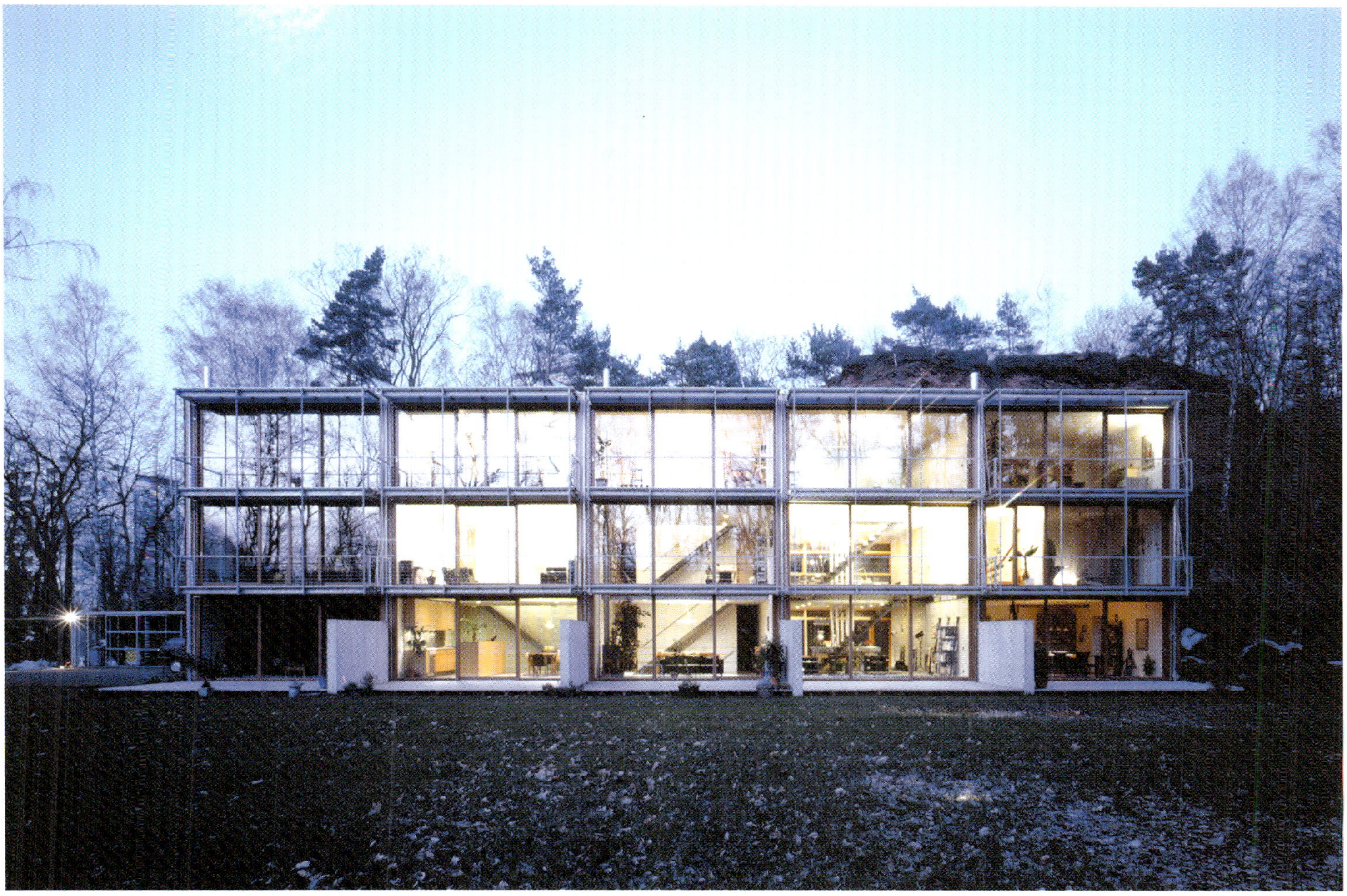

Plan of plot / Plano de emplazamiento

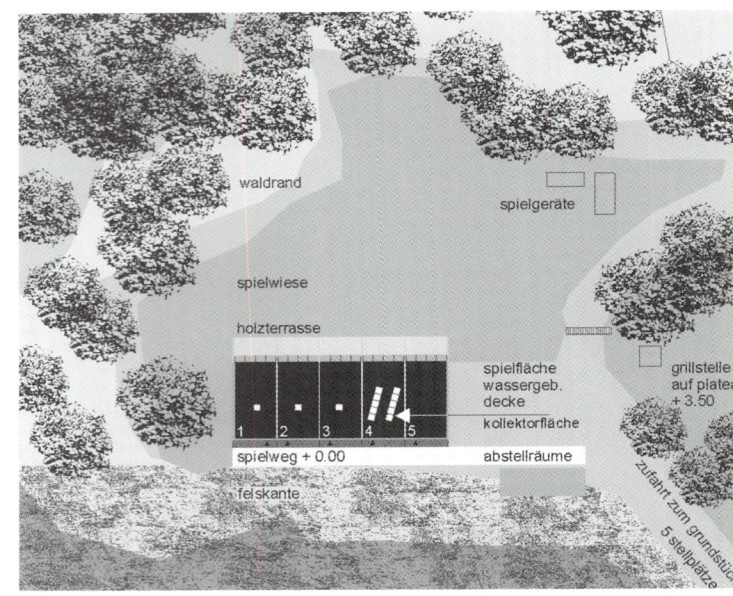

Site plan / Plano de situación

84

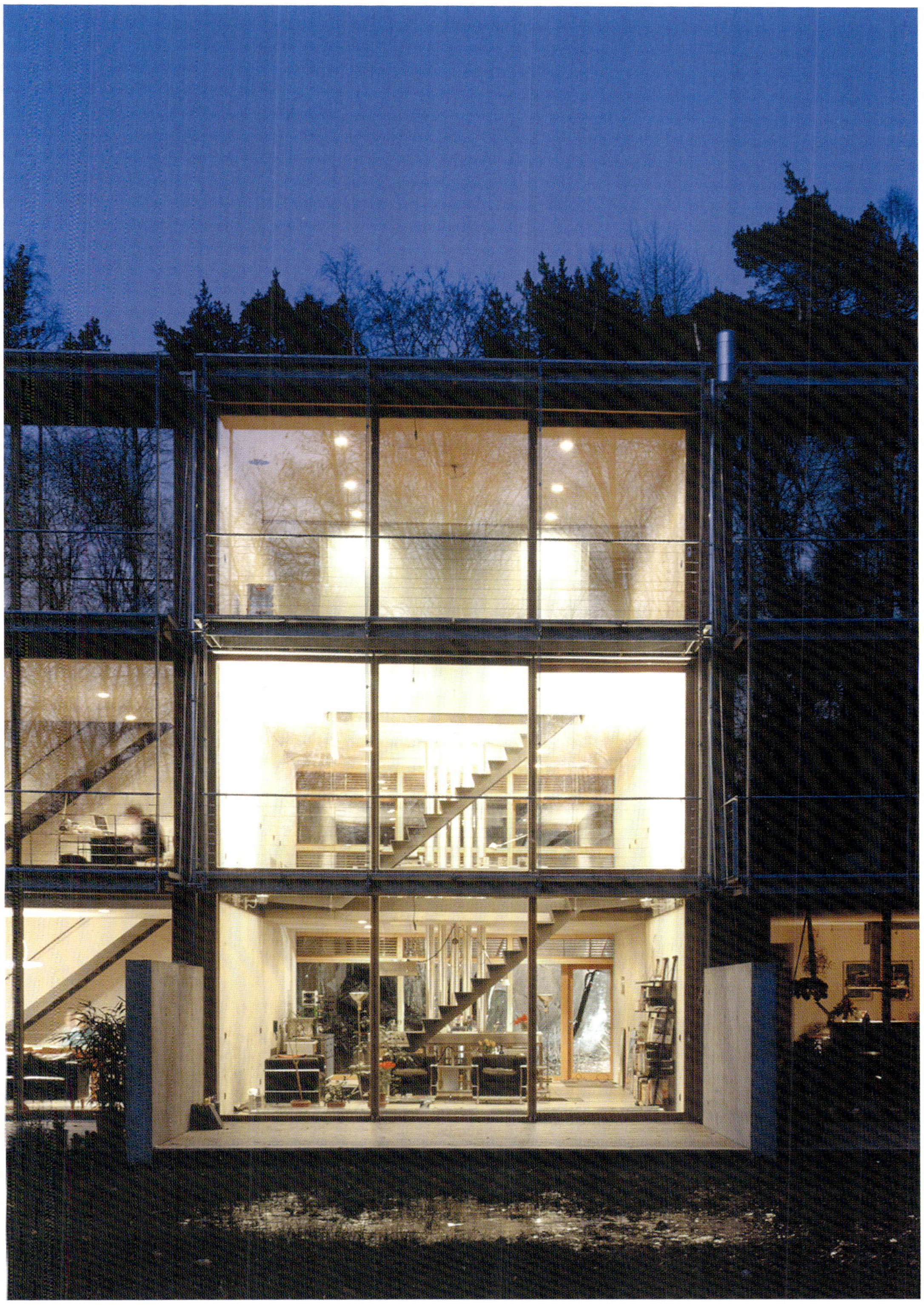

Ground floor plan / Planta baja

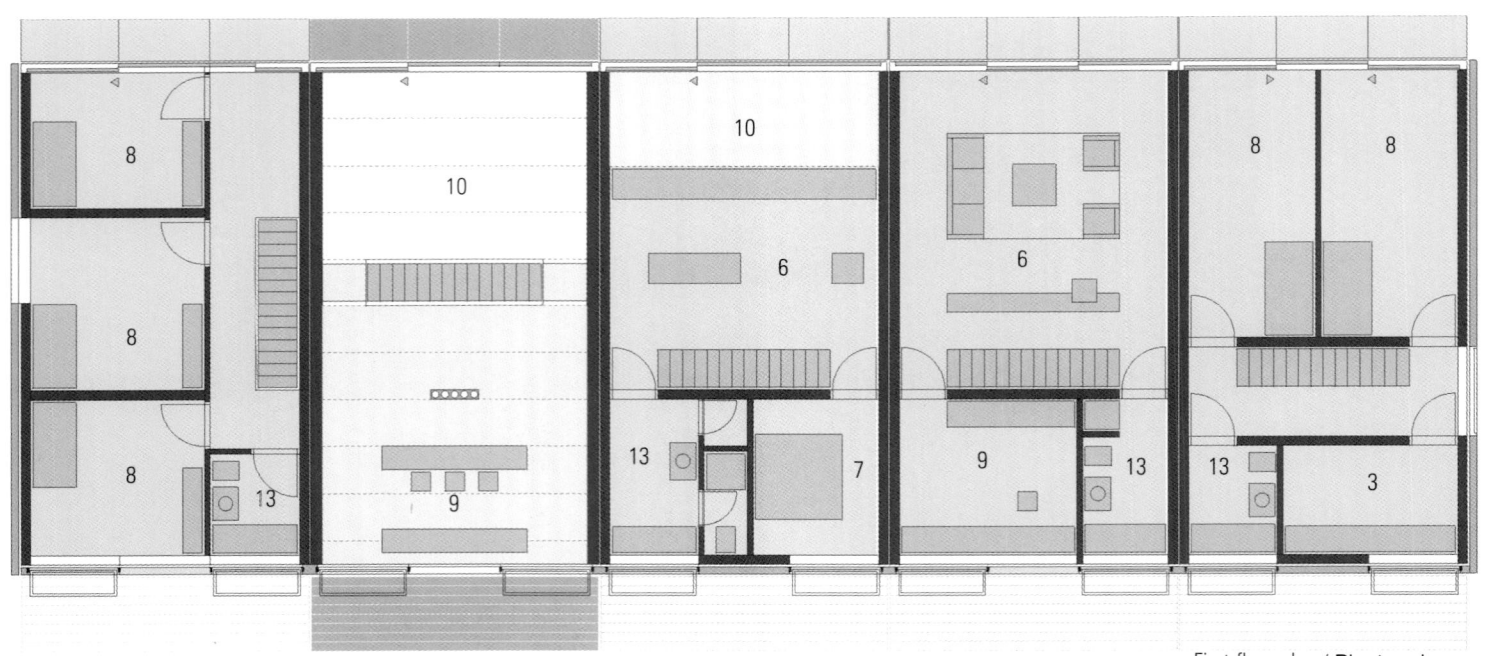

First floor plan / Planta primera

Second floor plan / Planta segunda

1. Entrance / Entrada
2. Kitchen / Cocina
3. Storage room / Almacén
4. Living-dining room / Salón-comedor
5. Dining room / Comedor
6. Living room / Salón
7. Double bedroom / Habitacion doble
8. Children's bedroom / Habitación de los niños
9. Study-Workshop / Estudio-Taller
10. Void / Vacío
11. Play area / Zona de juegos
12. Terrace / Terraza
13. Bathroom / Baño

Three of the facades are clad in horizontally-placed larch-wood planks, thereby establishing a link with the surrounding woodlands. The complex receives a maximum of sunlight through south-facing, floor-to-ceiling sliding glass doors.

Tres de las fachadas están revestidas con paneles horizontales de alerce, estableciendo así un enlace entre los arbolados de los alrededores. El complejo recibe una óptima cantidad de luz natural al estar encarada al sur y tener puertas correderas de cristal a toda altura.

South West elevation / Alzado suroeste

North East elevation / Alzado noreste

89

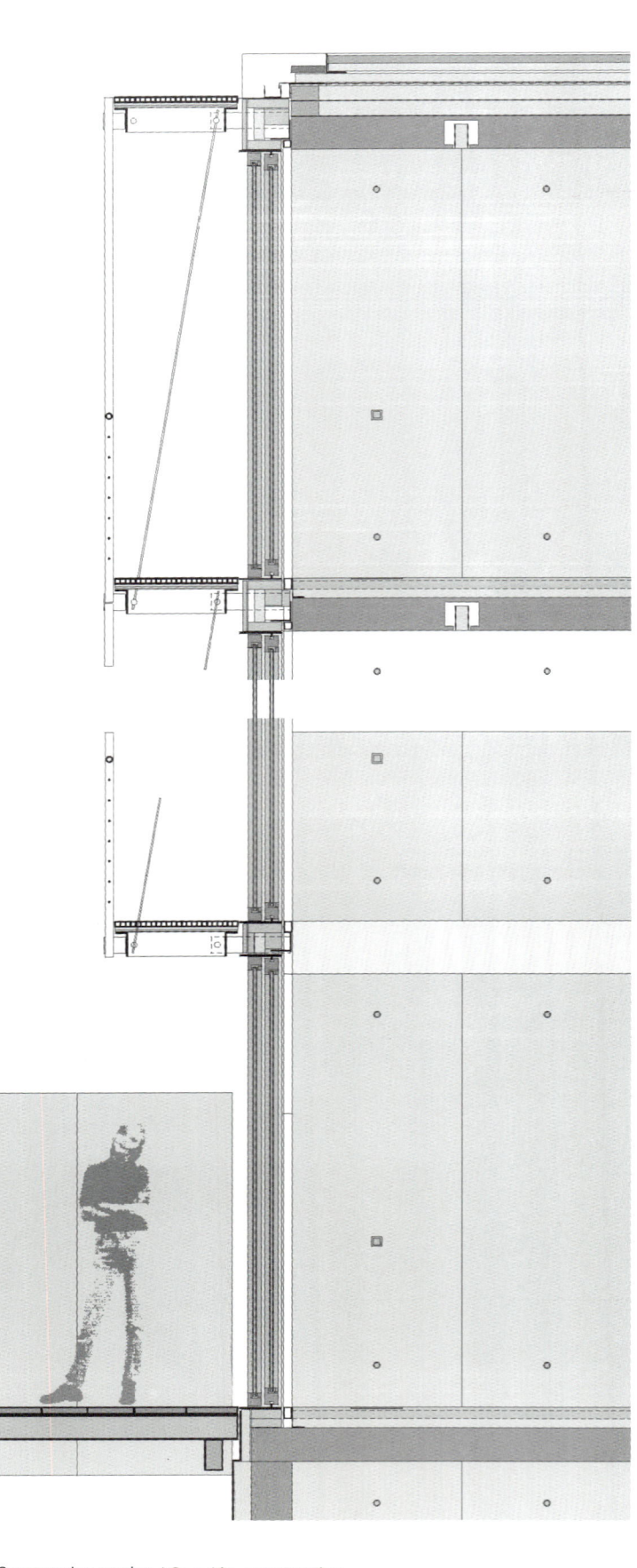

Constructive section / Sección constructiva

90

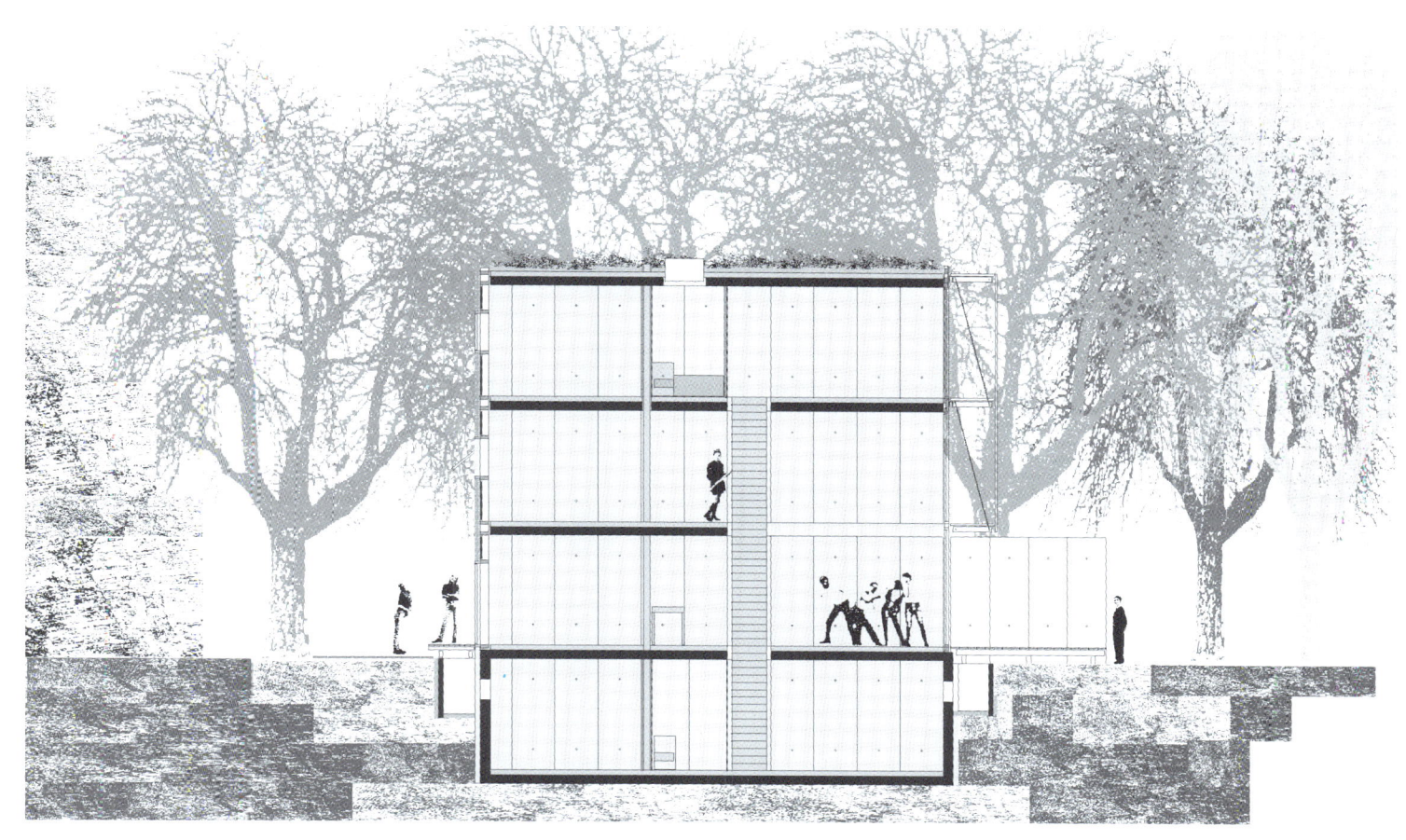

Cross section / Sección transversal

91

Antonio Besso-Marcheis

Case in cooperativa

Rivarolo Canavese, Torino, Italy Photographs: Luigi Gariglio

This is an unconventional housing co-operative block in the Italian province of Turin, near Rivarolo, a community with a population of 12,000. The site was originally a farm around which the development has grown denser over the years, especially along the roads. In this complex, the architect has succeeded in extracting and refining certain elements borrowed from the architecture of courts and industrial buildings, subsequently incorporating them in his compositional tools.

The interventions are subtle: on the street side of the building the measures taken are not recognizable. The older building was restored to its previous state and new buildings were erected where the barn used to stand.

The new buildings have a steel load-bearing structure; the gutters, rainwater pipes and chimneys are all of stainless steel. Corrugated sheeting and a metal frame comprise the staircases and access galleries. The elevator shafts, parapets and railings are steel infilled with security glass and sheet metal. Wood is also used frequently; for example, several external walls were partially clad in horizontal boarding, wood strip flooring was used on some of the terraces, and the windows have natural wooden shutters that open in accordion fashion.

The new building has an extremely light barrel-vaulted roof of aluminum sheeting and thermal insulation on a metal substructure. The facade of the first three stories, approximately up to the level of the surrounding buildings, is of industrial brick. The fourth floor, on the other hand, is clad in wood, giving it a loft-like character - a visual effect which makes this top floor appear to be separated from the lower part of the building.

Este proyecto consiste en un complejo de viviendas de cooperativa poco convencional, ubicado cerca de Rivarolo, una comunidad de la provincia de Torino con una población de 12.000 habitantes. El sitio era originalmente una finca alrededor de la cual, a lo largo de los años, el crecimiento se hizo más denso, especialmente junto a las carreteras. En este complejo, el arquitecto logra extraer y refinar ciertos elementos tomados de la arquitectura cortesana y de los edificios industriales, incorporándolos luego dentro de sus herramientas de composición. Las intervenciones son sutiles y las medidas aplicadas al edificio en su fachada exterior, la que da a la calle, no se pueden reconocer a simple vista. El bloque más antiguo fue restaurado hasta alcanzar su estado original y los nuevos edificios están erguidos donde se encontraba la granja. La estructura de los nuevos bloques está diseñada para soportar mucho peso y está hecha de acero. Los canalones, las tuberías para el agua de lluvia y las chimeneas son de acero inoxidable. Las escaleras y las galerías de acceso tienen un marco de metal y están cubiertas de chapa corrugada. El hueco de los ascensores, los parapetos y las verjas tienen una estructura de acero con cristal de seguridad y chapa de metal. También se ha utilizado mucho la madera: por ejemplo, varias paredes están cubiertas de planchas en forma horizontal, se ha empleado suelo de tablas de madera en algunas terrazas, y las ventanas y las balconeras tienen persianas acordeón de madera natural.

El nuevo edificio tiene un techo abovedado muy ligero hecho de planchas de aluminio y aislamiento térmico sobre una estructura metálica. La fachada en las primeras tres plantas, aproximadamente hasta la altura de los edificios que lo rodean, es de ladrillo industrial. En cambio, en la cuarta planta está revestida de madera, lo cual le da una apariencia de ático, un efecto visual que hace que esta planta parezca estar separada de la parte inferior del edificio.

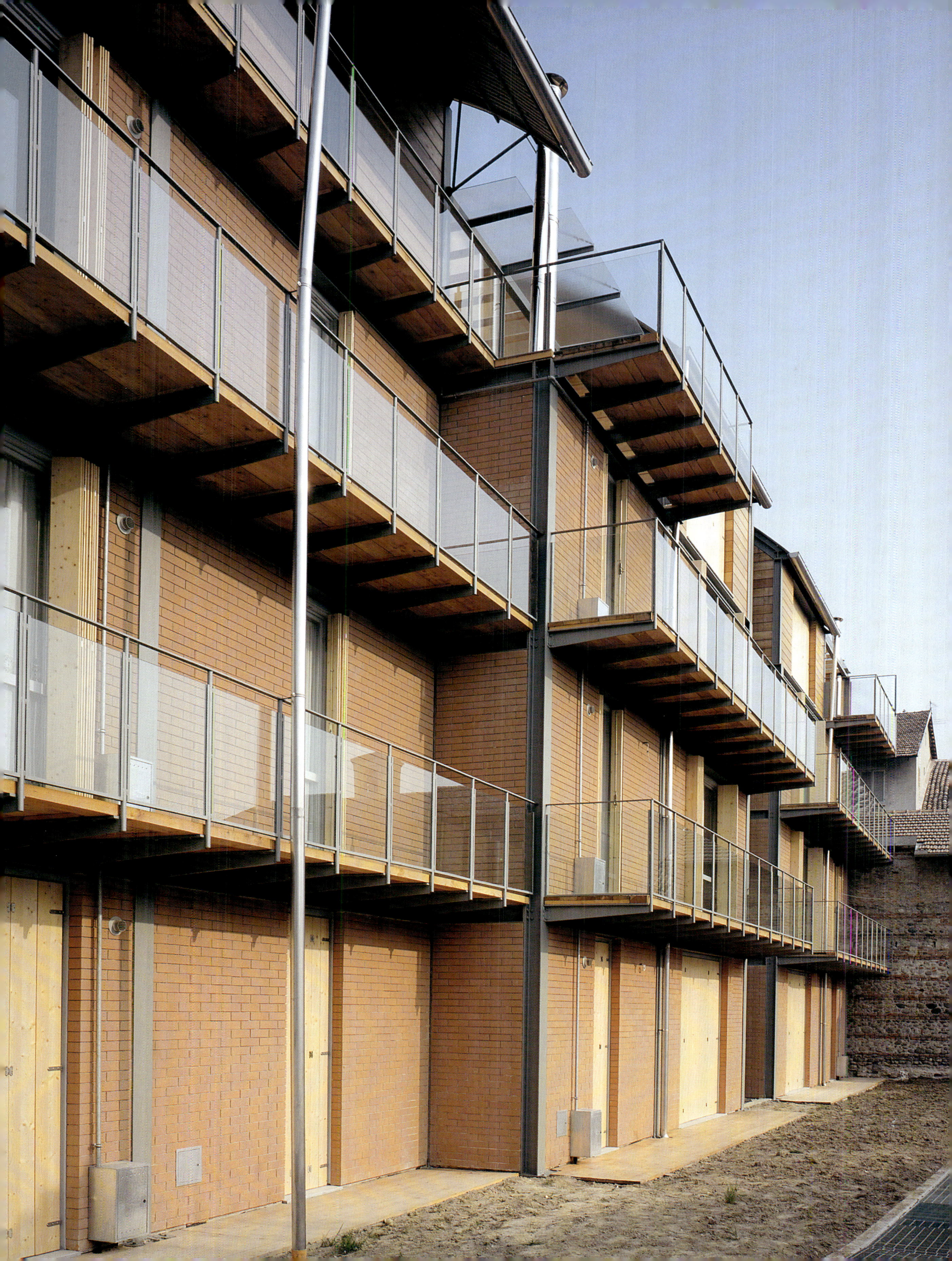

This building was originally a farm. In the renovation, it was decided to add a very lightweight barrel-vaulted roof of aluminum sheeting. The facade of the first three stories, approximately up to the level of the surrounding buildings, is of industrial brick.

Este edificio era originalmente una finca agrícola. En su transformación se decidió incorporar una cubierta abovedada muy ligera hecha de planchas de aluminio. Por otro lado, la fachada en las primeras tres plantas, aproximadamente hasta la altura de los edificios que lo rodean, es de ladrillo industrial.

Site plan / **Plano de situación**

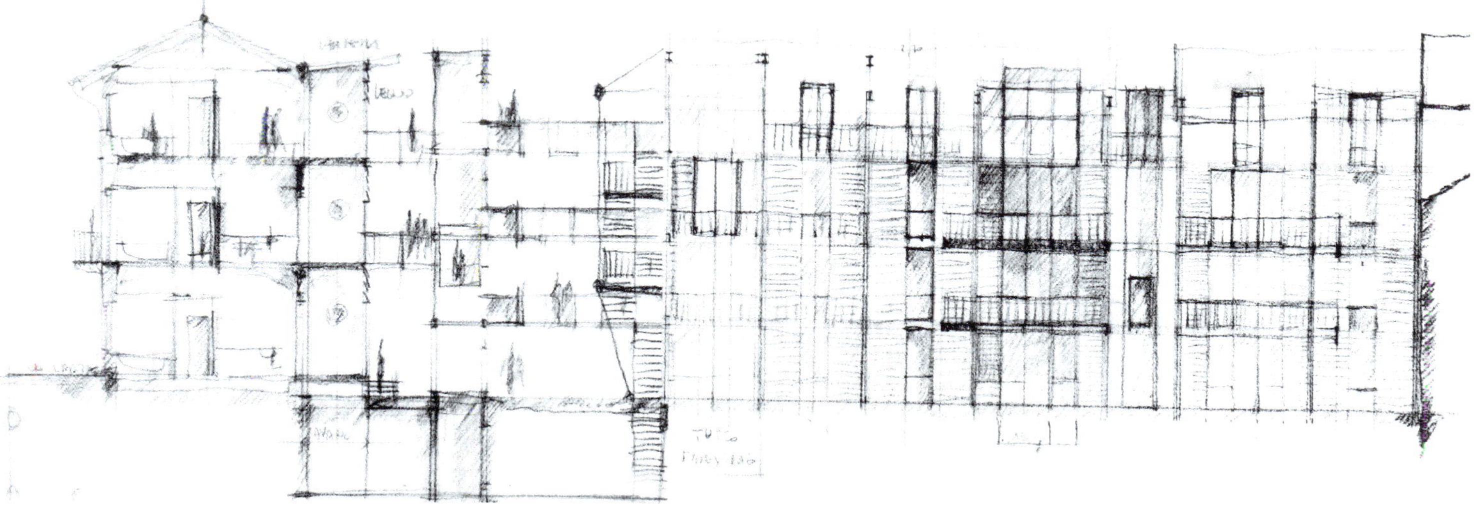

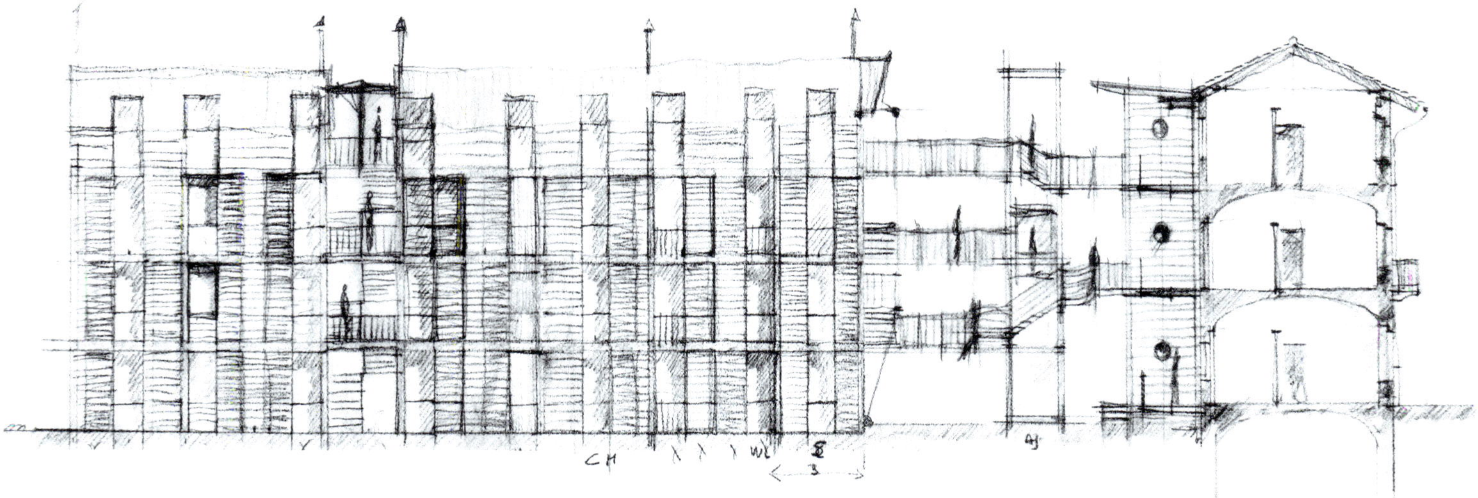

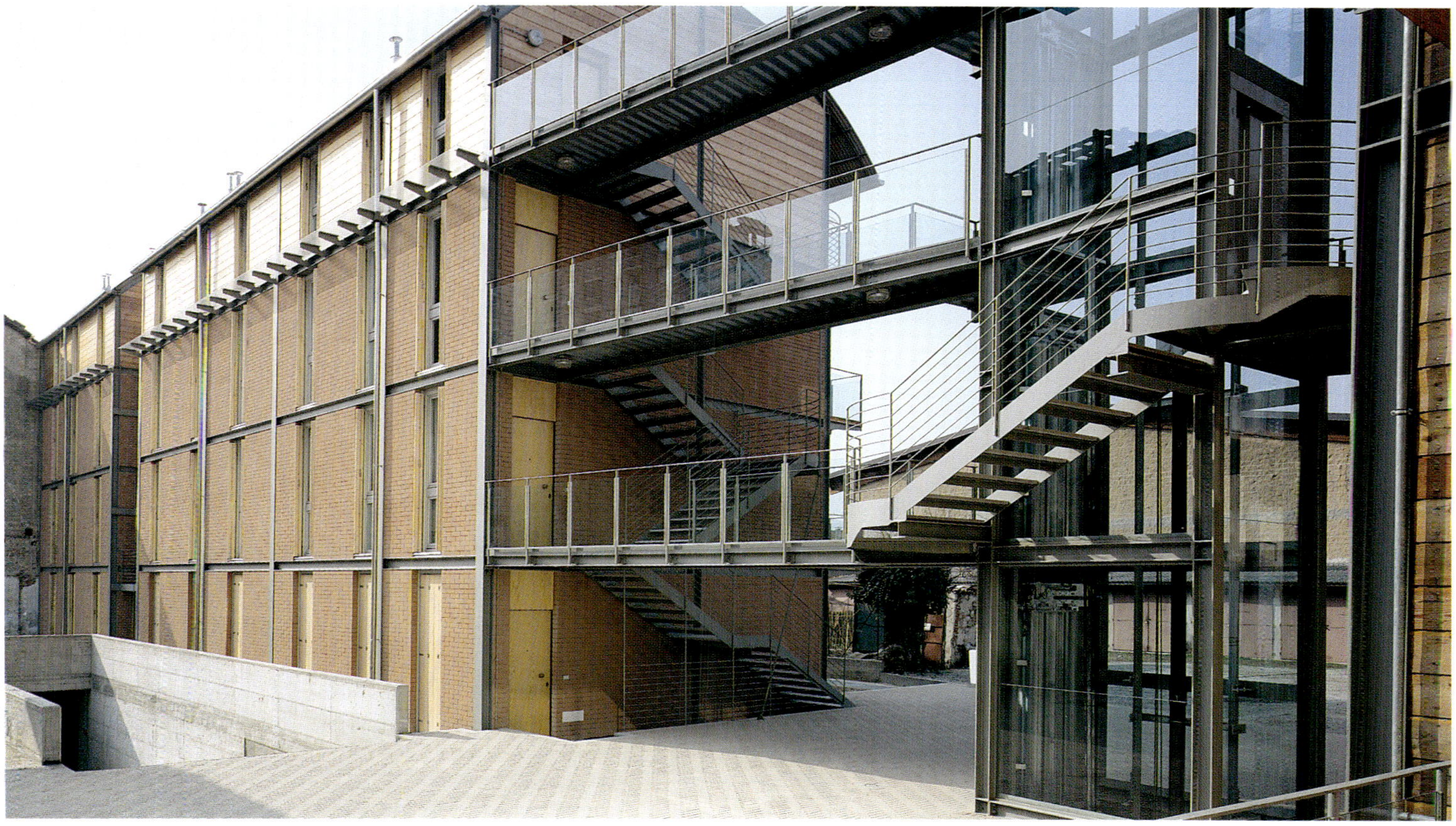

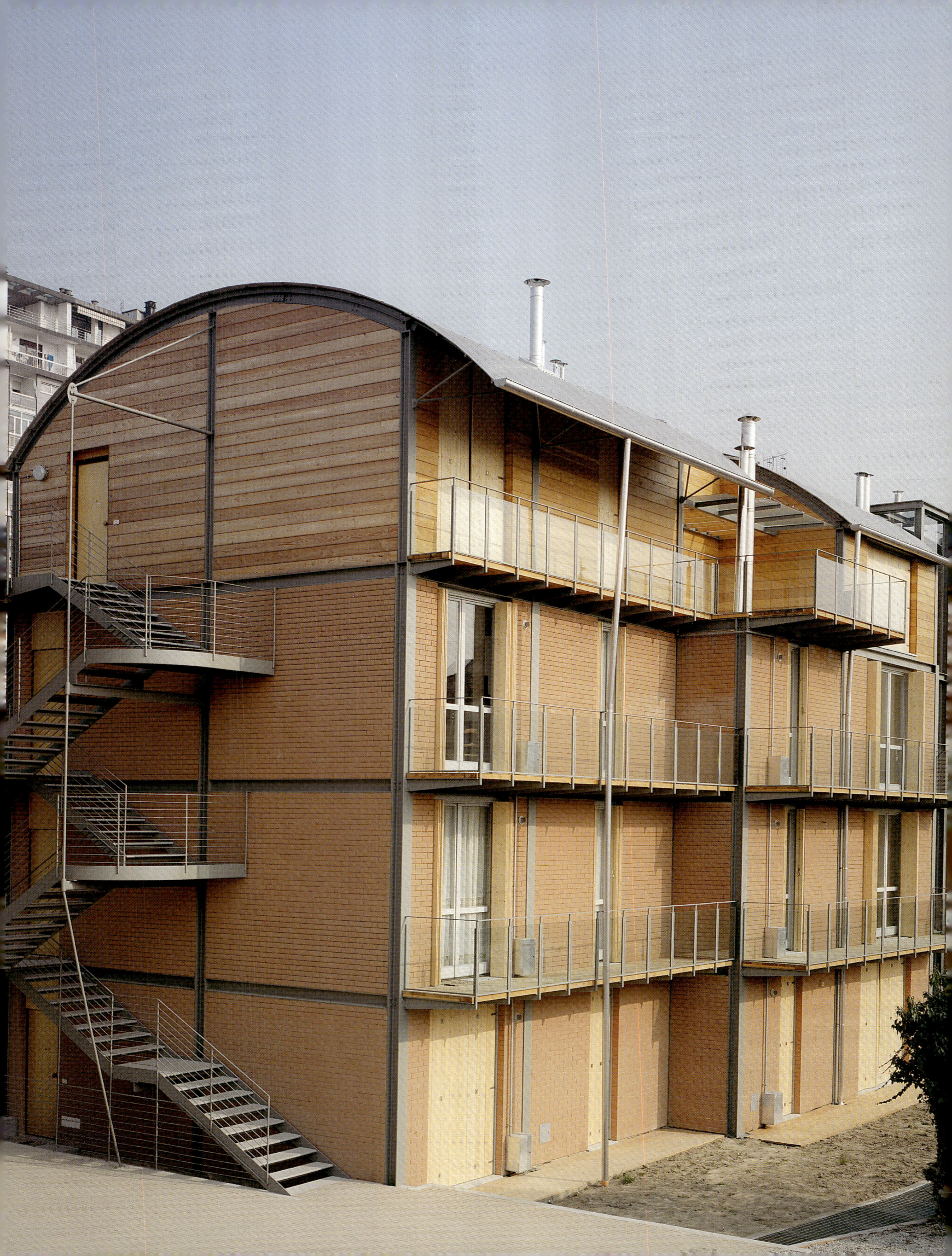

0 1   10m

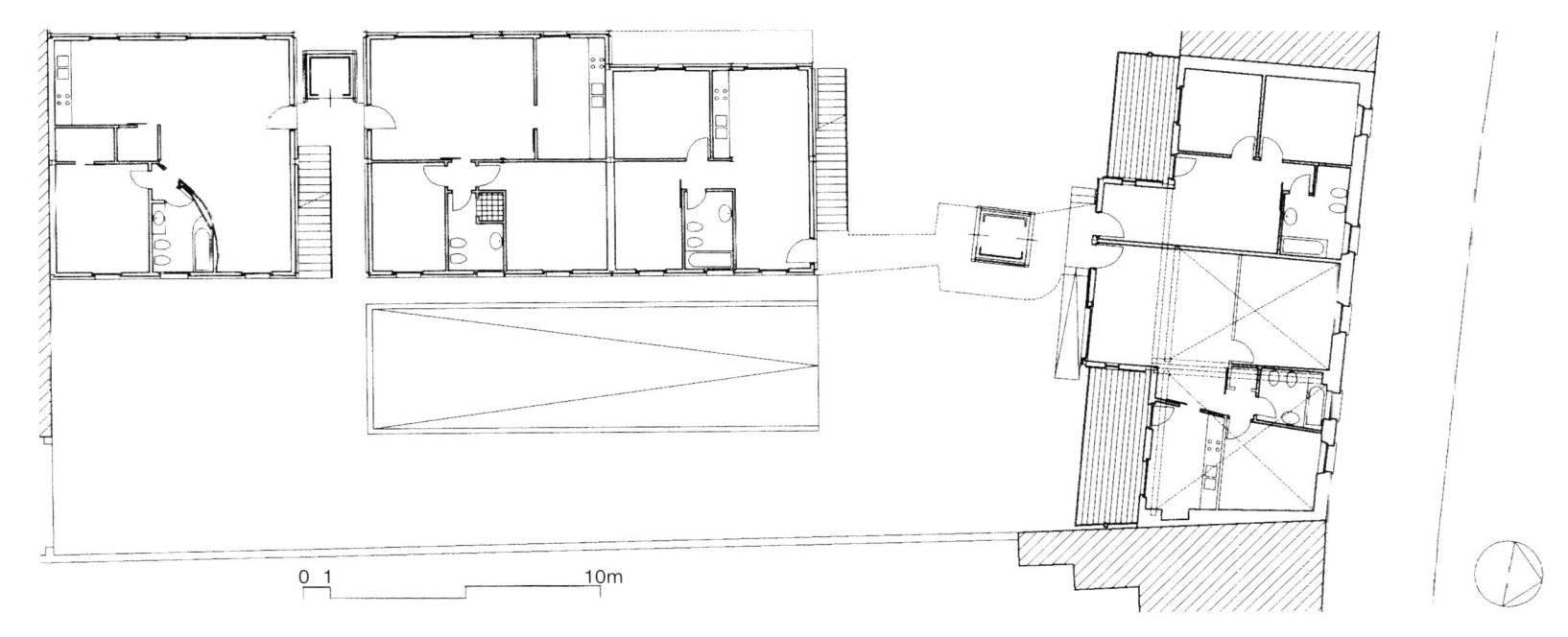

Ground floor plan / Planta baja

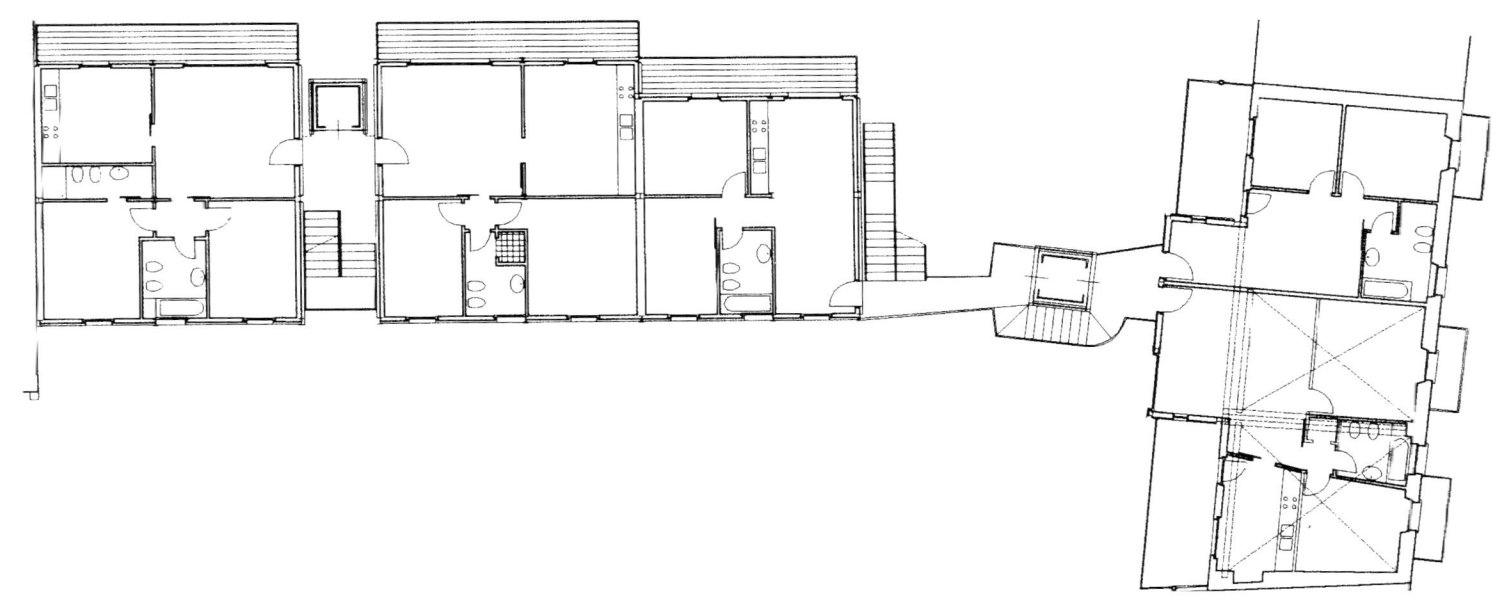

First floor plan / Planta primera

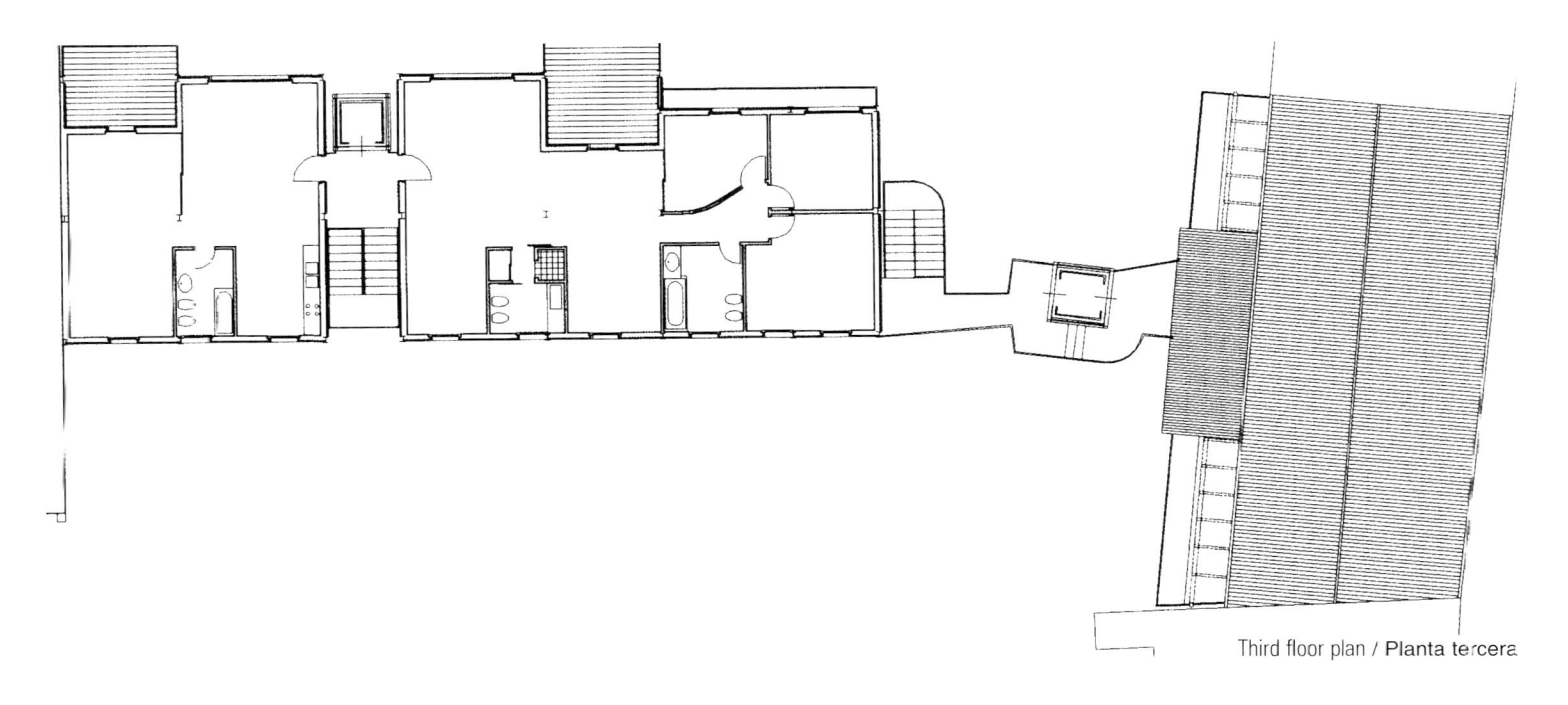

Third floor plan / Planta tercera

97

A load-bearing steel structure, a feature almost unknown in Italian housing, is a recurrent element in this architect's work: in this case it is used in all the new elements. The widespread use of wood is also unusual.

La estructura de acero que soporta el peso, característica prácticamente desconocida en las viviendas italianas, es un elemento recurrente en la obra aquitectónica de Besso. En este caso se ha utilizado en todos los nuevos elementos. El uso generalizado de madera también es poco usual.

Cross section / Sección transversal

99

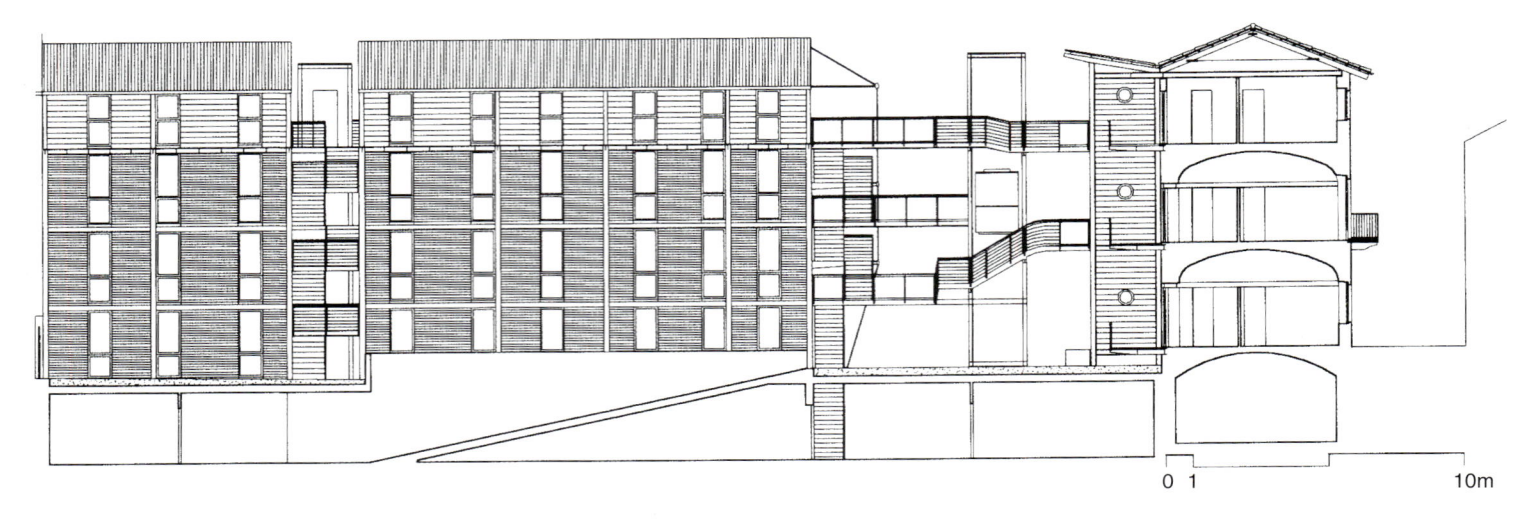

Longitudinal section / Sección longitudinal

101

Dieter Jüngling + Andreas Hagmann
Refurbishment of Tivoli Housing

Chur, Switzerland

Photographs: Ralph Feiner
Schenk + Campell

This ensemble of residential blocks is located in an area of Chur that is very close to the Station Square. The buildings were originally built in 1943-1944 according to architect Karl Beer's design, which sought to combine modernity and tradition. The refurbishing concept of these buildings has involved a series of slight modifications to the building's external appearance.

The original layout, a discontinuous U shape, no longer satisfied current requirements. Nonetheless, the external composition of the ensemble, constructed in accordance with an open layout, allowed for an optimal use of the original building's openness.

The three existing blocks were refurbished, and new structures were inserted between them to create a protected internal landscaped courtyard, where a loggia extension was also added. These modifications not only increased the living area; they also created a buffer zone and made the insulation of the original facade easier.

In the new scheme, the living spaces have also been enlarged by relocating the internal staircases toward vertical communications units; the modified houses now have an area of 80 to 100 m². Along with the addition of external terraces, these communications units also modify the appearance of the ensemble, due particularly to the materials (steel and glass) used in their construction. Another important aesthetic modification was the relocation of the car park, which has been moved underground, freeing up space to plant birches in a series of shallow ditches.

The main objective of the refurbishment was to improve heat efficiency on the facade, to provide adequate noise insulation in the houses, and to increase the amount of sunlight in external spaces.

Este conjunto de bloques residenciales se encuentra en un área de Chur muy cercana a la Plaza de la Estación. Los edificios fueron construidos originalmente en 1943-1944 siguiendo el diseño del arquitecto Karl Beer con la intención de combinar modernidad y tradición. El concepto de renovación que se utilizó involucraba una serie de leves modificaciones a la apariencia externa del edificio.

El plano original constituía una U discontinua, y se encontró que ya no cumplía con los requisitos modernos. No obstante, la composición externa del conjunto, construida de acuerdo a un plano abierto, permitía el aprovechamiento de la apertura del plano del antiguo edificio. Los tres bloques existentes fueron renovados y se insertaron nuevas estructuras entre ellos para crear un patio interior protegido. También se agregó una extensión tipo logia a la fachada del patio interior. Estas modificaciones no sólo aumentaron el área de vivienda, sino que también crearon una zona de amortiguamiento y facilitaron el aislamiento de la fachada original.

En el nuevo plano, los espacios de vivienda se han ampliado mediante la reubicación de las escaleras internas. Las casas modificadas tienen ahora un área de 80 a 100 metros cuadrados. Junto a la las nuevas terrazas externas, estas unidades de comunicación verticales han servido para modificar la apariencia del conjunto, especialmente debido a los materiales -acero y cristal- que se han utilizado para su construcción. Otra importante modificación estética ha sido la reubicación del aparcamiento, que es ahora subterráneo, dejando espacio para plantar abedules en unos canales de tierra.

El objetivo principal de la renovación era mejorar el nivel de eficiencia térmica de la fachada, proporcionar una protección adecuada contra el ruido en las casas y aumentar la cantidad de luz solar en los espacios exteriores.

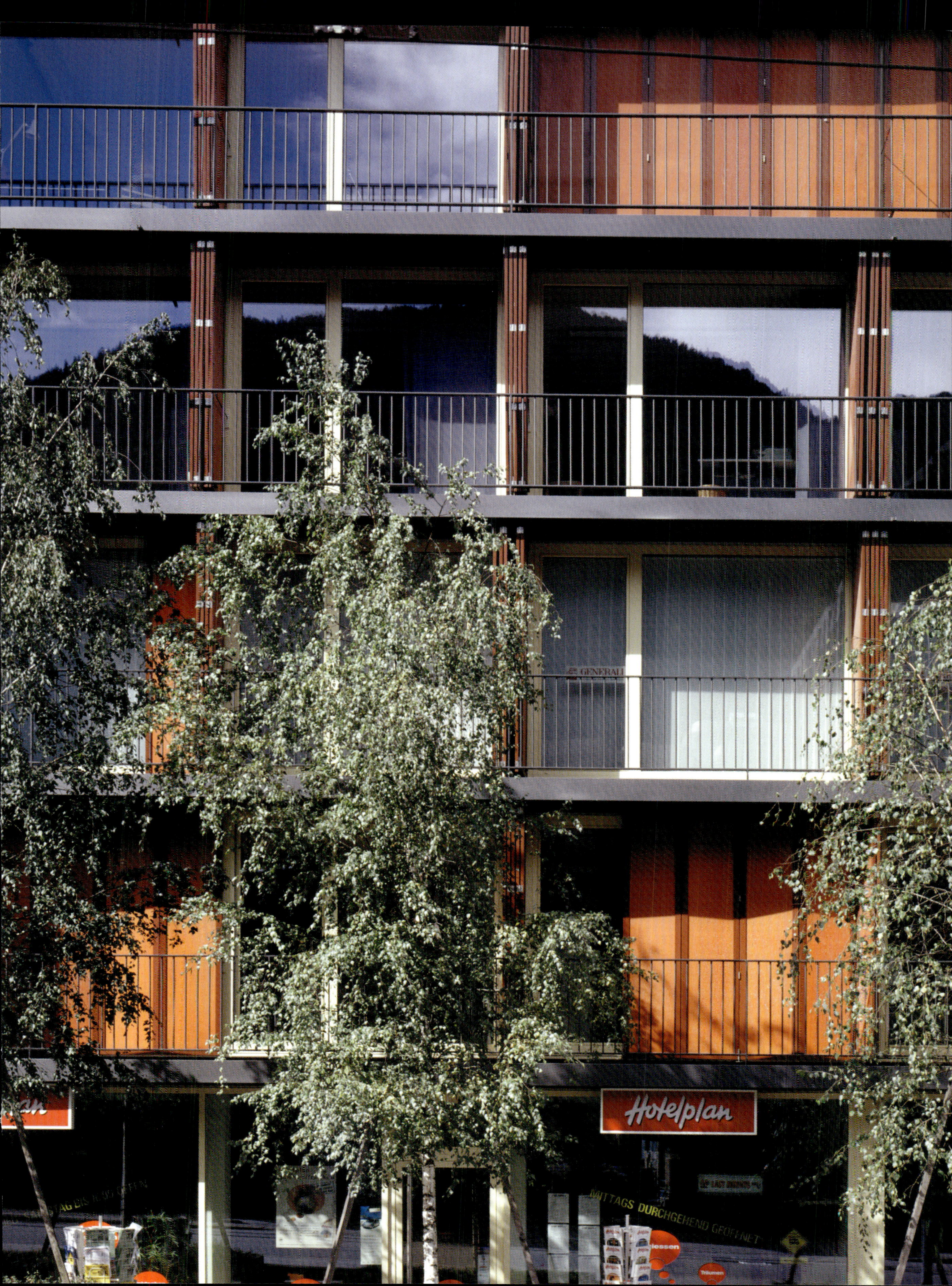
Hotelplan
GENERALI
MITTAGS DURCHGEHEND GEOFFNET

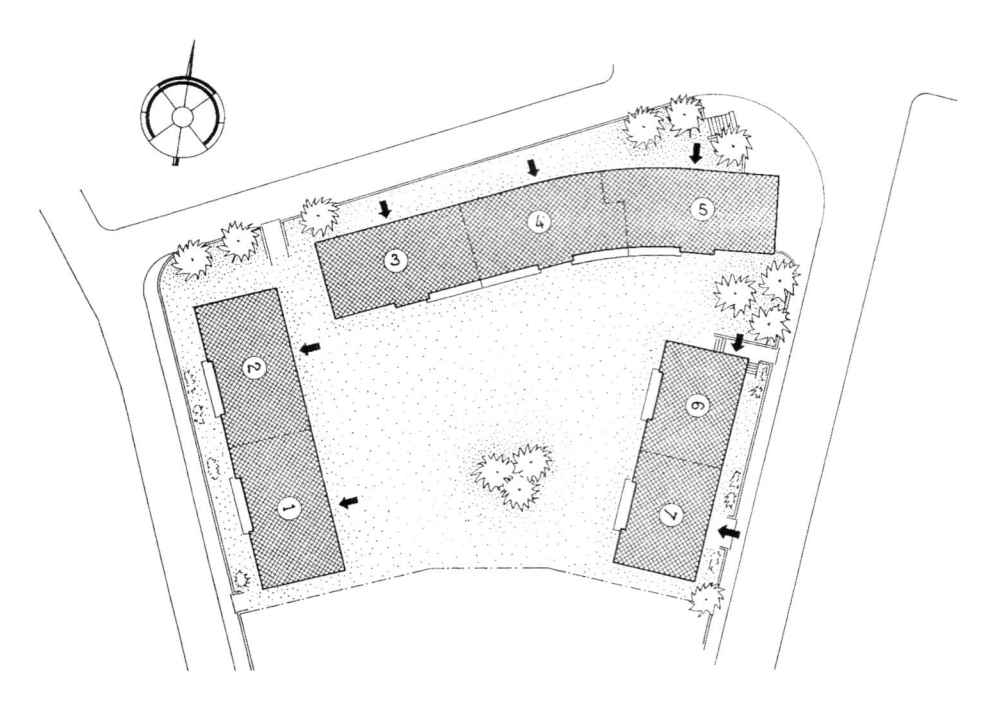

Although the original buildings, built in 1943-1944, included empty spaces between the blocks, the refurbished set has filled these in with additional dwellings so that the complex forms a continuous U shape open towards the south.

Aunque los edificios originales, construidos en 1943-1944, incluían espacios vacíos entre los bloques, el conjunto renovado ha rellenado estos espacios con más viviendas de tal modo que el complejo forma una U continua que se abre hacia el sur.

Site plan / **Plano de situación**

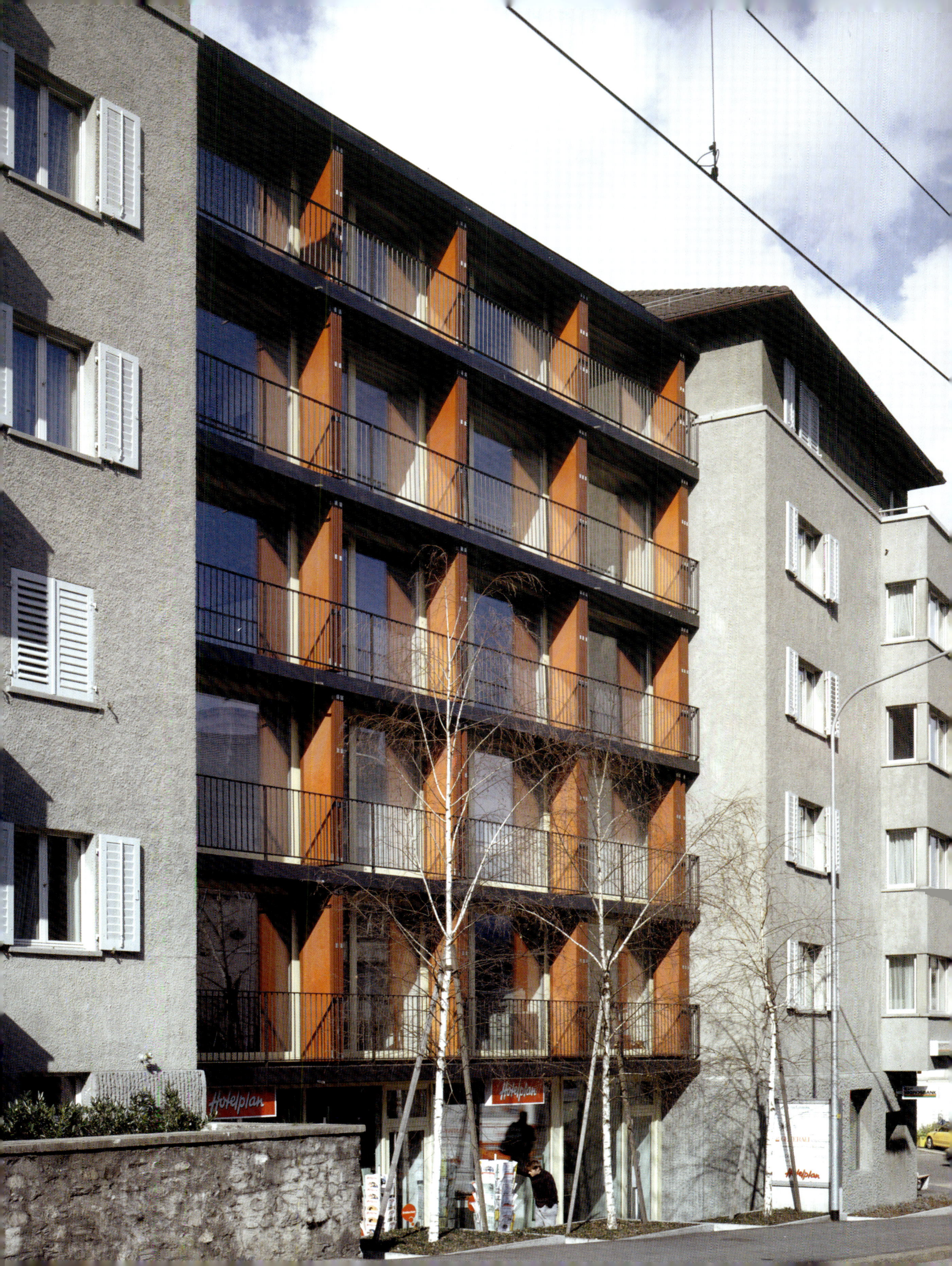
Hotelplan
Hotelplan
Hotelplan

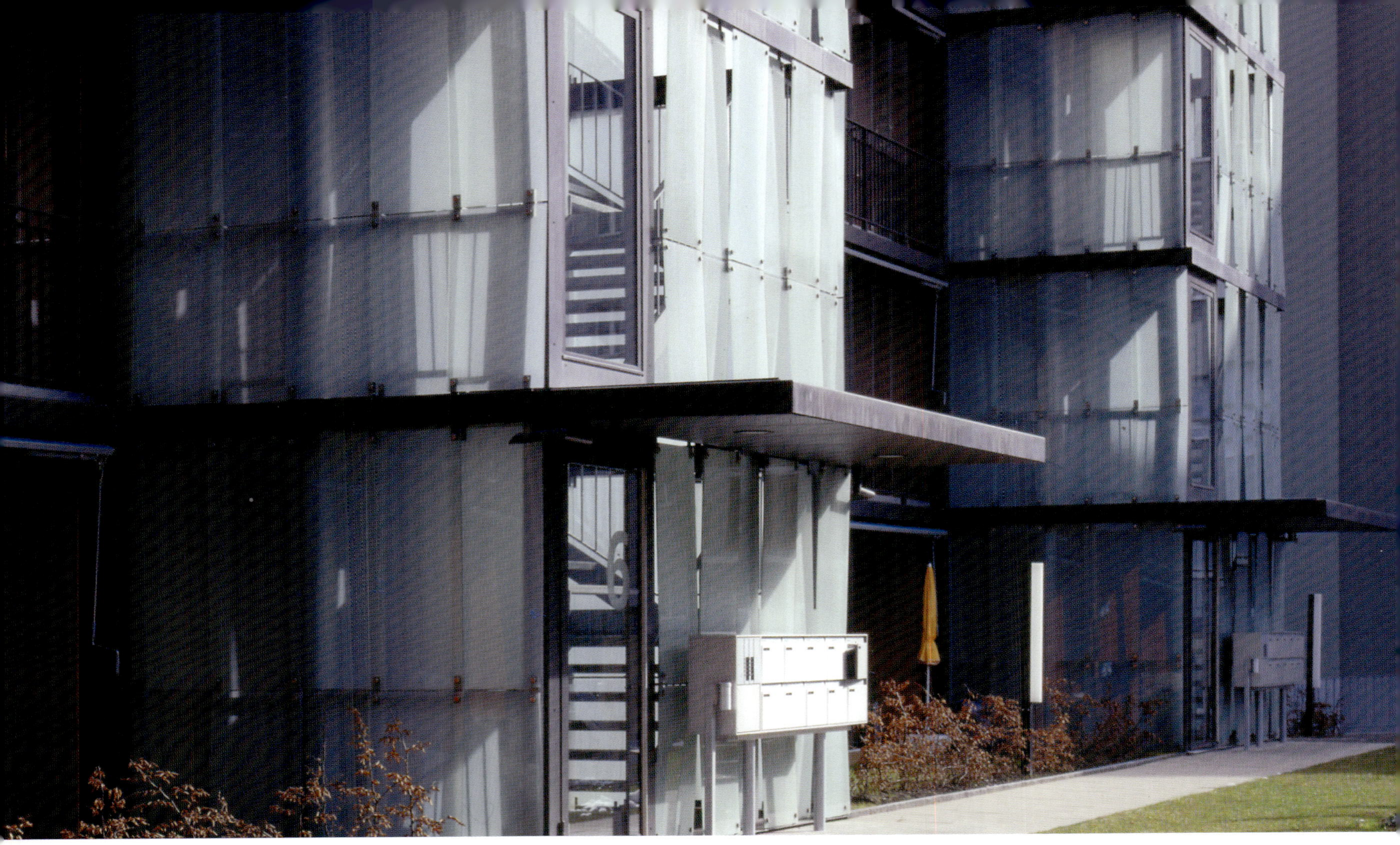

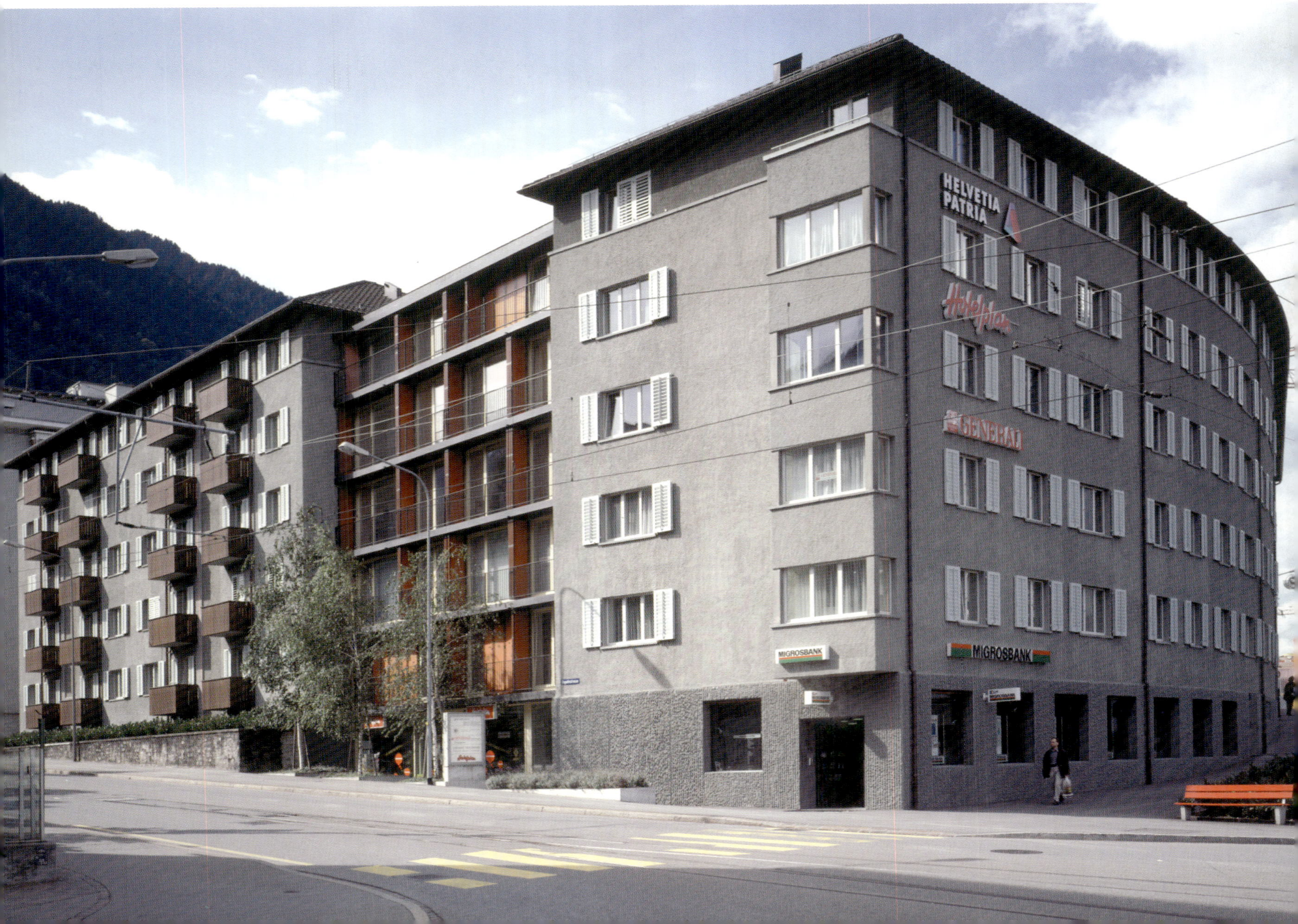
HELVETIA
PATRIA
MIGROSBANK
MIGROSBANK

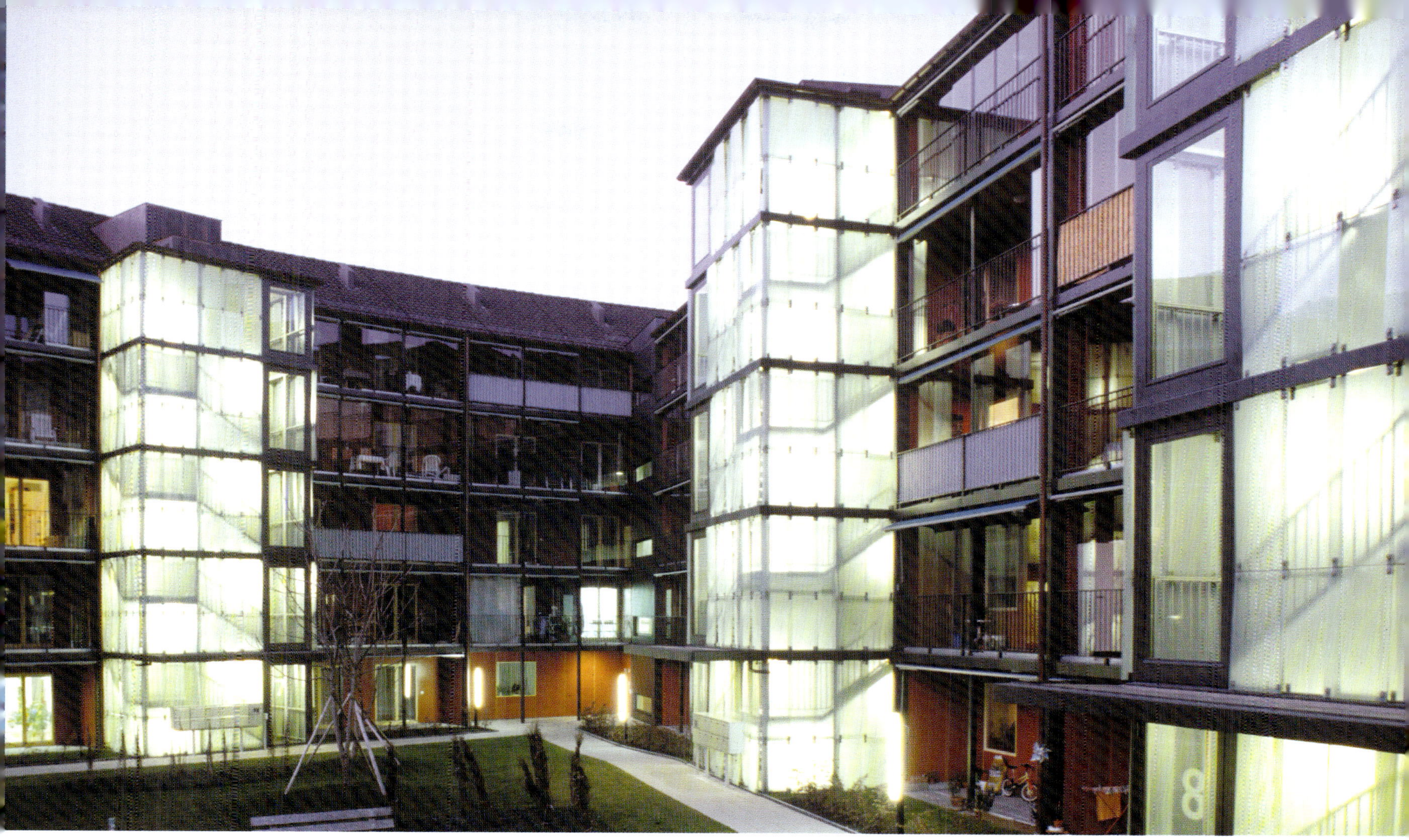
8

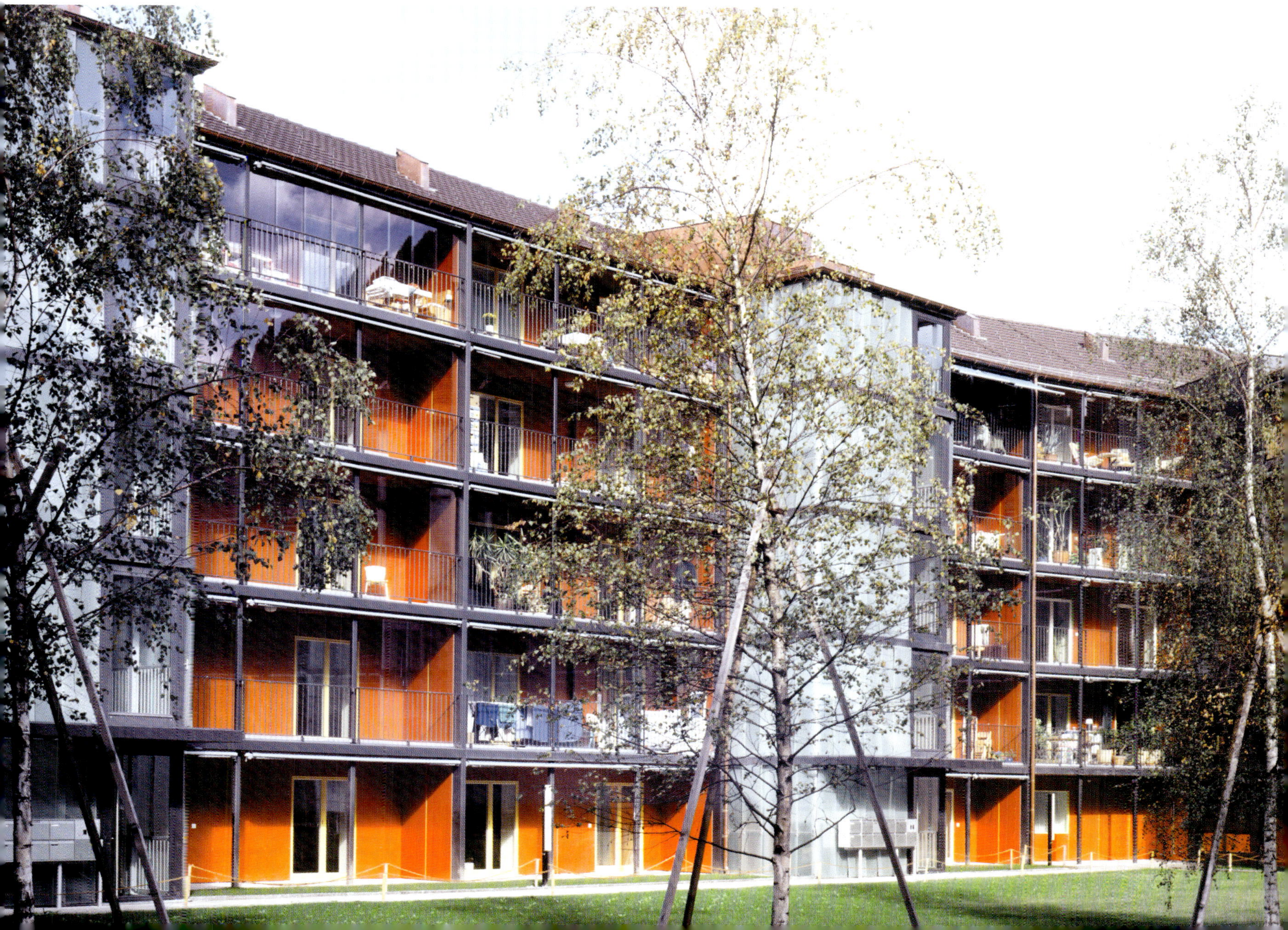

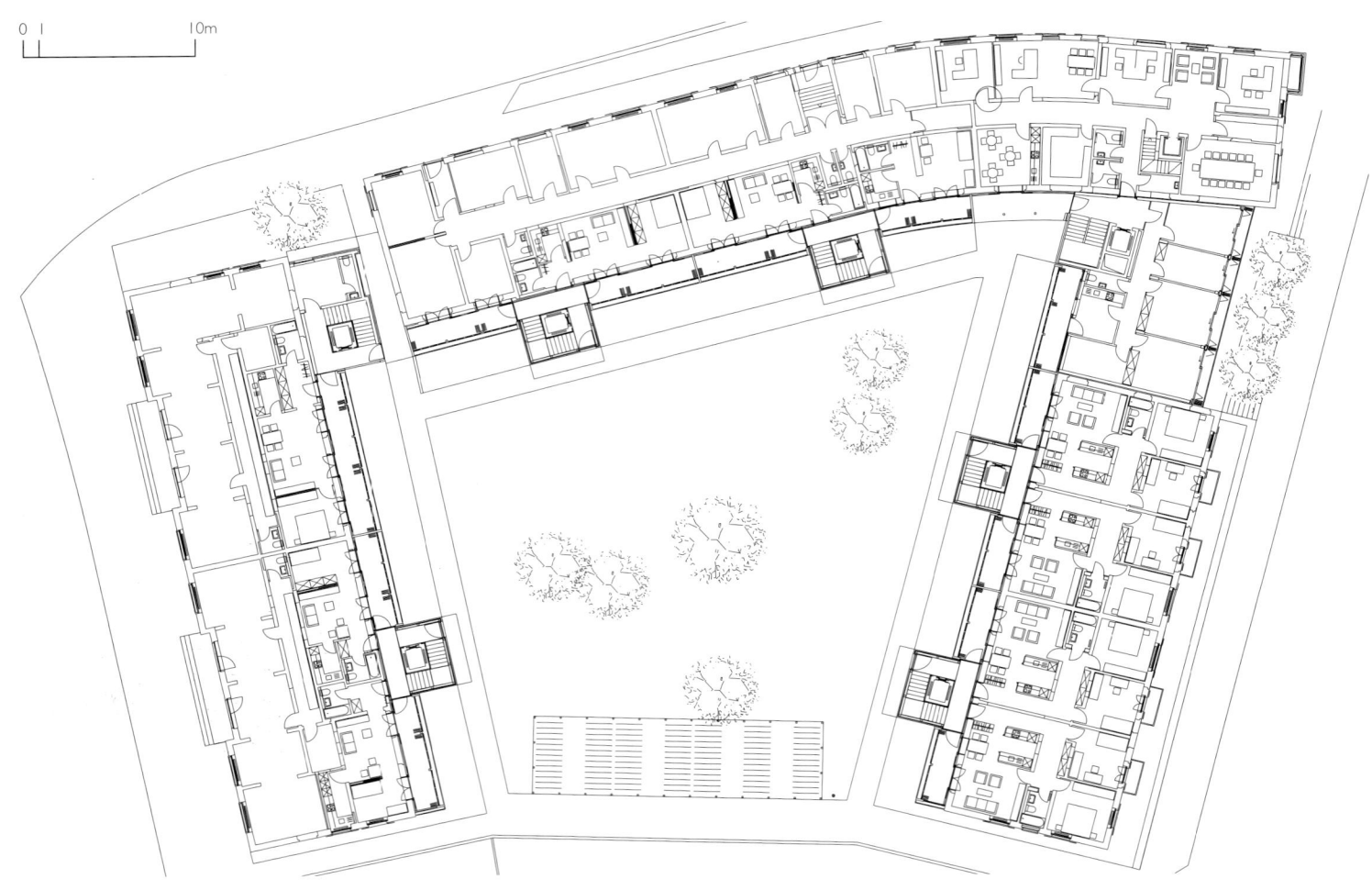

Ground floor plan / Planta baja

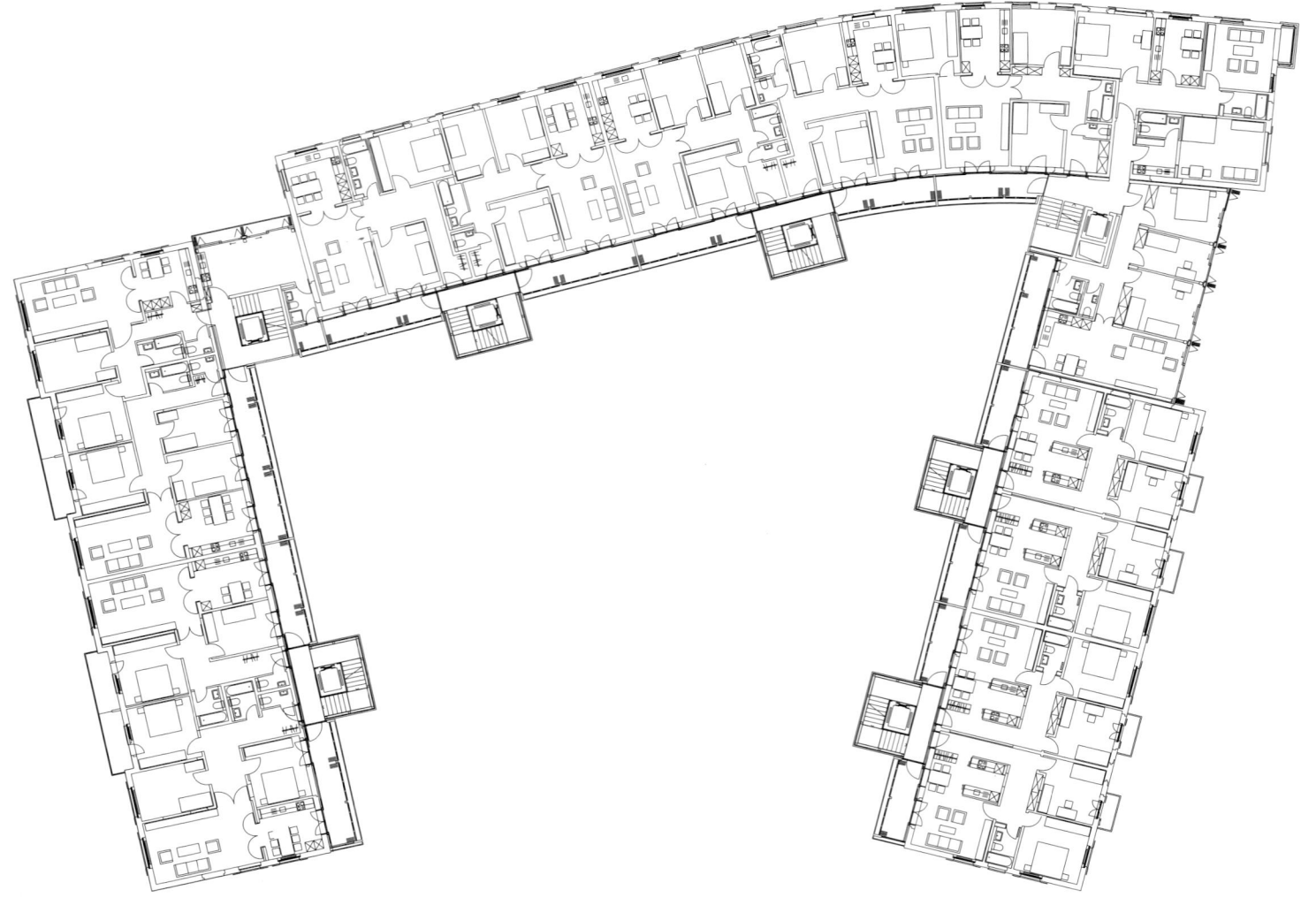

Upper floor plan / Planta superior

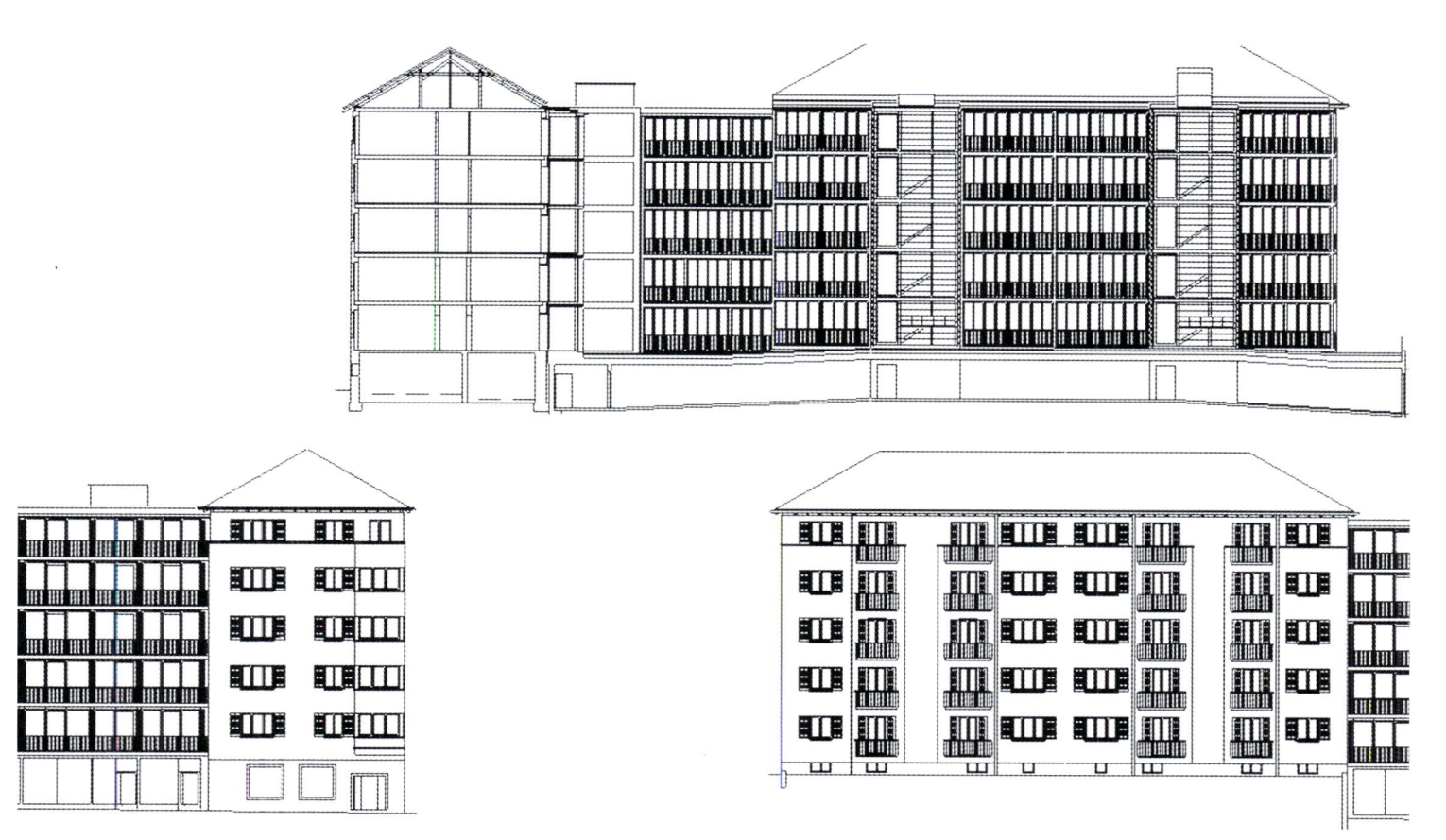

East West elevations / Alzados este oeste

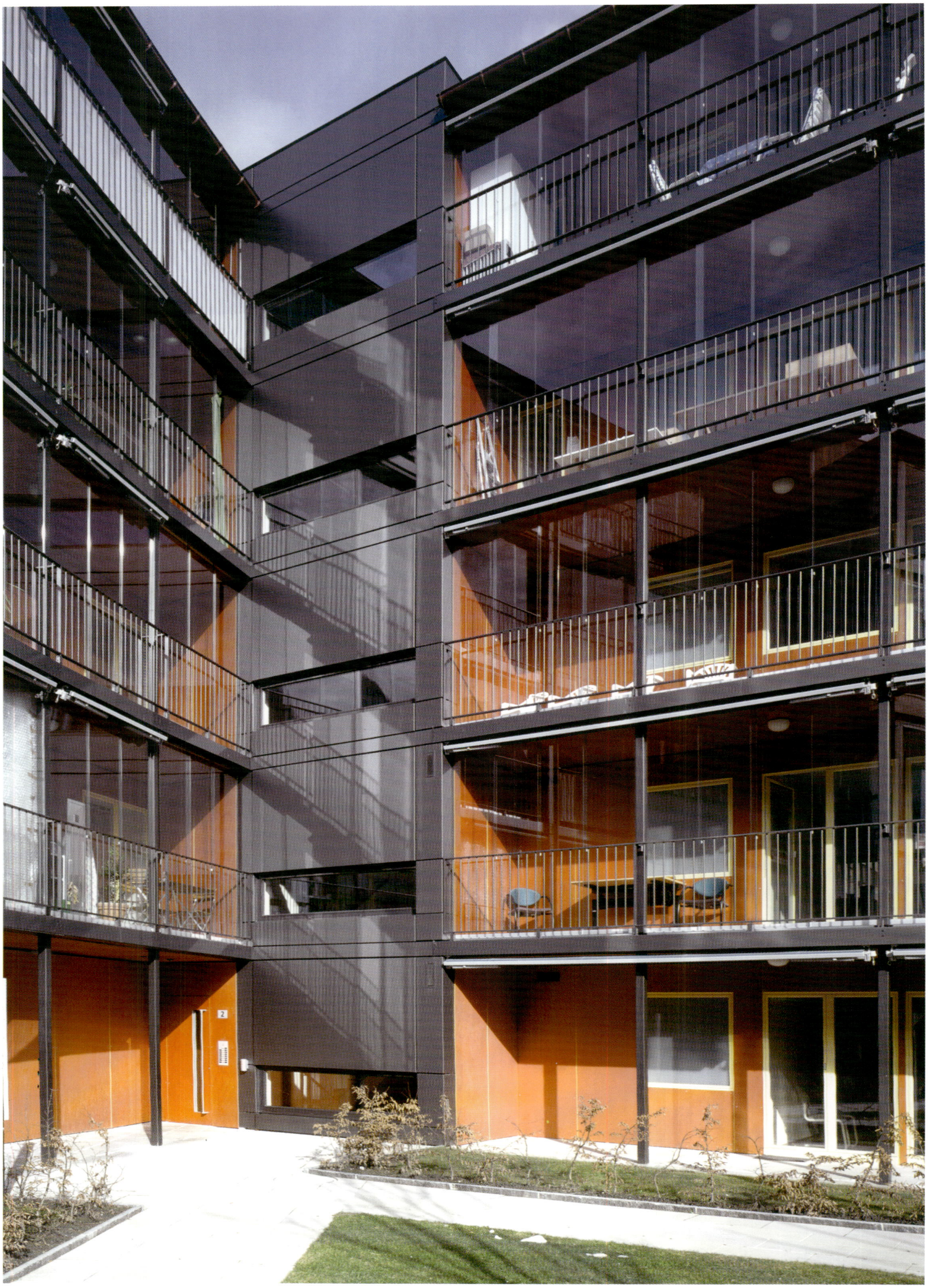

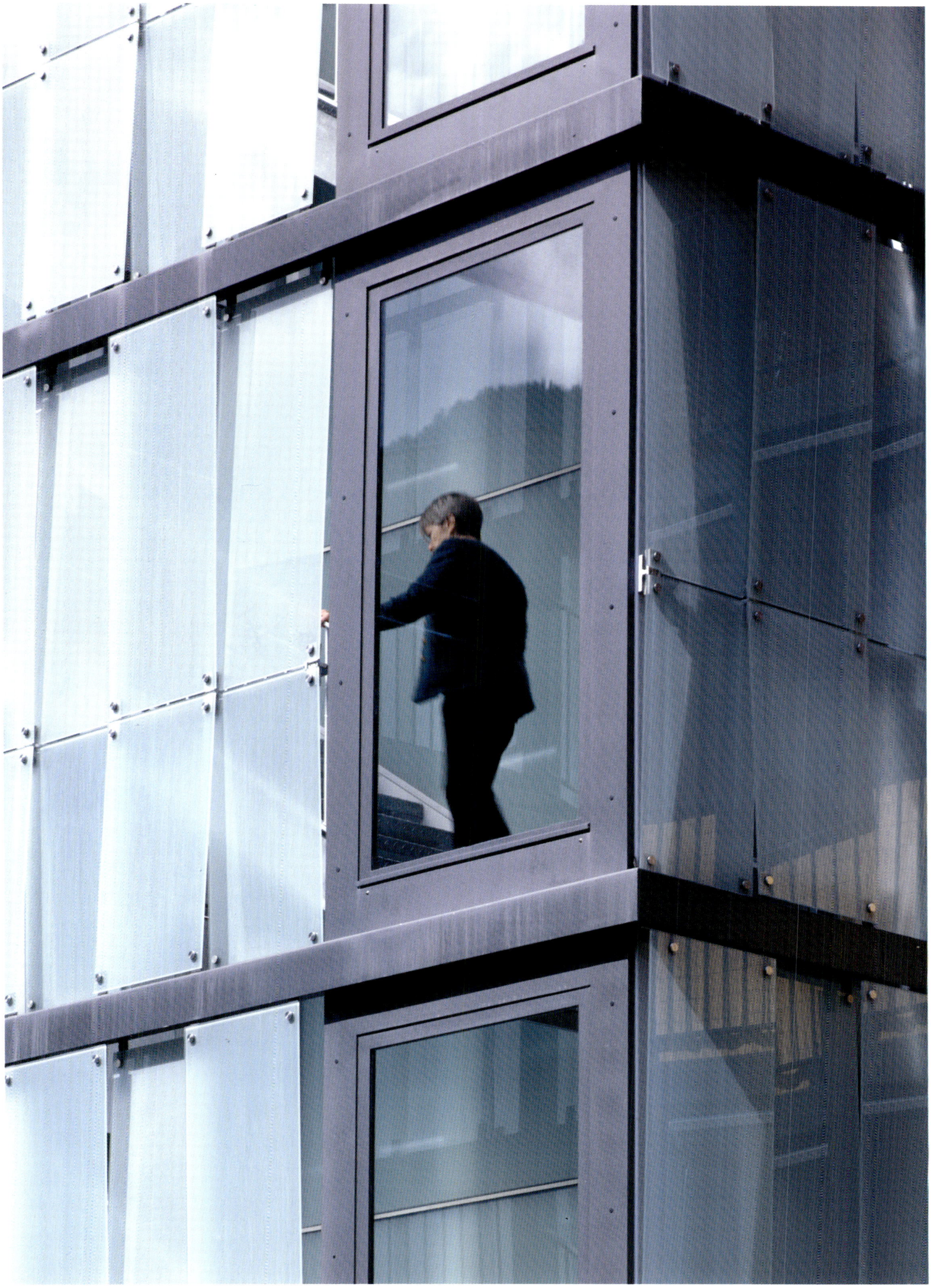

Baumschlager & Eberle
Wohnen am Lohbach

Innsbruck, Austria · Photographs: Eduard Hueber

This social housing development built on the border between the residential and agricultural areas of the west of Innsbruck has won two important prizes in the 2001 World Architecture Awards - Best Residential Building and Best "Green" Building. The project is made up of six blocks of five to seven storeys and includes 298 apartments. The blocks can be accessed by well lit, tree-lined paved paths which are free from car traffic, and many of the public areas have been especially designed by artists. The stairways that provide access to the apartments are covered and enjoy top-lighting. All the apartments have full-height French windows providing access to the terraces and balconies that run around the buildings. Copper shutters and satinated glass parapets have been installed as weather protection on the terraces and balconies and to provide privacy.

This project incorporated innovative cost and energy saving features. The use of computer software systems in the design saved on costs, which permitted funds to be spent on high-quality materials, which are not usually found on social housing projects. Every apartment has a heat-recovery unit, a controlled ventilation system, high levels of insulation, and solar energy collectors, which supply most of the power for hot water. These features have lowered space heating and domestic hot water costs by 70 percent as compared to conventional dwellings of the same size.

Este proyecto de viviendas sociales, construido en el borde que separa las áreas residenciales y agrícolas del oeste de Innsbruck, ha ganado dos premios importantes en los World Architecture Awards de 2001: mejor edificio residencial y mejor edificio "verde". El proyecto está compuesto por seis bloques de cinco a siete plantas e incluye 298 apartamentos. Se puede acceder a los bloques mediante caminos pavimentados rodeados de árboles, bien iluminados y libres de coches. Muchas de las áreas públicas compartidas han sido diseñadas especialmente por artistas. Las escaleras que permiten el acceso a los apartamentos están cubiertas y tienen una iluminación cenital. Todos los apartamentos disponen de balconeras que permiten el acceso a las terrazas y a los balcones que existen alrededor de los edificios. Las persianas de cobre y los parapetos de cristal satinado se han colocado para proteger las terrazas y balcones del clima y para proporcionar un poco de privacidad.

Este proyecto incorpora propuestas innovadoras que sirvieron para abaratar el presupuesto y aprovechar al máximo la energía. El uso de sistemas informáticos en el diseño ahorró costes, permitiendo que se invirtieran más fondos en materiales de alta calidad, elementos normalmente no empleados en proyectos de viviendas sociales. Cada apartamento tiene una unidad de almacenamiento de calor, un sistema de ventilación controlado, altos niveles de aislamiento y colectores solares, los cuales proveen la mayoría de la energía para el agua caliente. Estos elementos hacen que sea posible que los costes de calefacción y de agua caliente doméstica sean un 70 por ciento menores que los necesarios para una vivienda convencional del mismo tamaño.

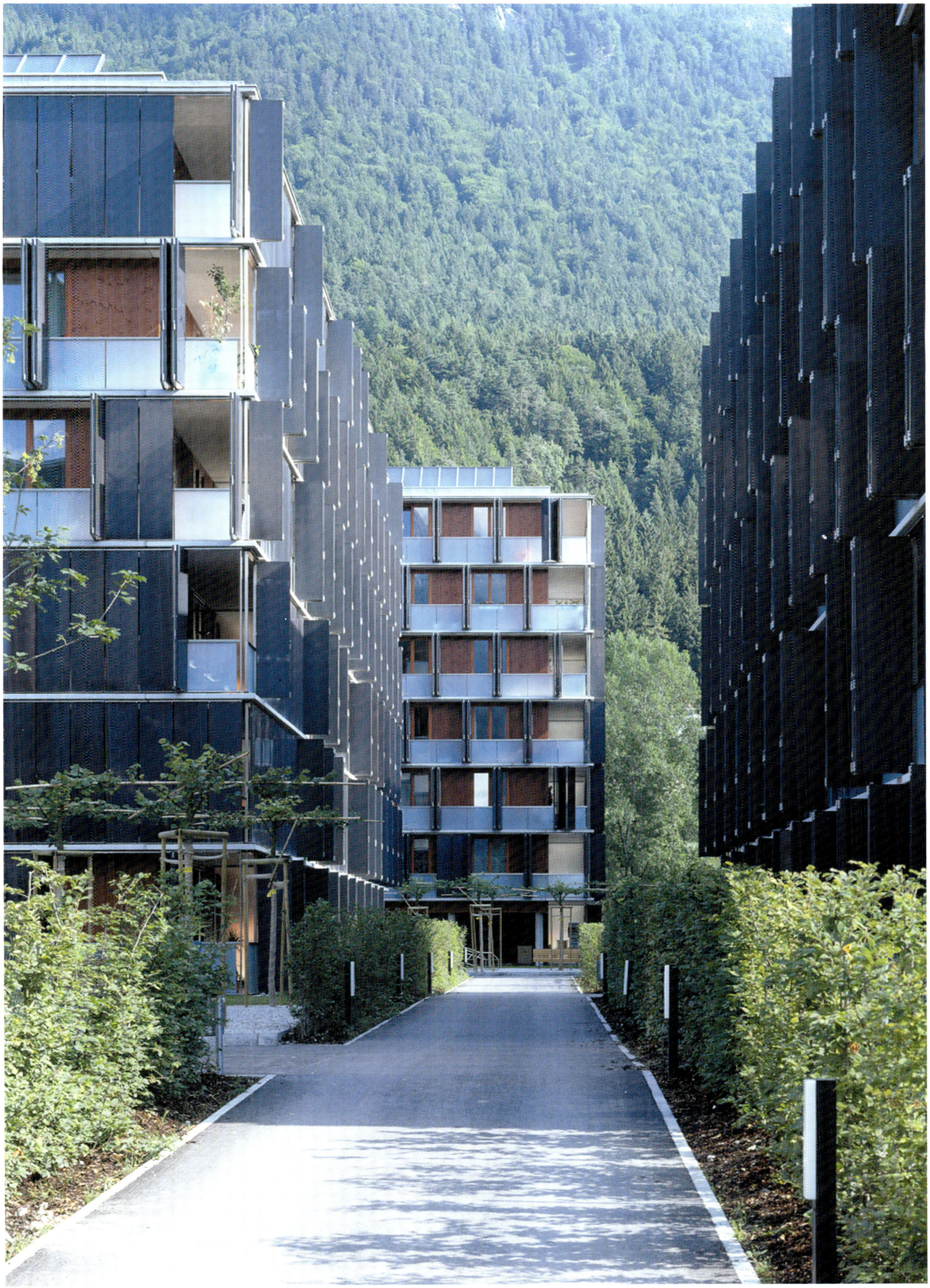

Site plan / Plano de situación

The use of computer software systems in the design saved on costs, which have instead been spent on high-quality materials -such as stone floors, copper shutters and wooden window frames- which are not usually found on social housing projects.

El uso de sistemas informáticos en el diseño redujo costes, los cuales fueron invertidos en materiales de alta calidad, tales como suelos de piedra, persianas de cobre y marcos de ventana de madera, materiales habitualmente no utilizados en proyectos de vivienda social.

115

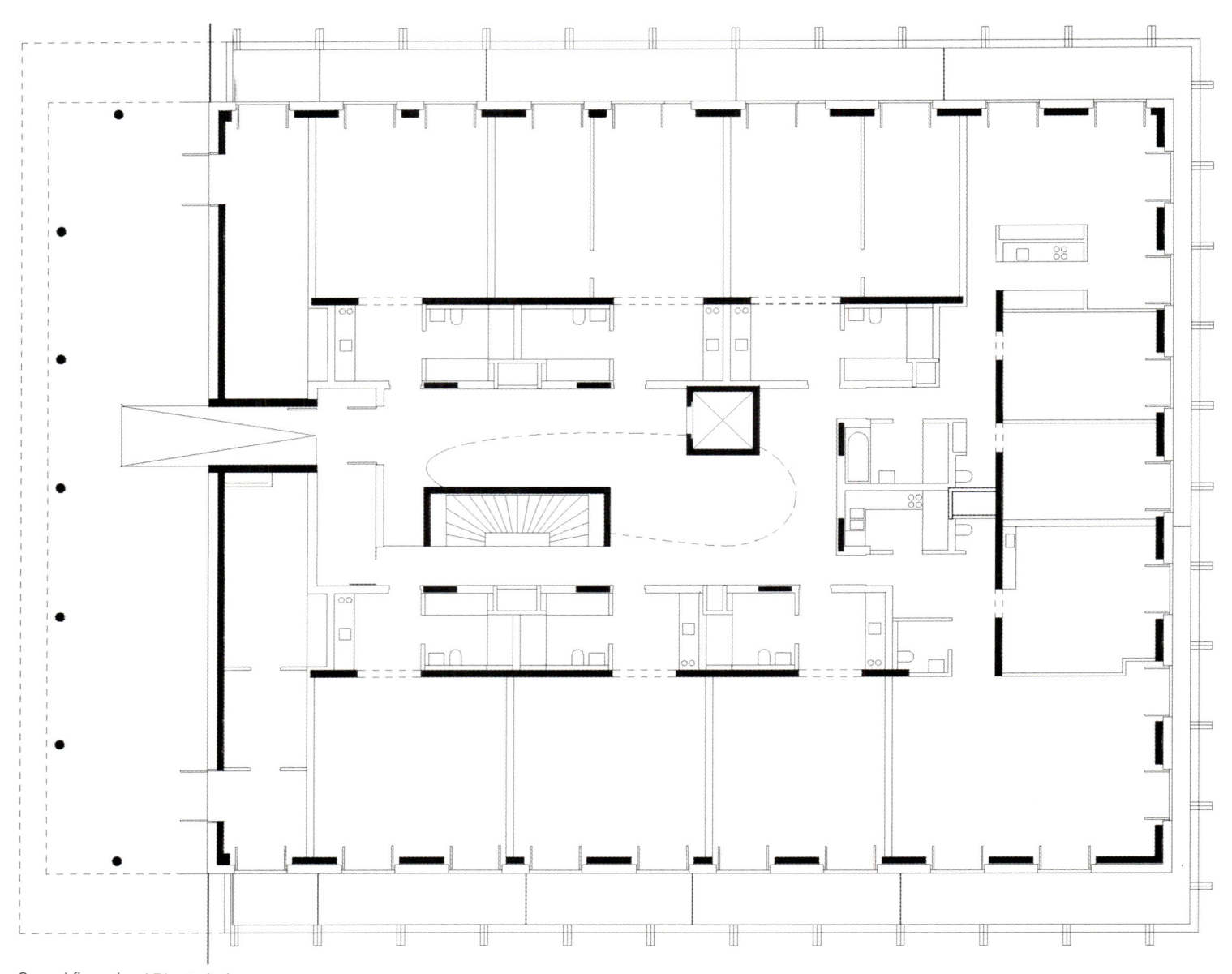

Ground floor plan / **Planta baja**

Type floor plan / Planta tipo

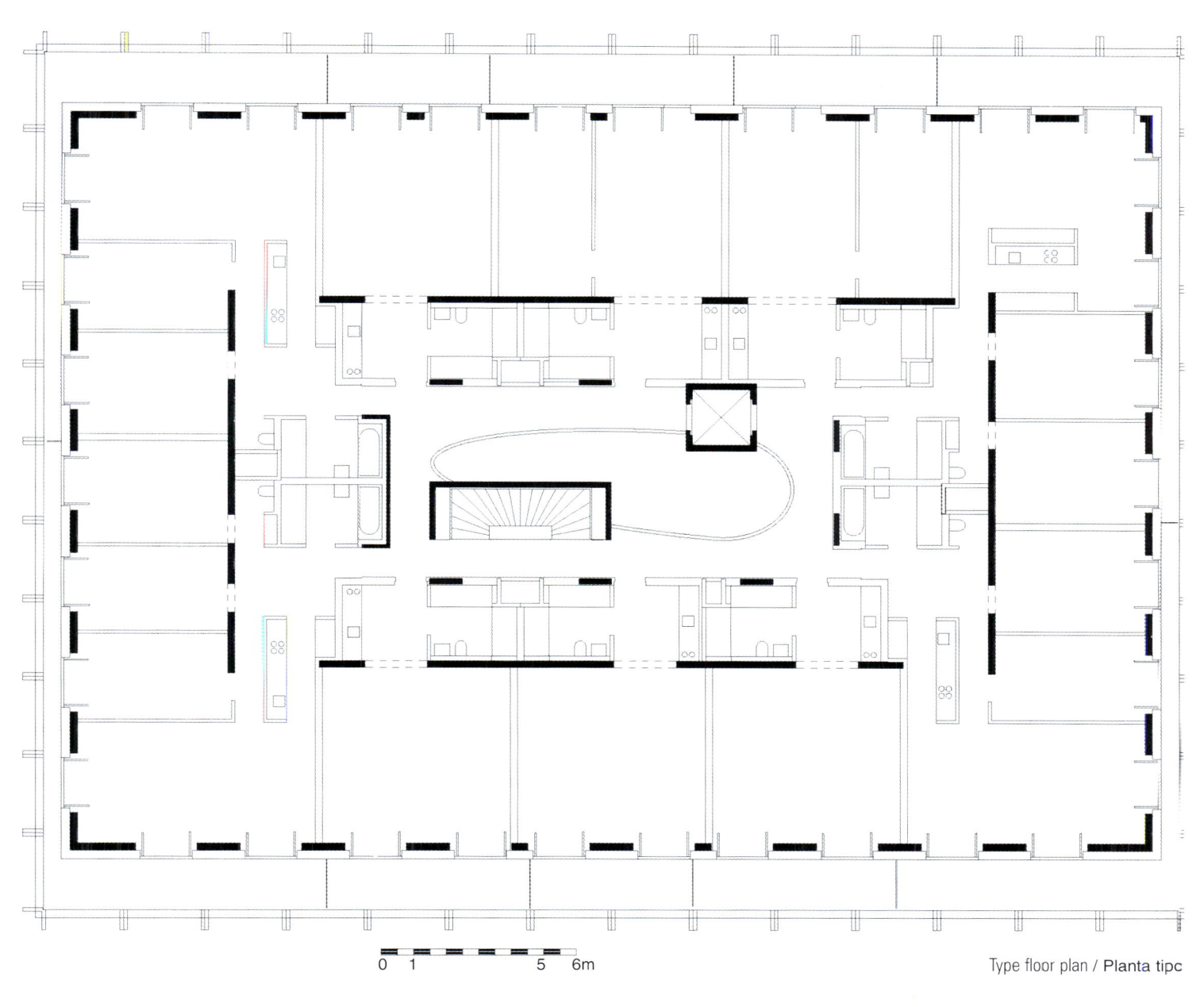

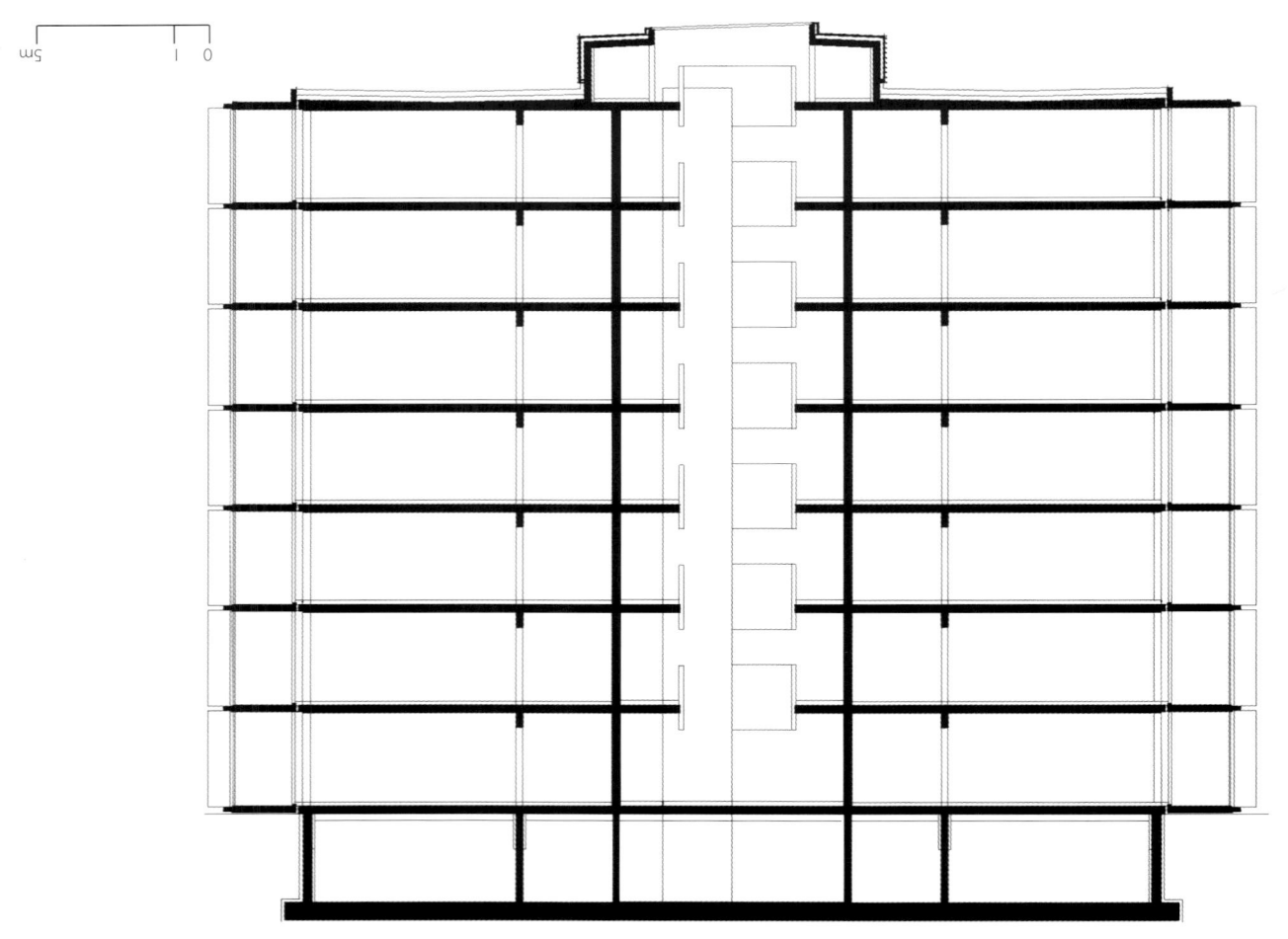

Cross section / Sección transversal

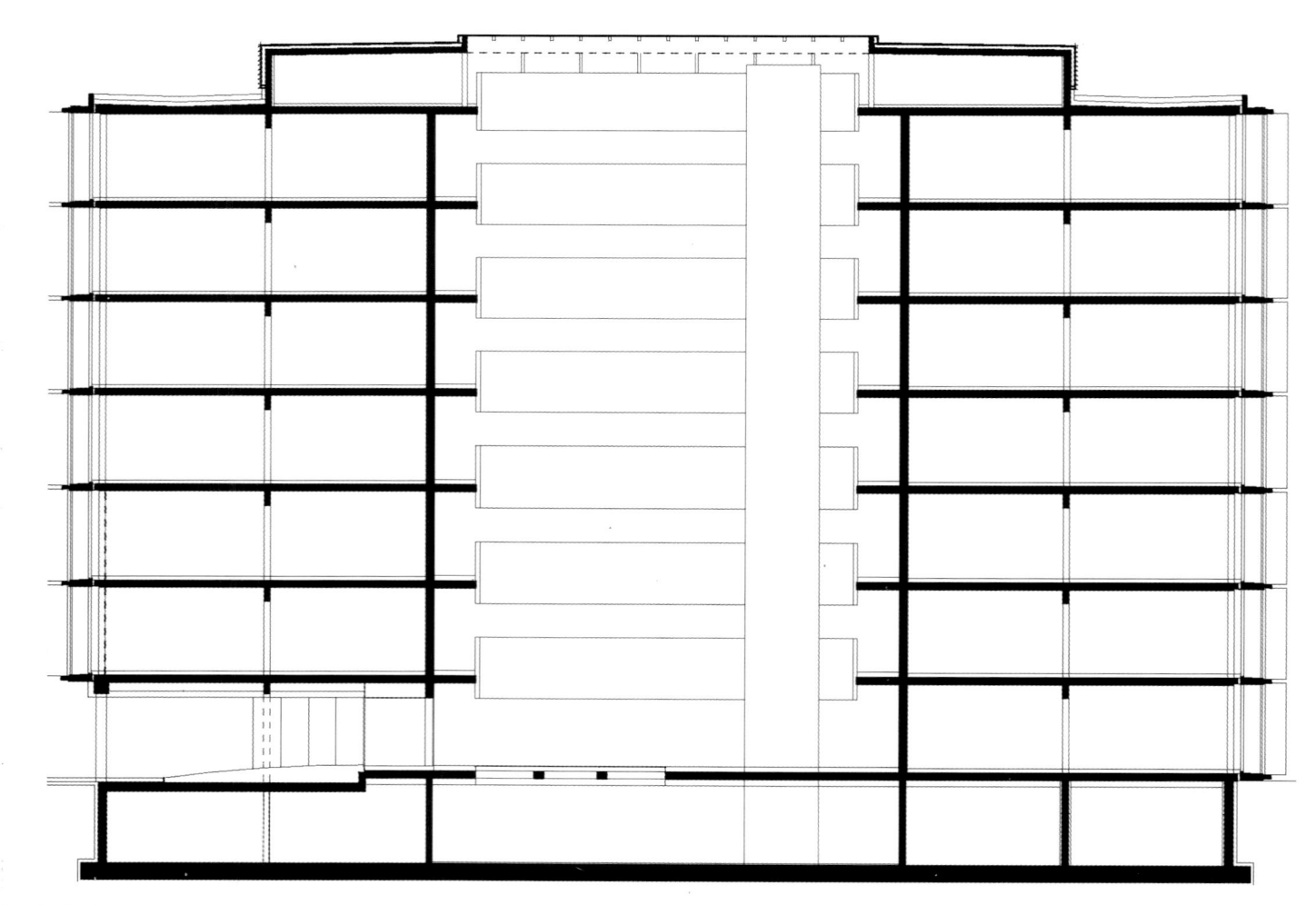

Longitudinal section / Sección longitudinal

119

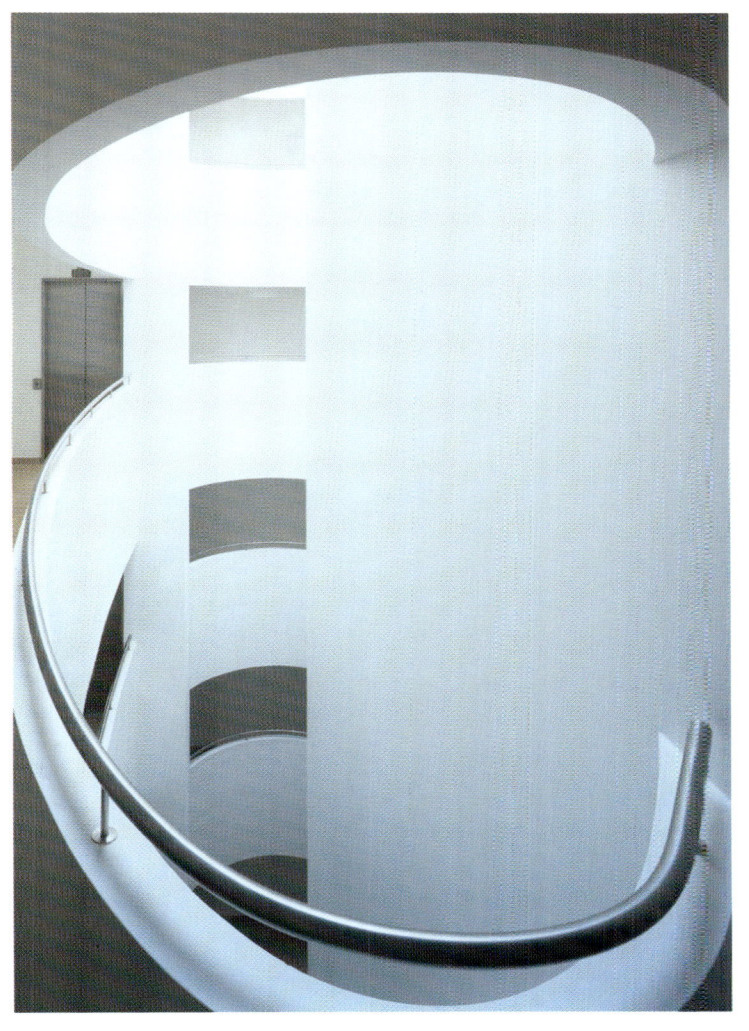

Claus en Kaan Architecten, Amsterdam/Rotterdam
Felix Claus, Anja Lübke, Ronald Janssen & Furkan Köse

Silverline Tower

Almere, The Netherlands   Photographs: Luuk Kramer

This apartment block, containing 58 apartments, stands just outside Almere's town center which, two decades after its construction, is undergoing a major transformation orchestrated by Rem Koolhaas' Office for Metropolitan Architecture (OMA). The aim of OMA's spatial master plan is to create a more concentrated, vibrant urban center.

The tower is on the edge of the planning area, directly overlooking Weerwater, the artificial lake at the heart of this sprawling, polynuclear polder town. The building has been conceived as a Dutch version of Schiporeit-Heinrich's Lake Point Tower of 1968, an autonomous object standing on the boundary of Chicago and Lake Michigan.

The cut-out form of the volume results in completely different views from all four sides of the building and reinforces the logo-like singularity of this building. At the same time, it manages to cater to the practical demands of the market: there are plenty of takers for the top and bottom levels of a tower, far fewer for the middle section. The middle has therefore been reduced to a minimum and the top and foot maximized.

An equally rigid logic governs the distribution of windows, which is a direct reflection of the rooms they serve. Each window is positioned symmetrically vis à vis the central axis of a room, and the surface area of glass is a fixed percentage of the floor area of the room behind.

The corrugated aluminum cladding is like a tight skin that has been pulled over the building.

Este bloque de apartamentos, con 58 apartamentos, está situada fuera del centro de Almere, el cual, dos décadas después de su construcción, está sufriendo una importante transformación orquestada por la Oficina de Arquitectura Metropolitana (OAM) de Rem Koolhaas. El propósito del plan espacial de la OAM es crear un centro urbano más concentrado y lleno de vida.

La torre está en el borde del área de planificación, encarada hacia el Weerwater, el lago artificial que se encuentra en el centro de esta desparramada ciudad de pólders. El edificio fue concebido como una versión holandesa del Lake Point Tower de Schiporeit y Heinrich de 1968, un objeto autónomo en los límites de Chicago y el lago Michigan.

La forma recortada que tiene la torre hace que ésta aparezca diferente según desde el lado que se observe. A su vez esto refuerza la singularidad del edificio, que parece un logo, cumpliendo en todo momento los requisitos del mercado: siempre hay muchos compradores para los niveles más altos y más bajos de una torre, y muchos menos para la sección del medio. Por este motivo ésta se ha reducido al mínimo y las partes alta y baja han sido aumentadas.

Una lógica igualmente rígida controla la distribución de las ventanas, que son reflejo directo de las habitaciones en las cuales se encuentran. Cada ventana está ubicada simétricamente *vis à vis* en relación al eje central de una habitación, y el área de cristal es un porcentaje fijo del área de la habitación que le corresponde.

Por último, el revestimiento de aluminio acanalado es como una piel ajustada que se le ha colocado al edificio.

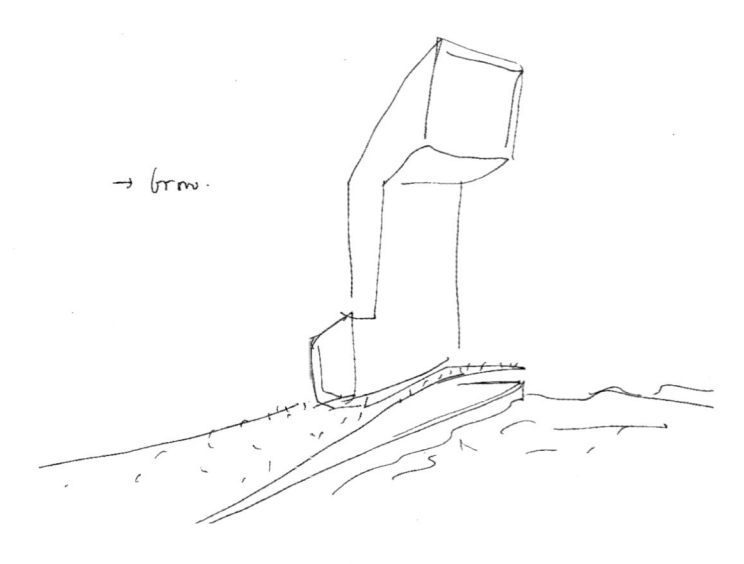

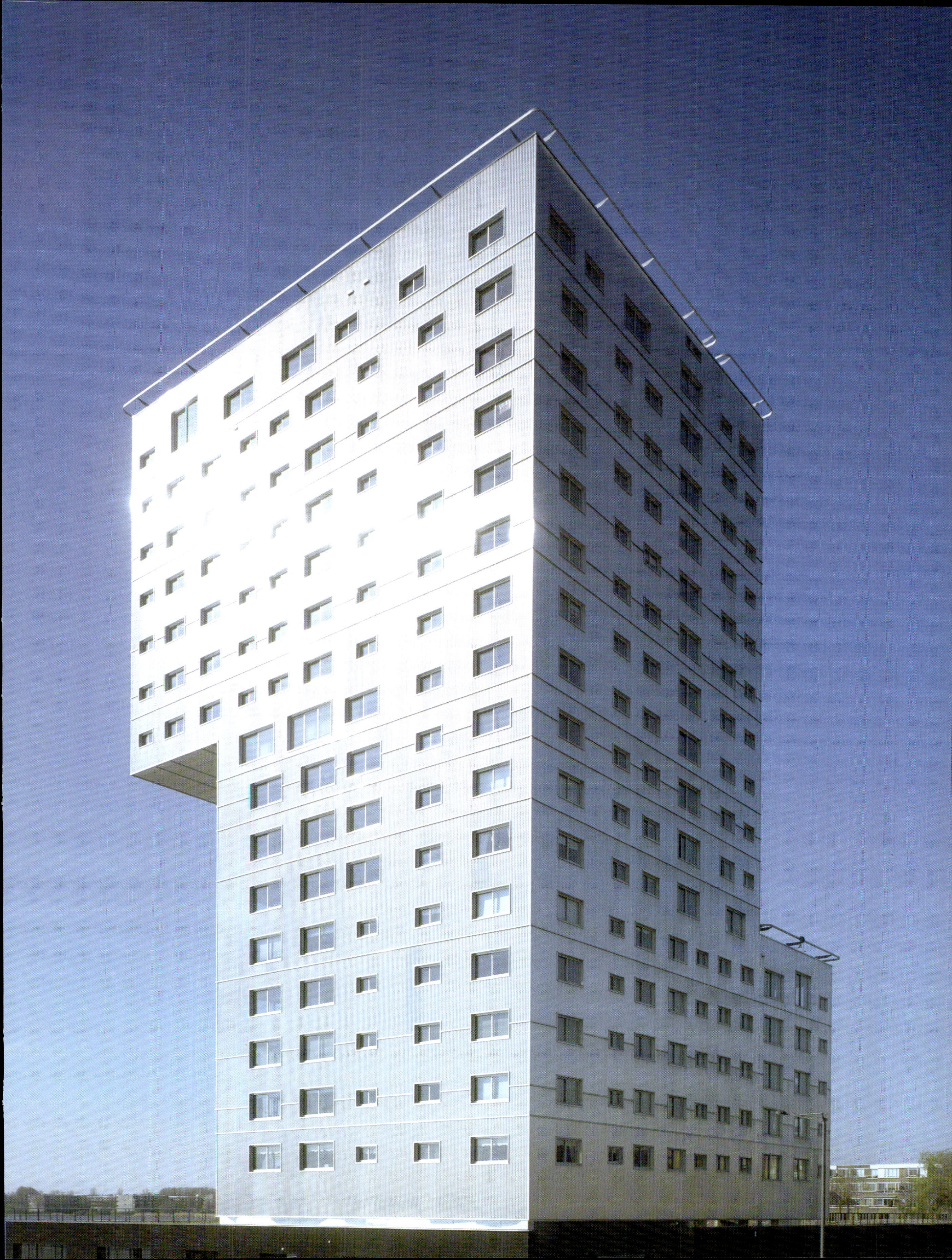

Site plan / Plano de situación

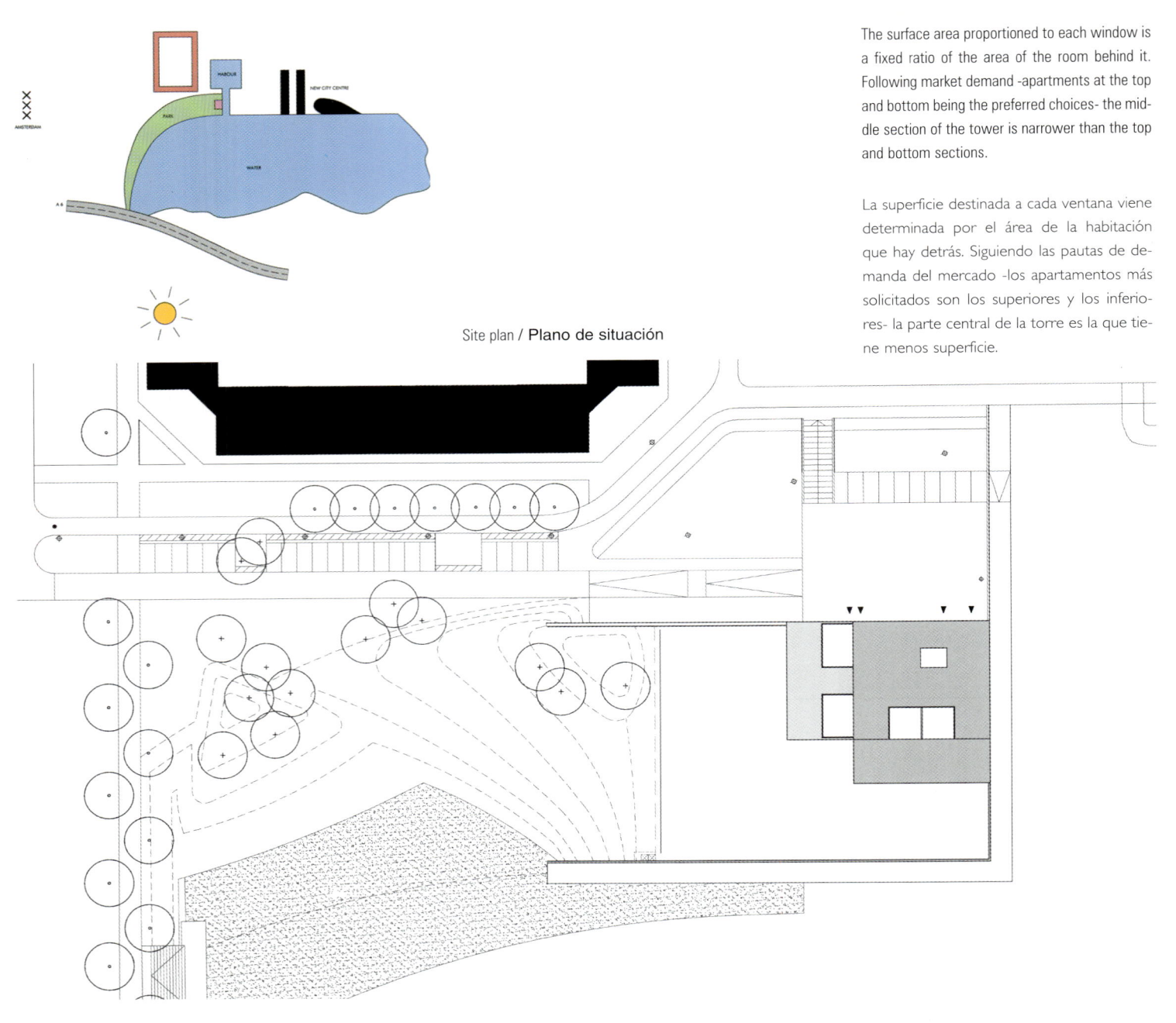

The surface area proportioned to each window is a fixed ratio of the area of the room behind it. Following market demand -apartments at the top and bottom being the preferred choices- the middle section of the tower is narrower than the top and bottom sections.

La superficie destinada a cada ventana viene determinada por el área de la habitación que hay detrás. Siguiendo las pautas de demanda del mercado -los apartamentos más solicitados son los superiores y los inferiores- la parte central de la torre es la que tiene menos superficie.

122

market preference

context

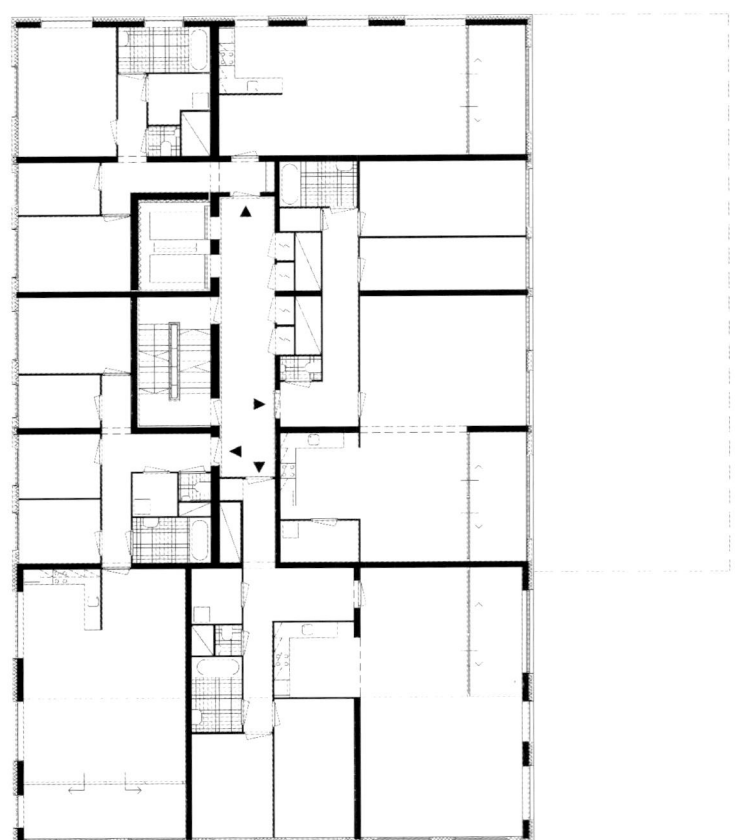

Floors 2 and 6 / Plantas 2 y 6

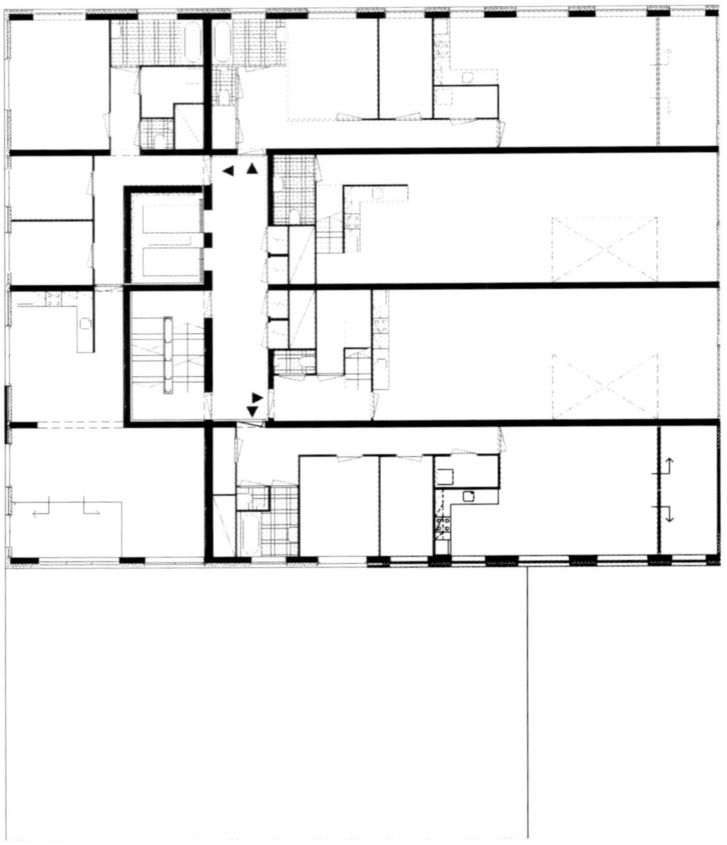

11th, 13th and 15th floor plans / Plantas 11, 13 y 15

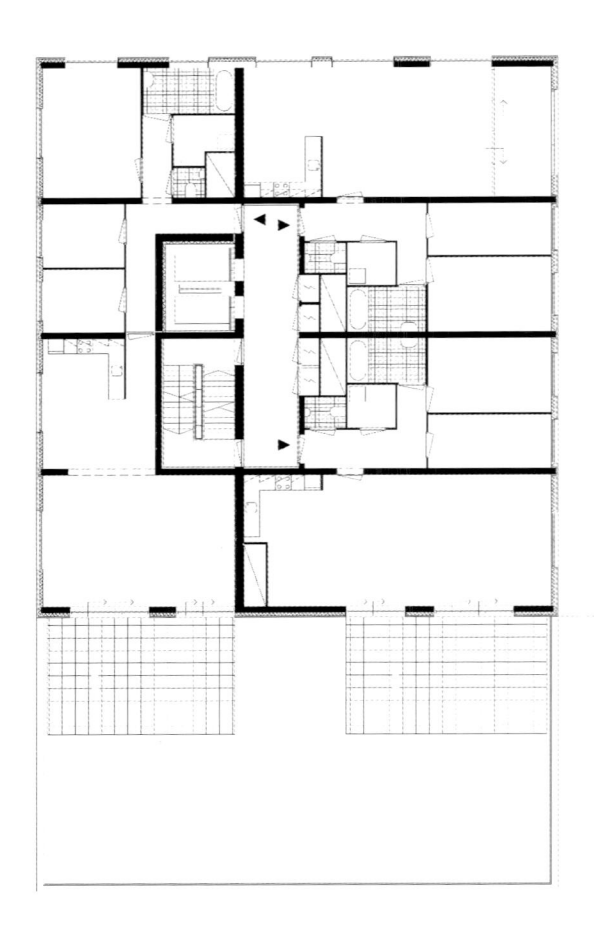

7th floor plan / Planta 7

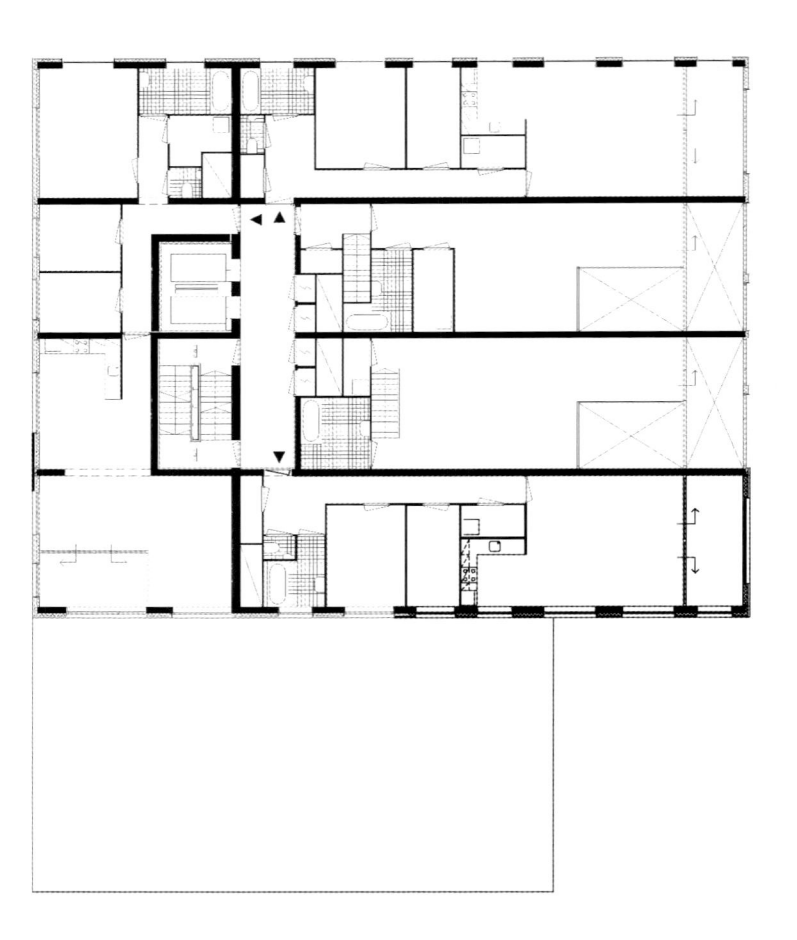

12th, 14th and 16th floor plans / Plantas 12, 14 y 16

8th and 9th floor plans / Plantas 8 y 9

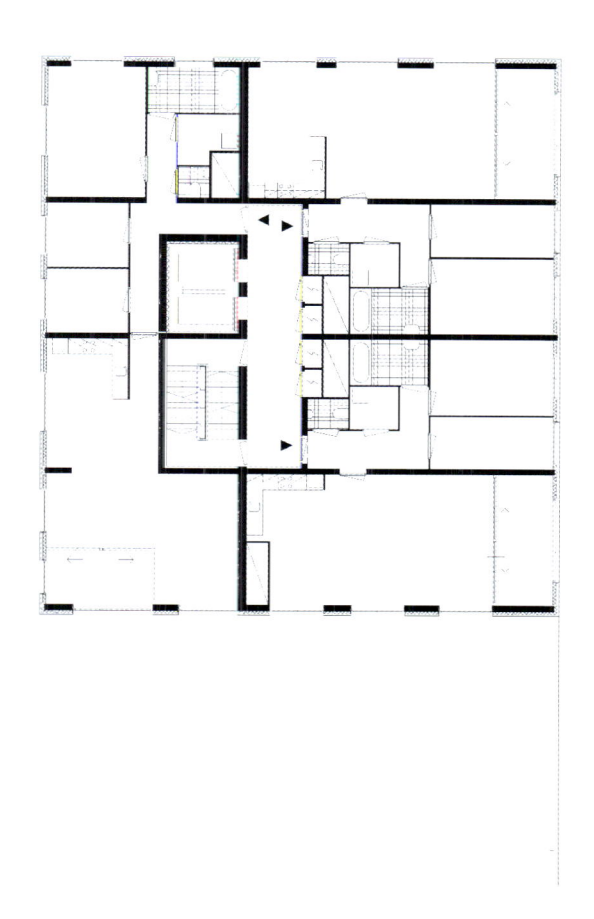

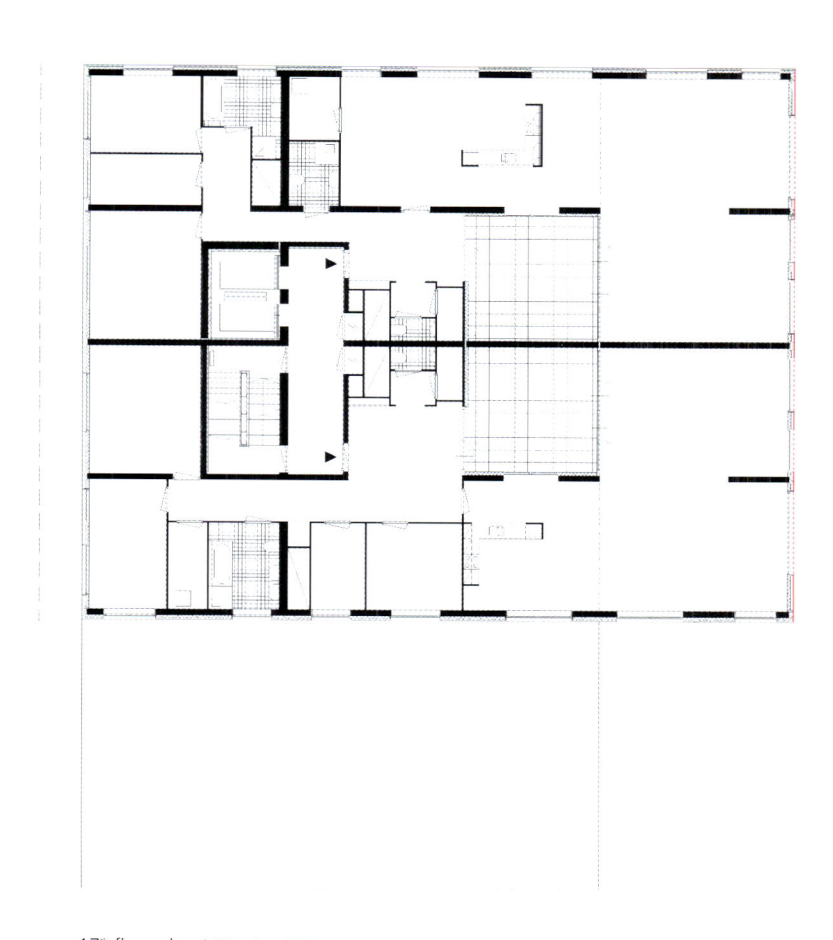

17th floor plan / Planta 17

0 5m

125

Study of shadows / Esquemas de las sombras

Winter / Invierno

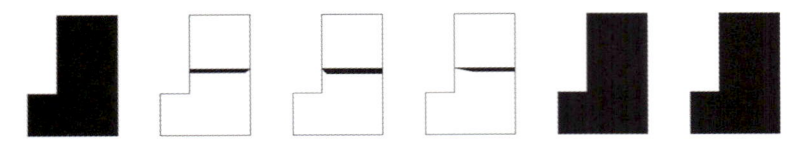

Spring / Autumn / Primavera / Otoño

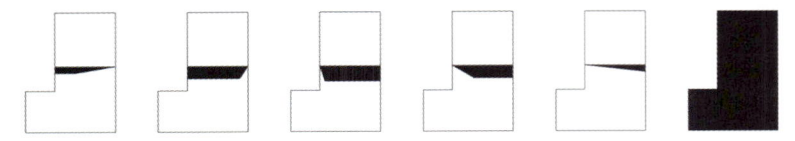

Summer / Verano

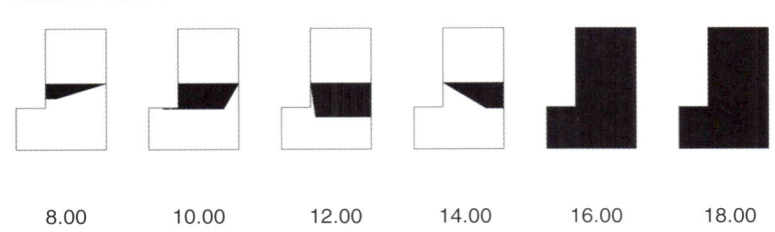

8.00   10.00   12.00   14.00   16.00   18.00

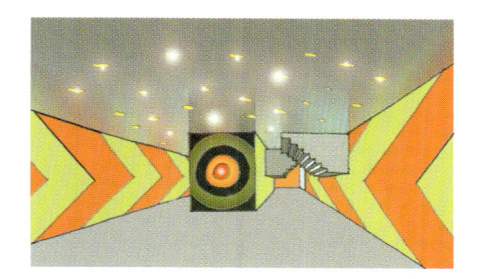

The cut-out form of this apartment building results in different perspectives of each facade. This singularity, along with the aluminum cladding which wraps around it, makes it a local landmark.

La forma recortada de esta torre de apartamentos hace que ésta se vea diferente en cada una de sus cuatro fachadas. Esta singularidad, junto con el revestimiento de aluminio que la envuelve, la convierte en un edificio de referencia para el lugar.

127

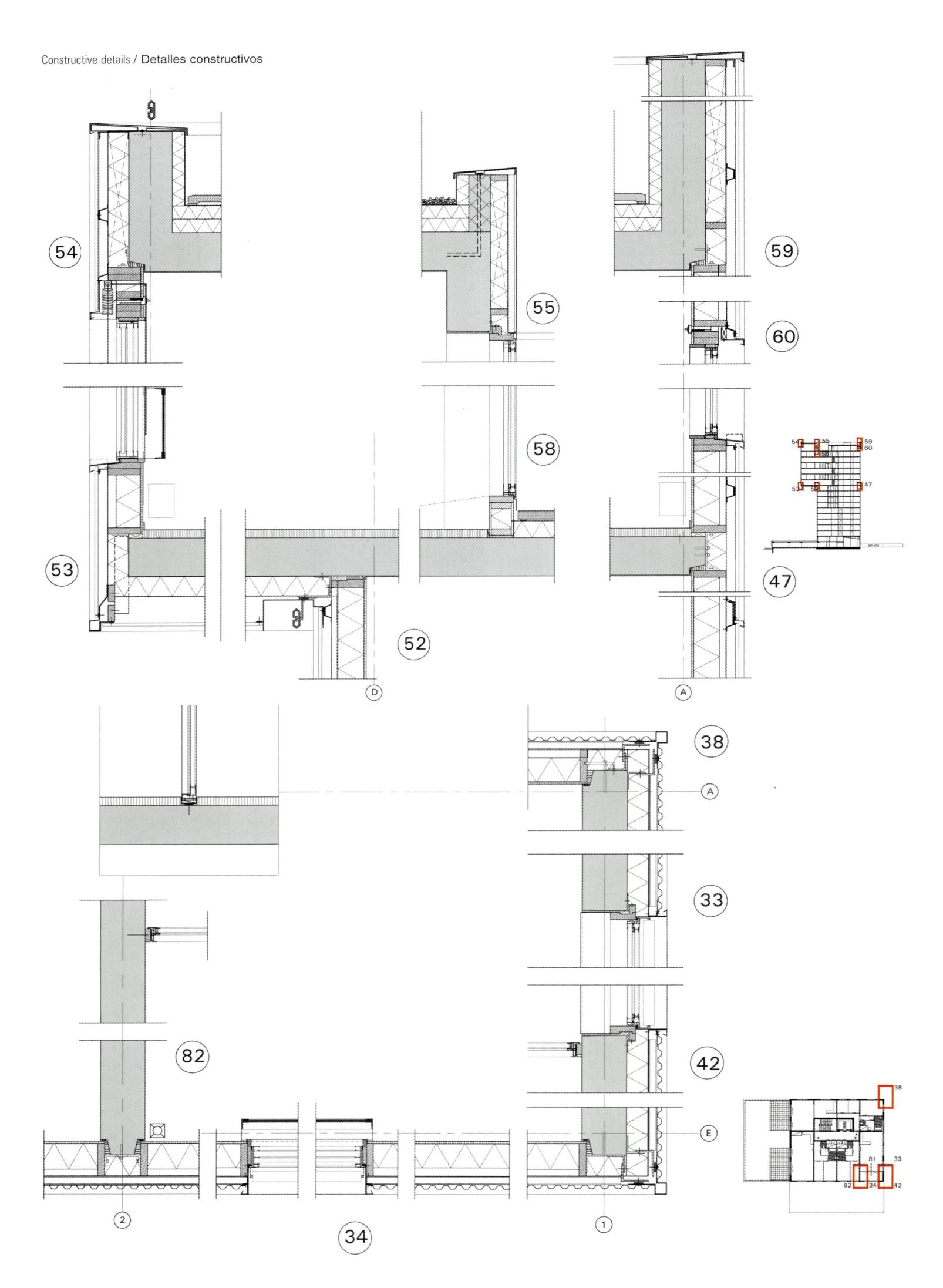

Constructive details / Detalles constructivos

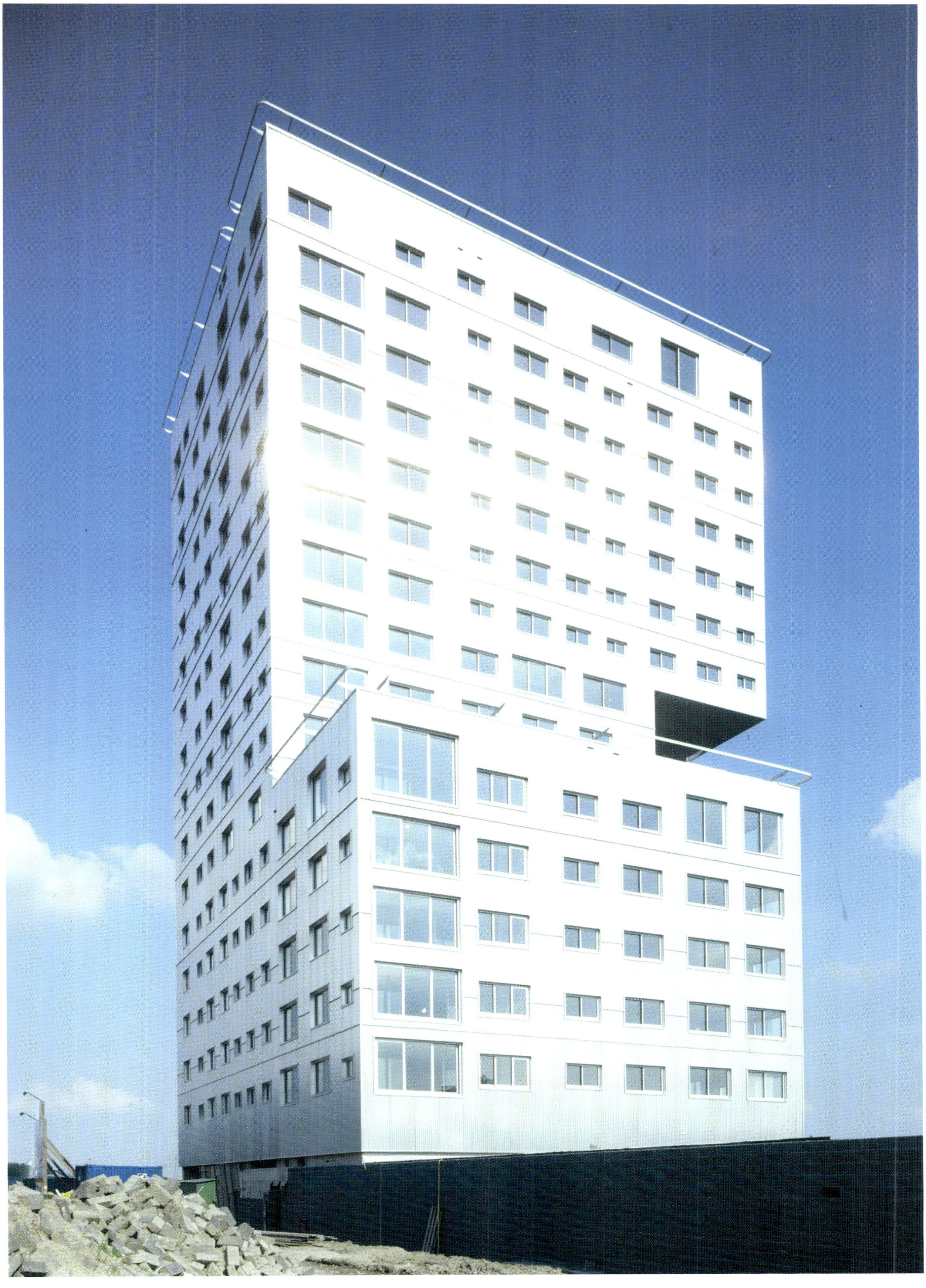

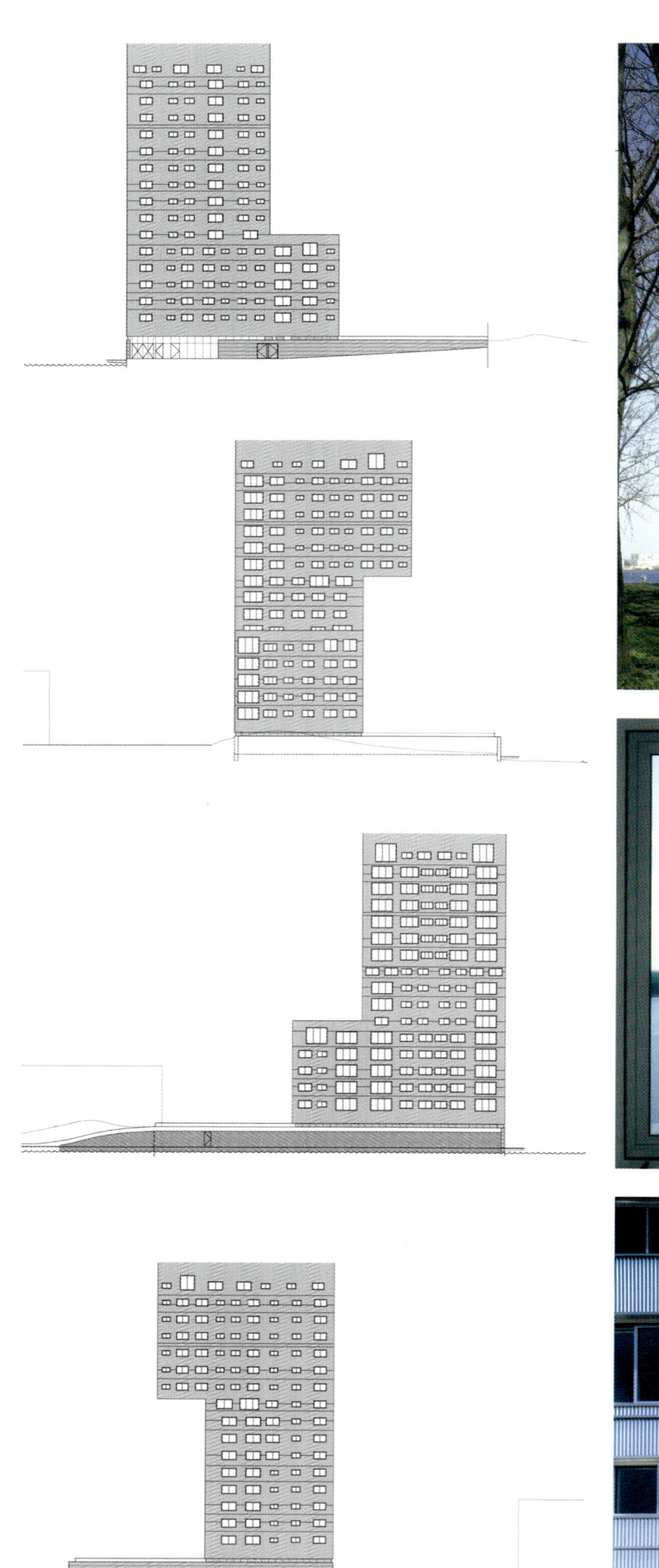

Elevations / **Alzados**

130

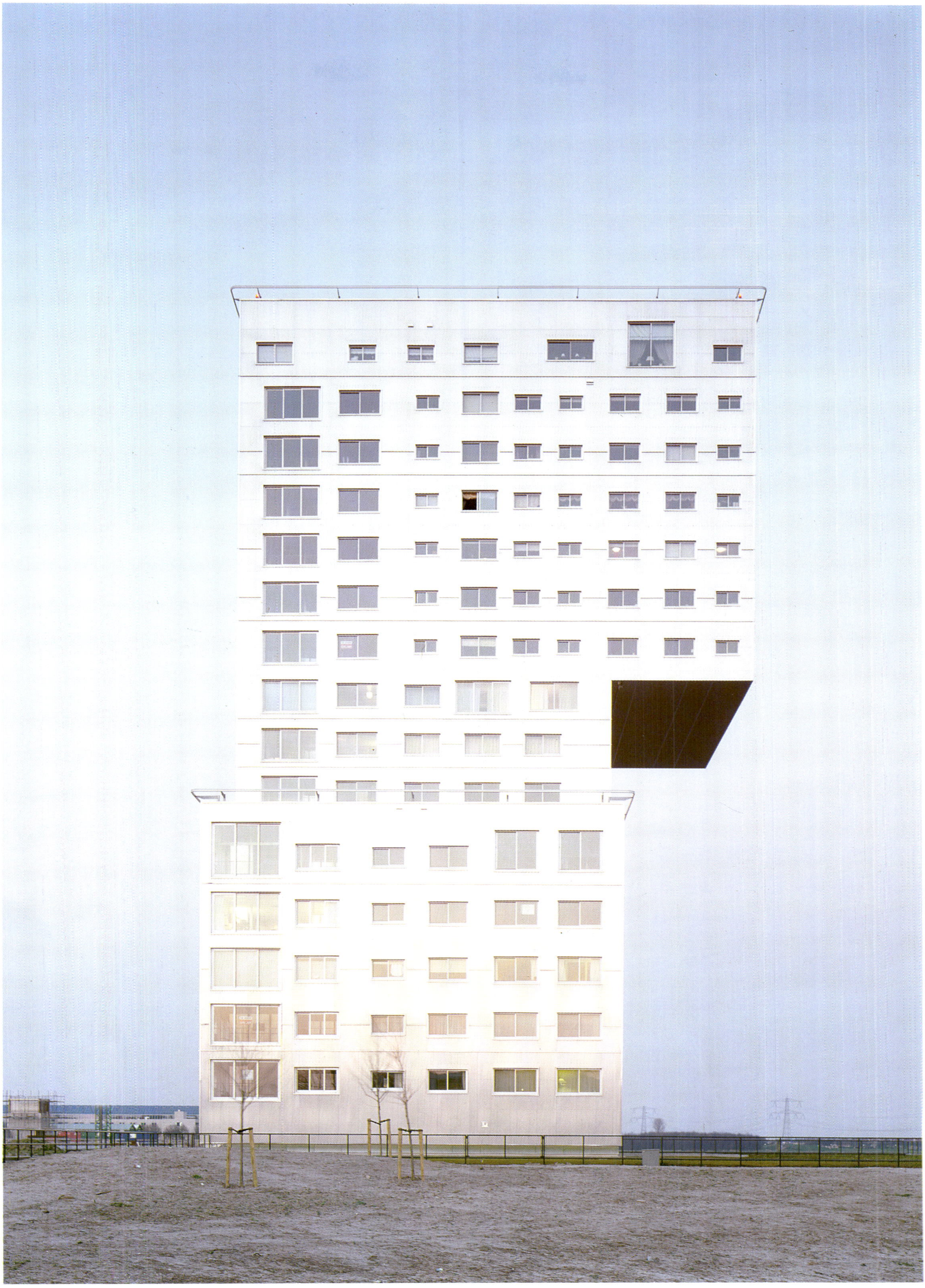

SWECO FFNS Arkitekter AB & Moore Ruble Yudell Architects & Planners

Bo01 Tango Building

Malmö, Sweden   Photographs: Werner Huthmacher

The design concept for this building stemmed from two ideas. First, along the exterior perimeter, the plan was to relate the block to the surrounding urban fabric. The elevations appear simple, yet sophisticated, in the surprising reading of the vertical stone and window elements and the facades are enlivened by an engaging sense of vitality, variety and movement. The windows and wall surfaces have been arranged in a syncopated pattern similar to a chess board, reflecting the flexible configurations of the dwelling units from floor to floor. This flexibility in the unit floor plans was an important concern.

Second, on the more playful and vibrant interior of the block, the idea was to open the units to the landscaped garden facing west. Therefore, the living rooms of the individual units are projected into the garden as glass towers in order to make the living units seem bigger. Dancing around the edge of the garden, the glass pieces also carry solar panels on top, while stone "fingers" on the garden wall reinforce a horizontal reading that contrasts with the verticals on the exterior. The structure steps from two to four floors to accommodate the 30 rental units.

Internally, the units are configured with a uniform yet flexible "technological wall" which continues toward the exterior walls of the block. A more open and fanciful arrangement occurs in the living areas contained in the glass towers projecting into the courtyard. The entire wall of the glass towers opens to the garden, allowing the units to flow into the landscaping. In the evening, when their screens of wood lattice are lit from behind, the glass towers glow like a series of Chinese lanterns in the garden.

Oriented toward the west, this important outdoor social space is shaped as an oval "island", where residents can gather, especially in the summertime.

El concepto de diseño de este edificio nace de dos ideas. En primer lugar, en el perímetro exterior, el plan consistía en relacionar el bloque con el tejido urbano que lo rodea. Los alzados parecen simples y a la vez sofisticadas con una interpretación sorprendente de los elementos de piedra y de las ventanas verticales. Las fachadas están animadas por un sentido de vitalidad, variedad y movimiento. Las aperturas de las ventanas y las superficies de las paredes están dispuestas siguiendo un patrón sincopado similar al de un tablero de ajedrez para reflejar la flexibilidad de las configuraciones de las unidades de vivienda en las distintas plantas. Esta flexibilidad en los planos de planta era un tema importante. En segundo lugar, en el interior del bloque, que es más dinámico y vivo, la idea era abrir las unidades de vivienda hacia el jardín orientado al oeste. De este modo, las salas de estar de las unidades individuales se proyectan hacia el jardín en forma de torres de cristal, de tal modo que las unidades de vivienda se ven más grandes. Trazando una línea por el borde del jardín, estas piezas de cristal incorporan también unos paneles solares, mientras que unos elementos de piedra en el muro del jardín refuerzan la lectura horizontal que contrasta con la verticalidad exterior. La estructura pasa a tener de dos a cuatro plantas para acomodar las 30 unidades de alquiler.

En el interior, las unidades están configuradas de tal modo que incorporan una uniforme y flexible "pared tecnológica" que se extiende hasta los muros externos del bloque. Las áreas que están dentro de las torres de cristal presentan una distribución más abierta y caprichosa que se proyecta hacia el patio. Toda la pared de las torres de cristal se abre hacia el jardín, permitiendo que las unidades fluyan dentro del paisajismo. Por la noche, cuando las pantallas de madera están iluminadas por detrás, las torres de cristal brillan como una serie de linternas chinas en un jardín. Orientado hacia el oeste, este importante espacio social al aire libre tiene la forma de una "isla" ovalada, en la que los residentes se pueden reunir, especialmente durante el verano.

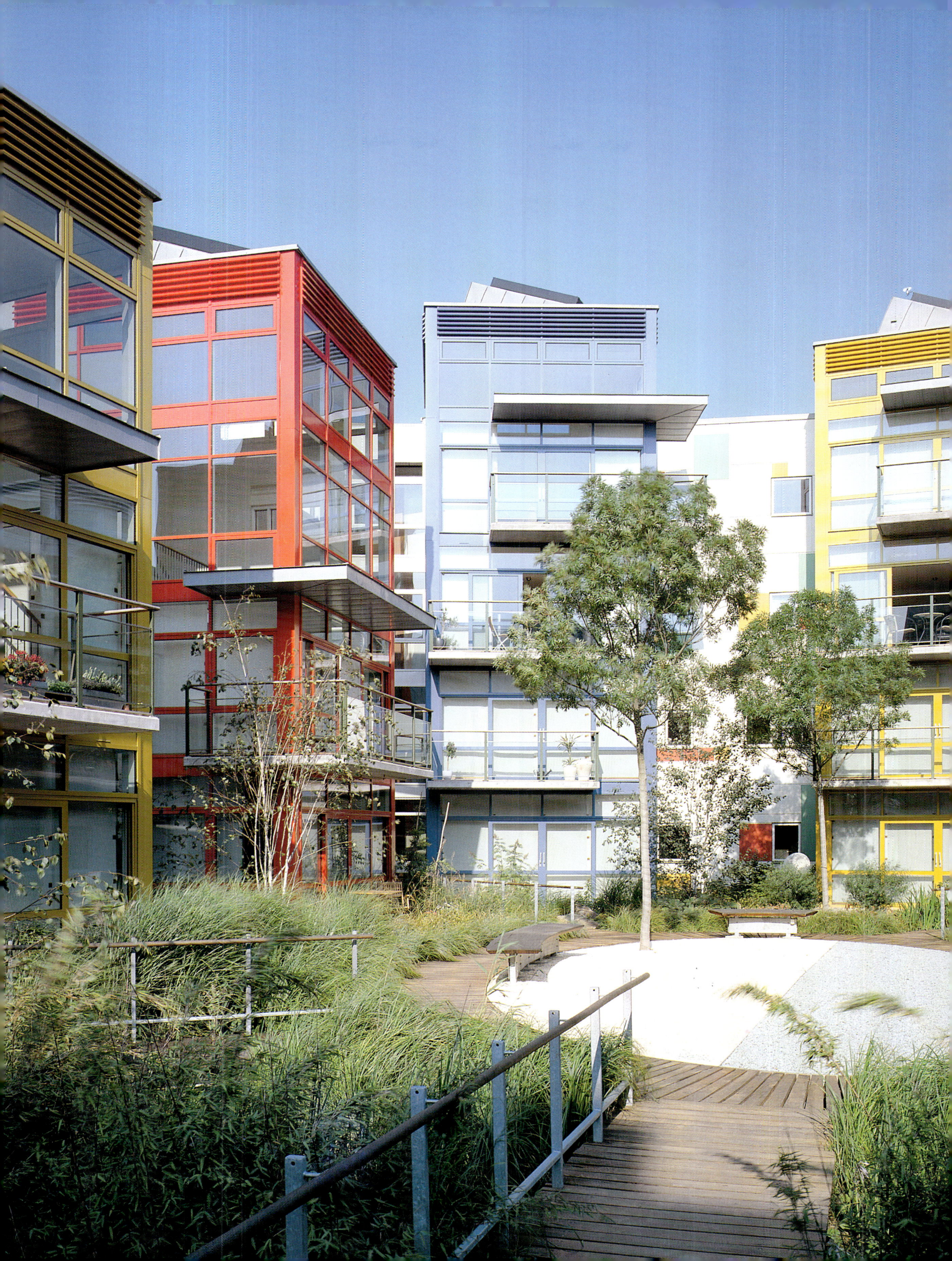

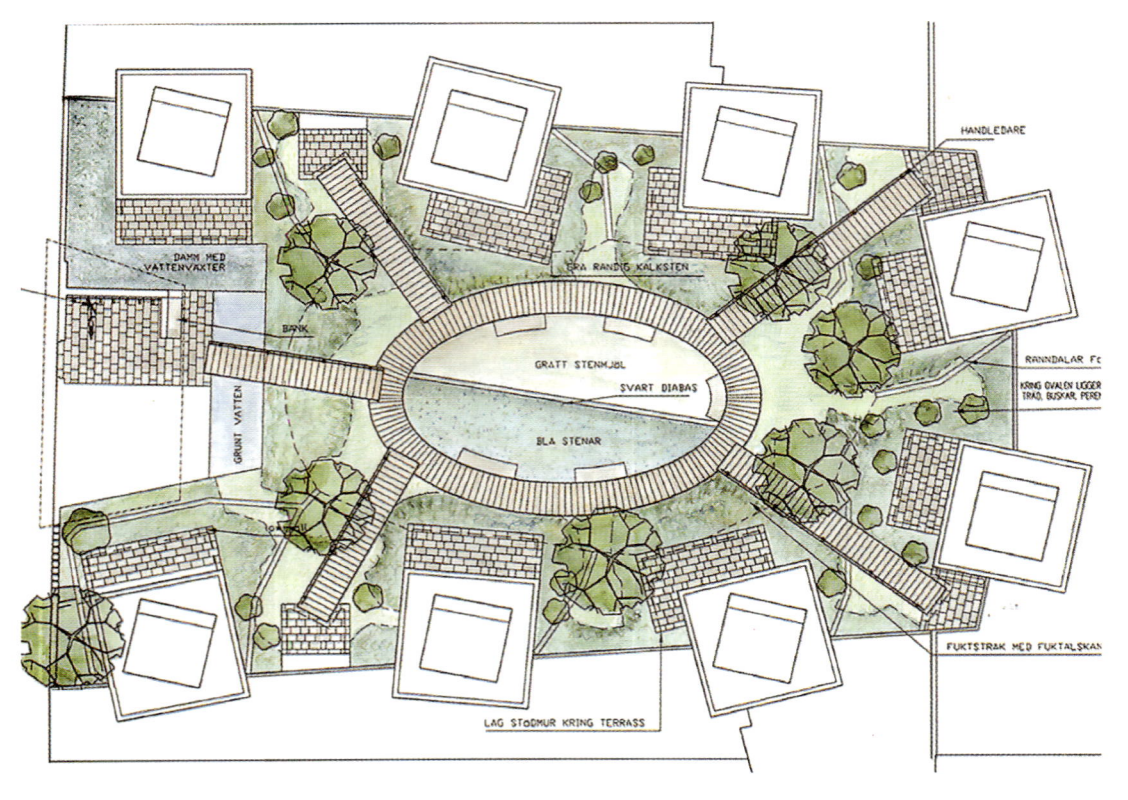

Located in Malmö on the southern tip of Sweden, opposite Copenhagen, this city block of 30 housing units is part of a larger urban development plan, which includes 1000 dwellings, along with workplaces, restaurants, cafes, day-care centers, a school, and a library.

Ubicado en Malmö en la punta sur de Suecia, frente a Copenhage, este bloque de 30 unidades de vivienda forma parte de un plan de desarrollo urbano, que incluye 1.000 viviendas, junto con espacios de trabajo, restaurantes, cafés, guarderías, una escuela y una biblioteca.

Site plan / **Plano de situación**

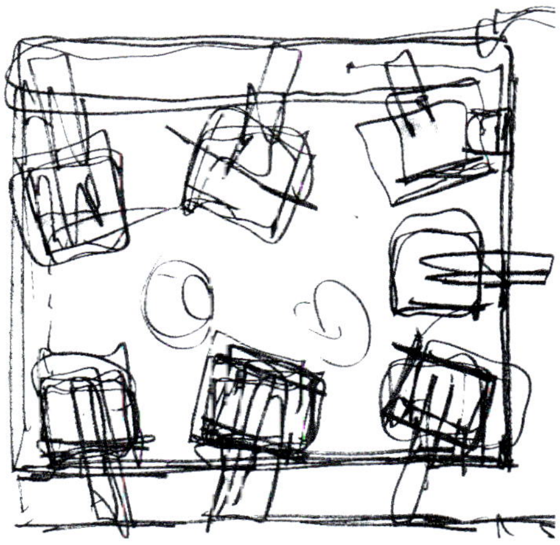

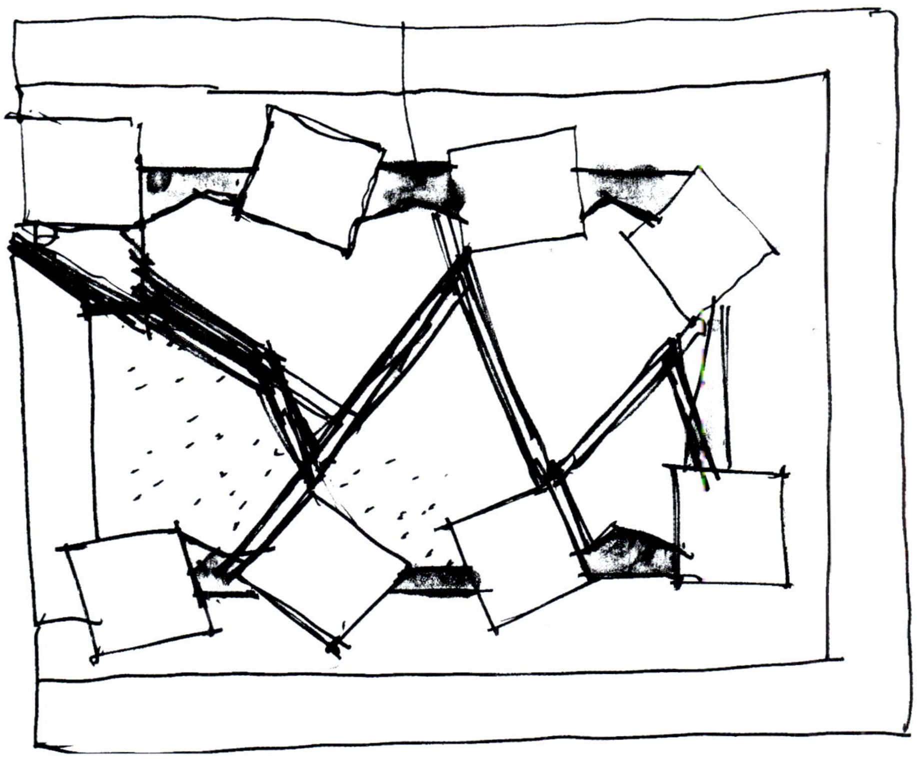

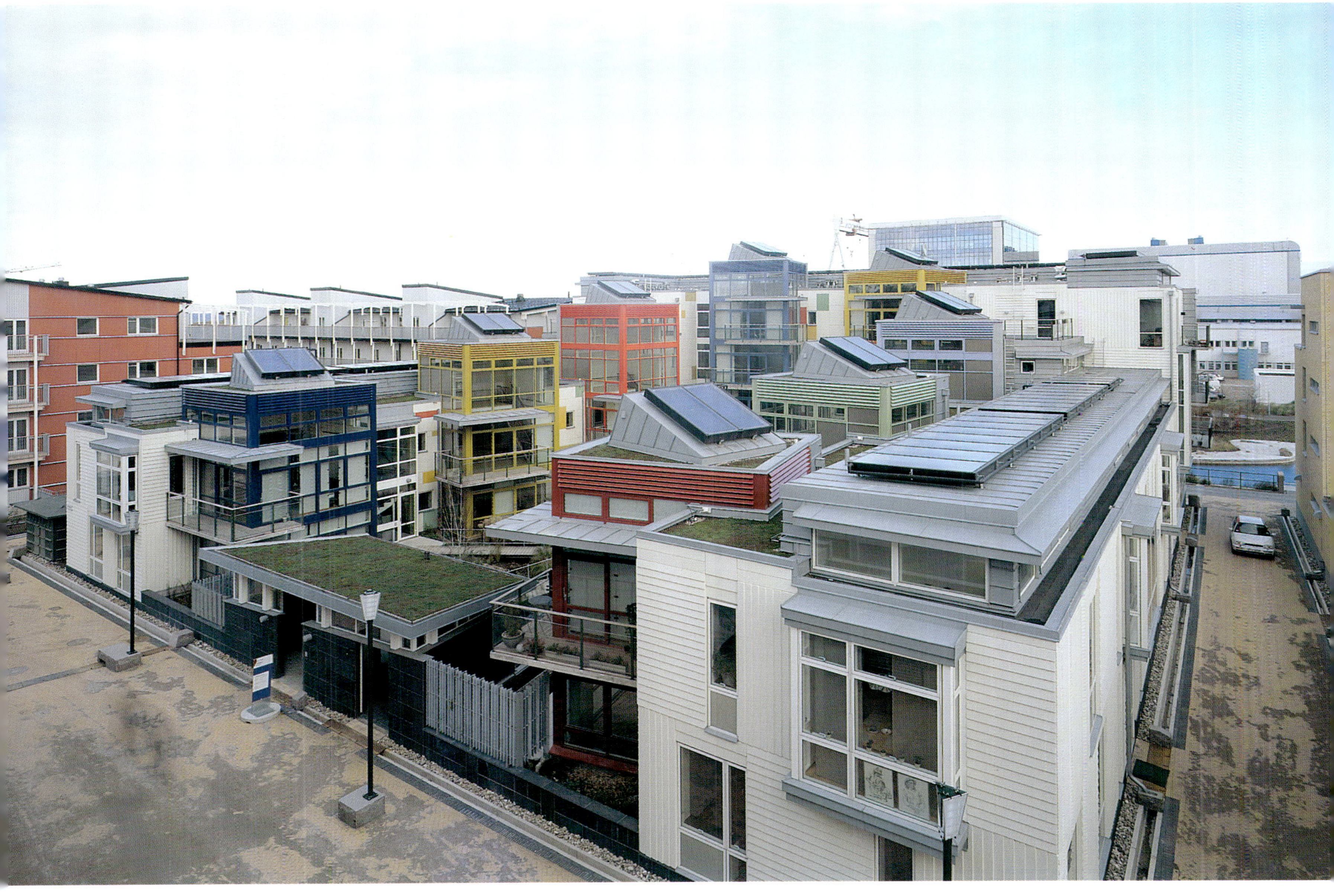

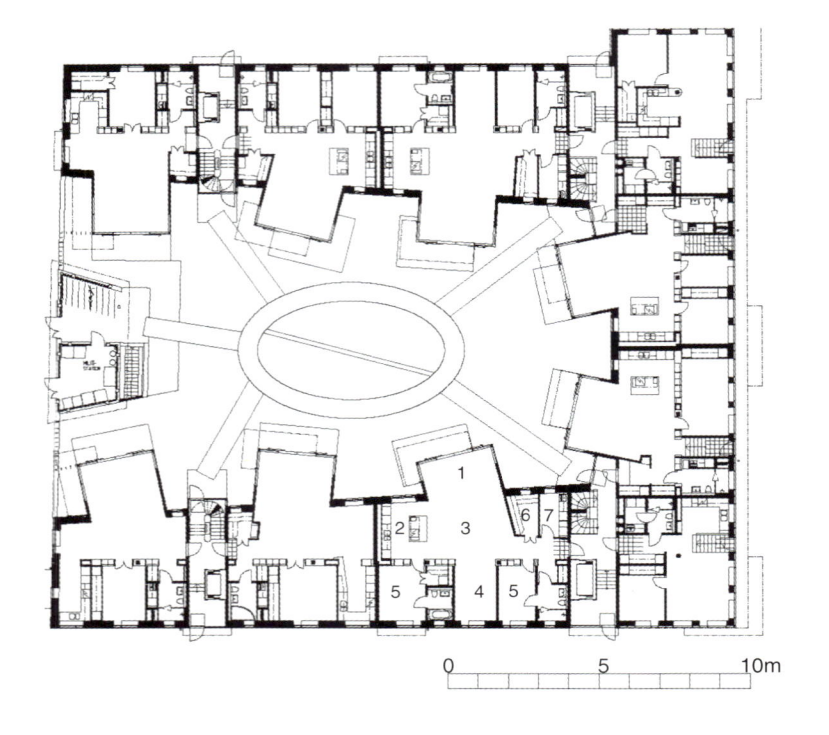

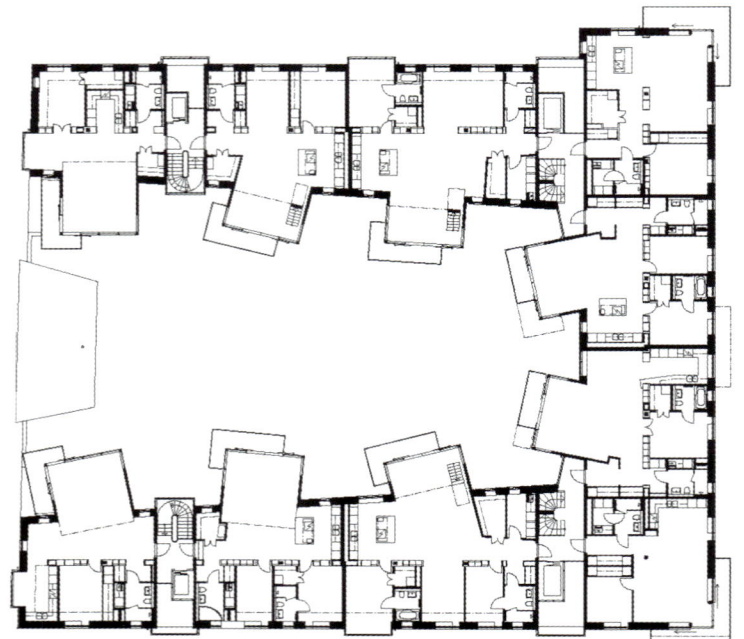

First floor plan / Planta primera

1. Living room / Sala de estar
2. Kitchen / Cocina
3. Dining / Comedor
4. Study / Estudio
5. Bedroom / Dormitorio
6. Storage / Almacén
7. Laundry / Lavandería

Second floor plan / Planta segunda

The materials used in the construction of this building include precast concrete elements, aluminum glazing, zinc metal cladding, slate base, gardened roofs, and solar panels.

Los materiales utilizados en la construcción de este edificio incluyen elementos de hormigón prefabricado, revestimientos de aluminio y zinc metálico, una base de pizarra, techos ajardinados y paneles solares.

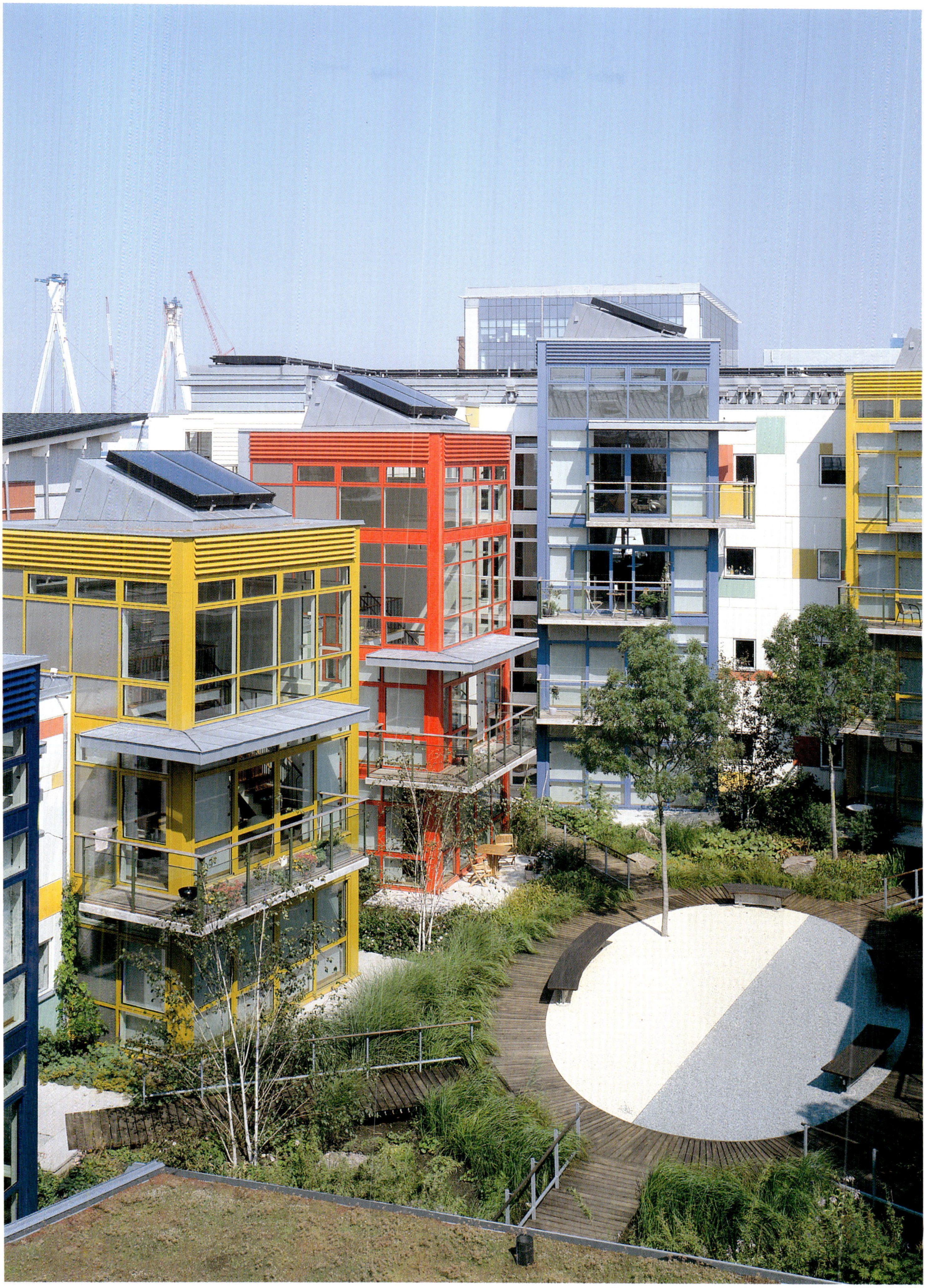

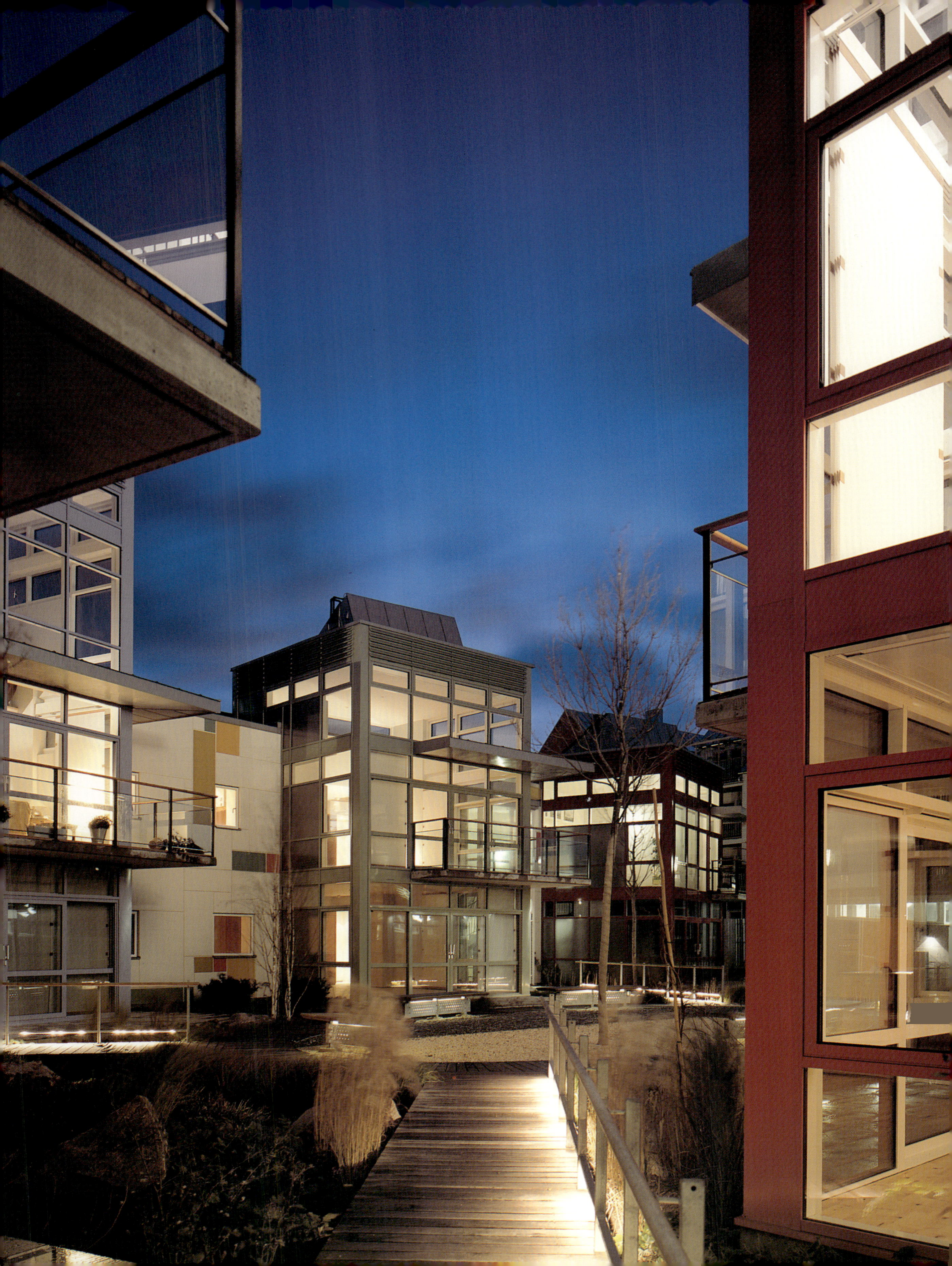

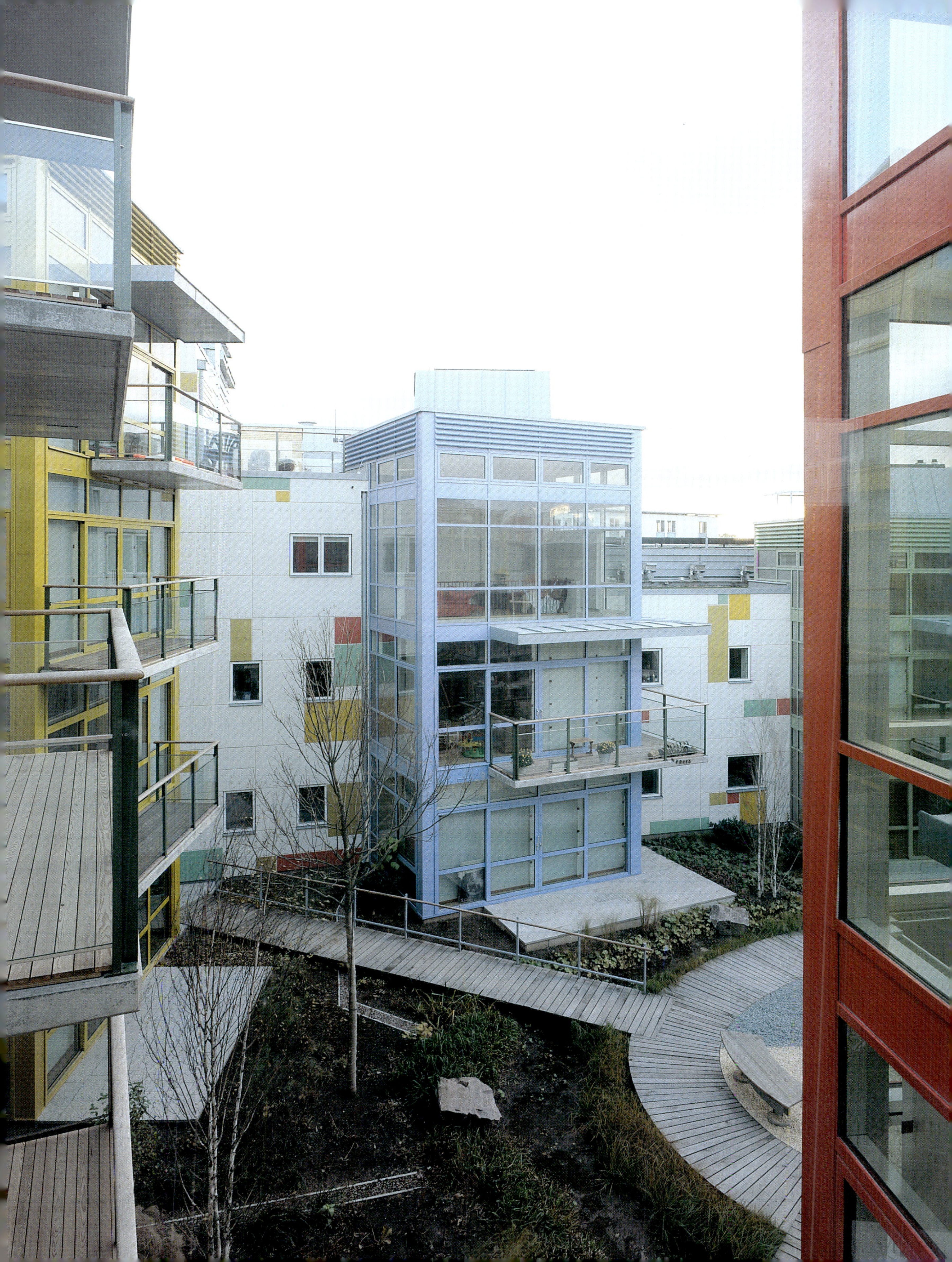

Sections / Secciones

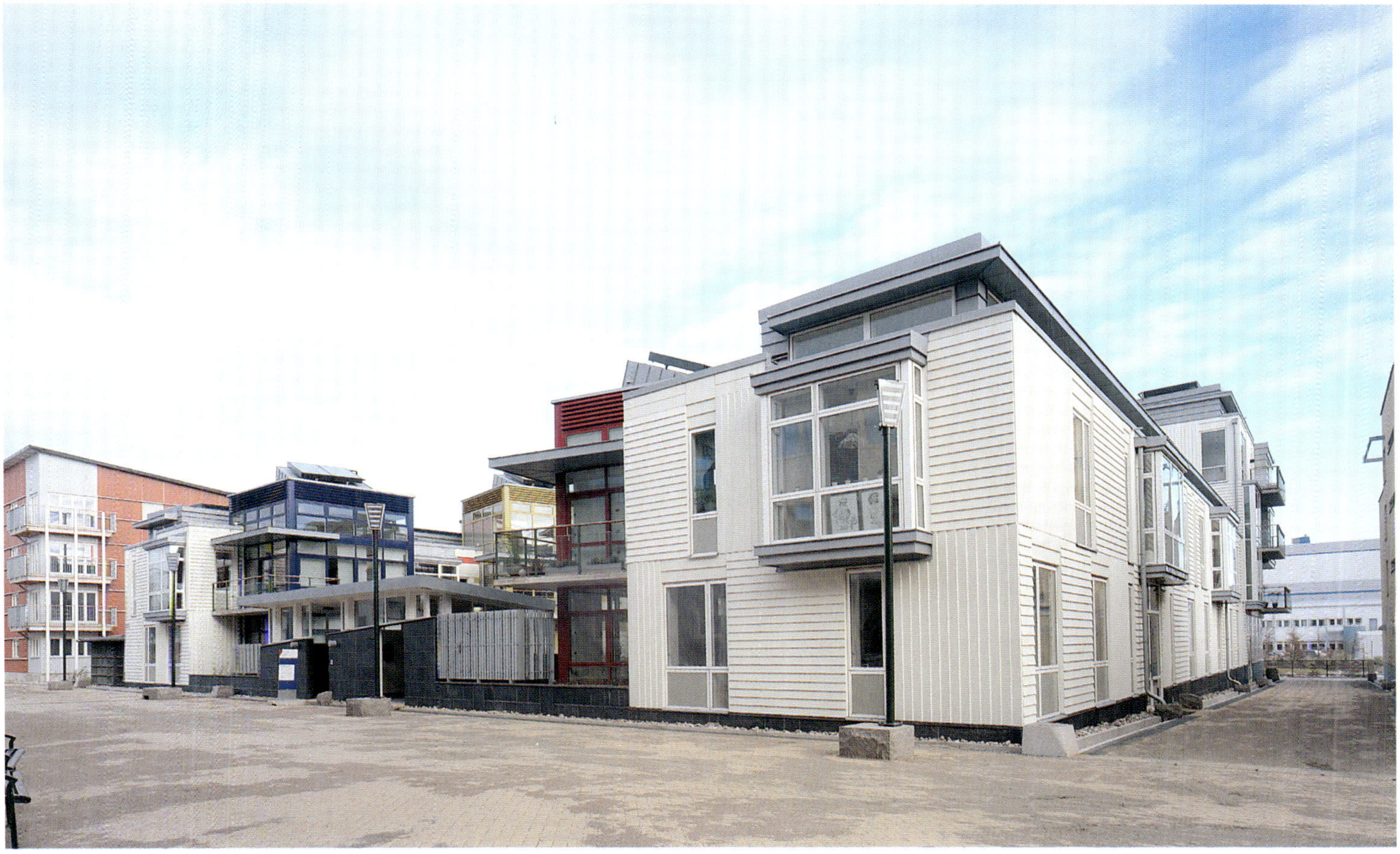

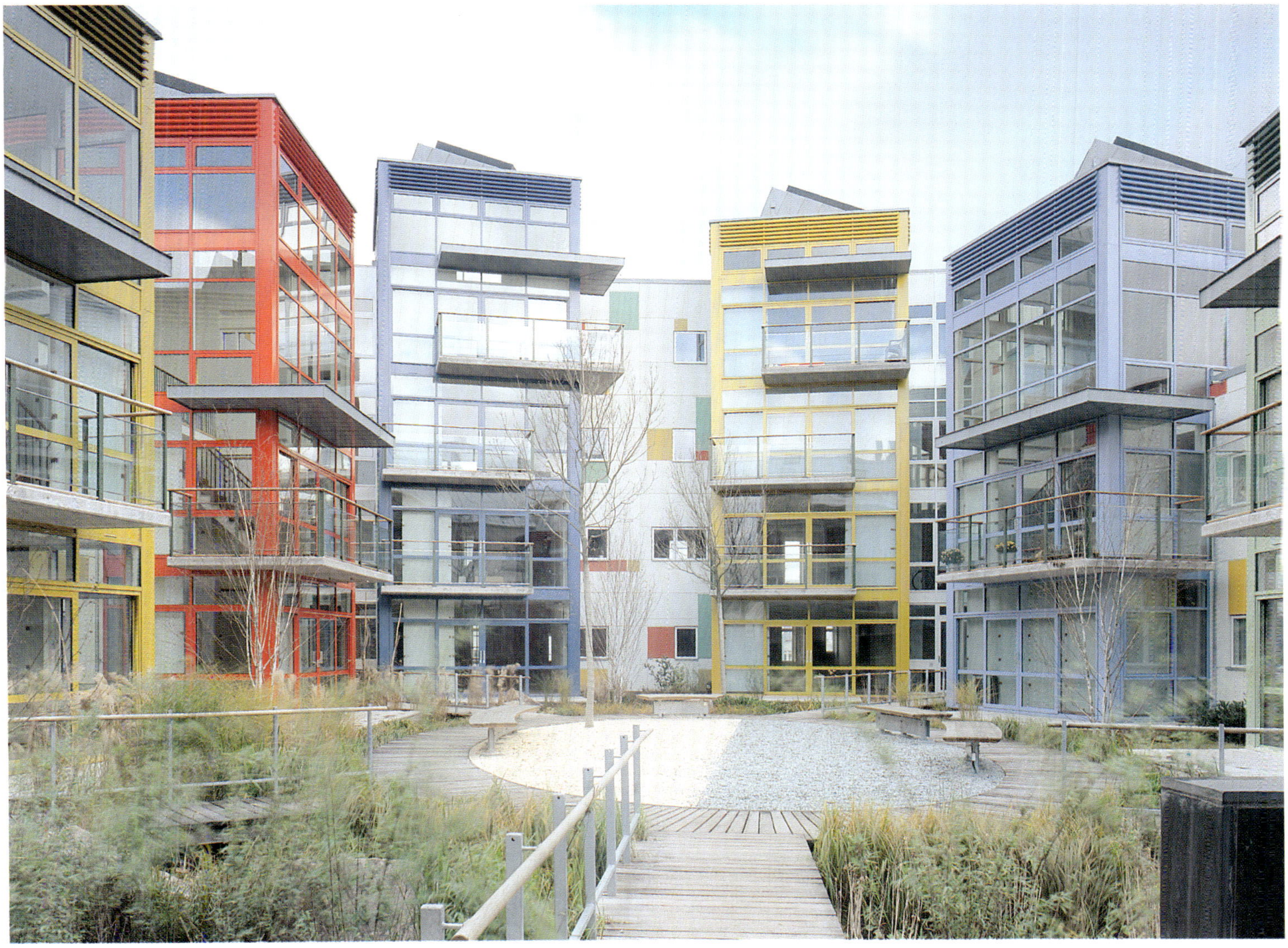

The areas enclosed within the glass towers have a more open and whimsical layout, which is projected toward the patio.

Las áreas que están dentro de las torres de cristal presentan una distribución más abierta y caprichosa que se proyecta hacia el patio.

East elevation / Alzado este

North elevation / Alzado norte

143

Wingårdh Arkitektkontor AB
Kajplats 01

Västra hamnen, Malmö. Sweden

Photographs: Åke E: son Lindman

Wingårdh's apartment buildings for Malmö's local authority housing company, MKB, at the Housing Exhibition have been built to last hundreds of years. This necessitated the use of reliable and well proven materials, robust building techniques, "generally" planned rooms and a design that is intended to withstand ever-changing trends.

The starting point for the Exhibition was the observation of people's need for variation, which, together with the windswept location in the old docks to the west of the city, led its architectural planner, Klas Tham, to design a plan with a large number of angles and sheltered spots.

The sea-side facade, where Wingårdh's blocks are located, is higher than the buildings behind it, thereby providing the area with a wind barrier. Kajplats 01 consists of a five story block with two apartments (primarily duplex) per floor. These dwelling are easily identified by the size of their external openings. Another three story volume with an attic level forms an angle at one of the ends of the block; while, on the other side of the garden at the back, there is a long, two-home building with "greenhouses" — glass boxes with various strains of moss growing between the two panes of glass.

The shadows of the voids set back from the facade of the lower floors provide a counterpoint to the uniform facades of the long building, just as the orthogonal geometry of the units as a whole contrasts with the gardened circular gallery created between them.

Los apartamentos de Wingårdh, construidos para la empresa local MKB en la Muestra de Viviendas de Malmö, están hechos para que duren cientos de años. Esto ha conllevado el uso de materiales fiables y cuya durabilidad ha sido demostrada, la aplicación de técnicas de construcción robustas, la creación de espacios planificados de manera general, y un diseño previsto para ir más allá de los cambios de tendencias.

El punto de partida para la Muestra fue la observación de la necesidad de variedad que tienen las personas, lo cual, junto con su ubicación en unos antiguos muelles del oeste de la ciudad afectados constantemente por el viento, llevó al arquitecto Klas Tham, encargado de diseñar el plan general de la muestra, a diseñar un plano con un gran número de ángulos y espacios protegidos. De esta manera, el bloque de la primera línea de mar se ha construido más alto para que actúe como parapeto de las viviendas que se encuentran detrás. Se trata de un bloque de cinco alturas con dos viviendas por planta, la mayoría de ellas dúplex, que se identifican fácilmente por las dimensiones de las aperturas. En uno de los extremos de este bloque y formando un ángulo hay otro volumen de tres alturas con áticos; mientras que en el otro lado del jardín posterior aparece un edificio alargado con dos viviendas dotadas de invernaderos, cajas de vidrio entre cuya doble hoja crecen distintas variedades de musgo.

Las sombras de los huecos retranqueados en las viviendas más bajas hacen de contrapunto a las fachadas uniformes del edificio alargado, de igual manera que la geometría ortogonal del conjunto contrasta con la rotonda vegetal que se crea entre ellos.

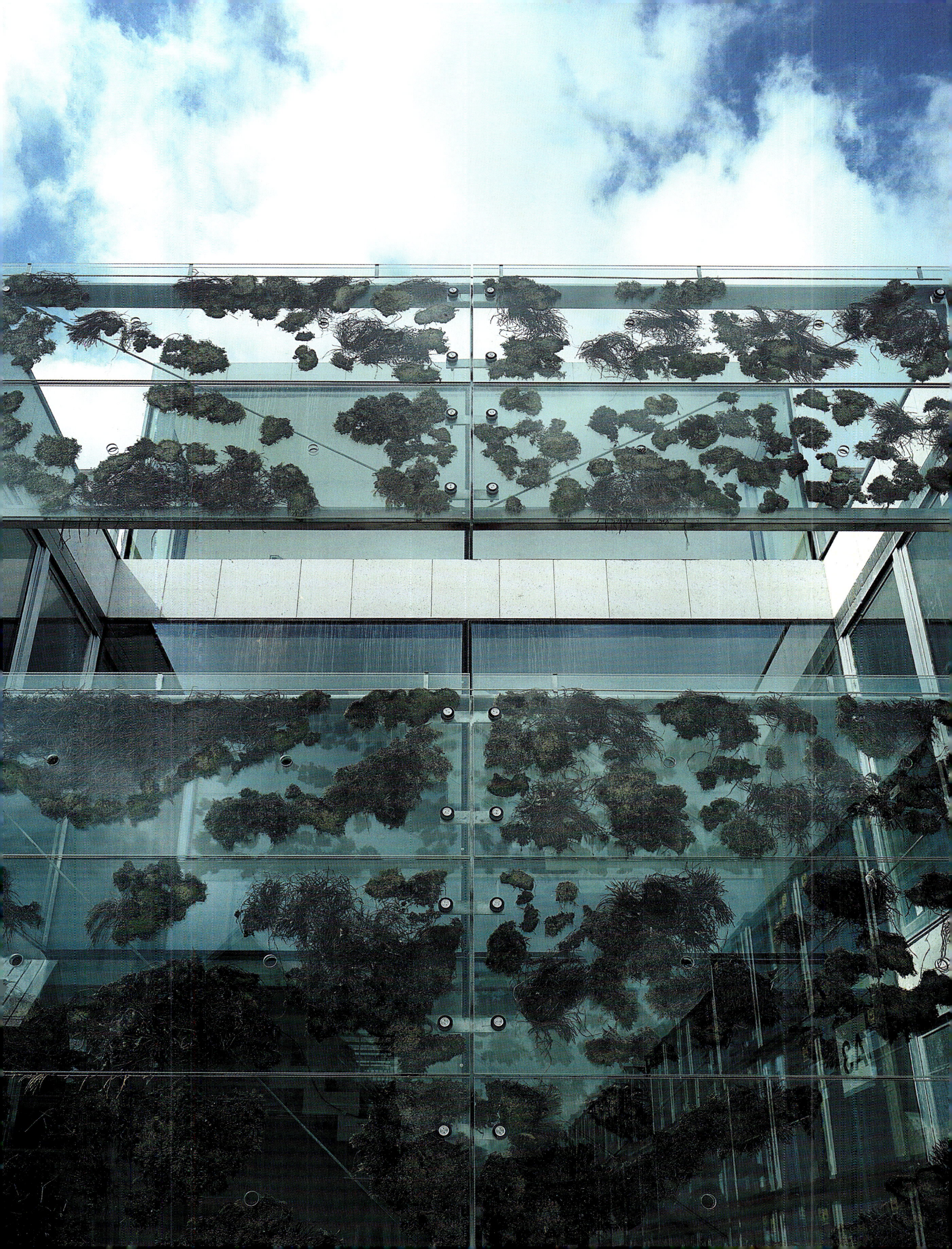

Site plan / Plano de situación

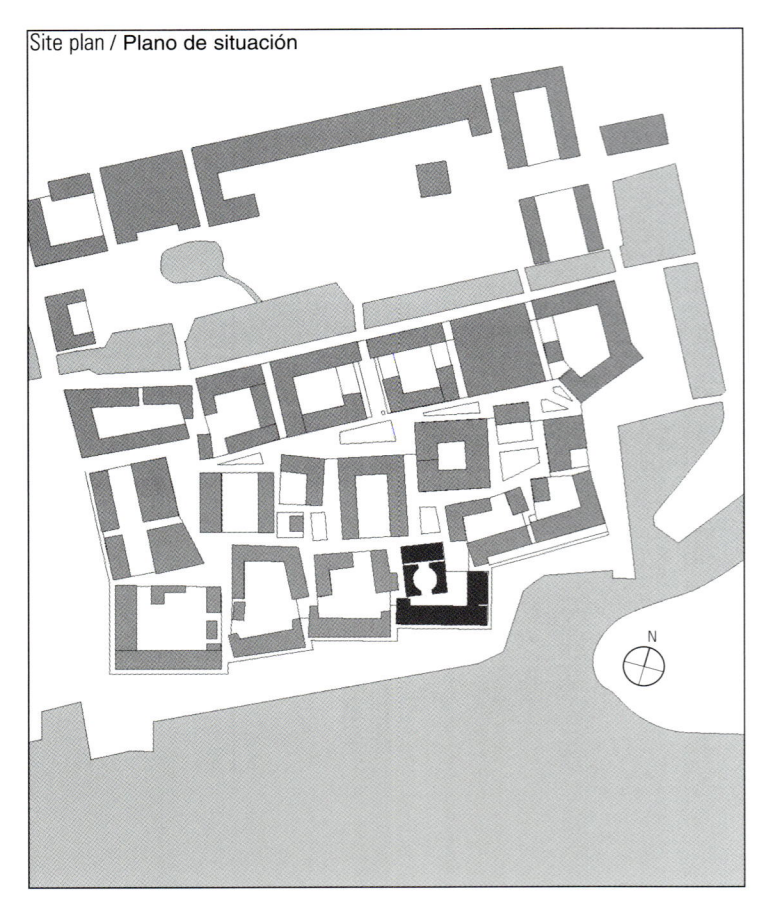

Large windows bring optimal natural light into the apartments. The variation on the elevations appears to be greater than the plan's simple a-b-a-b-a-a rhythm.

Las amplias ventanas ofrecen una óptima iluminación natural a los apartamentos. Su variada composición permite que los alzados rompan la simplicidad del ritmo a-b-a-b-a-a del plano del proyecto.

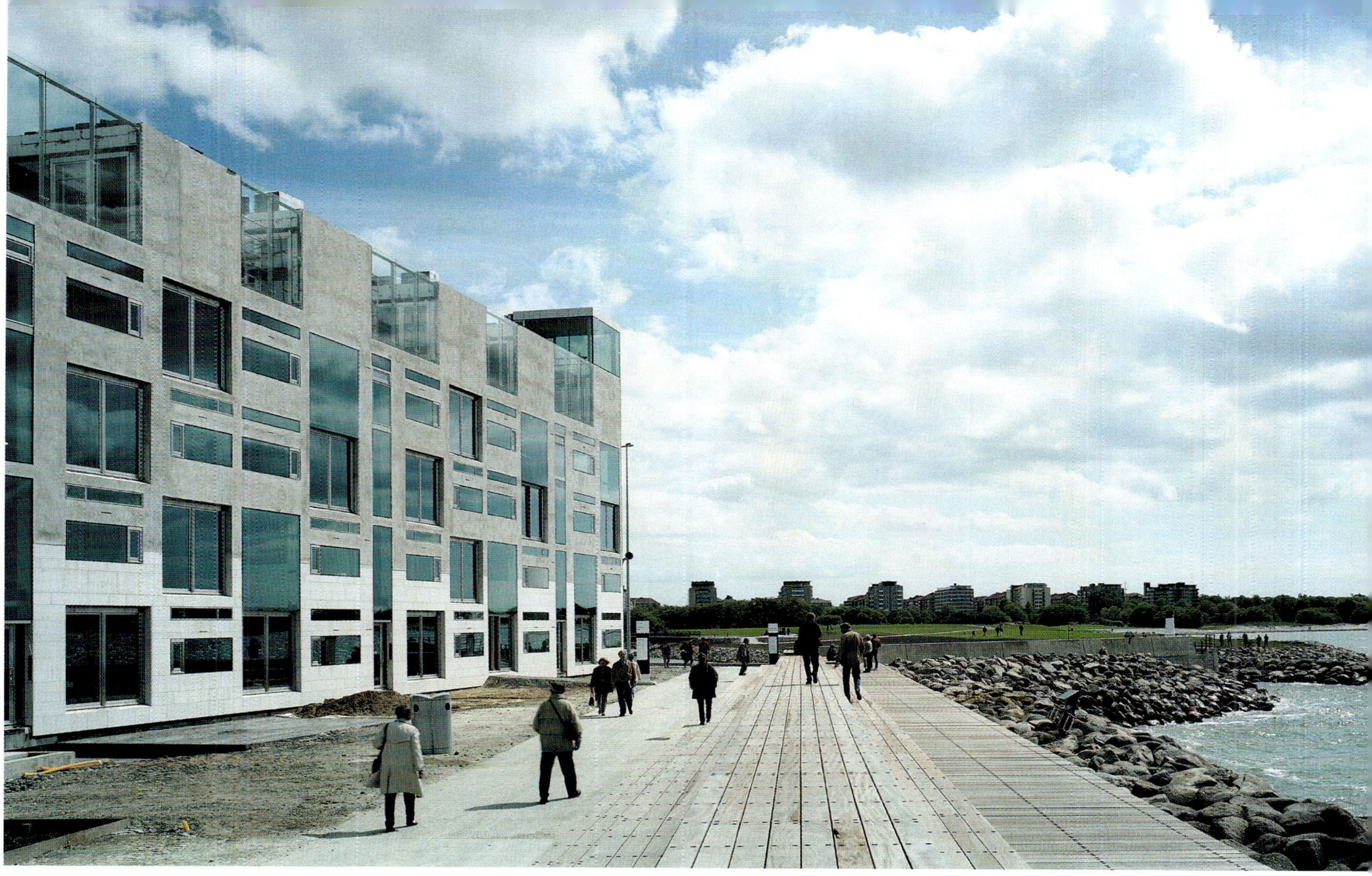

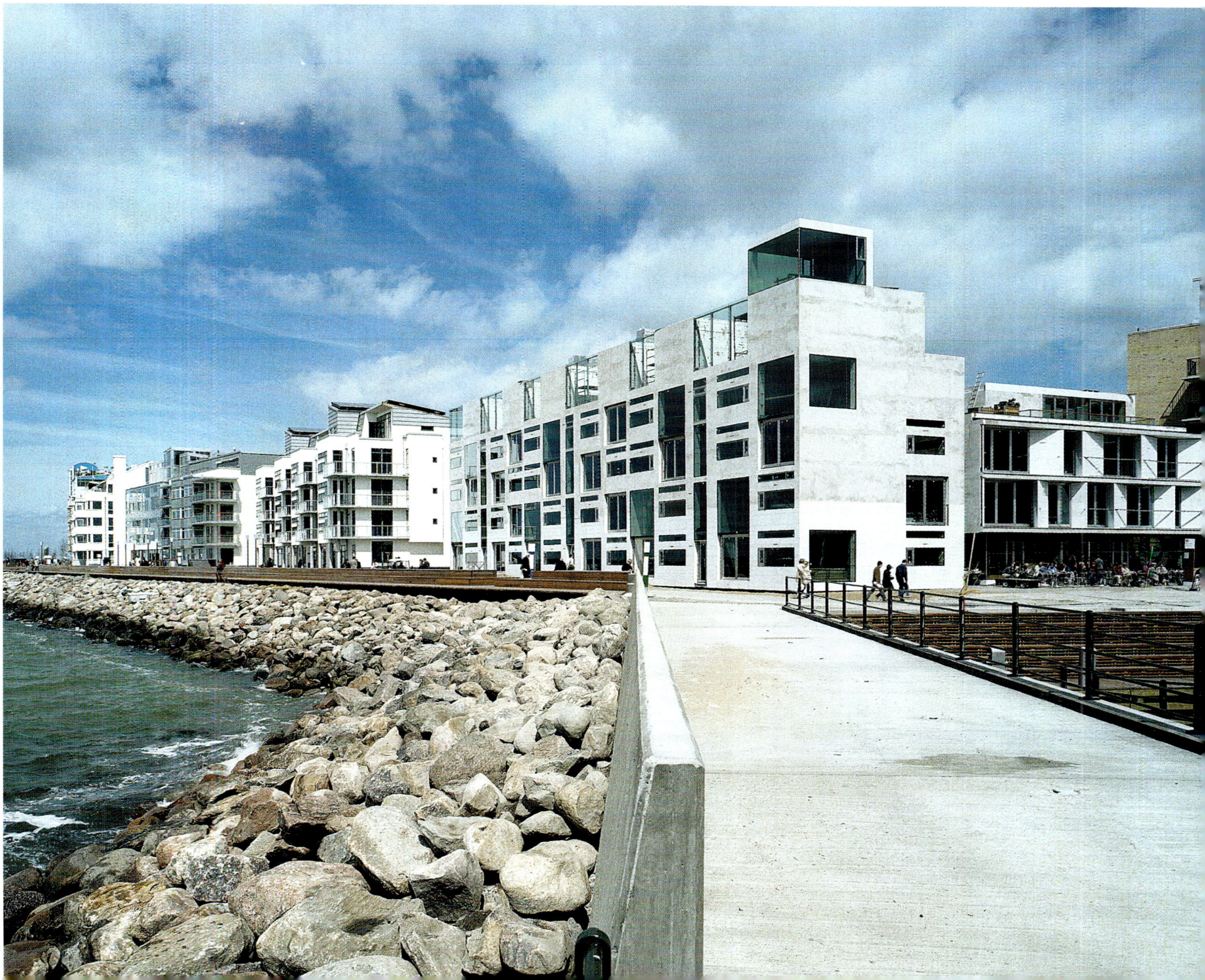

East elevation house A & B / Alzado este de las casas A y B

North elevation house B / Alzado norte de la casa B

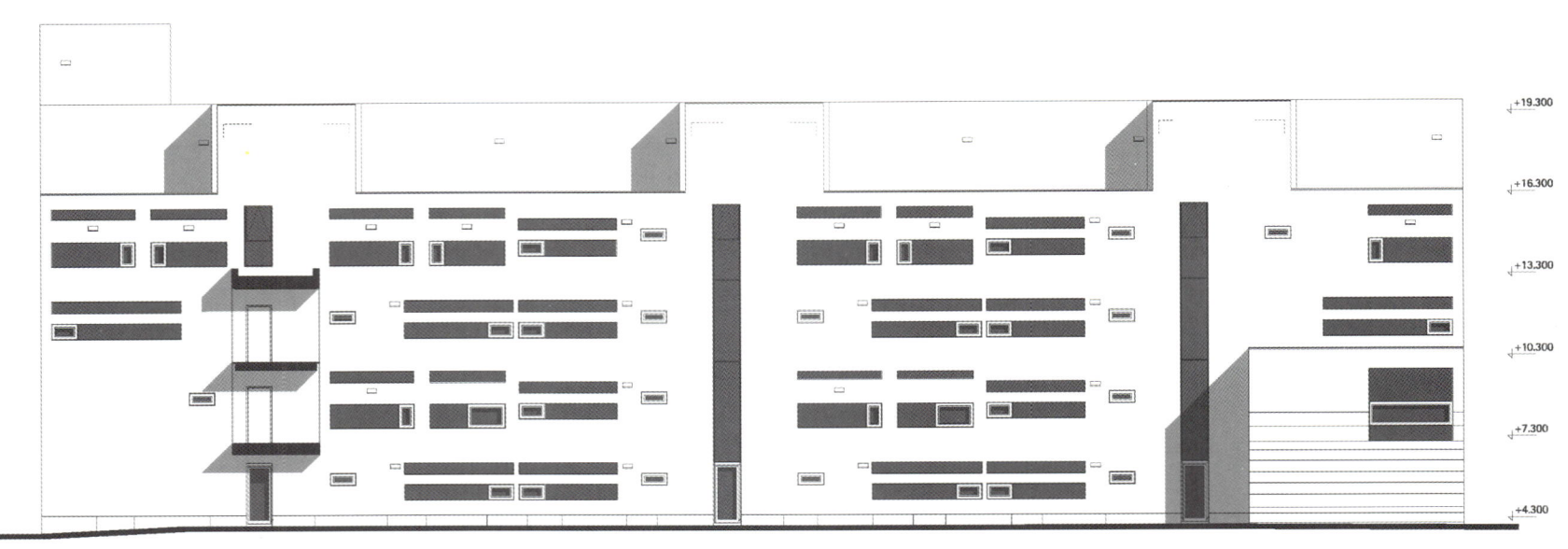

North elevation house A / Alzado norte de la casa A

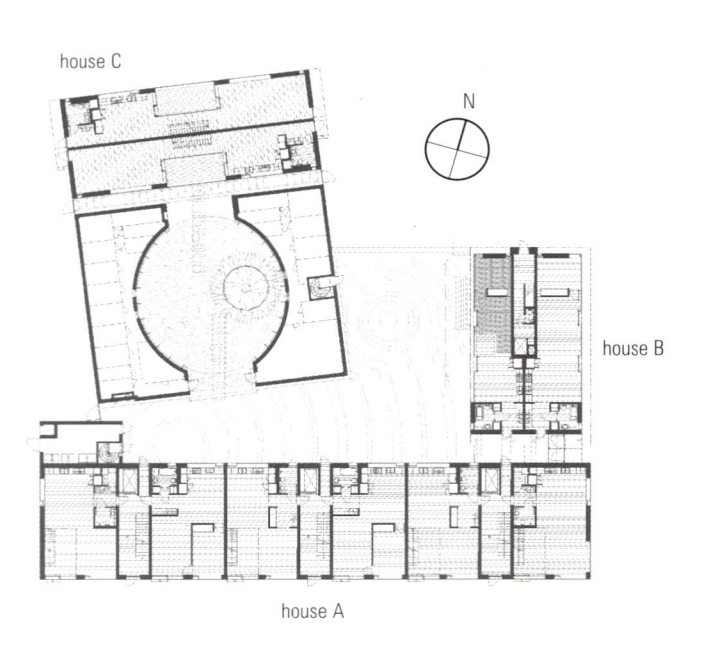

house C

house B

house A

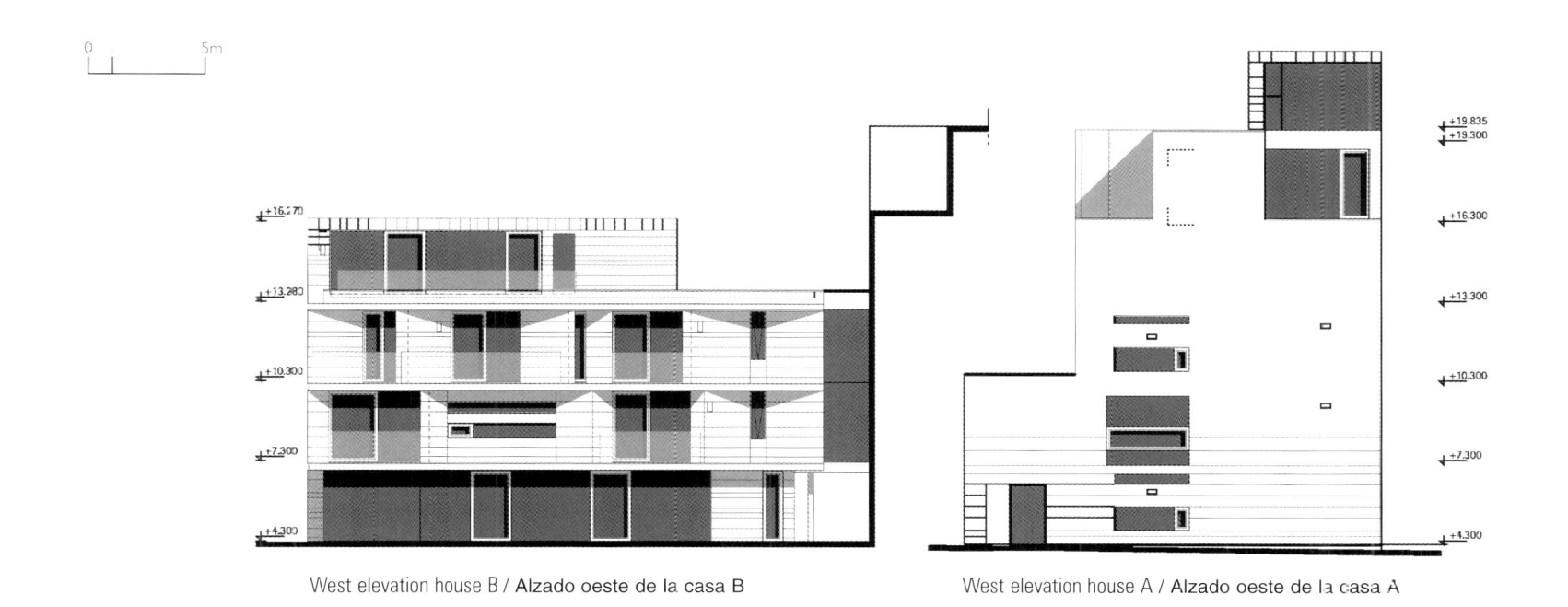

West elevation house B / Alzado oeste de la casa B

West elevation house A / Alzado oeste de la casa A

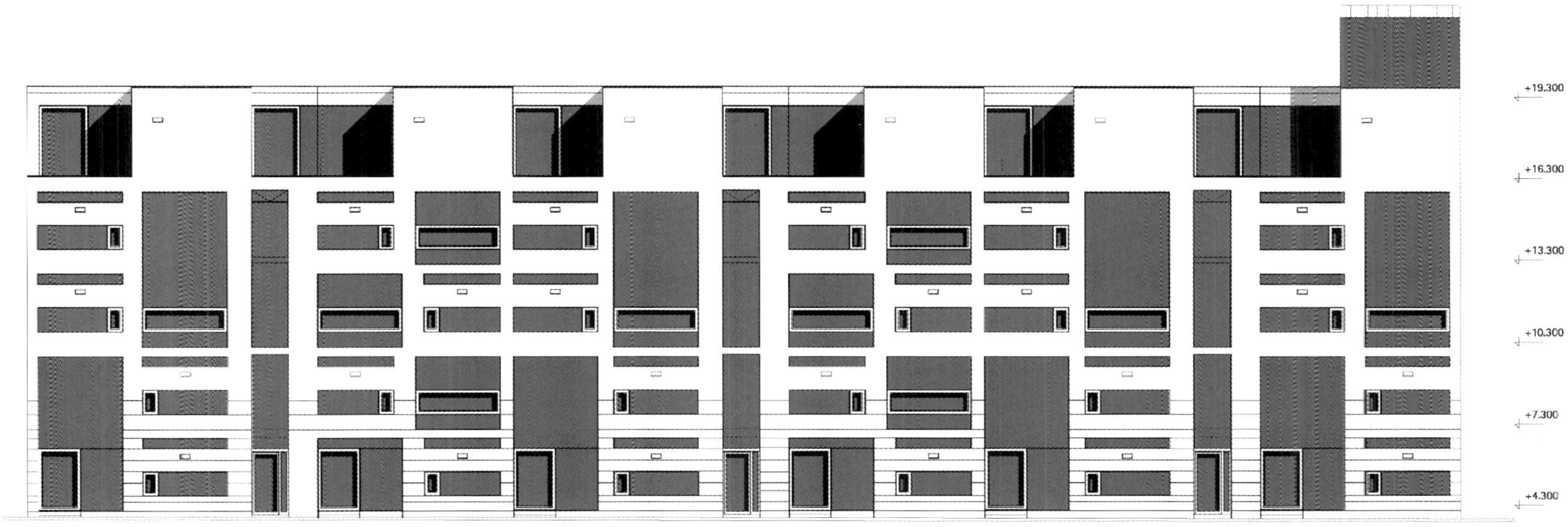

South elevation house A / Alzado sur de la casa A

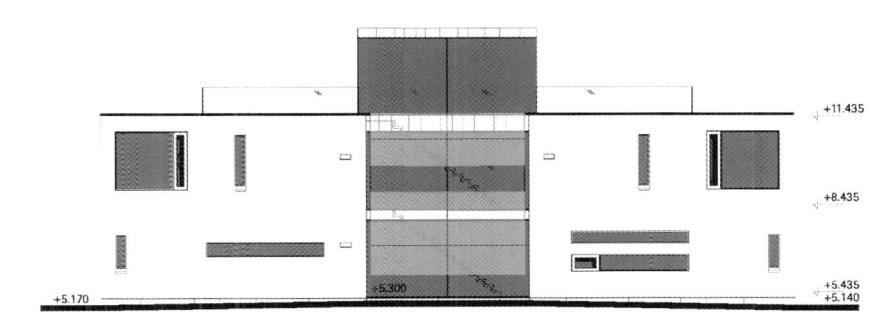

South elevation house C / Alzado sur de la casa C

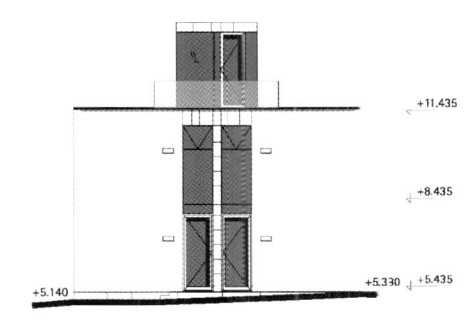

West elevation house C / Alzado oeste de la casa C

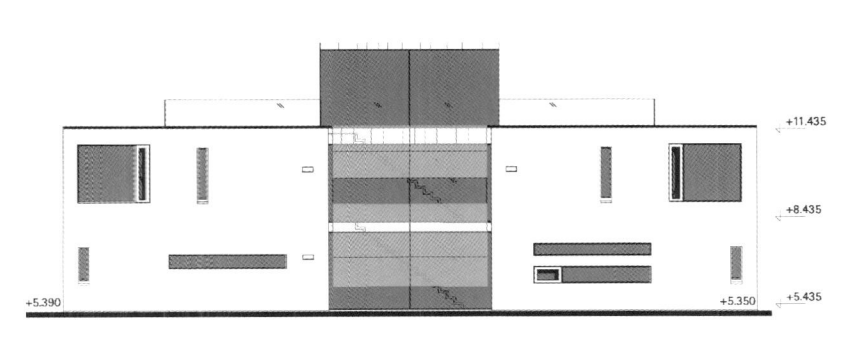

North elevation house C / Alzado norte de la casa C

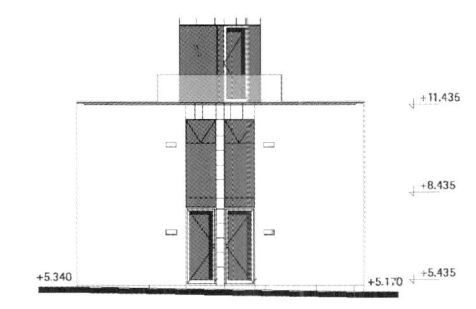

East elevation house C / Alzado este de la casa C

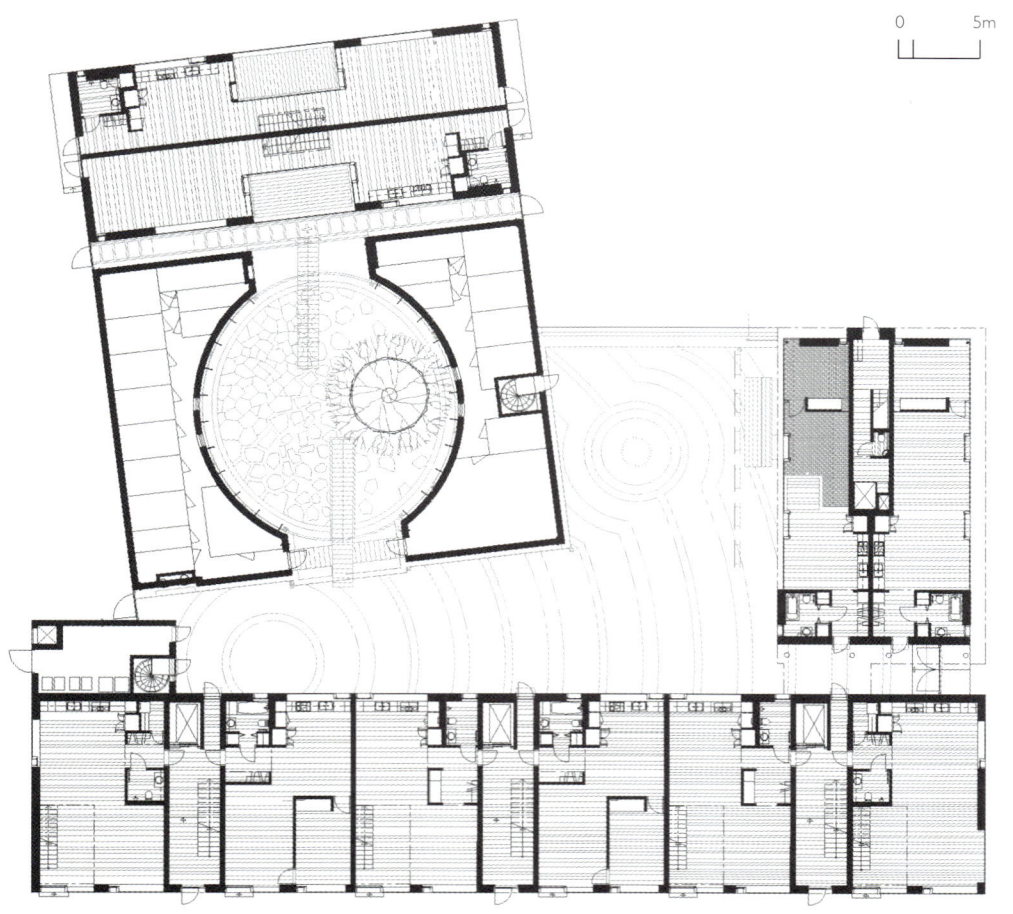

Ground floor plan / Planta baja

First floor plan / Primera planta

150

Second floor plan / Segunda planta

Third floor plan / Tercera planta

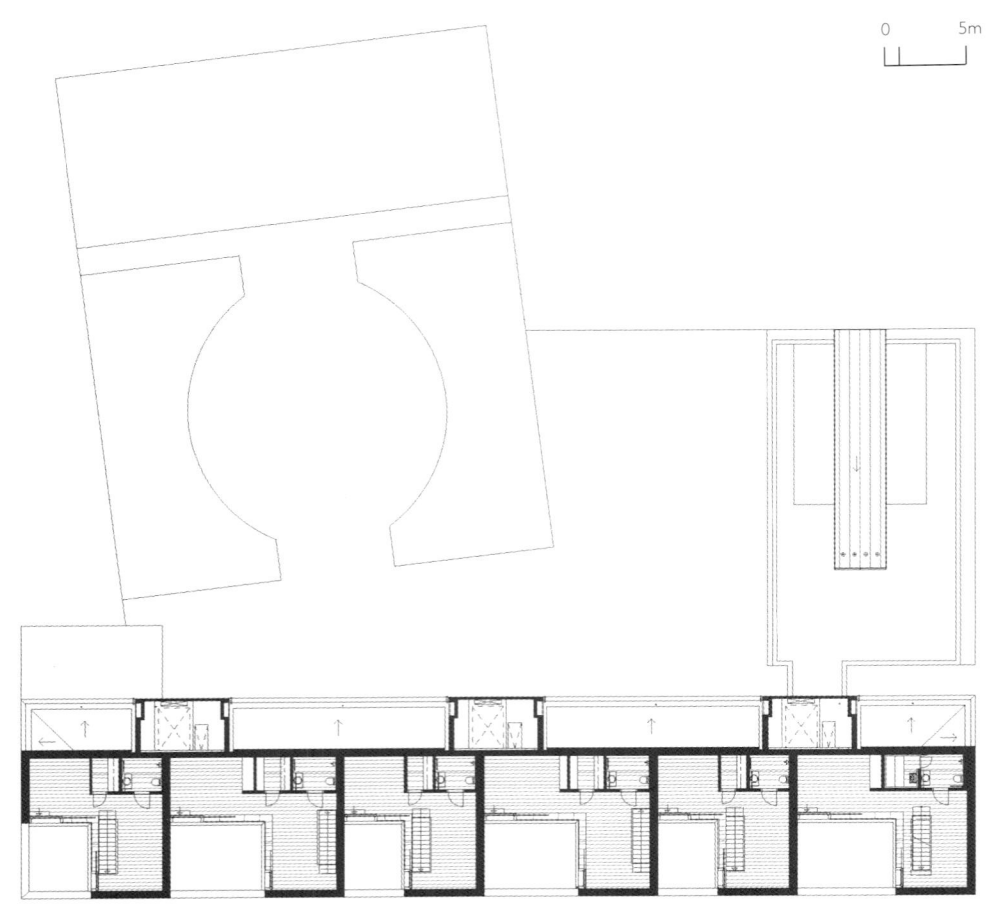

Fourth floor plan / **Cuarta planta**

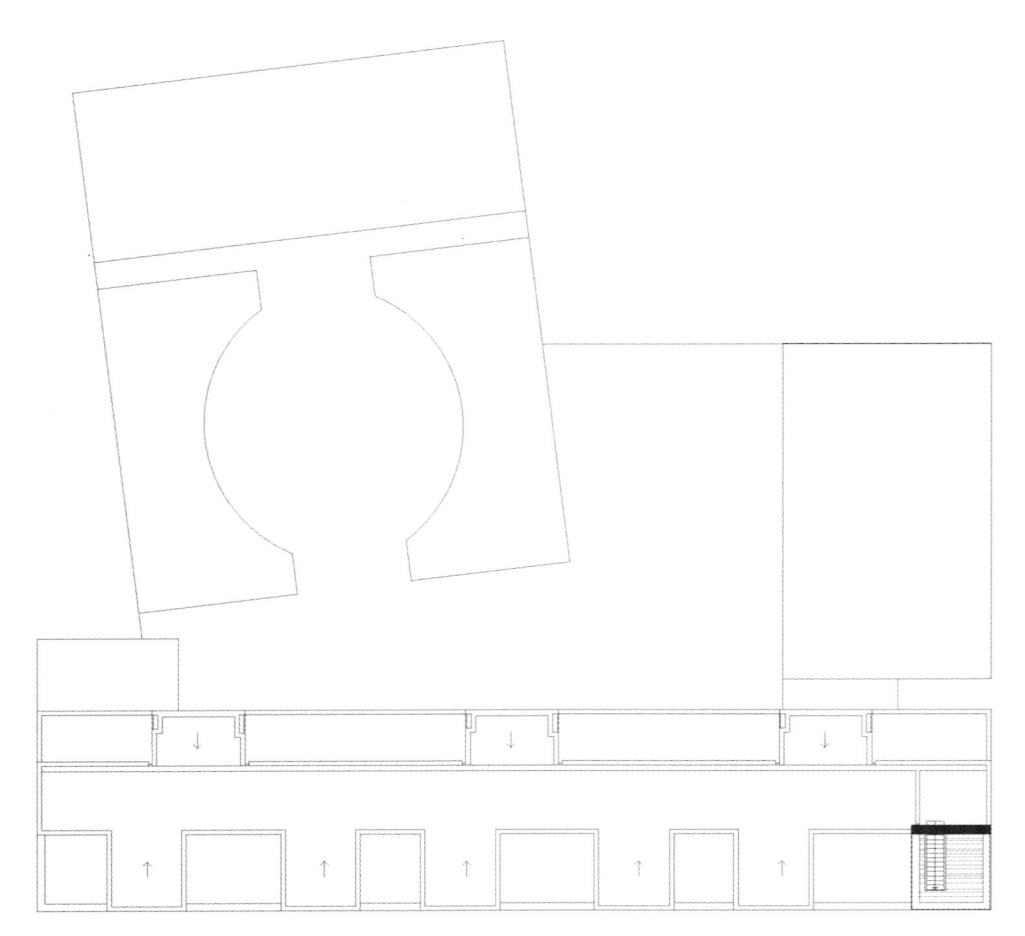

Fifth floor plan / **Quinta planta**

After implementation of the neighborhood's general plan, the project has been fragmented into three distinct volumes: a tall, sea-side block which shields the rest of the buildings and two excavated volumes with greenhouses and terraces.

Tras la aplicación del plan general del barrio el proyecto ha quedado fragmentado en tres volúmenes diferentes: un bloque alto, situado en primera línea de mar para proteger al resto de edificios, y dos volúmenes excavados con invernaderos y terrazas.

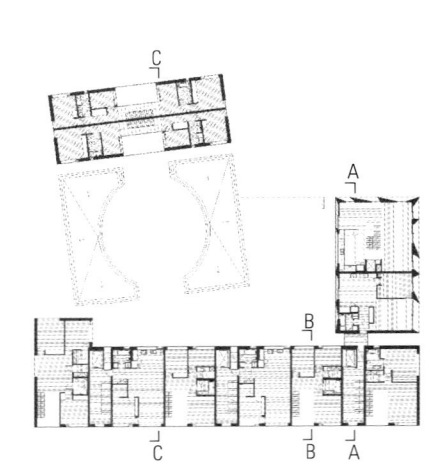

Section BB
Sección BB

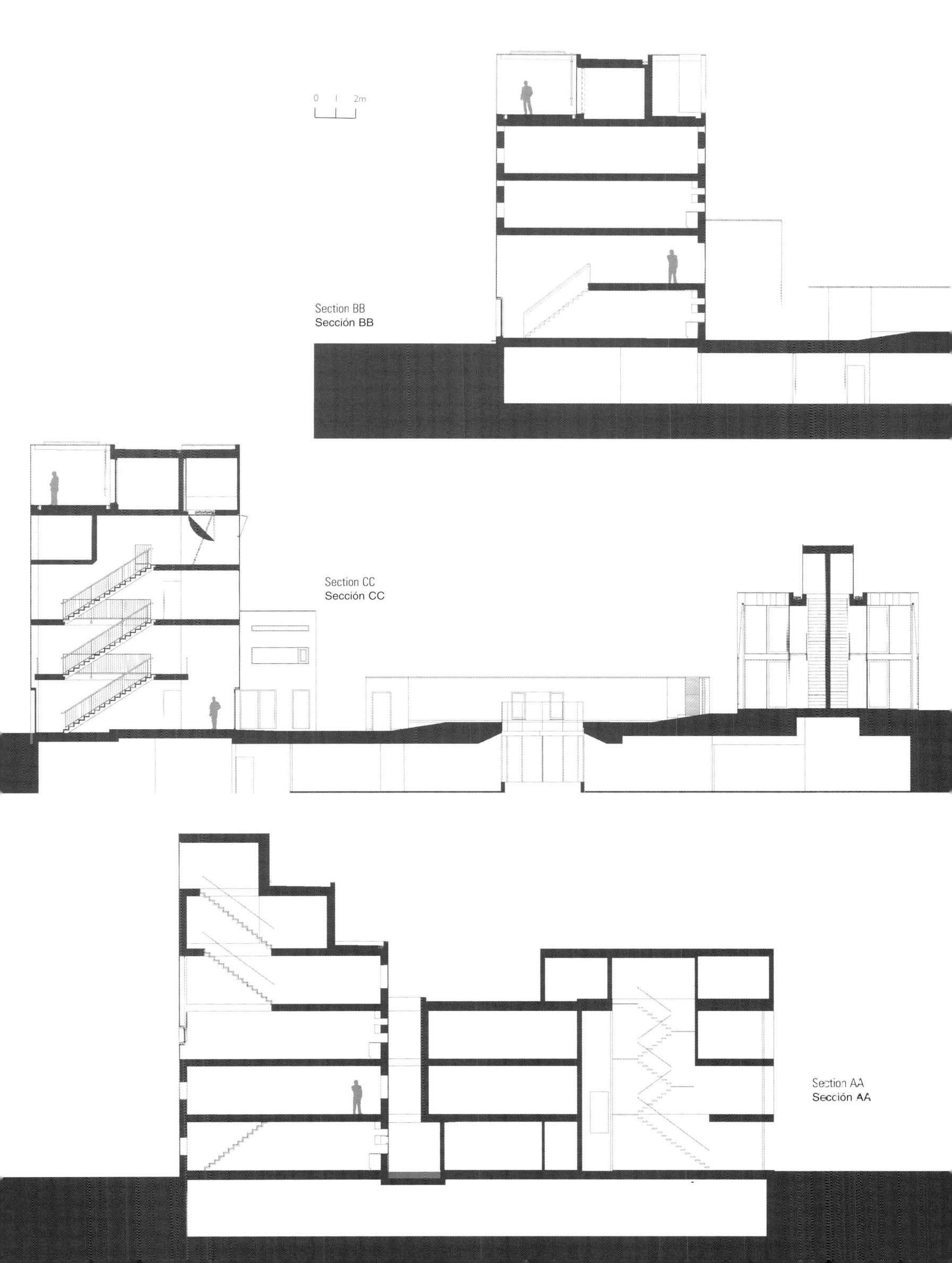

Section CC
Sección CC

Section AA
Sección AA

154

The flooring in the apartment's lower level is solid limestone, while the upper floors are in maple wood parquet. The walls, which are built with lightweight concrete blocks, are plastered inside and out.

El suelo de la planta baja del apartamento es de roca caliza sólida, mientras que las plantas superiores están cubiertas de parquet de madera de arce. Las paredes, que están construidas con bloques de hormigón ligero, están recubiertas de yeso interna y externamente.

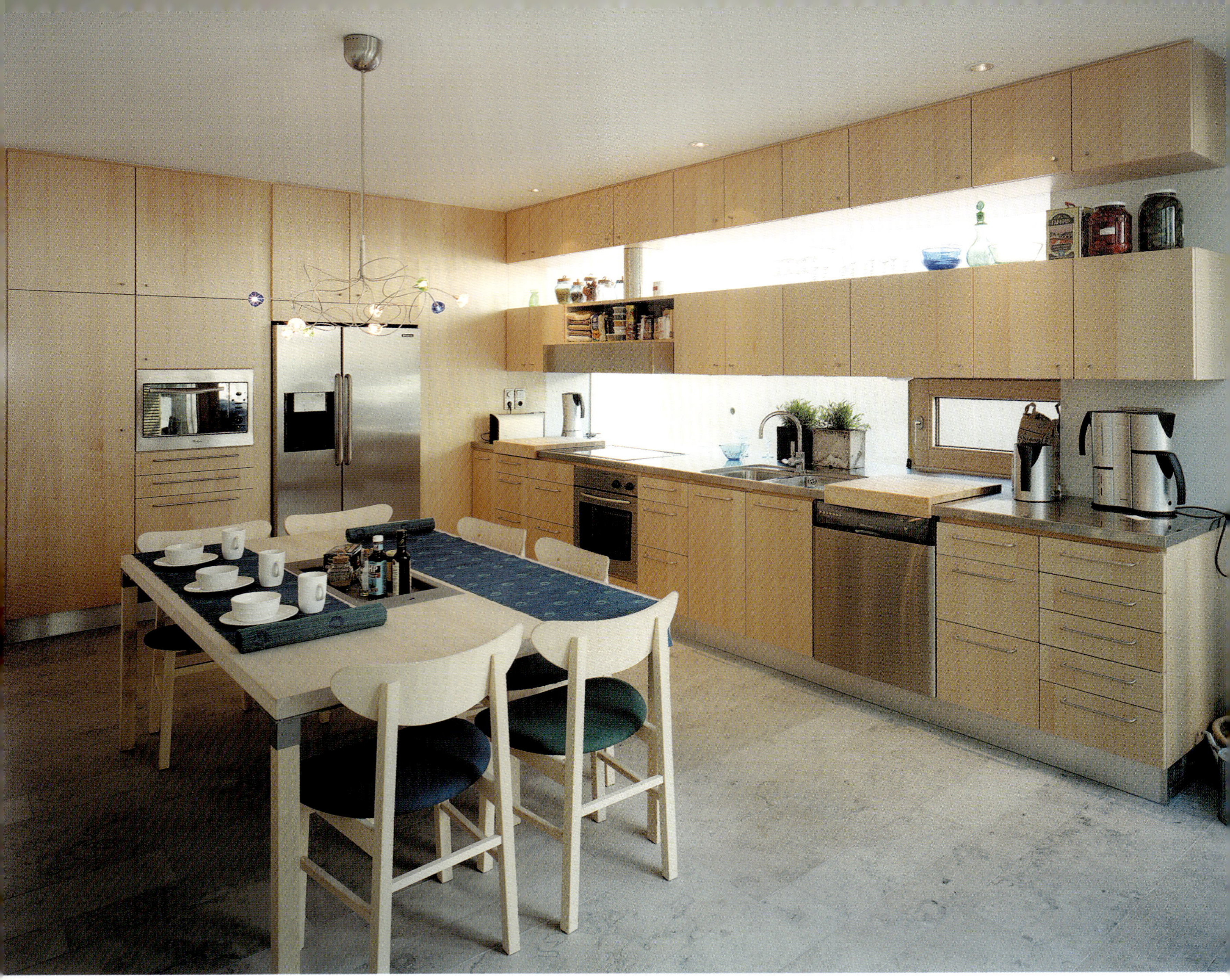

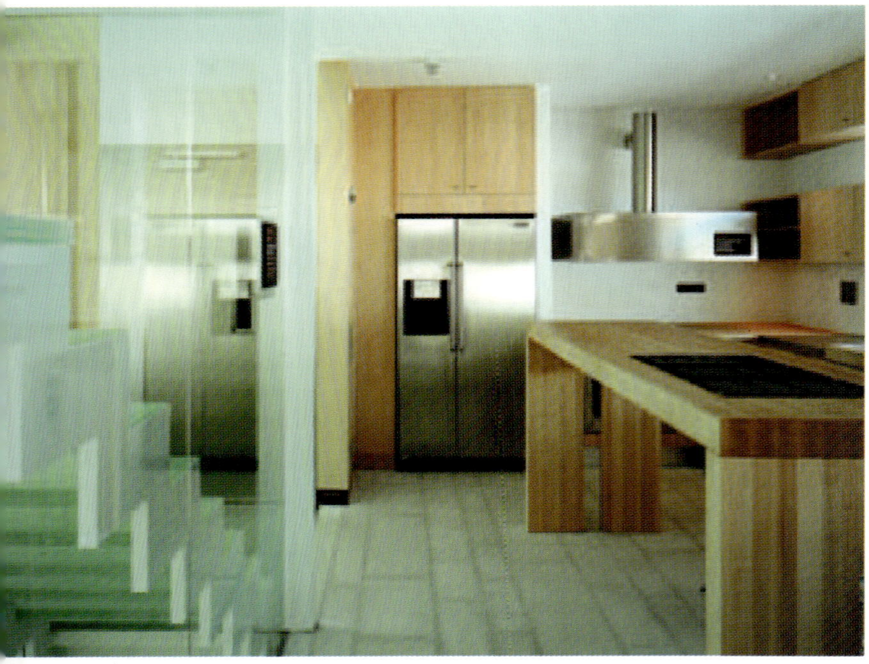

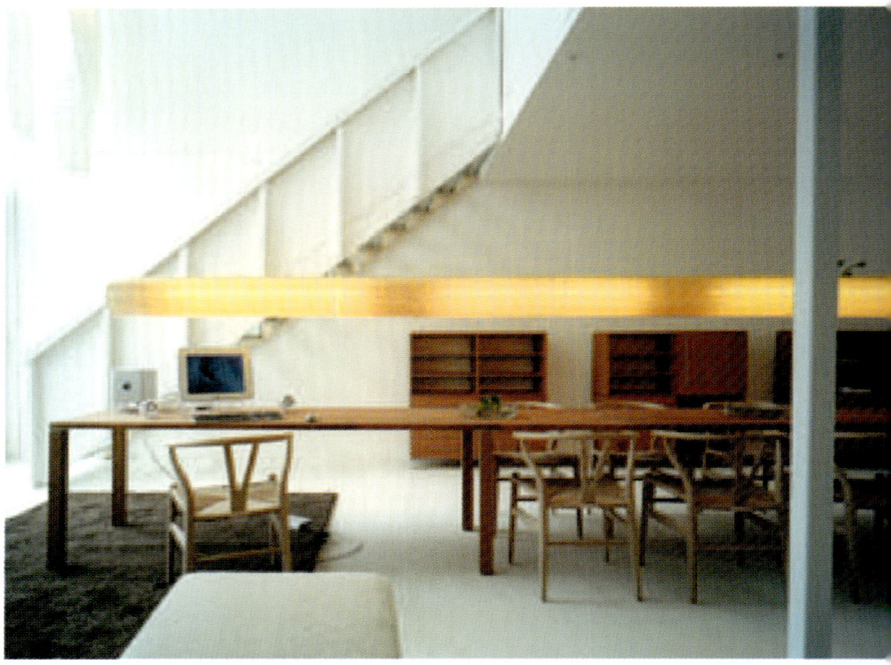

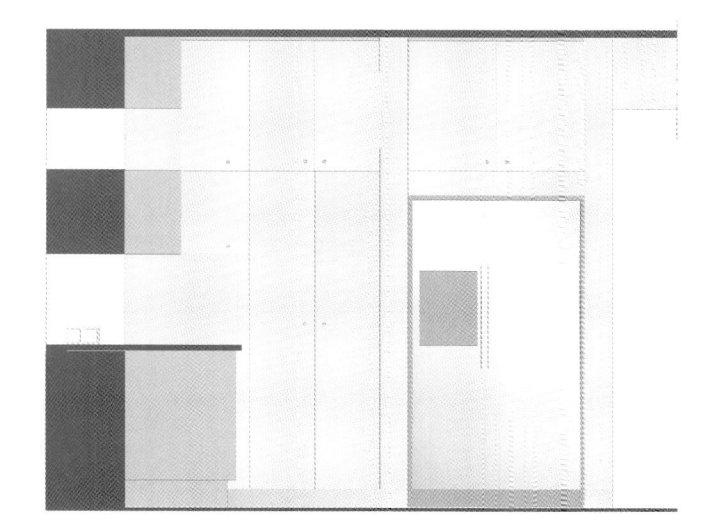

Kitchen elevations / Alzados cocina

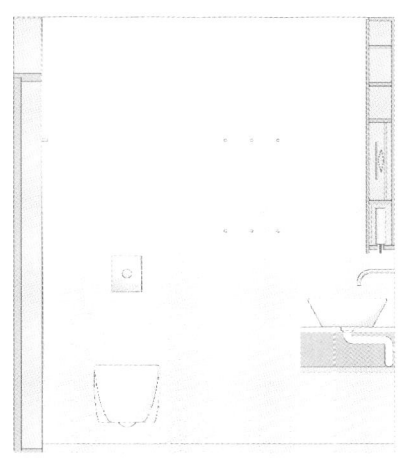

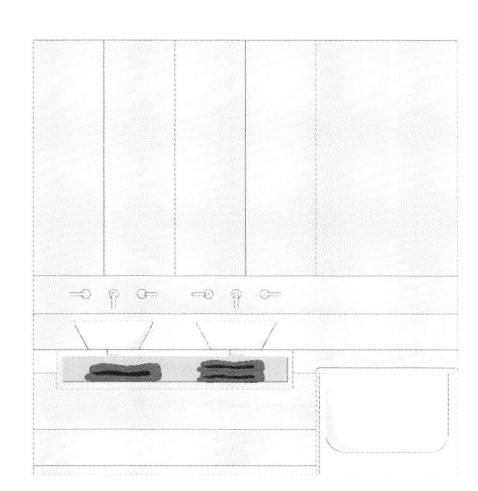

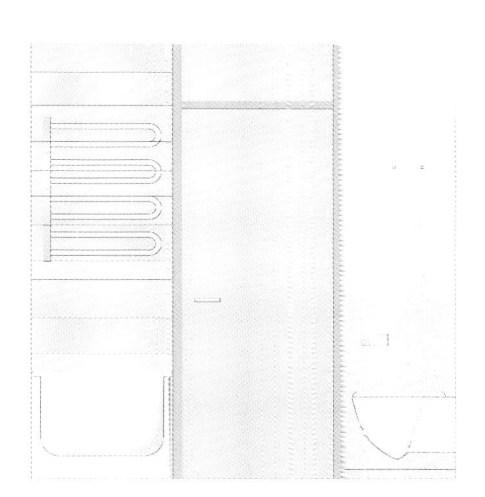

Bathroom elevations / Alzados baño

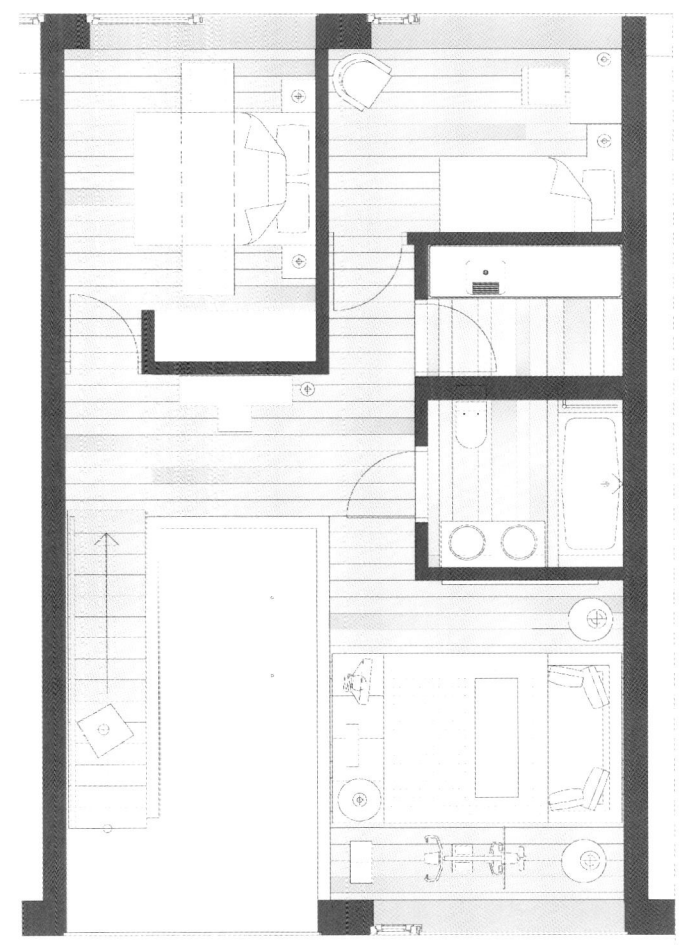

Standard dwelling plan, 1st floor, House A
Vivienda tipo 1ª planta, casa A

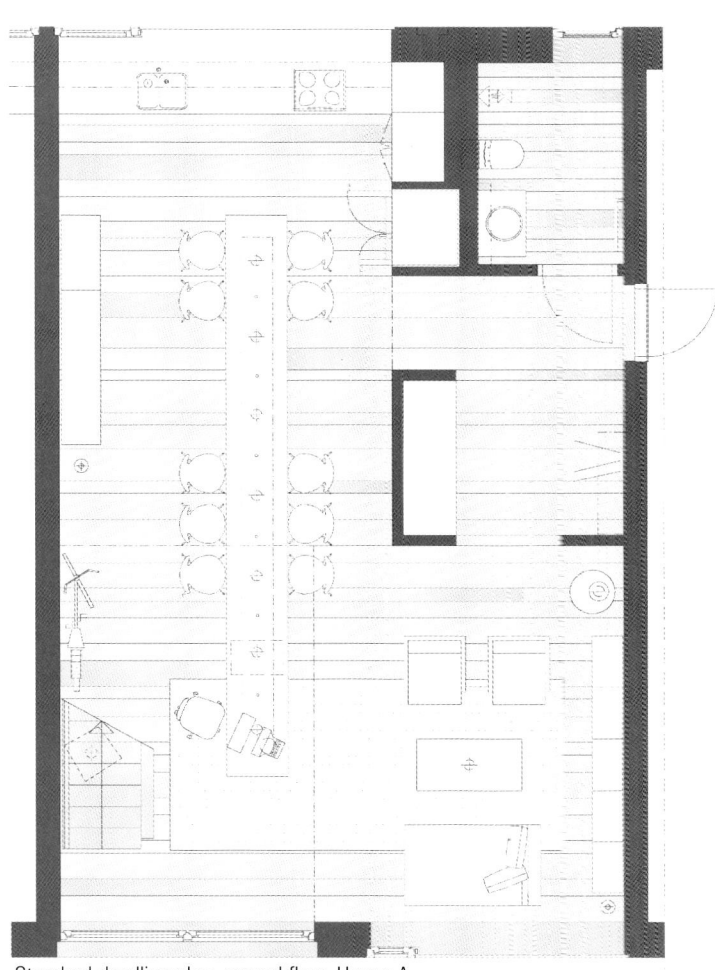

Standard dwelling plan, ground floor, House A
Vivienda tipo planta baja, casa A

157

Jacques Schär & Christine Sjöstedt

Ensemble de logements El Masr

Cologny, Switzerland   Photographs: Jean Michel Landecy

This dwelling complex is located in Cologny, on the original land belonging to the El Masr castle, a Tudor-like building which dates from the end of the 19th century, and which is emblematic of the area.

In order to preserve the park linked to this residence, the building is located on the south-east border of the land, leaving room for views from the castle as well as from the apartments. The building follows the land's natural slope, and makes several successive level distinctions, bringing the building close to the scale of a private home or villa.

The notion of villa-building is equally present in the repartition of the apartments. Thus, on the ground floor, 4 large apartments open onto the private gardens towards the south-east. The 8 others are duplex style (on the first and second floors) with large terraces on two levels and fitting into the surrounding natural environment.

The base volume is a rectangle within which the architects have created terraces, double heights, and headers.

The work performed with this simple volume has been accentuated by the use of particular materials, such as Brazilian slate to surround the rectangular structure, and hemlock cladding for the retreating planes.

Although the building presents a non-repetitive facade for the 12 apartments, 8 of them have a different typology.

The living-rooms and libraries, located toward the south-east, have higher ceilings than the other rooms, and open onto the dining room and kitchen on the north-west, so that the "daytime" rooms can enjoy sunlight all day long.

The materials used for the interior are the same (Brazilian slate for the kitchen floors and bathrooms), or within the same color range (Oregon pine woodworks, parquet) as those used on the exterior, with the purpose of reinforcing the interior-exterior link.

Este conjunto de viviendas está ubicado en Cologny, sobre un terreno que originalmente pertenecía al castillo de El Masr, una emblemática edificación del estilo Tudor que data de finales del siglo XIX.

Para poder conservar el parque adjunto a esta residencia, el edificio se ha ubicado en el extremo sudeste del terreno, dejando espacio para las vistas desde el castillo y desde los apartamentos. El edificio sigue la pendiente natural del terreno y hace sucesivas distinciones de nivel, haciendo que el edificio adquiera una escala semejante a la de un hotel privado o una villa.

El concepto de villa-edificio está igualmente presente en la repartición de los apartamentos. De este modo, los cuatro grandes apartamentos en la planta baja se abren sobre jardines privados hacia el sudeste. Los otros 8 apartamentos son estilo dúplex (en la 1ª y 2ª planta) con grandes terrazas en dos niveles que encajan en el ambiente natural.

El volumen de la base es un rectángulo dentro del cual los arquitectos han creado diversas terrazas, alturas dobles y los cabeceros. El trabajo con este volumen simple ha sido acentuado por el empleo de materiales específicos, como por ejemplo la pizarra brasileña que cubre todo el rectángulo y el revestimiento de madera de abeto de Hemlock sobre los planos retirados.

Aunque el edificio presenta una fachada no repetitiva para los 12 apartamentos, 8 de ellos tienen una tipología distinta.

Las salas de estar y las bibliotecas, ubicadas hacia el sudeste, tienen cielos rasos más altos que las demás habitaciones y dan sobre el comedor y la cocina hacia el noroeste, de tal modo que las estancias de "día" tienen luz solar desde la mañana hasta la noche.

Los materiales utilizados en el interior son los mismos (pizarra brasileña para los suelos de las cocinas y los baños) o están dentro del mismo rango de colores (carpintería de pino de Oregon) que los utilizados en el exterior con el propósito de reforzar la relación interior-exterior.

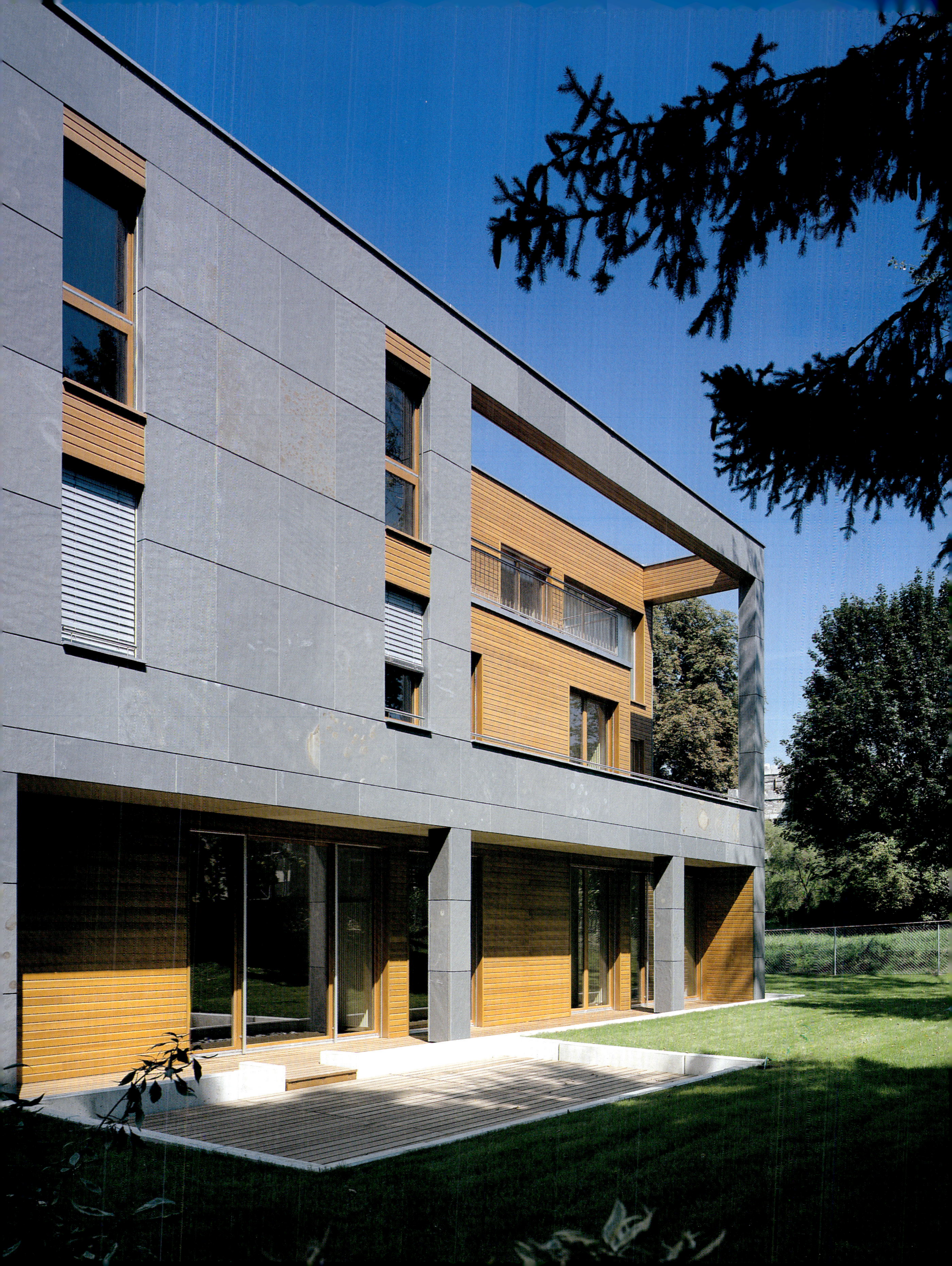

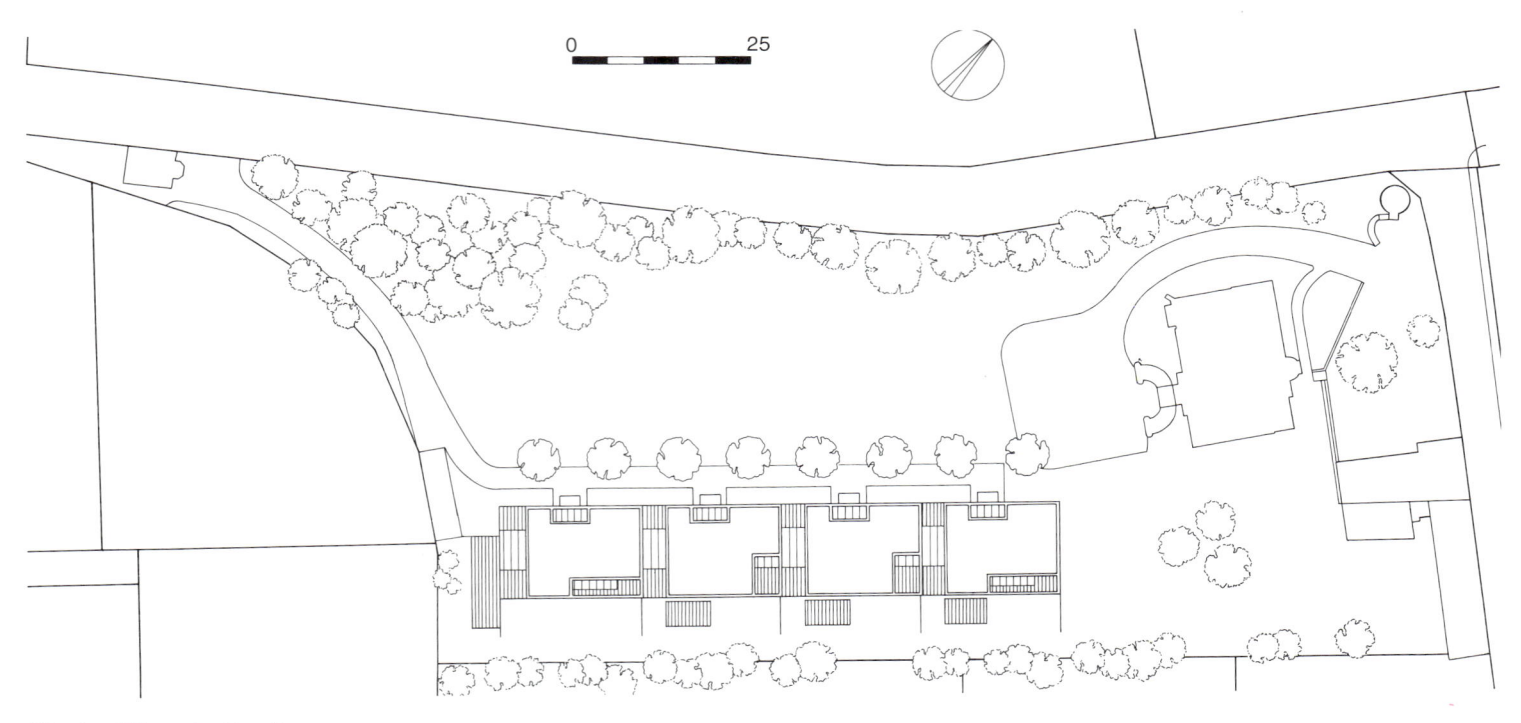

Site plan / Plano de situación

160

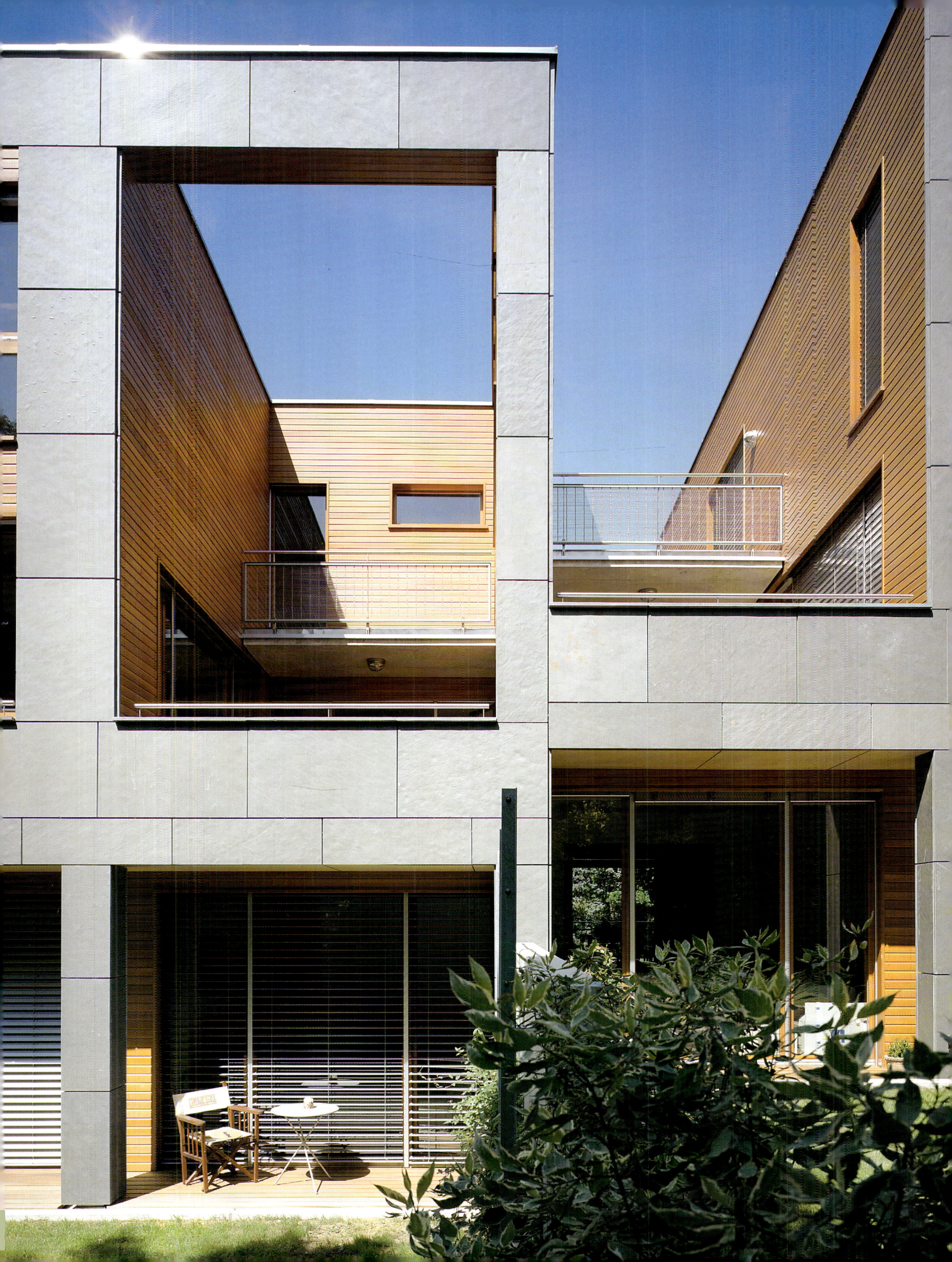

0 — 5

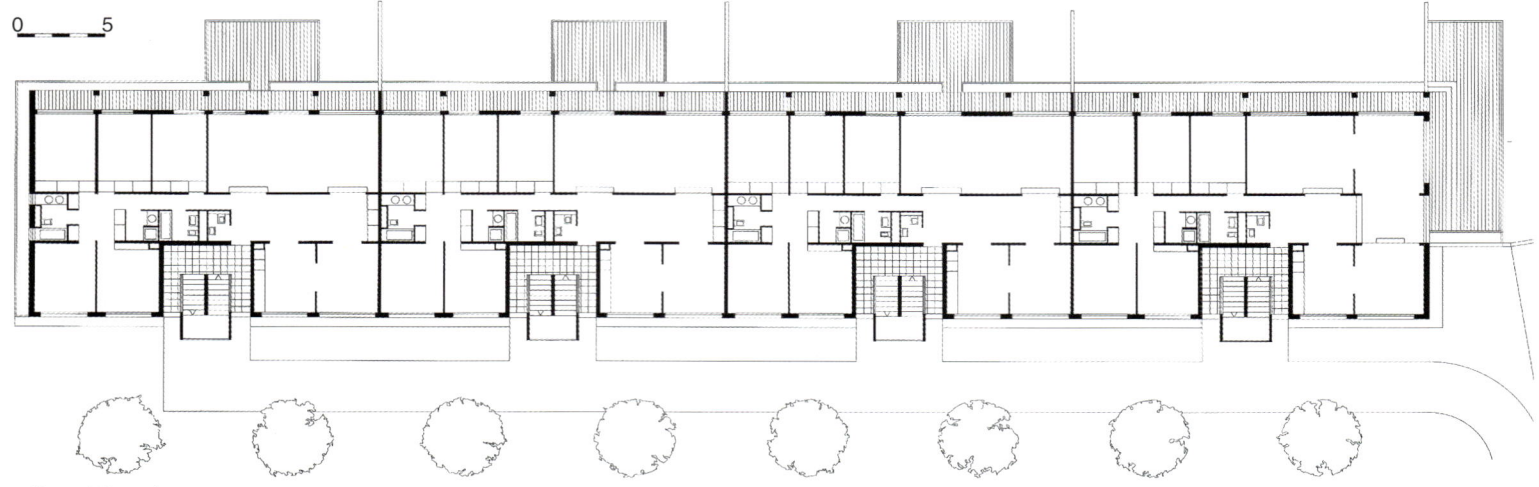

Ground floor plan / **Planta baja**

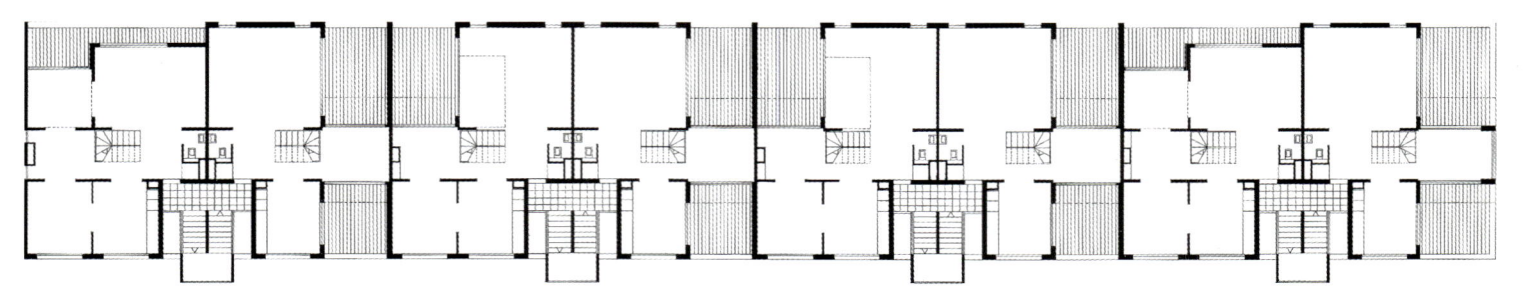

First floor plan / **Planta primera**

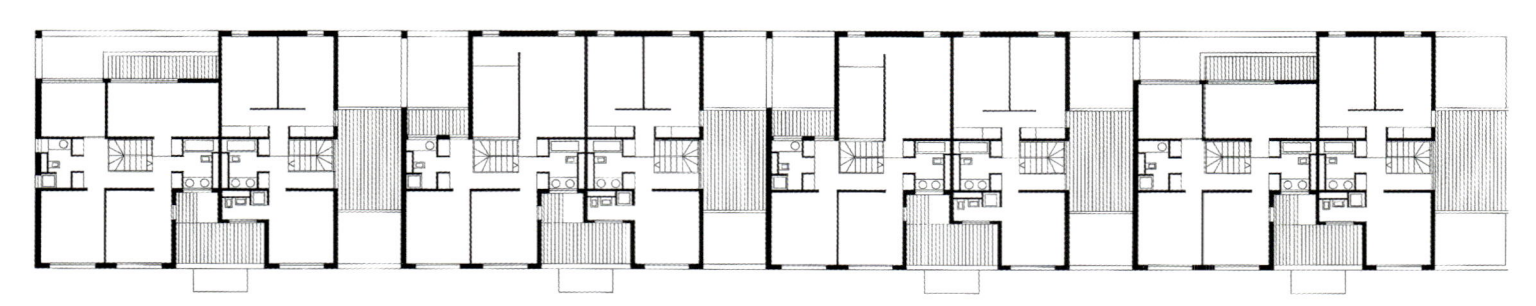

Second floor plan / **Planta segunda**

162

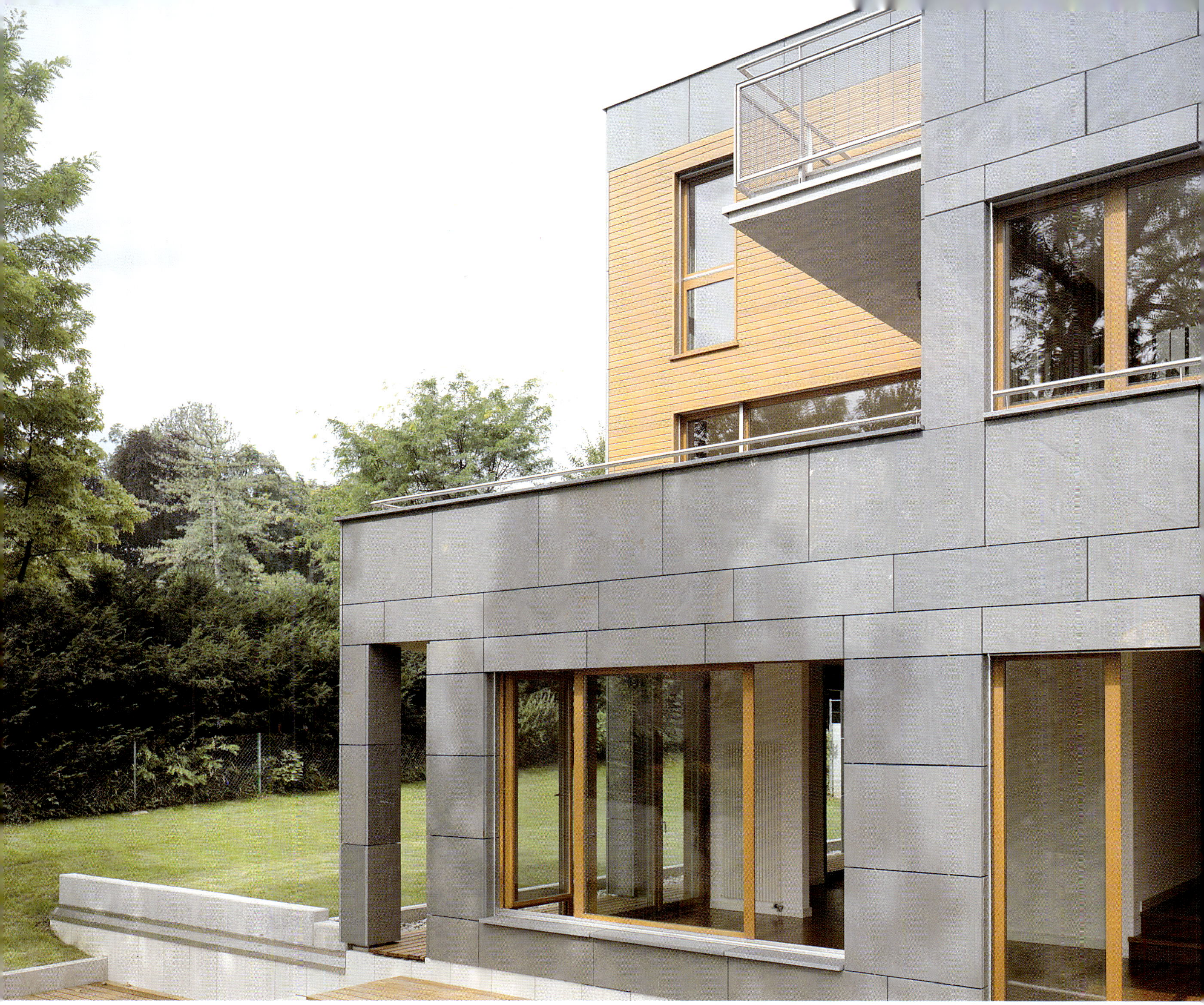

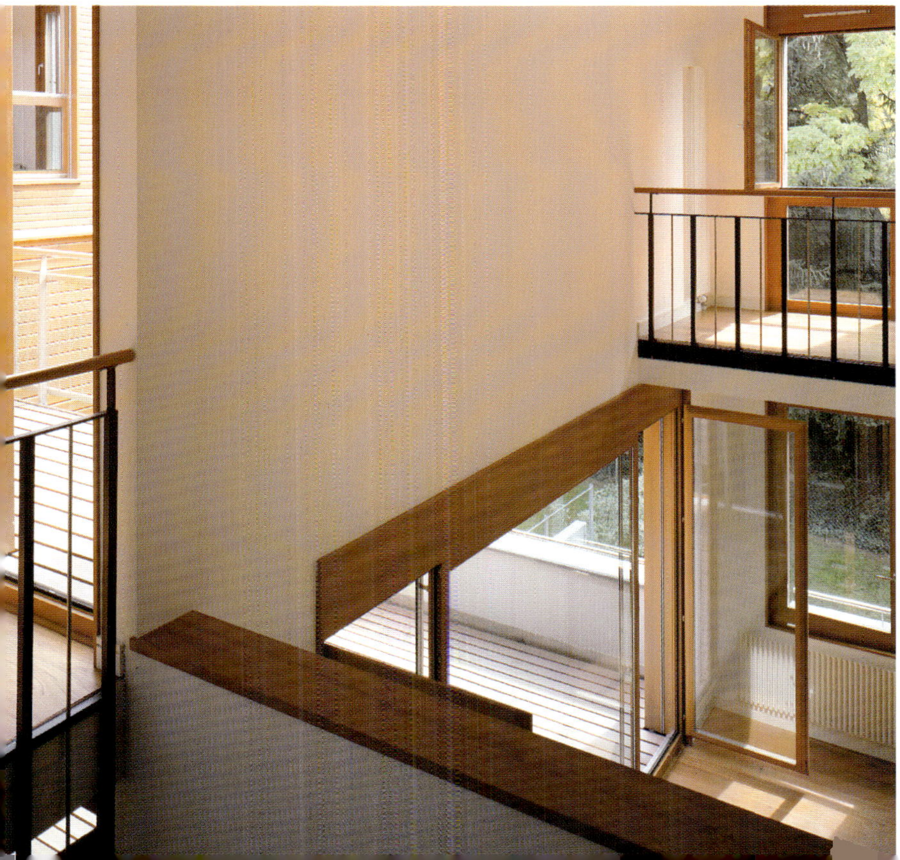

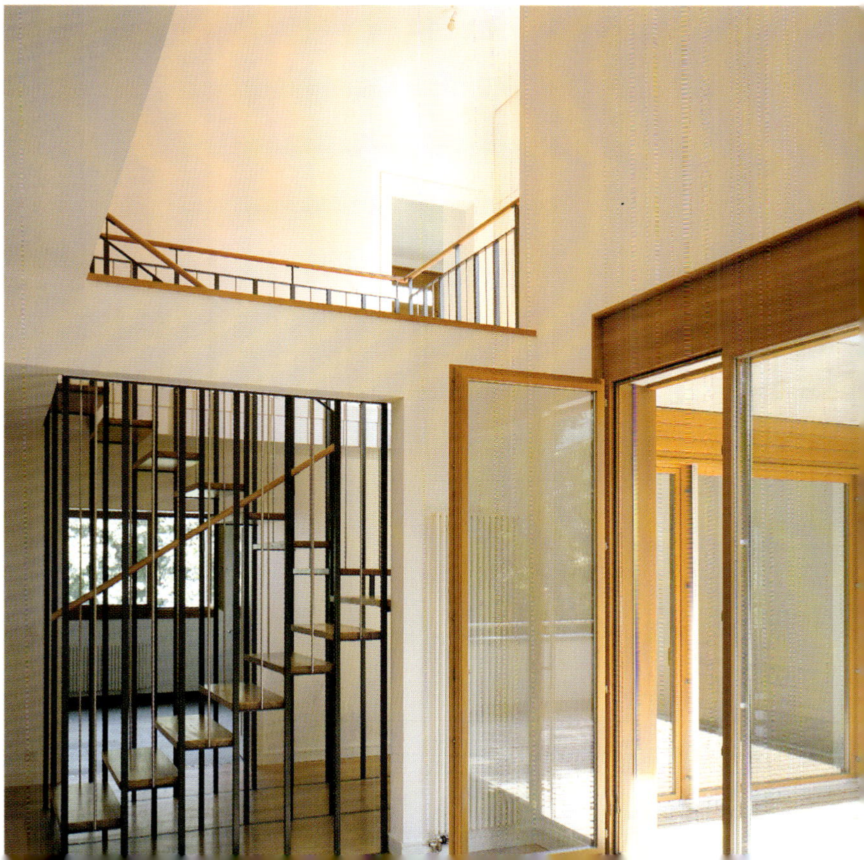

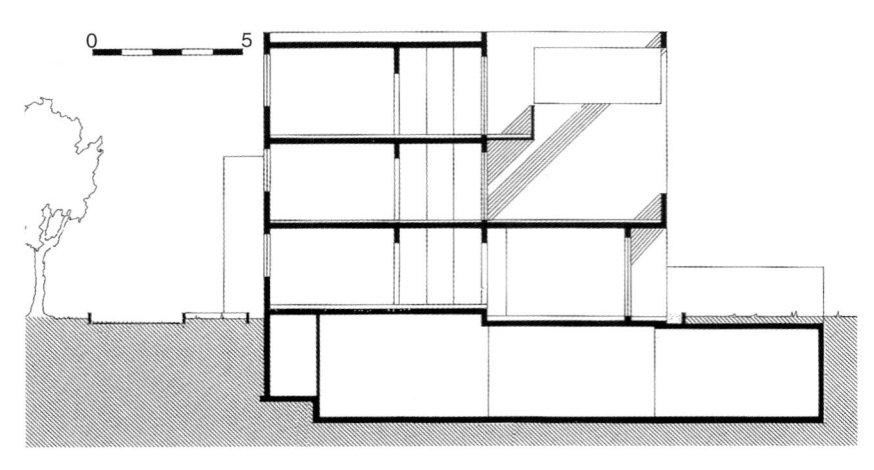

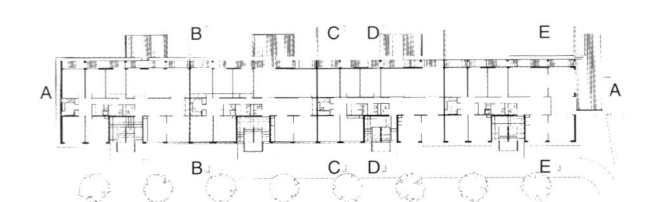

Section B-B / Sección B-B

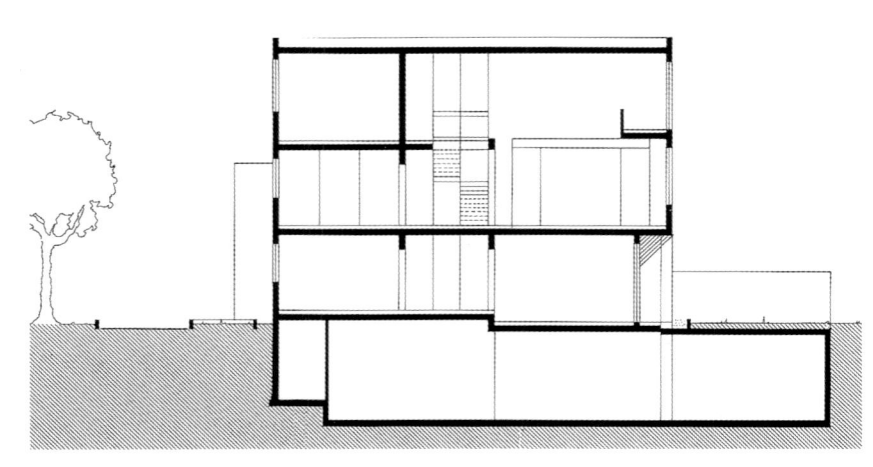

Section C-C / Sección C-C

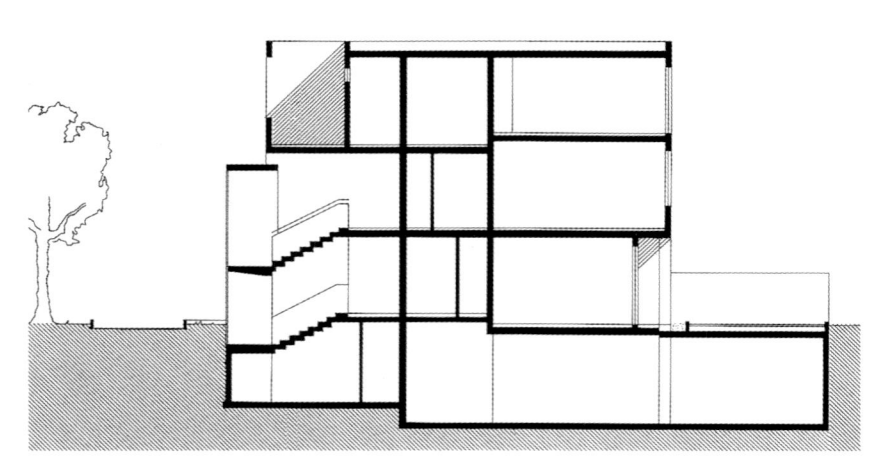

Section D-D / Sección D-D

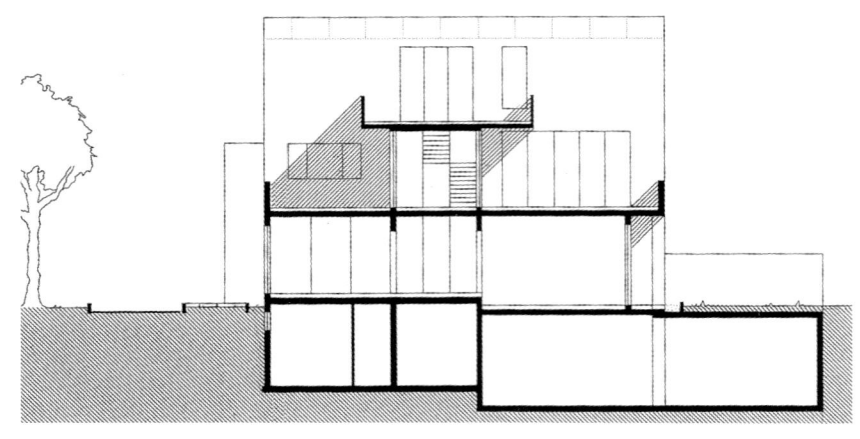

Section E-E / Sección E-E

The building follows the natural slope of the terrain, giving it a scale in tune with the surroundings and respecting the views all around.

El edificio sigue la pendiente natural del terreno, haciendo que éste adquiera una escala acorde con el entorno y respetando las vistas en todo el conjunto.

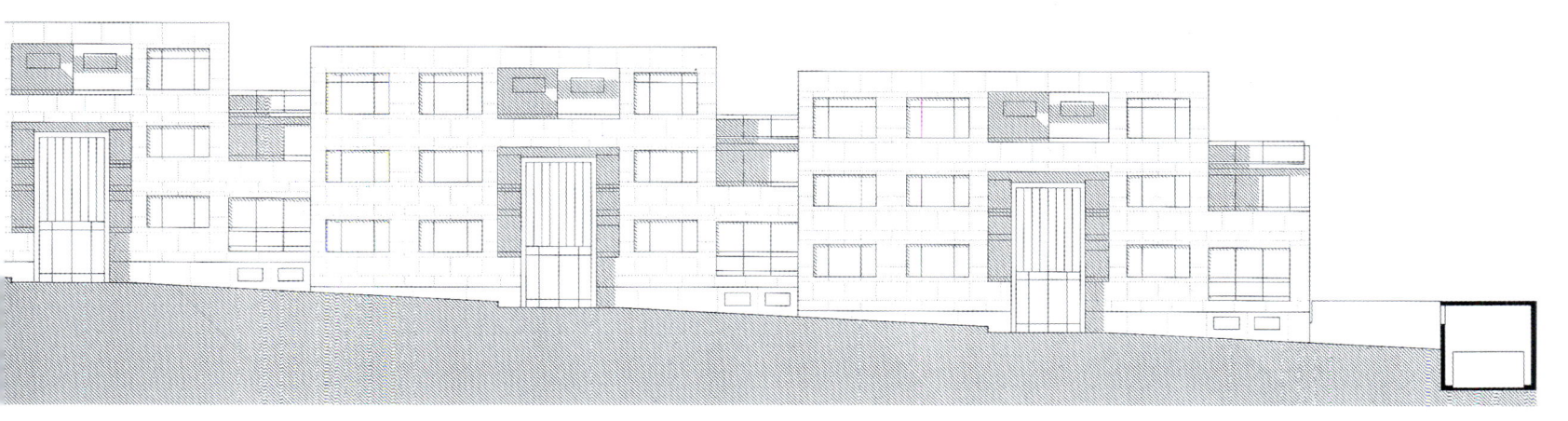

North-West elevation / Alzado Noroeste

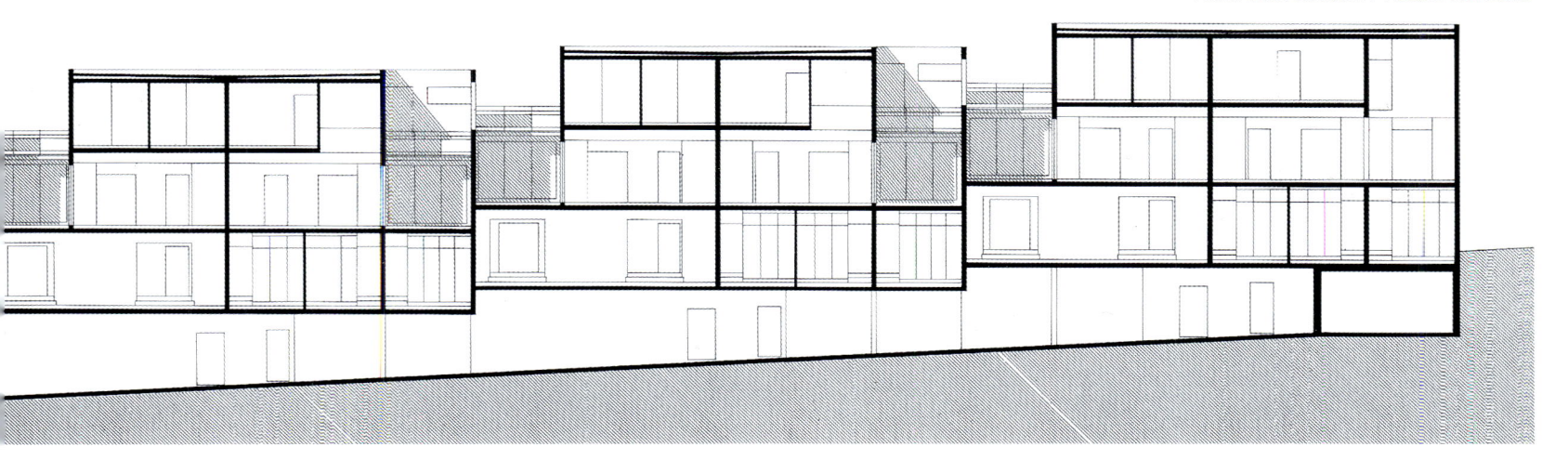

Section A-A / Sección A-A

South-East elevation / Alzado Sureste

Constructive detail
Detalle constructivo

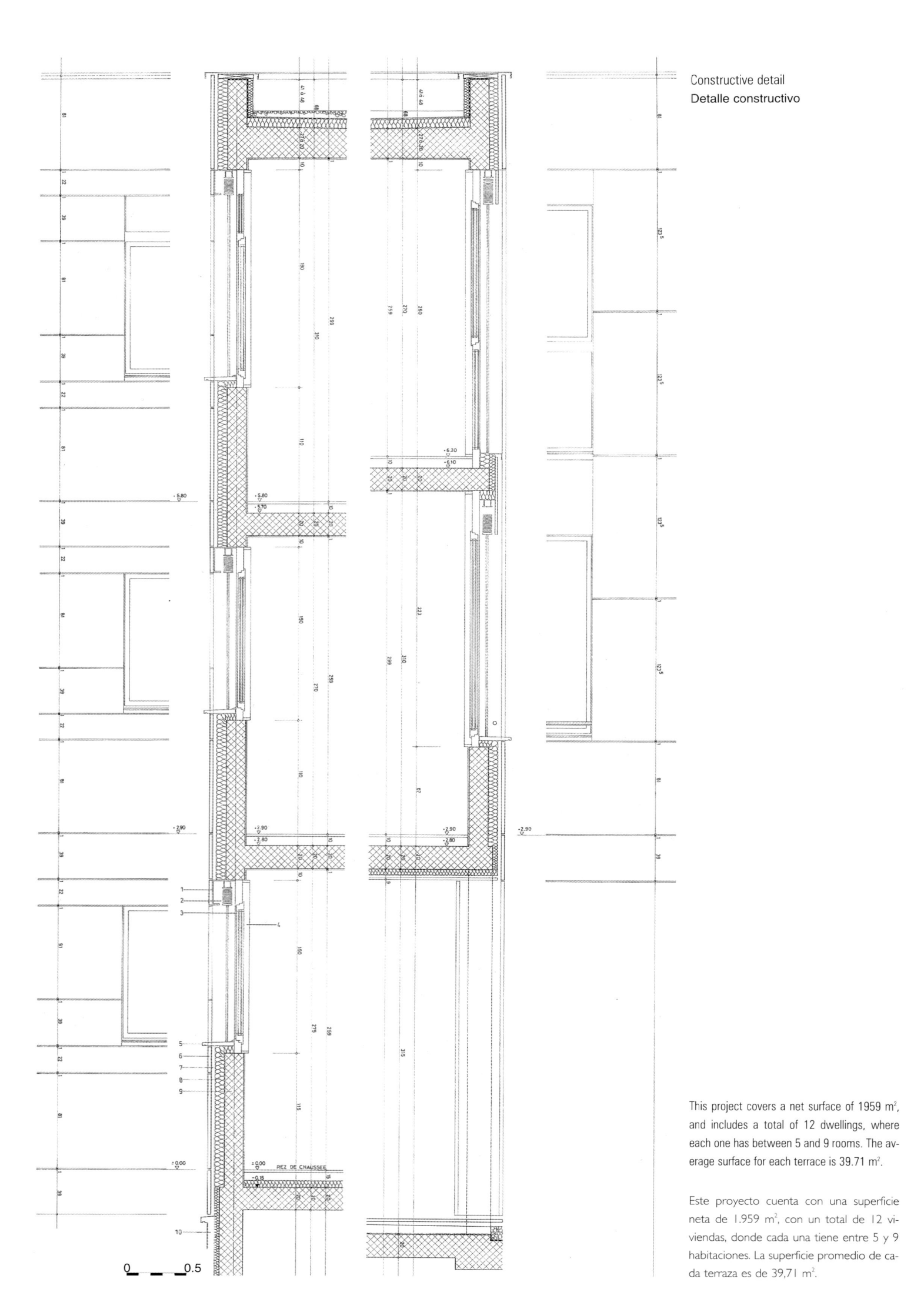

This project covers a net surface of 1959 m², and includes a total of 12 dwellings, where each one has between 5 and 9 rooms. The average surface for each terrace is 39.71 m².

Este proyecto cuenta con una superficie neta de 1.959 m², con un total de 12 viviendas, donde cada una tiene entre 5 y 9 habitaciones. La superficie promedio de cada terraza es de 39,71 m².

167

Criteria Artquitecthos
Edificio Criteria

Barcelona, Spain   Photographs: Jordi Miralles

The building is located in Barcelona's uptown area, in front of an old park called "Swimming Pools and Sports", dedicated to sports and leisure. The project is part of a new residential, commercial, and office zone along Doctor Fleming road. The building's ground floor follows a concept of units, accentuated by the courtyard that leads into the complex. The first floor will be used for offices and has an independent entrance where rusted iron and slate are the predominant materials. The other floors are dedicated to one-, two-, three-, and four-bedroom apartments.

The comfortable environment in these apartments was achieved by configuring the spaces to obtain maximum spaciousness. The visual lines allow a view of the entire apartment from one central point. From here, the absence of landmarks or striking designs is revealed; on the contrary, the idea is to create a timeless and serene atmosphere, moving away from the distinctions that passing fads could give it. The architects sought comfort without concessions. The practical aspects must not be represented only through their proper functioning; they must also have a long-term guarantee.

The one-bedroom apartment is made up of a living-room/dining-room, which leads onto a completely equipped open kitchen and which is connected to a terrace that also leads to the main bedroom. Light and soft color tones have been used in order to create an environment with a sense of spaciousness despite the reduced surfaces.

The building has an amber-stone ventilated facade, and an internal brick wall upon which a layer of thermal isolation has been affixed. Air circulates freely between the exterior and interior layers, avoiding excessive heating in the building when sun exposure is at its highest.

El edificio está situado en la parte alta de Barcelona, frente a un antiguo parque denominado "Piscinas y Deportes" dedicado al deporte y al ocio. El proyecto forma parte de una nueva zona residencial, comercial y de oficinas a lo largo de la calle Doctor Fleming.

La planta baja del edificio sigue una concepción unitaria acentuada por un patio por el cual se accede al conjunto. La planta primera se ha destinado a oficinas y tiene una entrada independiente en la que predomina la pizarra y el hierro oxidado. La planta tipo se dedica a apartamentos de una, dos, tres y cuatro habitaciones.

El ambiente cómodo de estos apartamentos se obtuvo configurando los espacios para conseguir la máxima amplitud. Las líneas visuales permiten reconocer todo el apartamento desde un punto central. Se descubre entonces que no existen hitos singulares ni diseños llamativos, al contrario, se trata de crear una atmósfera algo atemporal y serena, huyendo de los acentos que podían darle las modas pasajeras. Se buscó el confort sin concesiones. Los aspectos prácticos no debían representarse sólo a través del funcionamiento correcto sino que se exigiría una garantía a lo largo del tiempo.

El apartamento de una habitación está constituido por una sala de estar-comedor que da a una cocina abierta completamente equipada. La sala de estar-comedor queda conectada con una terraza a la que también da al dormitorio principal. Se han utilizado tonos claros y suaves para crear un ambiente con sensación de amplitud a pesar de su reducida superficie. El cerramiento vertical del edificio está constituido por una fachada ventilada de piedra ámbar, e interiormente mediante una pared de ladrillo sobre la que se ha proyectado una capa de aislamiento térmico. Entre la hoja exterior de piedra y la interior del cerramiento, el aire circula libremente evitando una ganancia térmica excesiva del edificio durante la época de alto soleamiento.

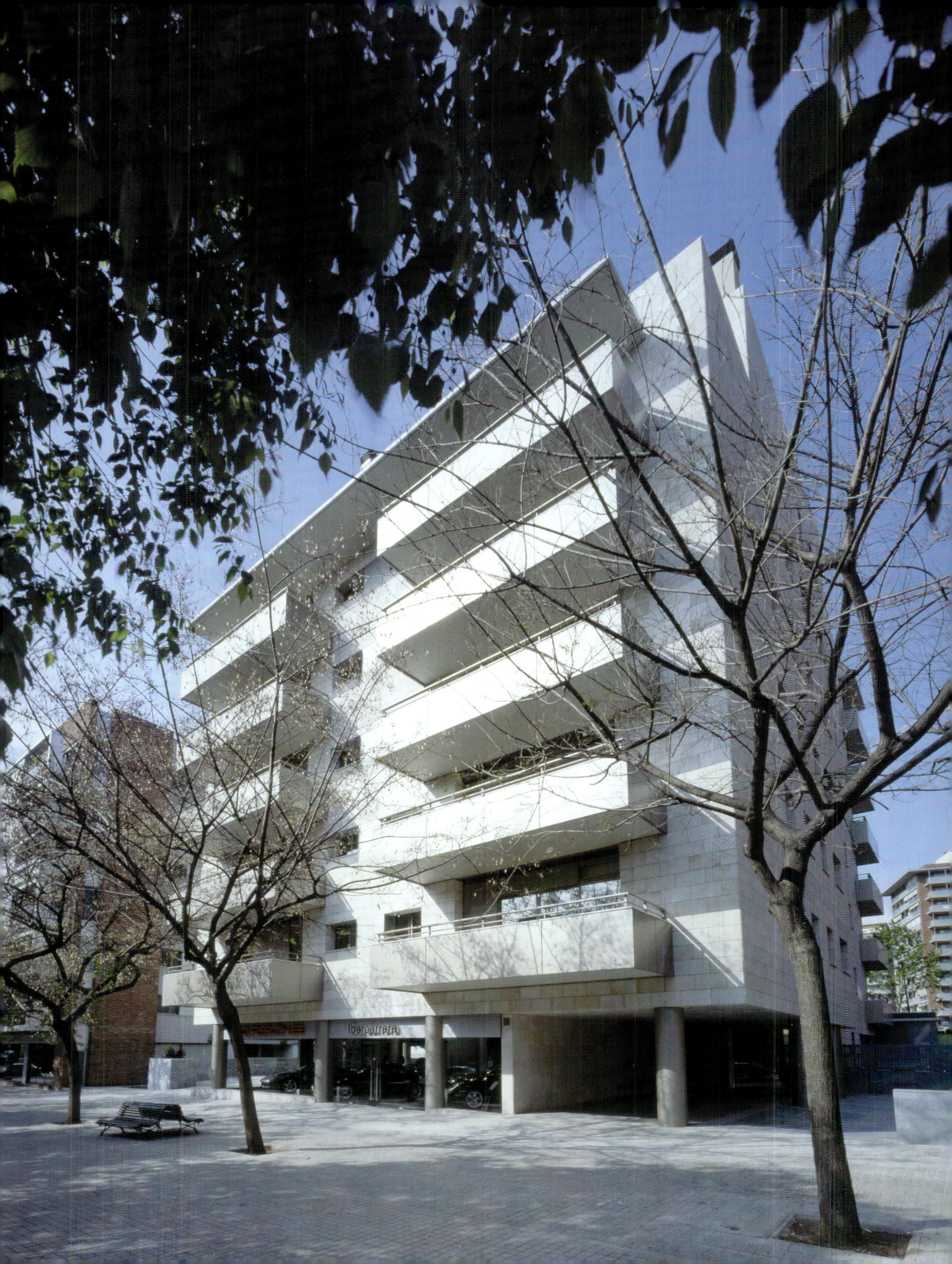
Iberoarrera

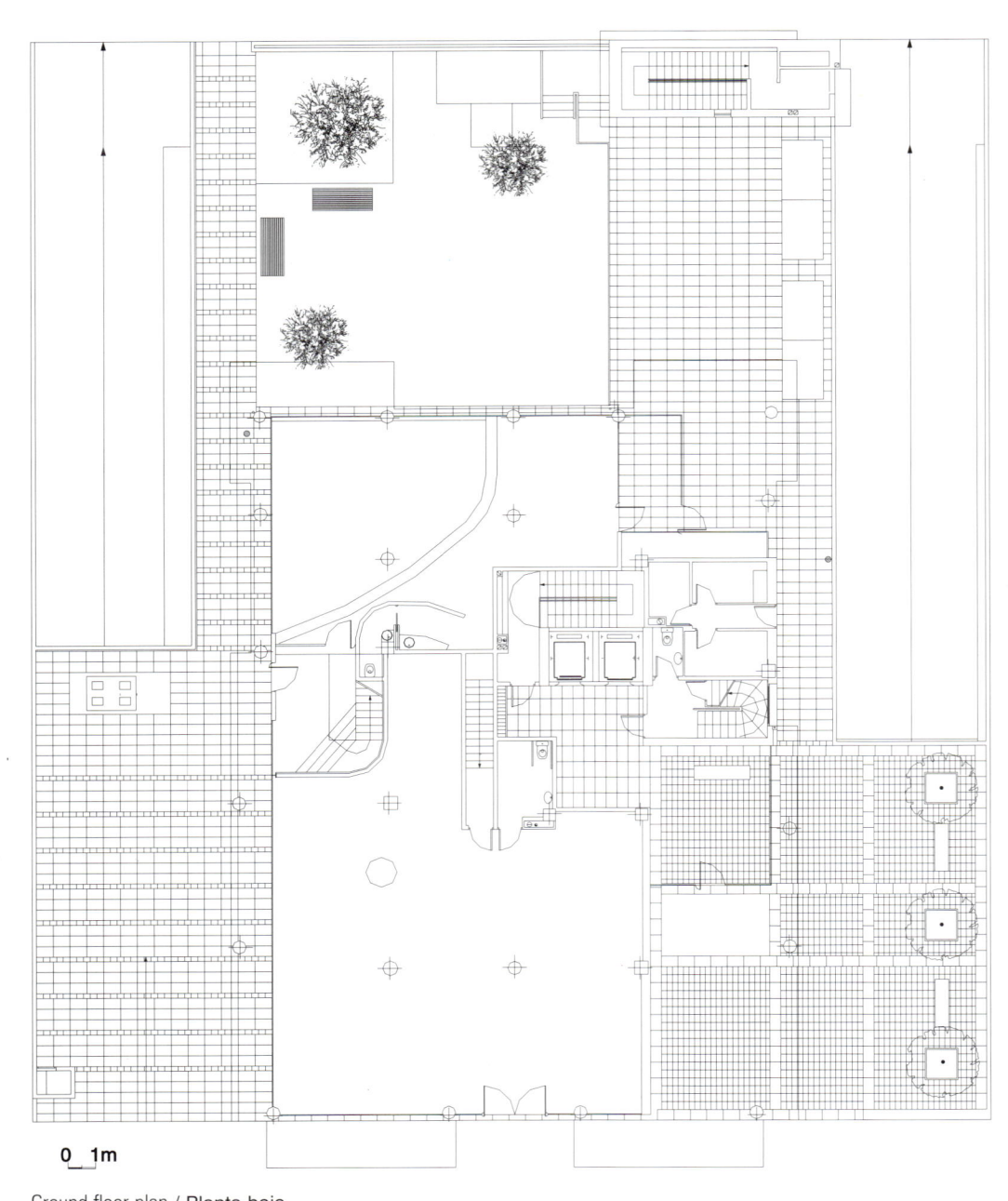

The building is accessed through a square patio with a group of orange trees. The foyer is a complete y diaphanous crystal-walled open-plan space which does not interfere with the entrance patio's concept of unity.

El acceso al edificio se hace a través de un patio de dimensiones cuadradas en el que se han ubicado unos naranjos. El acceso a la portería se hace a través de un volumen acristalado totalmente diáfano que no rompe la concepción unitaria del patio de entrada.

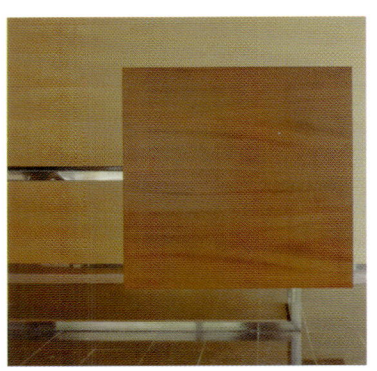

Ground floor plan / **Planta baja**

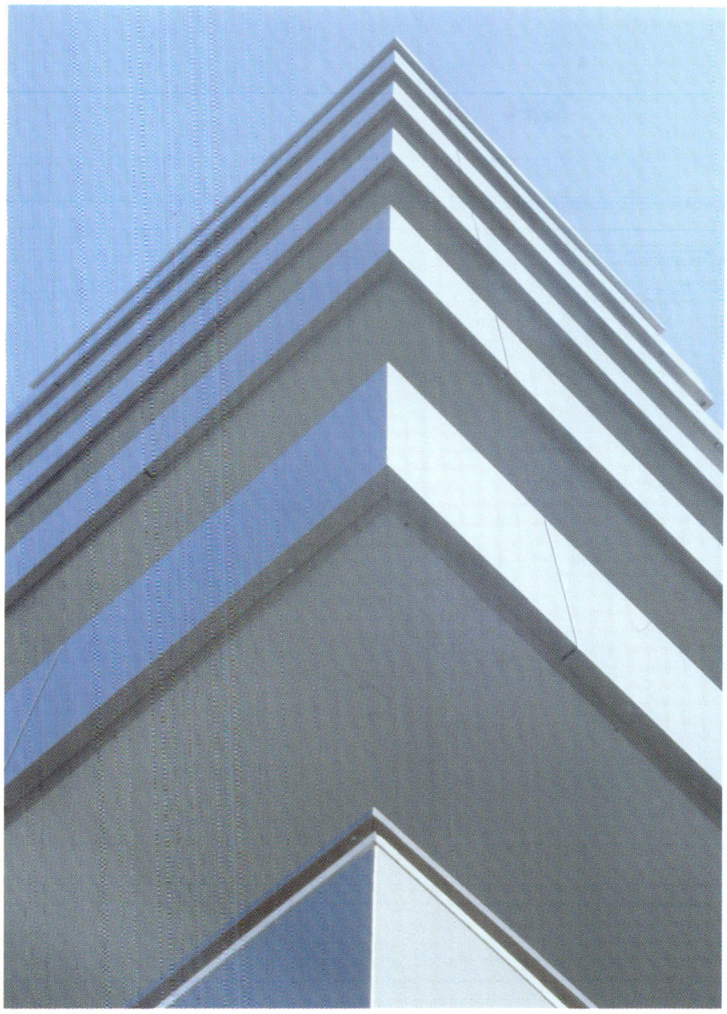
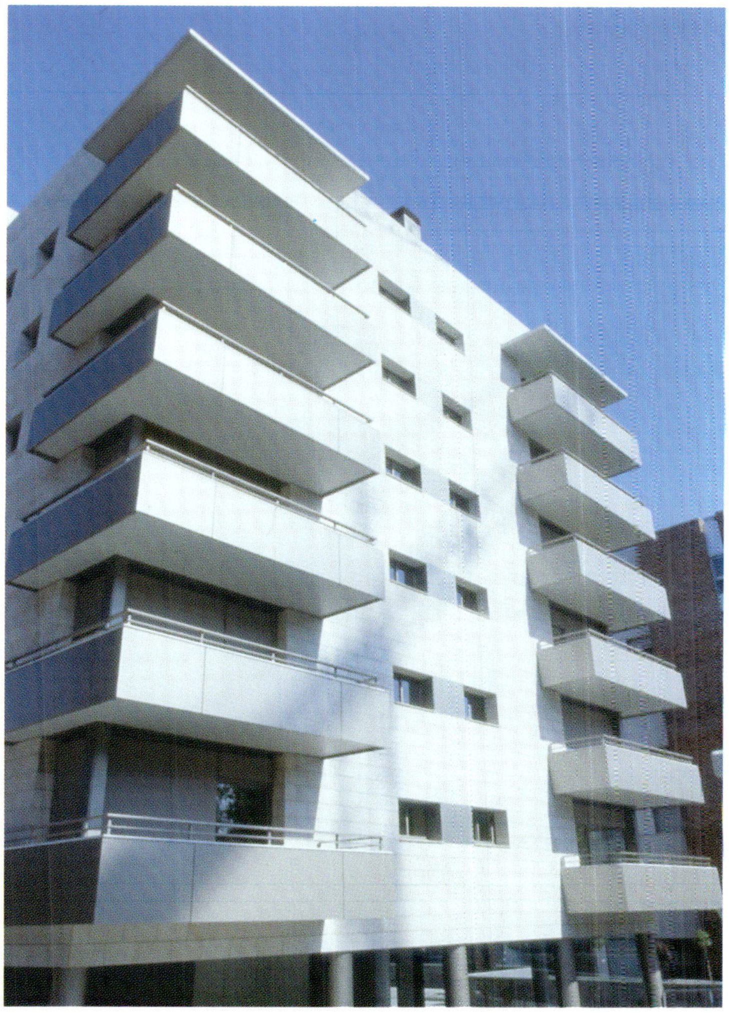
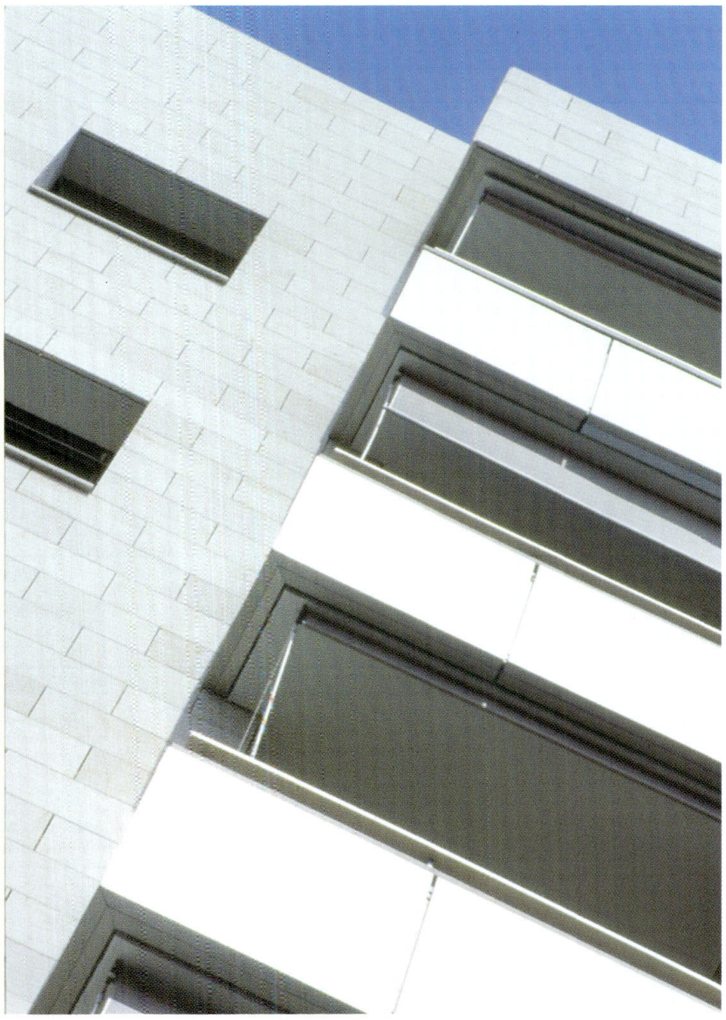
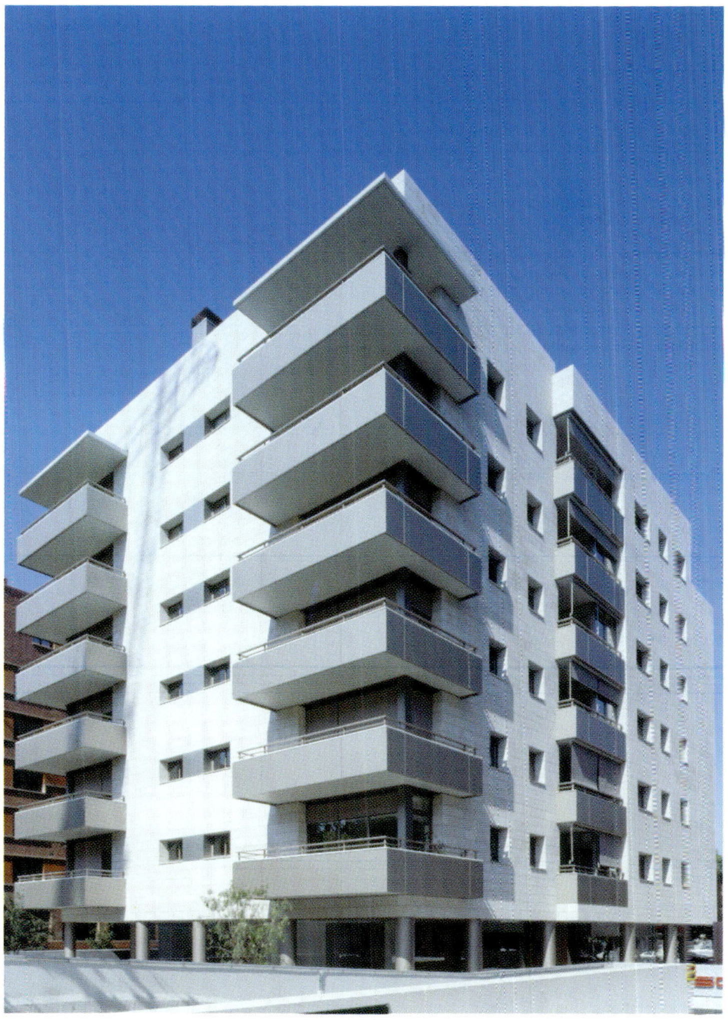

Standard floor plan / Planta tipo

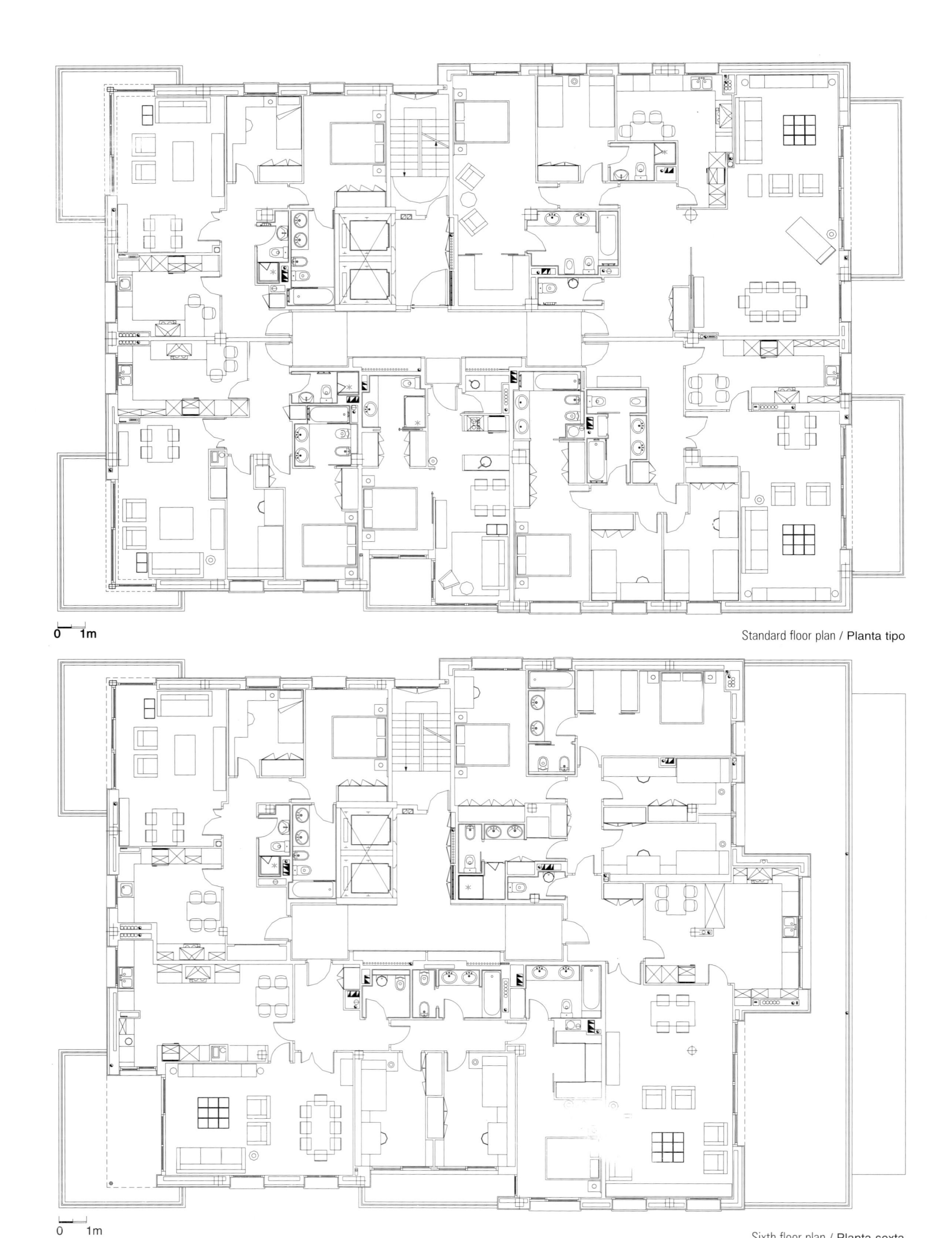

Sixth floor plan / Planta sexta

173

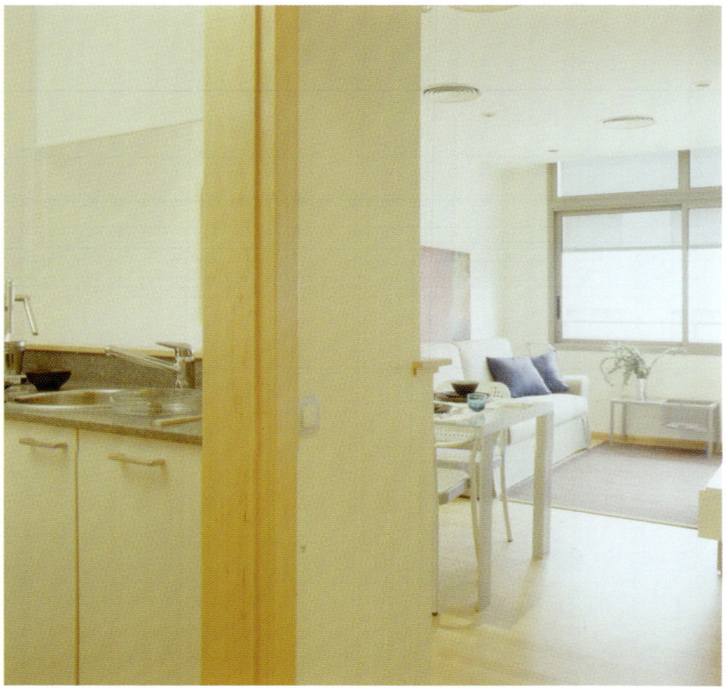
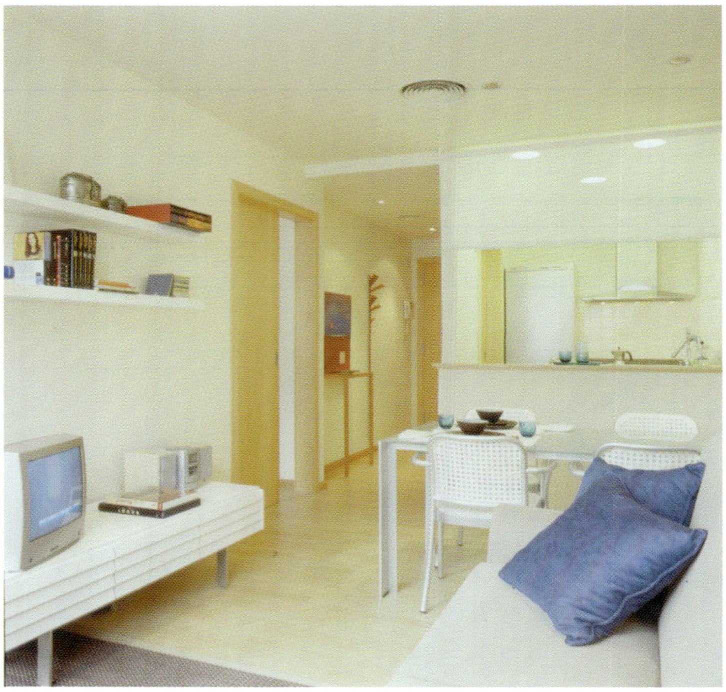
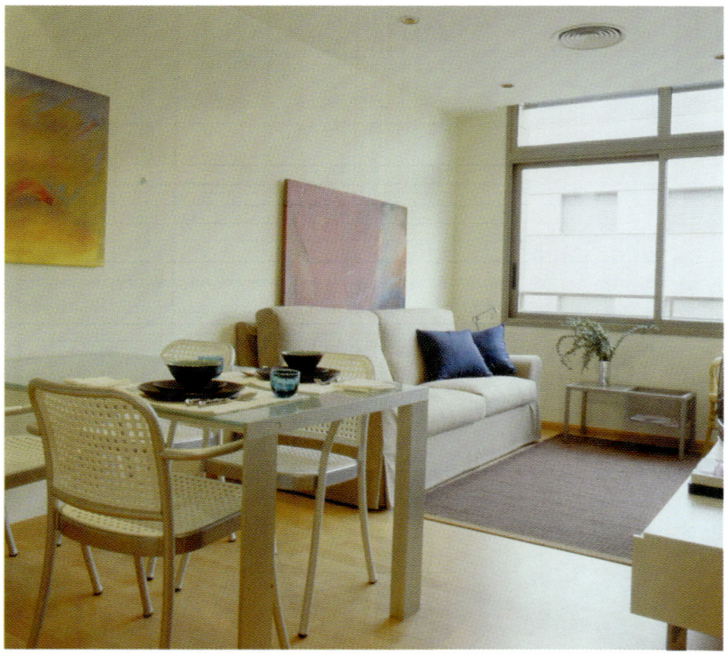
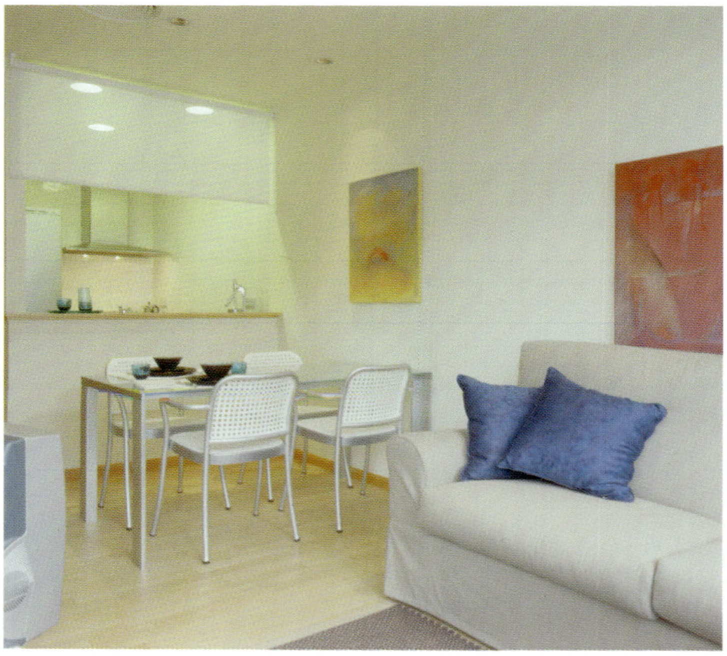
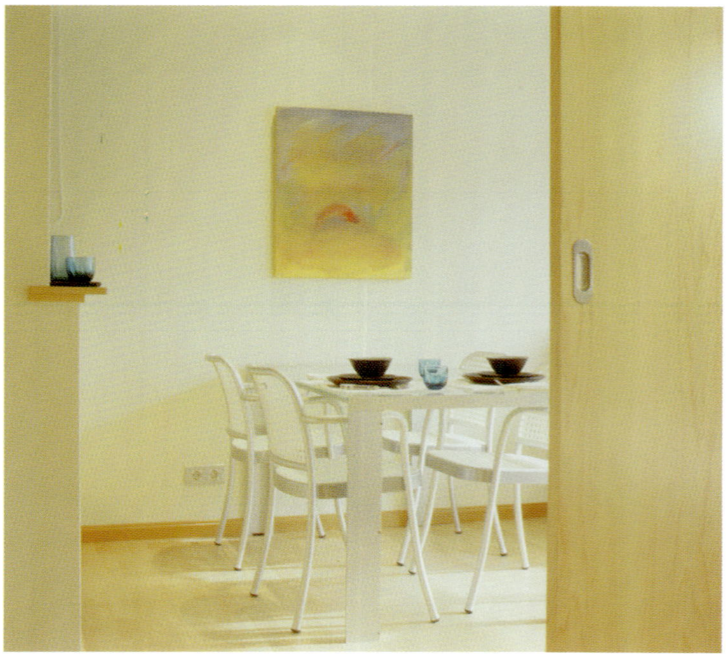
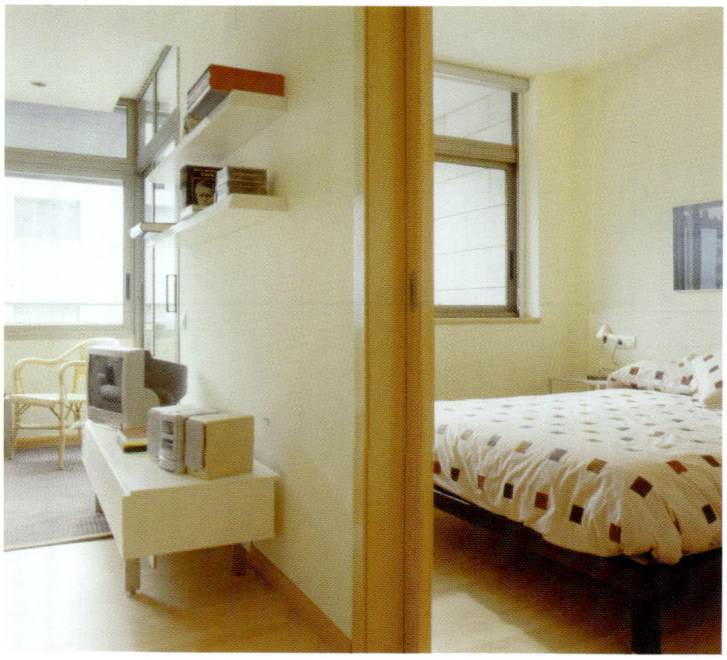

Floor plan apartment 5 / **Planta tipo puerta 5**

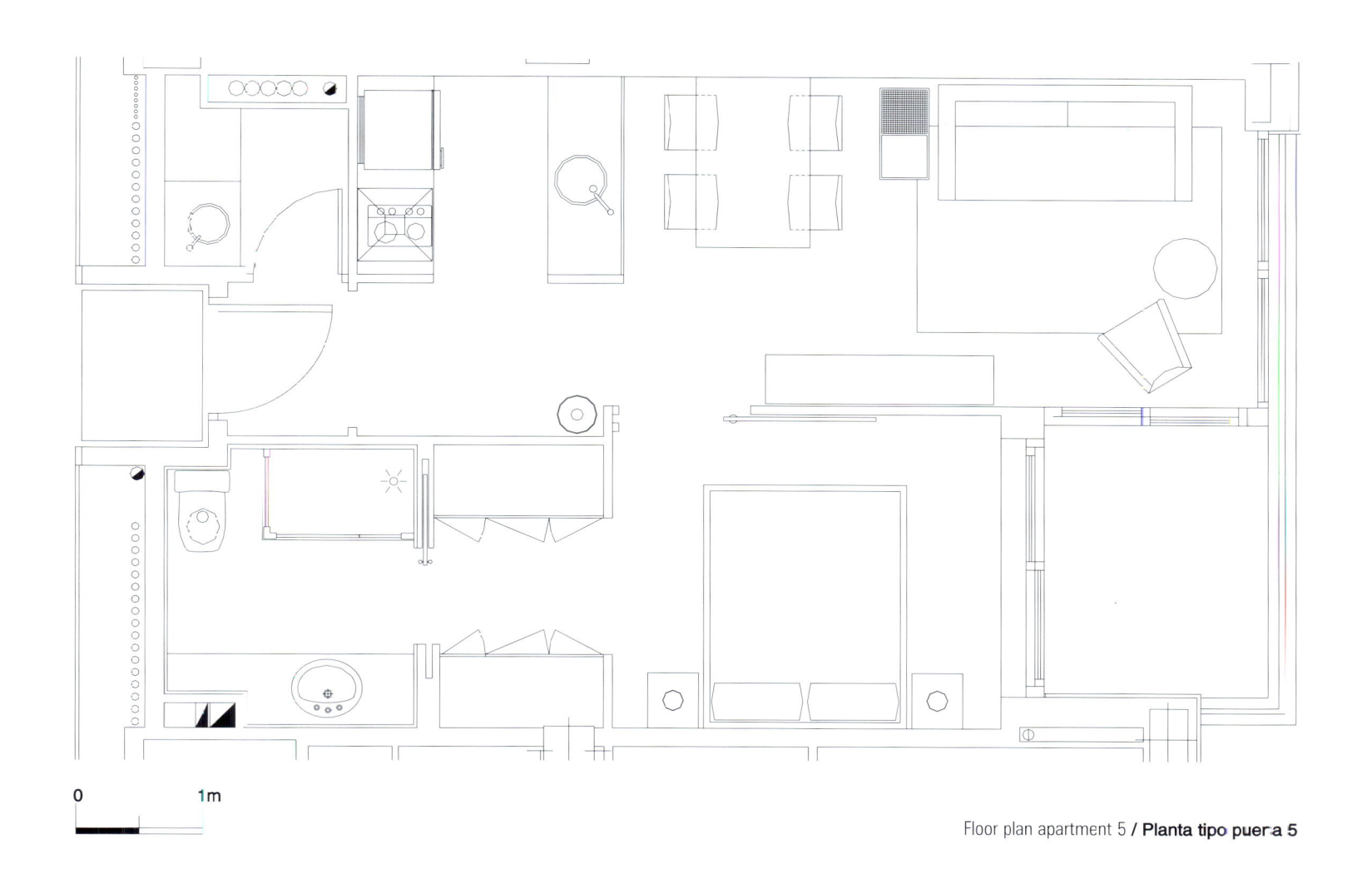

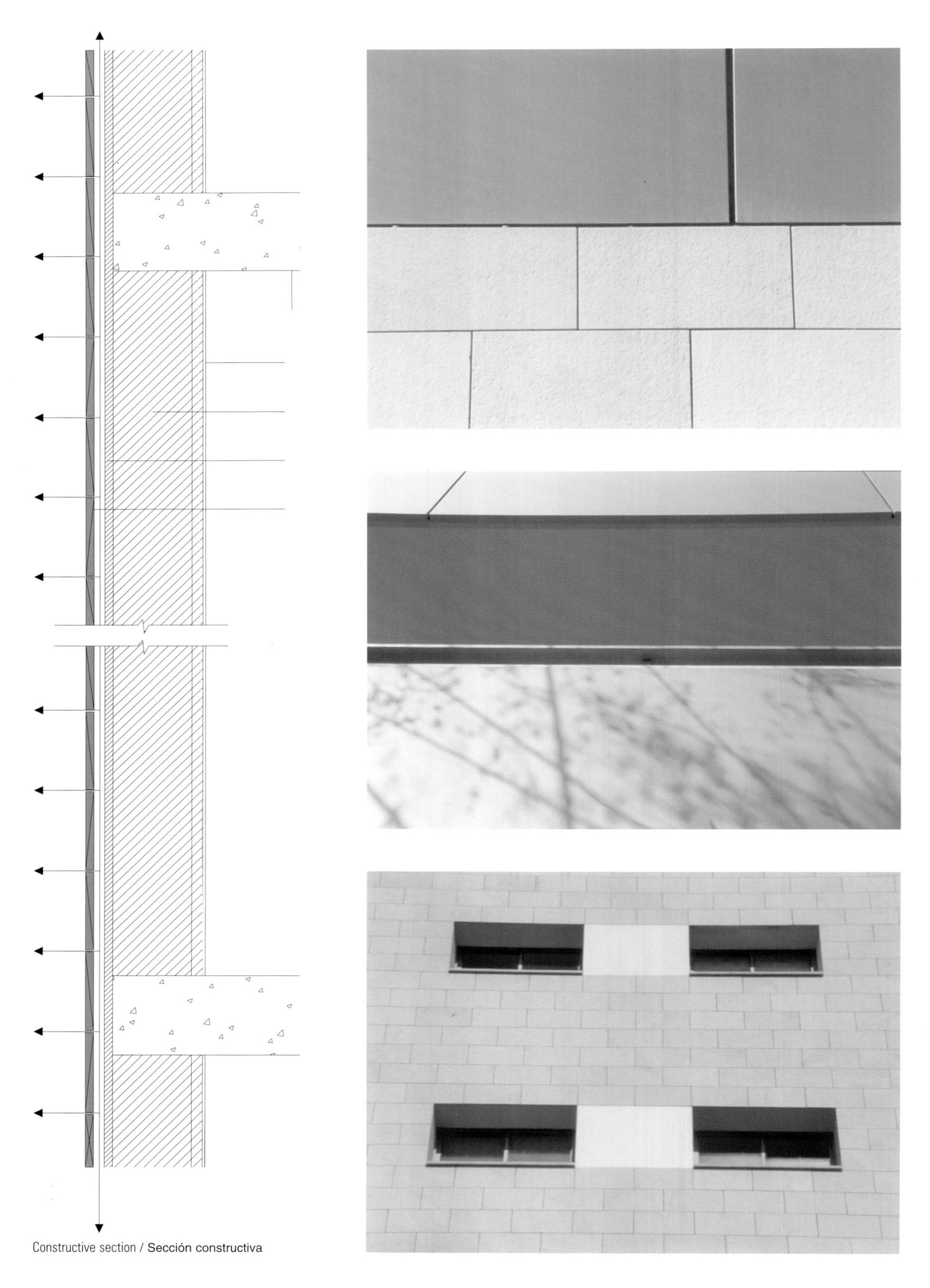

Constructive section / Sección constructiva

176

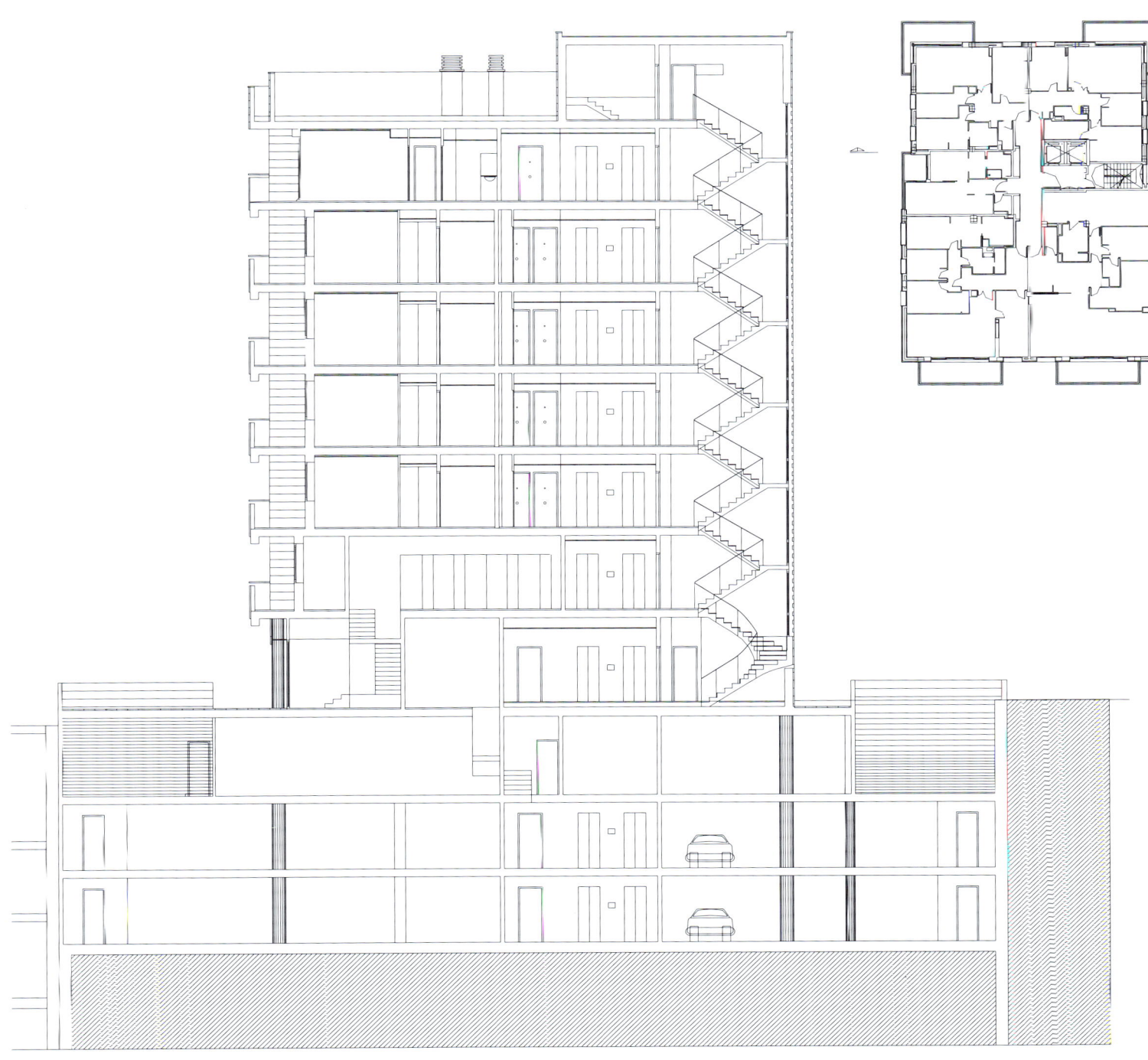

Cross section / Sección transversal

Fink + Jocher
Solar House

Coburg, Germany

Photographs: Fink + Jocher
Klaus Kinold

The architectural team's objective in this project was to develop a type of integrated building that would use energy-saving features. The result would not only be a thermally insulated building, but also an economical construction ready to be occupied by inhabitants with an ecologic conscience.

During the planning phase different concepts were considered in terms of building costs and maintenance. Despite the differences, the team decided upon a 4-story block. The coordination of the different elements was especially important, particularly for the transparent surfaces which bring natural sunlight into the homes, and for the interior fixtures themselves that would liberate this solar energy later on. Thus, substance and dimension were combined, with the efficiency of the resources used to meet the energy requirements.

This building combines construction measures with an unconventional project concept, where a double orientation is clearly visible.

Transparent thermal insulation (TWD) on the south side of the building is combined with 8 cm translucent panels, which capture and store solar radiation for subsequent distribution. These panels are made up of water pipes that provide heat from the previously stored energy. The non-transparent surfaces also play a very important role in thermal insulation.

On the north side, 24 cm-wide openings in the wall have been fitted with shutters which are red on the outside (to absorb sunlight) and silver on the inside panel, to reflect the light towards the interior of the house, thereby favoring temporary thermal insulation. This allows an internal differentiation of the building according to heat zones: dwellings (permanent heat), stairway shaft (changing hot/cold), basement (permanent cold).

Color plays a central role in this project as well: bold tones with high saturation levels were chosen in order to harness more energy.

En este proyecto la meta del equipo de arquitectos era desarrollar un tipo de edificio integrado que tuviera en cuenta el ahorro energético. El resultado no sólo sería un edificio bien aislado térmicamente, sino también una construcción económica y lista para ser habitada por inquilinos con conciencia ecológica.

Ya durante la fase de planificación se barajaron diversos conceptos en cuanto al coste y mantenimiento del edificio, pero a pesar de varias divergencias, el equipo se decidió por un bloque de cuatro plantas. La coordinación de los diversos elementos fue especialmente importante, principalmente de aquellos transparentes que debían permitir el paso de la radiación solar al interior, y de aquellos interiores que se encargan de liberar esa energía más tarde. De este modo, se conjugaron de forma permanente la materialidad con la dimensión y la eficacia de los recursos con las necesidades energéticas.

El edificio combina las medidas constructivas con un concepto de proyecto nada convencional, en los que se aprecia claramente una doble orientación.

En el lado sur del edificio se ha utilizado un aislamiento térmico transparente (TWD) combinado con paneles translúcidos de 8 cm que se encargan de captar la radiación solar y almacenarla para su posterior distribución. Estos paneles se componen de tuberías de agua que se calientan con la energía almacenada. Las superficies que no son transparentes también tienen un papel muy importante en el aislamiento térmico. En el lado norte, las aberturas del muro de 24 cm de espesor disponen de contraventanas plegables de color rojo en su cara exterior -para captar la luz solar- y plateadas en su cara interior -para reflejar la irradiación hacia el interior de la vivienda-, favoreciendo así un aislamiento térmico temporal. Esto permite una diferenciación interna del edificio por áreas de calor: vivienda (calor permanente), caja de la escalera (calor/frío cambiante), sótano (frío permanente).

Los colores utilizados en este proyecto juegan un papel especial, ya que son de tonos fuertes y de gran saturación, para así lograr una mayor captación de energía.

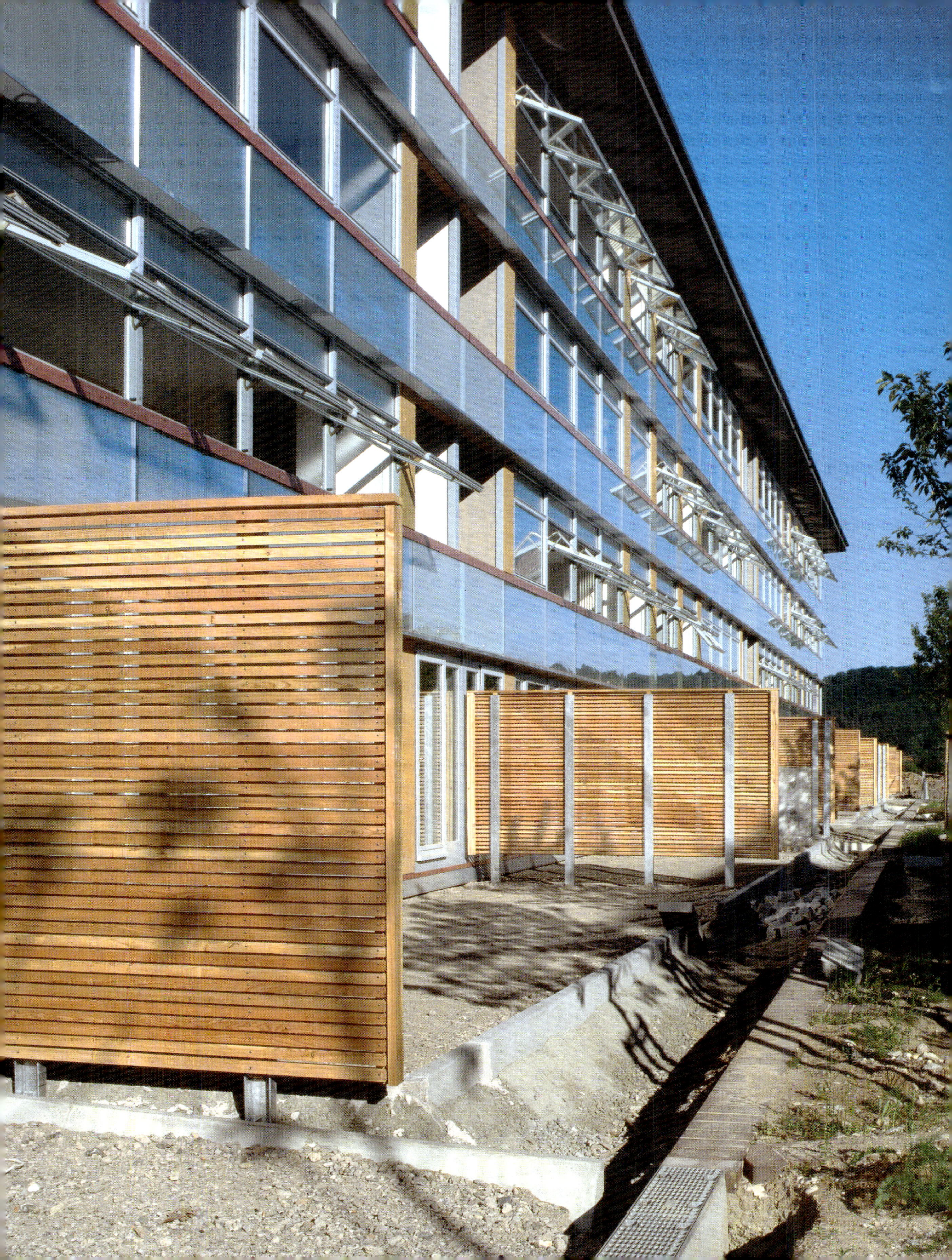

Site plan / Plano de situación

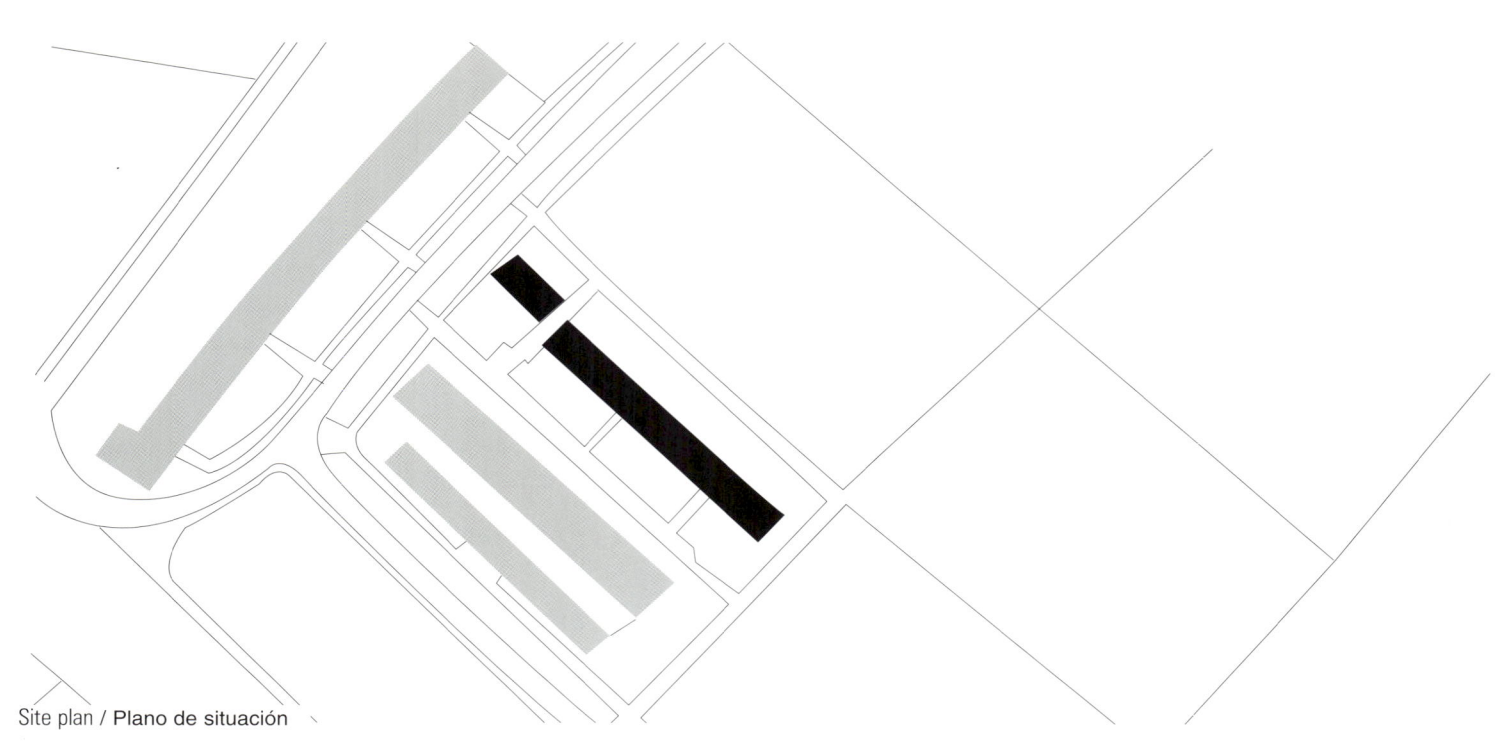

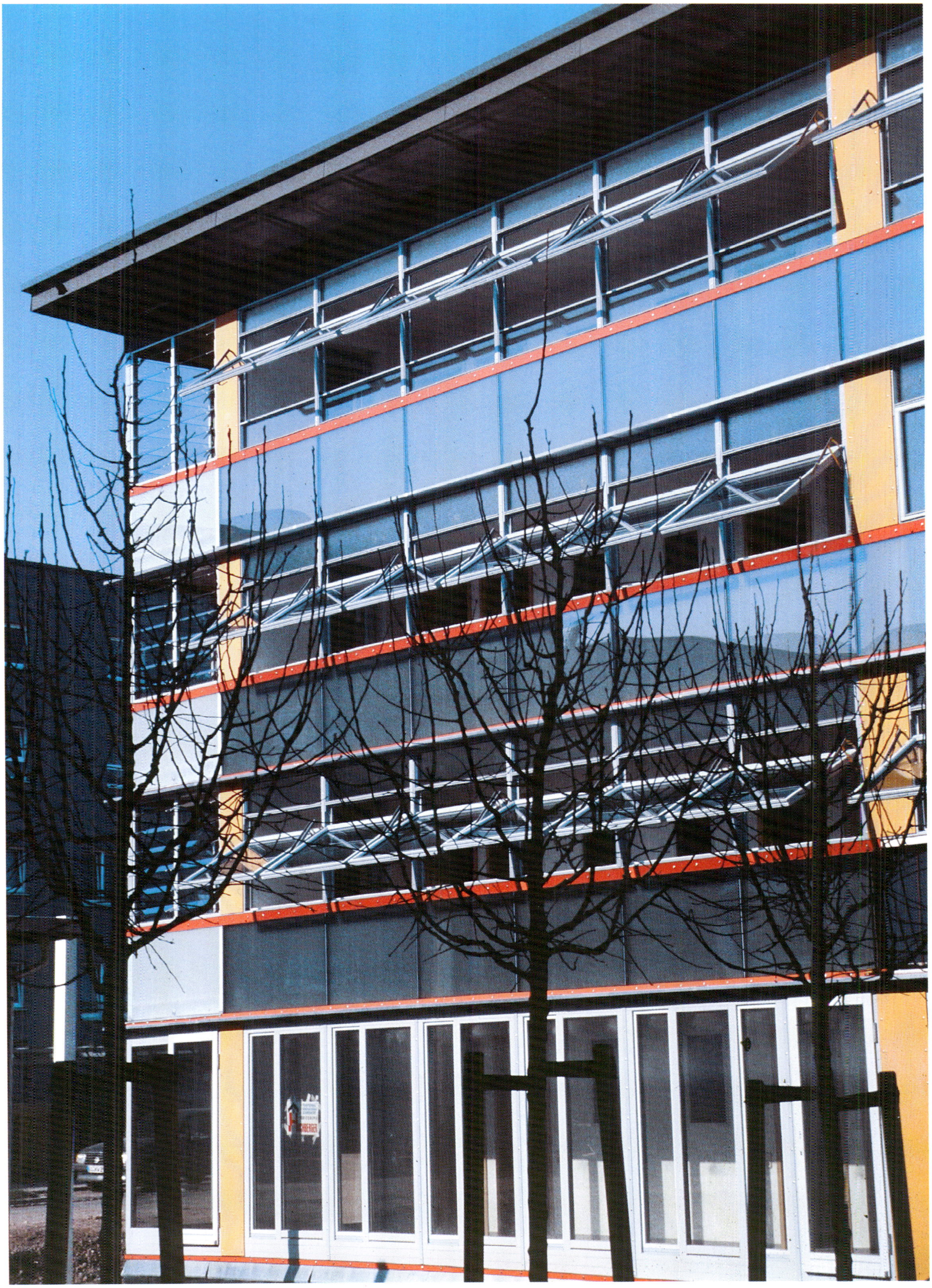

Elevation North East / Alzado noreste

Elevation South West / Alzado suroeste

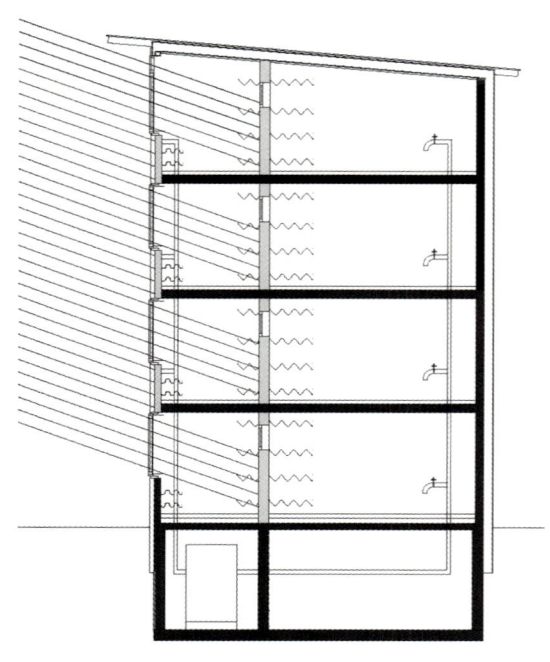

Cross section / Sección transversal

Klaus Kinold

182

Ground floor plan / Planta baja

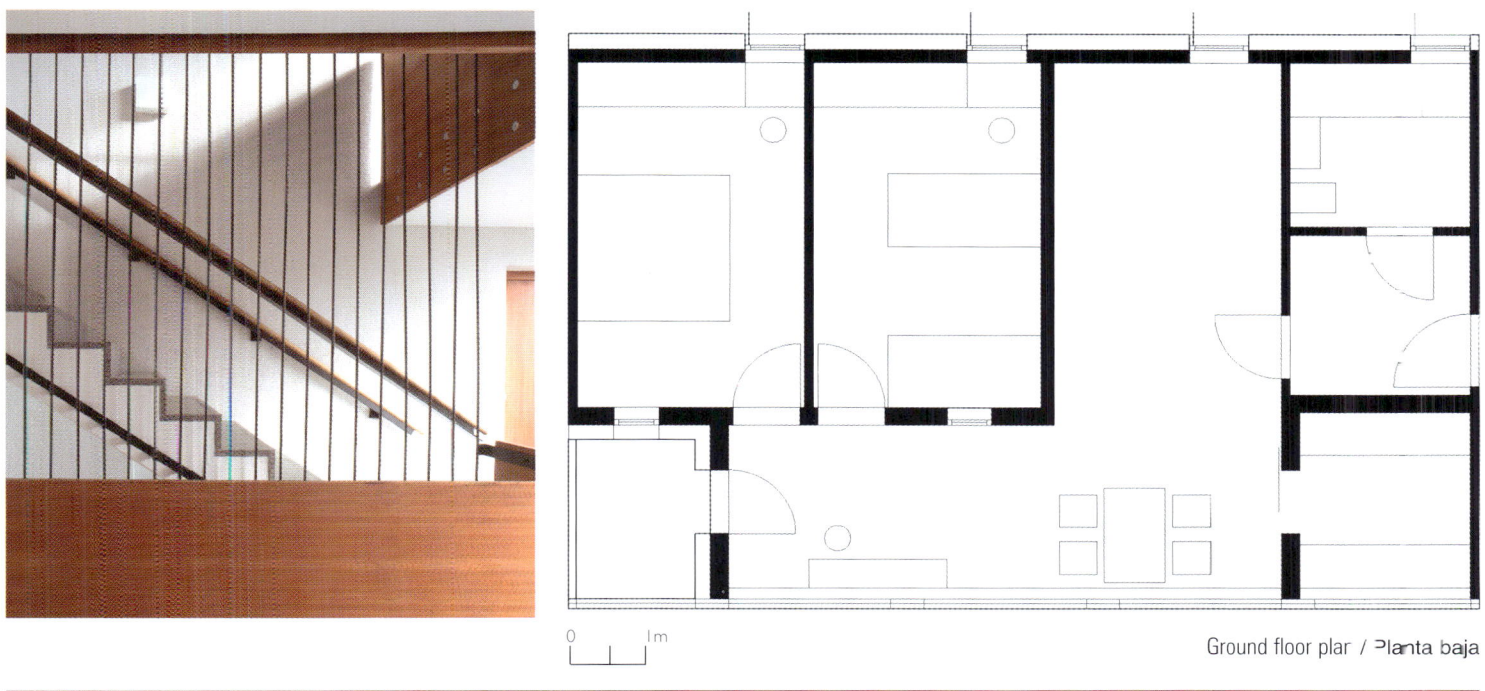

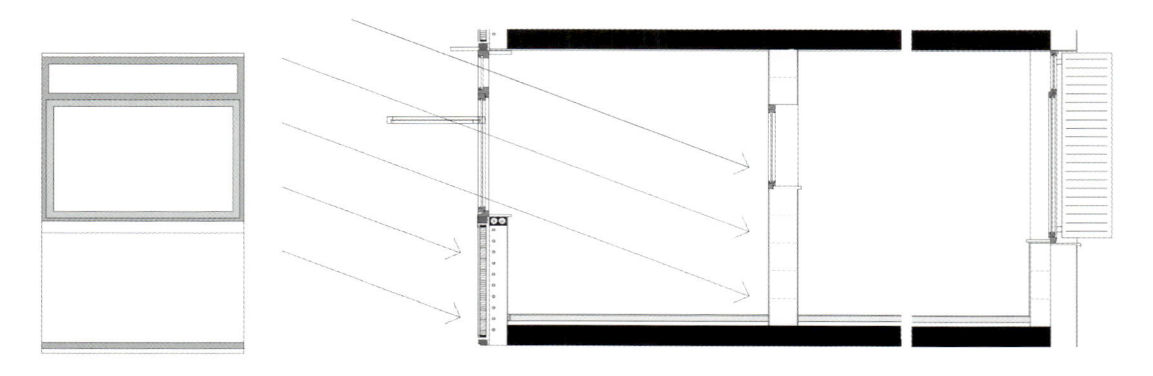

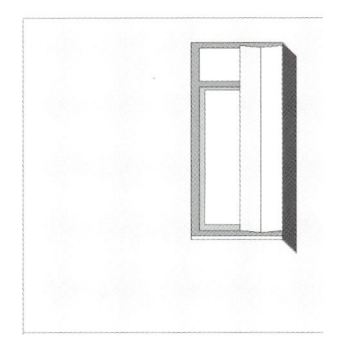

Energie scheme / **Esquema energético**

The folding storm windows on the north side of the building are designed to capture sunlight and reflect it towards the inside of the house, favoring temporary thermal insulation.

Las contraventanas plegables en el lado norte de la construcción están diseñadas para captar la luz solar y reflejarla hacia el interior de la vivienda, favoreciendo un aislamiento térmico temporal.

185

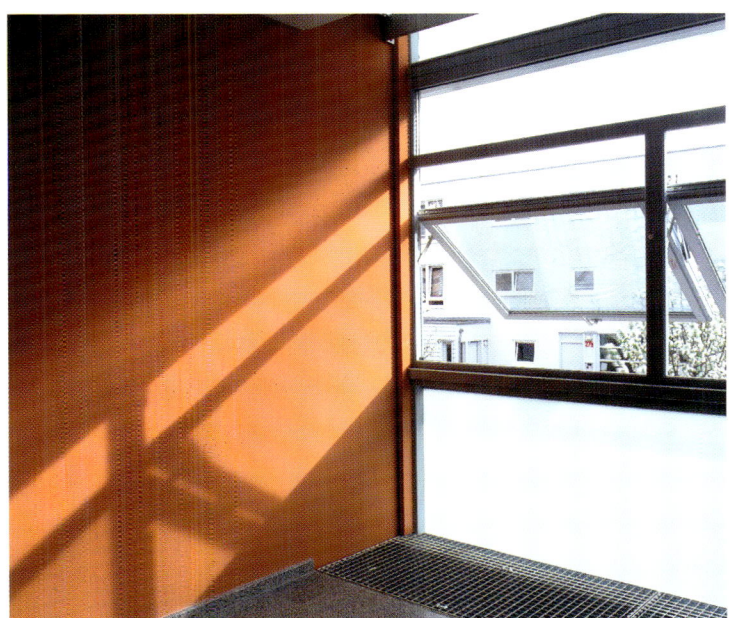

Miklòs Berczelly & Daniel Stefani (Proplaning Architekten)
Obere Widen

Arlesheim, Switzerland　　　　　　　　Photographs: Naas & Bisig

In this complex the architects selected a compact type of construction in order to retain the exterior's spaciousness. The design scheme is comprised of four 100-meter-long rows, with a gradation of approximately 1.2 meters. There are simple constructive elements between these lines, allowing for the separation between the private gardens and the transit zone. In order to make a clear distinction between the building of the framework, and the exterior backing, which is made from clinker, the architects chose wood (for its local historical connotations) as the main material. They made the effort to provide, by means of low-cost construction, rental houses with private gardens to meet rising demand.

Likewise, the projected dwellings had an industrial air about them with elements of solid wood, combining architectural and construction advantages. In order to do this, the architects have used the 18th century construction system of board conglomerates. Thus, the complex acquired consistency: a communal unit built entirely out of wood, made up of attached houses.

Wood, the oldest construction material, has become the main, almost exclusive element, in the construction of an entire development.

All of the houses have a porch on the eastern side, while the living rooms all open towards the west onto private gardens. Above the open-plan ground floor, on the first floor, there are two bedrooms and one bathroom. A skylight runs the length of the entire building.

Throughout the development, vehicles seem to have disappeared. Thanks to an underground parking system the existing places satisfy the needs of neighbors and visitors alike.

En este complejo los arquitectos eligieron un tipo de construcción compacto para mantener la gran amplitud de los exteriores. El proyecto está constituido por cuatro hileras de 100 m de largo cada una, con una inclinación de unos 1,2 m. Entre estas líneas se sitúan elementos constructivos simples que permiten la separación de los jardines privados de la zona de paso. Para hacer una clara distinción entre la construcción del armazón y el terraplén de soporte exterior, que es de clínker, los arquitectos eligieron como materia prima la madera, que tiene connotaciones históricas en este lugar, intentando así ofrecer, con una construcción de carácter económico, viviendas con jardín privado que satisficieran la demanda de apartamentos en alquiler.

Asimismo, las viviendas proyectadas tenían un aire industrial con elementos de madera maciza, conjugando ventajas tanto constructivas como arquitectónicas. Para ello, los arquitectos se sirvieron de un sistema de construcción del siglo XVIII, el conglomerado de tableros. De este modo, se logró que el conjunto obtuviera una consistencia, una unidad comunal construida enteramente de madera, formada por viviendas adosadas. Así, el material de construcción más antiguo, la madera, se ha visto convertido en el elemento principal, y casi exclusivo, de construcción de toda una urbanización.

Todas las viviendas adosadas poseen en el lado este un porche y las estancias se abren al oeste a los jardines privados. Sobre la planta baja, diáfana, se sitúa la planta alta con dos dormitorios y un cuarto de baño. El tragaluz se extiende a lo largo de todo el edificio.

En toda la urbanización, los vehículos parecen haber desaparecido. Gracias a un sistema de aparcamiento subterráneo las plazas existentes satisfacen las necesidades tanto de los vecinos como de los visitantes.

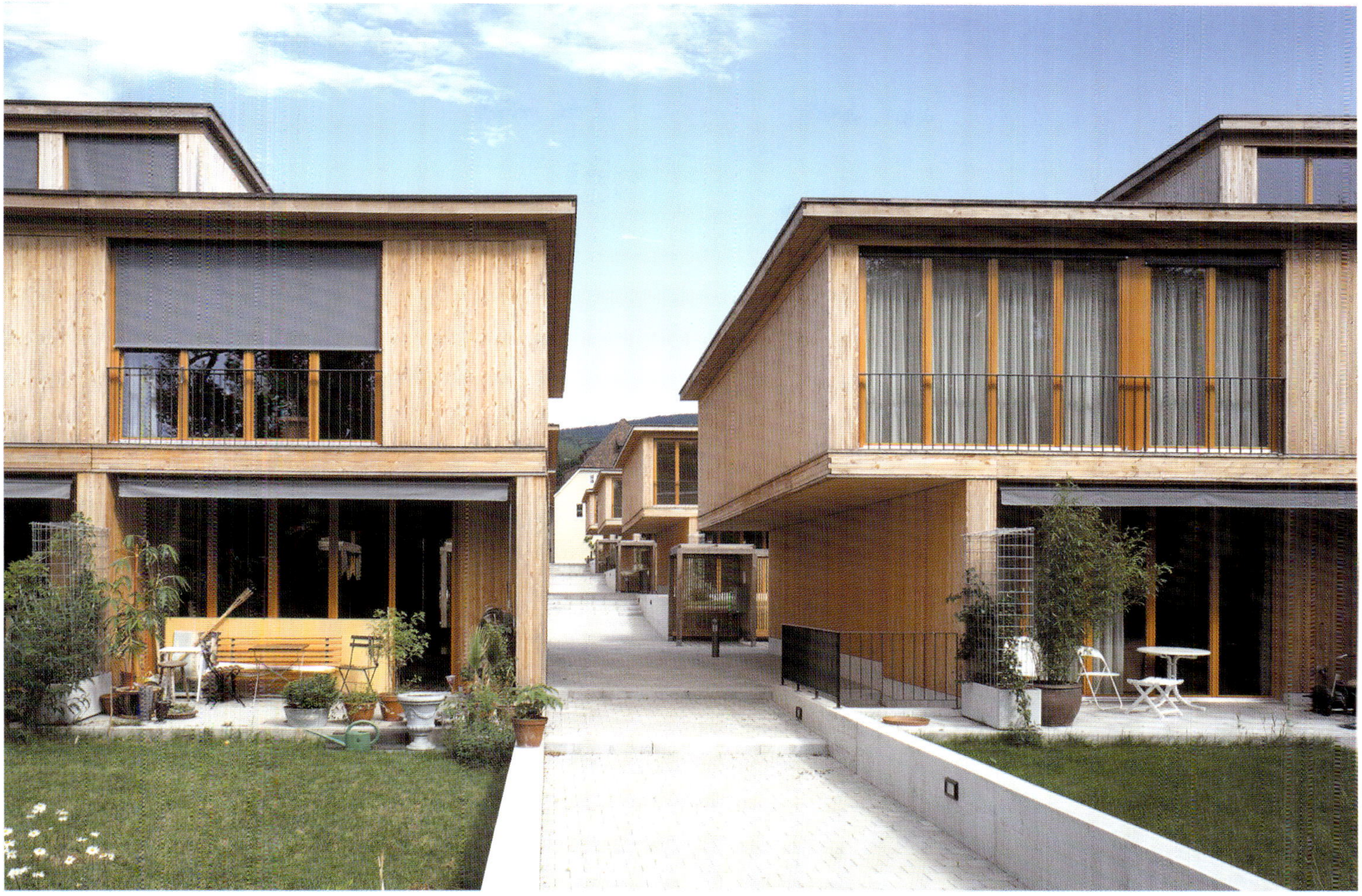

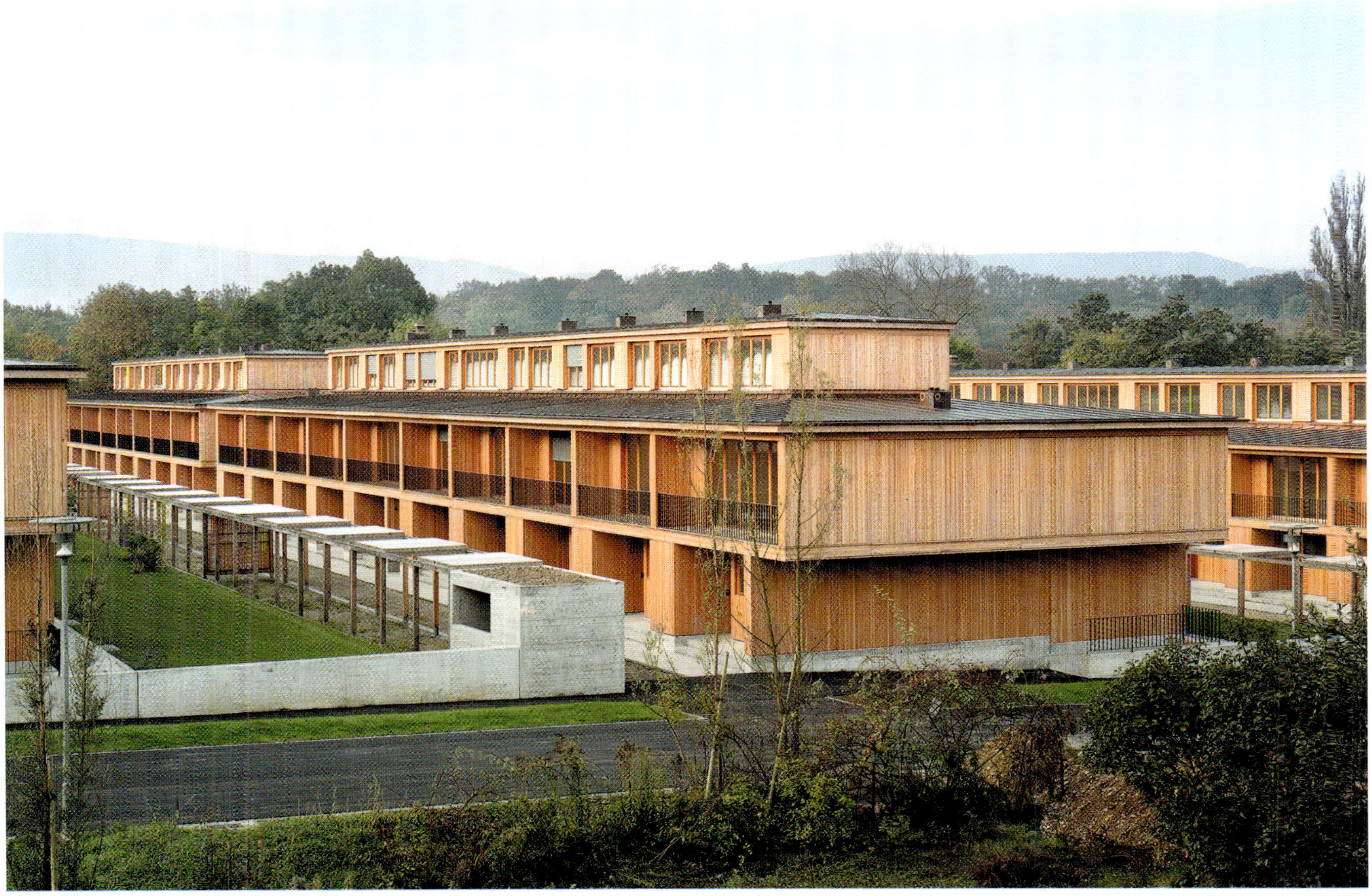

This project is located on the shores of the Birs, next to a natural protected area. It is made up of 8 volumes whose facades are created from a wooden formwork structure, where the walls and covers have been attached solely with nails, without using glue or any other kind of treatment elements.

Este proyecto se encuentra ubicado a orillas del Birs, junto a un paraje natural protegido. Éste se compone de 8 volúmenes cuyas fachadas están creadas a partir de una estructura de encofrado de madera, donde las paredes y cubiertas se han fijado mediante clavos, sin utilizar cola ni otros tipos de elementos de tratamiento.

Site plan / Plano de situación

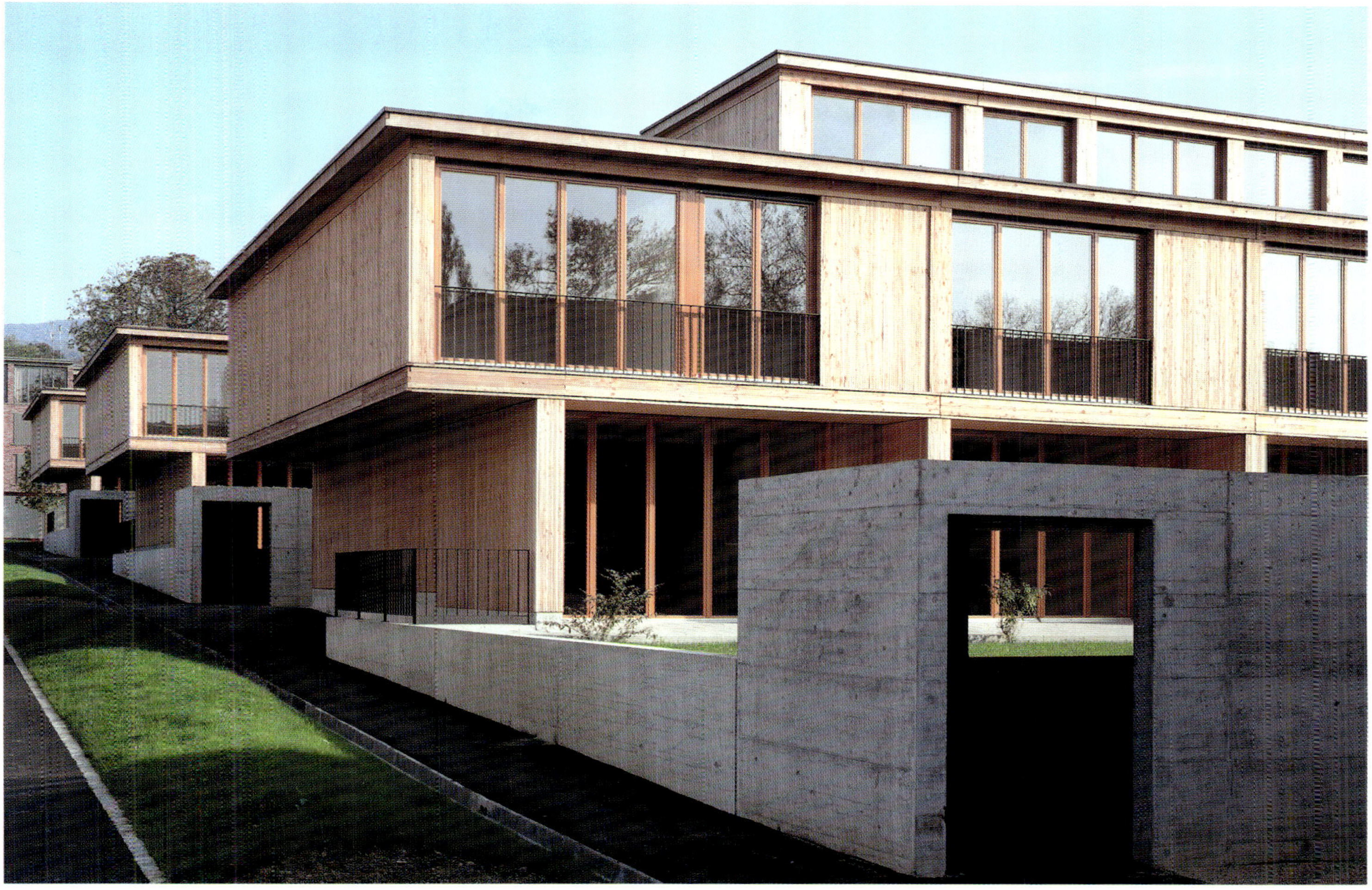

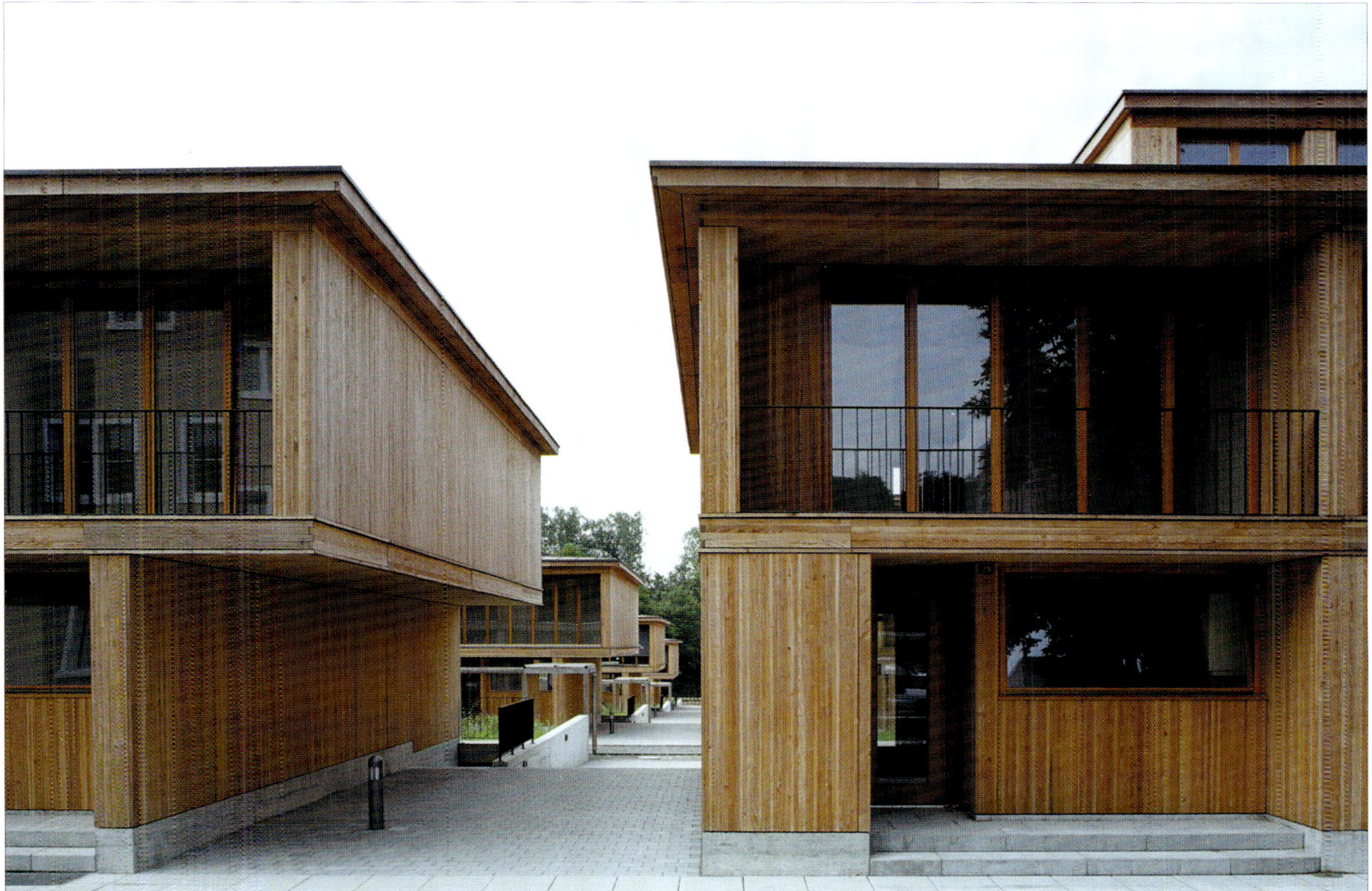

Second floor plan / Planta segunda

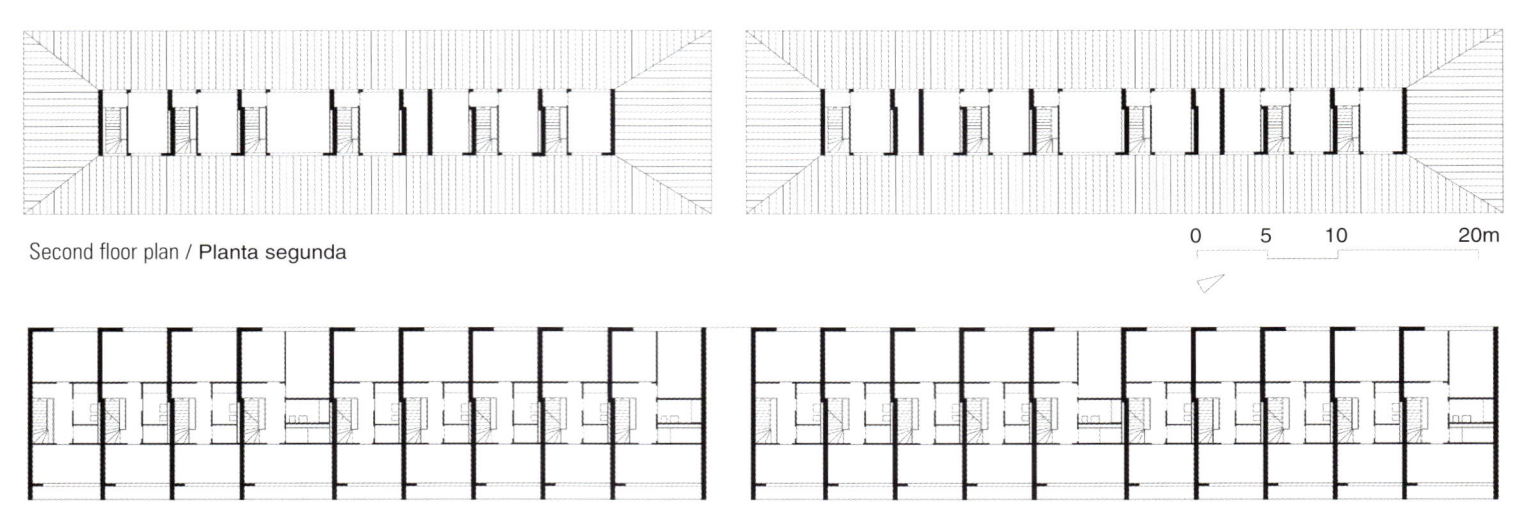

0 5 10 20m

First floor plan / Planta primera

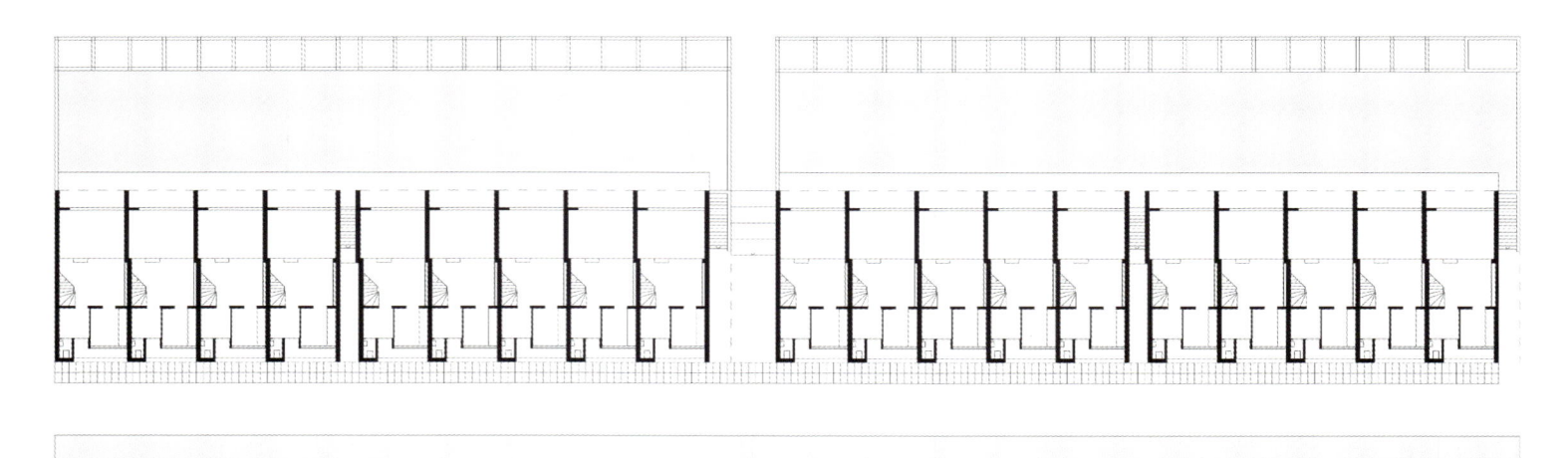

Ground floor plan / Planta baja

Standard dwelling, ground floor plan
Vivienda tipo, planta baja

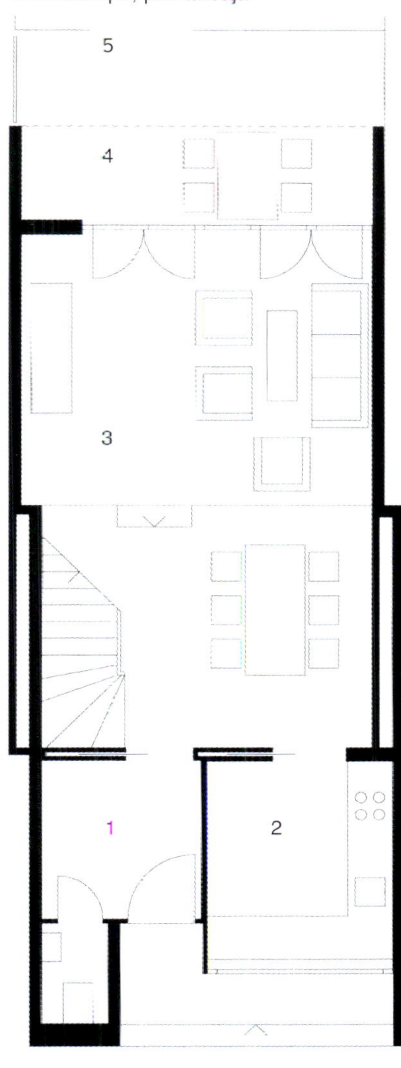

Standard dwelling, first floor plan
Vivienda tipo, planta primera

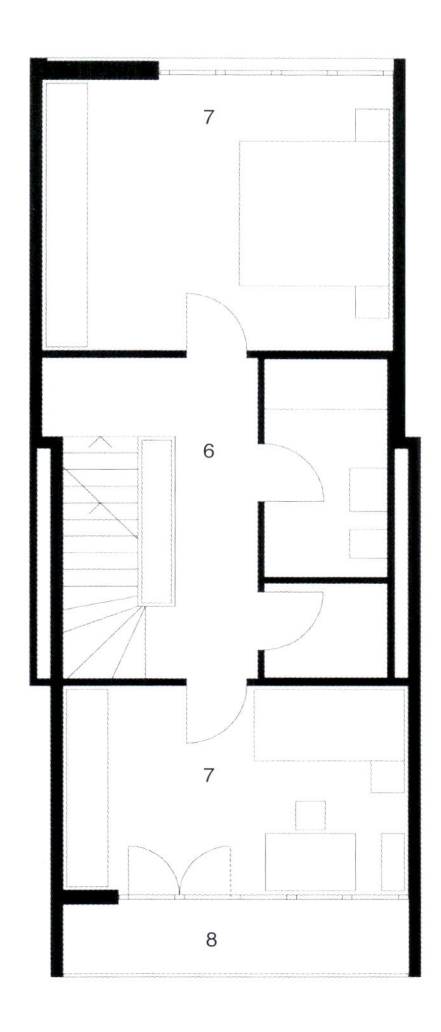

Standard dwelling, second floor plan
Vivienda tipo, planta segunda

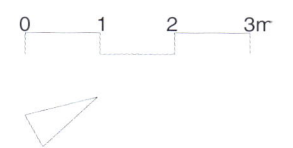

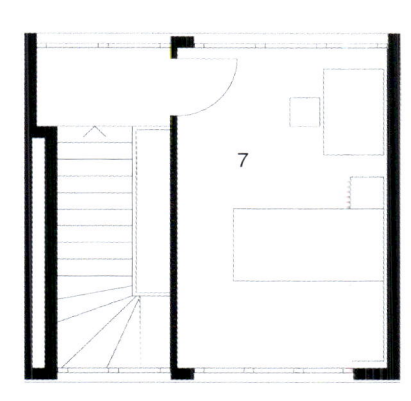

1. Entrance door / Puerta de acceso
2. Kitchen / Cocina
3. Living room & dining room / Salón-comedor
4. Terrace / Terraza
5. Garden / Jardín
6. Gallery / Galería
7. Bedroom / Dormitorio
8. Balcony / Balcón

|9|

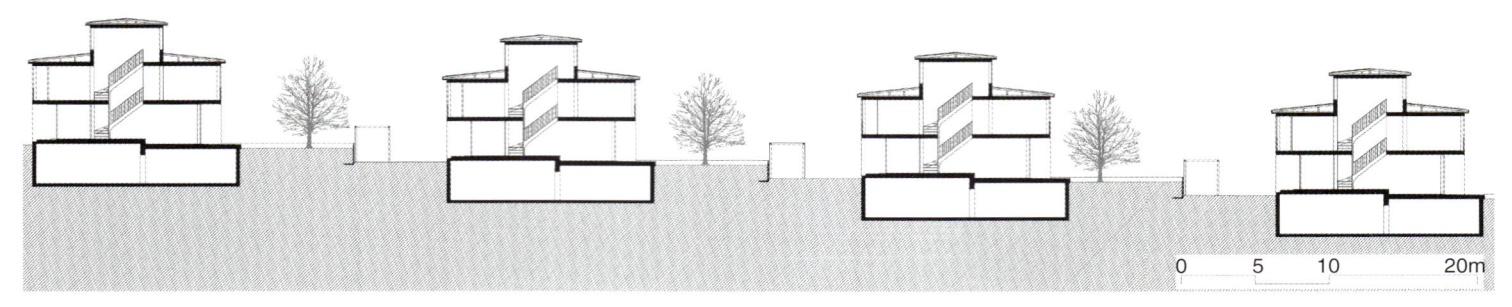

Cross section / Sección transversal

0 0.5 1 2m

Balcon detail / Detalle del balcón

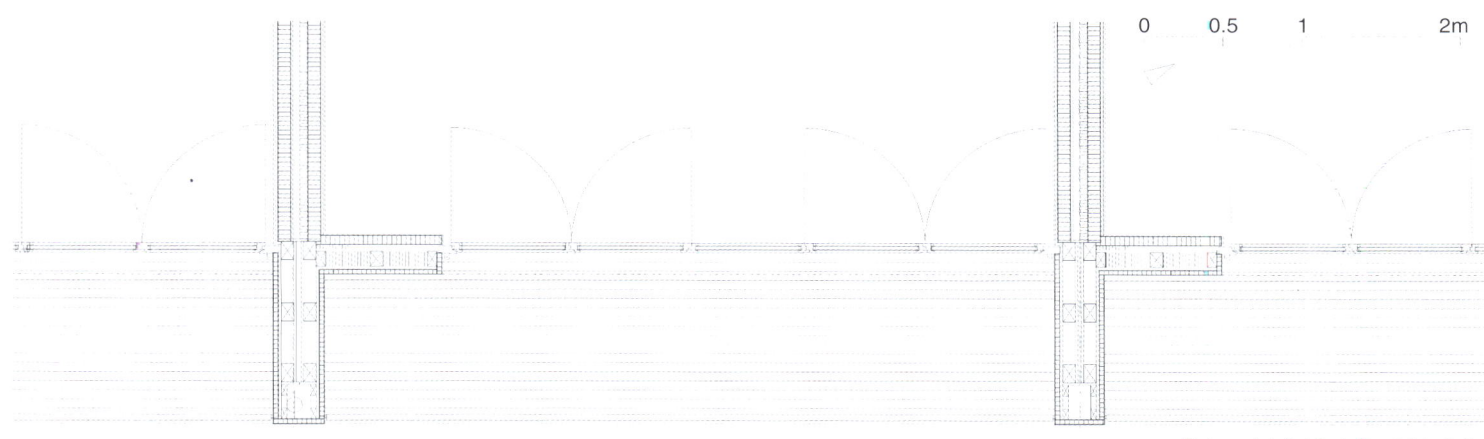

Constructive section / Sección constructiva

193

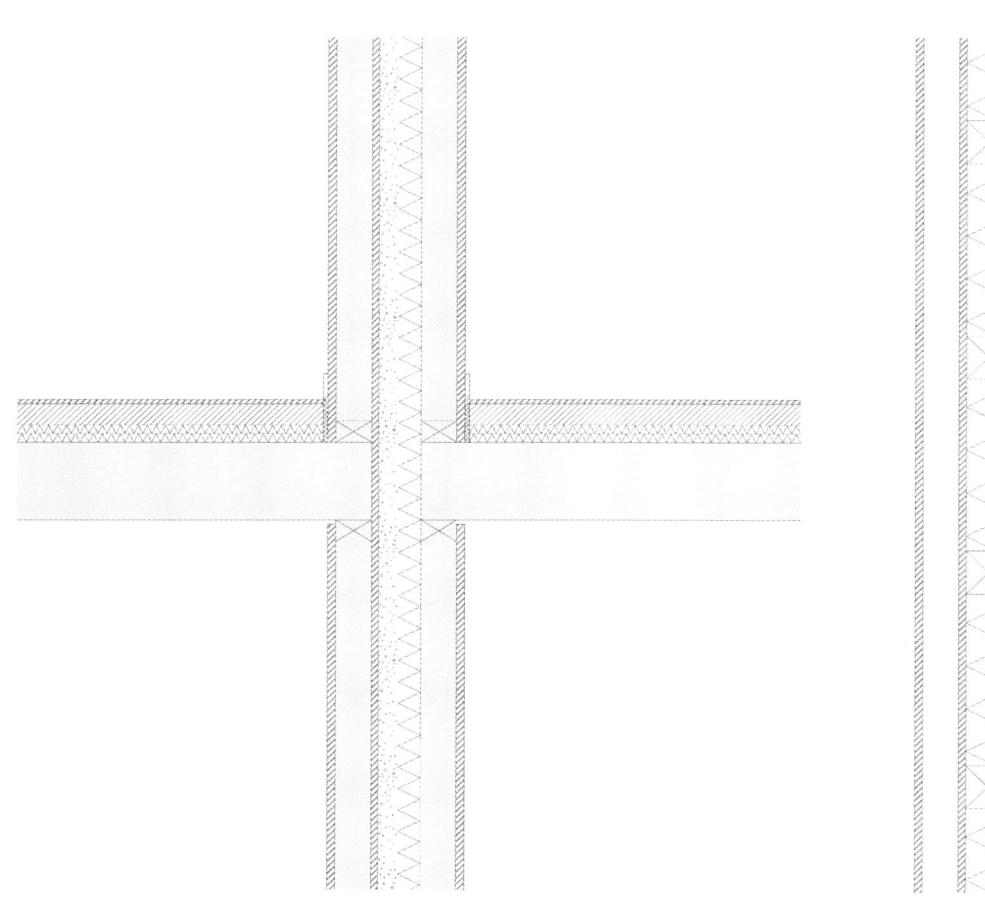

The non-bearing partitions are made up of layers of several wooden boards. The structures are made from wooden (common fir and flat-grained, unpolished spruce) boards. The inside face is clad in whitewashed cardboard-plaster panels.

Los tabiques están compuestos por capas de varios tableros de madera. Los armazones están construidos a partir de tableros de madera de abeto común y de picea sin pulir. La cara interna está revestida de paneles de cartón-yeso pintados de blanco.

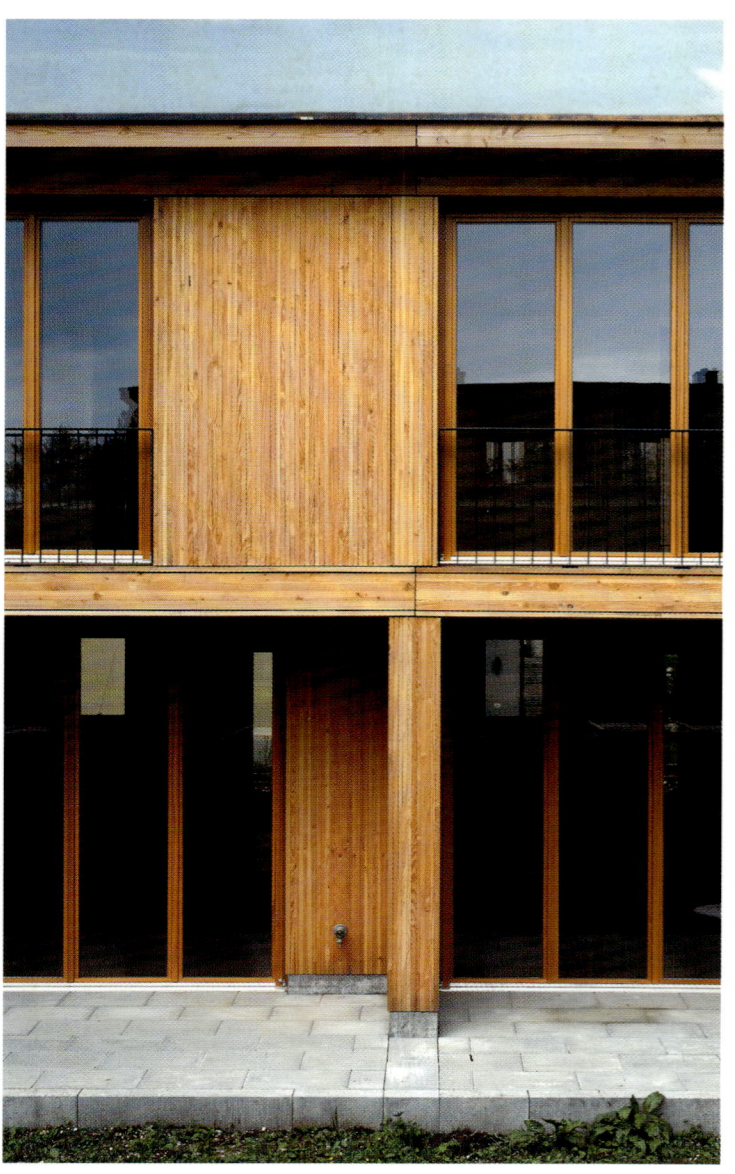

Constructive detail
Detalle constructivo

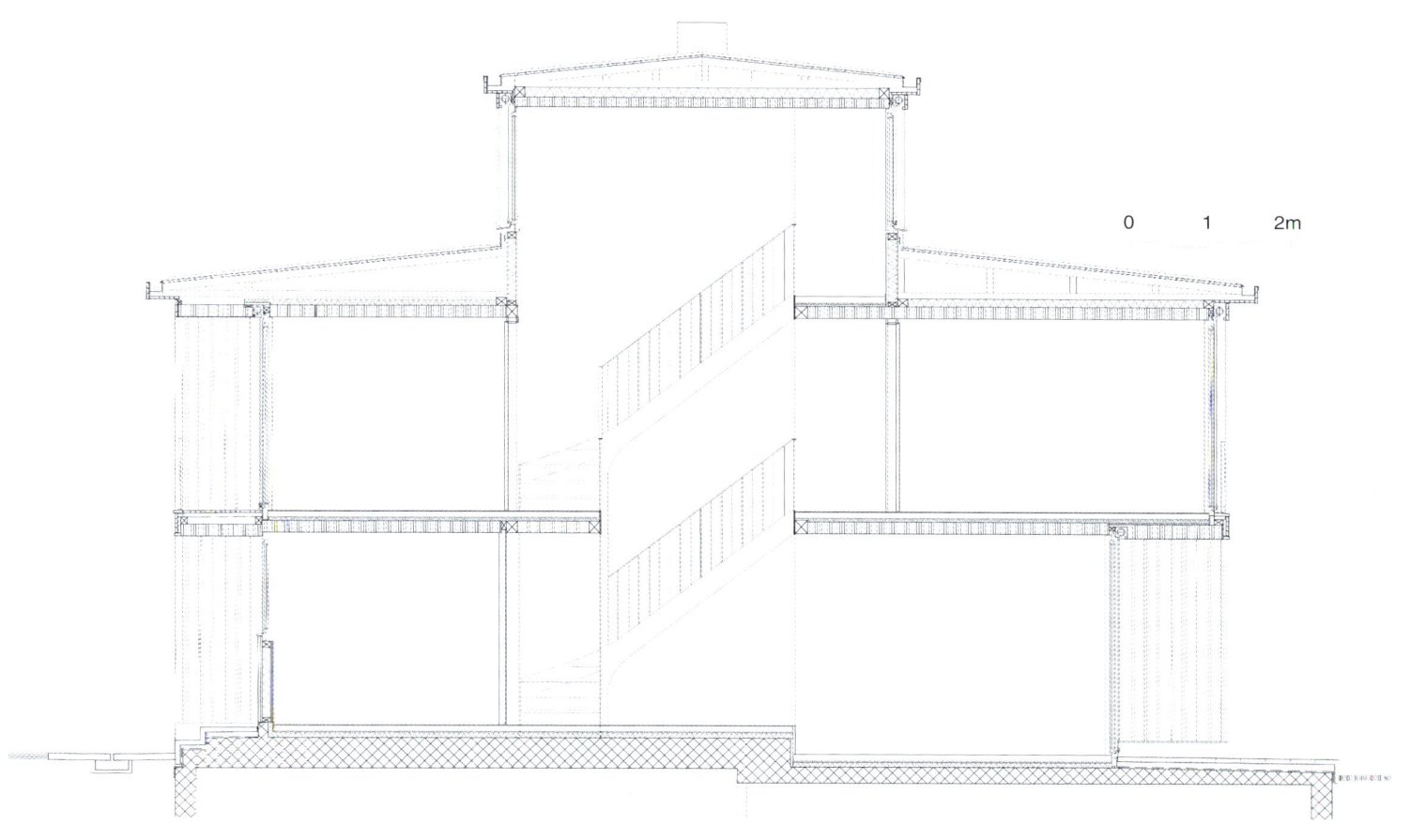

Cross section / Sección transversal

Jan Störmer Architekten
Stadtlagerhaus

Hamburg, Germany   Photographs: Dirk Robbers

The Stadtlagerhaus is comprised of a renovated grain warehouse and silo on the banks of the Elbe River in Hamburg. The renovation has resulted in a glass box set atop an unadorned brick warehouse and a silo topped with a triangle of preweathered copper. In addition to these major changes, there are a few glass boxes which have been added around the whole complex.

The idea was to insert the city's most expensive apartments into a former industrial area in a very straightforward manner. The project includes 144 apartments and 5000 m² of office space, all with the necessary parking. Störmer's design was strongly influenced by energy saving demands and the seasonal flooding of the river that could affect the buildings.

The original two-meter-thick walls with small, deeply recessed windows regulate interior temperatures, thereby eliminating the need for air conditioning. Windows are manually operated and rainwater is filtered through vegetation and gravel.

A double layer of glass, separated by a gap of two meters in order to create a space which can be used as a kind of balcony or winter garden, constitutes the building's outer skin. This also provides the inhabitants with a screen against the 24-hour noise coming from the port across the river, while still being able to ventilate their homes.

In the event of flooding, pumps spring into action to force water uphill into the city drainage system. Additional flood defenses include waterproof doors, similar to submarine hatches, on all ground floor openings and 25 mm thick outer panes for double glazing units to resist water pressure.

The architect's fondness for metal and glass is made clear in his frequent use of these materials. And, although most of the elements that have been added to the original structure are functional, there is also a bit of nonfunctional whimsy, such as the colored glass boxes adorning the building's east facade, roof and stairs.

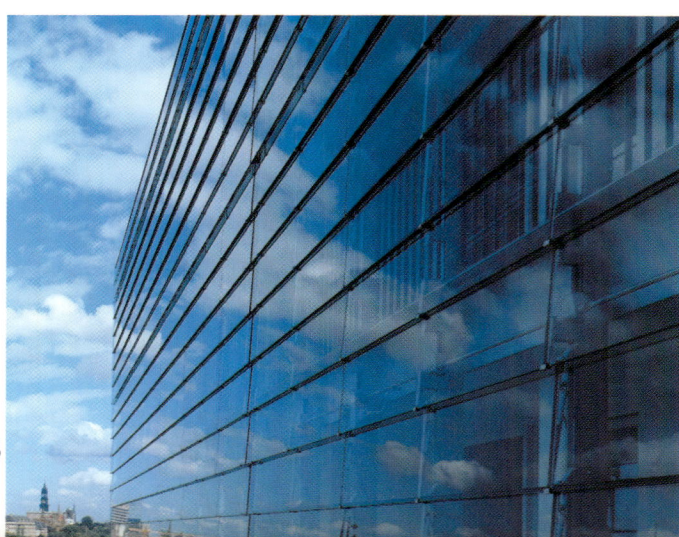

Stadtlagerhaus está compuesto por un almacén de grano renovado y un silo a orillas del Río Elbe, en Hamburgo. El proyecto consiste en la incorporación de una caja de cristal encima del sencillo almacén de ladrillo y la coronación del silo con un triángulo de cobre tratado para que tenga una apariencia gastada. Además de estos grandes cambios, se han adjuntado unas cuantas cajas de cristal alrededor de todo el complejo. La idea era insertar los apartamentos más caros de la ciudad en una antigua área industrial de una manera directa y sin disimulos. El proyecto incluye ciento cuarenta apartamentos y cinco mil metros cuadrados de oficinas, todo con el espacio de aparcamiento necesario. El diseño de Störmer estuvo fuertemente influenciado por el ahorro energético y el temor a las inundaciones estacionales del río que podrían afectar a los edificios. Las temperaturas internas están reguladas gracias a las gruesas paredes originales, de 2m de ancho, y a las pequeñas ventanas profundamente empotradas, lo cual hace que no sea necesario utilizar aire acondicionado. Las ventanas se controlan manualmente y el agua de lluvia se filtra a través de vegetación y grava. Se creó una doble piel de cristal alrededor de los apartamentos, dejando un espacio de dos metros entre las capas que puede servir como balcón o como una especie de jardín de invierno. Esto permite también que los habitantes estén protegidos del ruido que emana 24 horas al día del puerto del otro lado del río, y a la vez que puedan ventilar sus casas.

En caso de inundaciones, hay bombas que entran en acción para conducir el agua hacia el sistema de drenaje de la ciudad. Los mecanismos de defensa anti-inundación incluyen puertas a prueba de agua, como las que hay en los submarinos, en todas las entradas de la planta baja, y cristales exteriores de 25 mm de ancho para resistir la presión del agua. El aprecio del arquitecto por el metal y cristal se hace evidente en su uso frecuente de estos materiales. Y, aunque la mayoría de los elementos que ha agregado a la estructura original son funcionales, también ha incorporado un poco de fantasía no-funcional, como en las cajas de cristal de colores que aparecen en la fachada este del edificio, en el techo y en las escaleras.

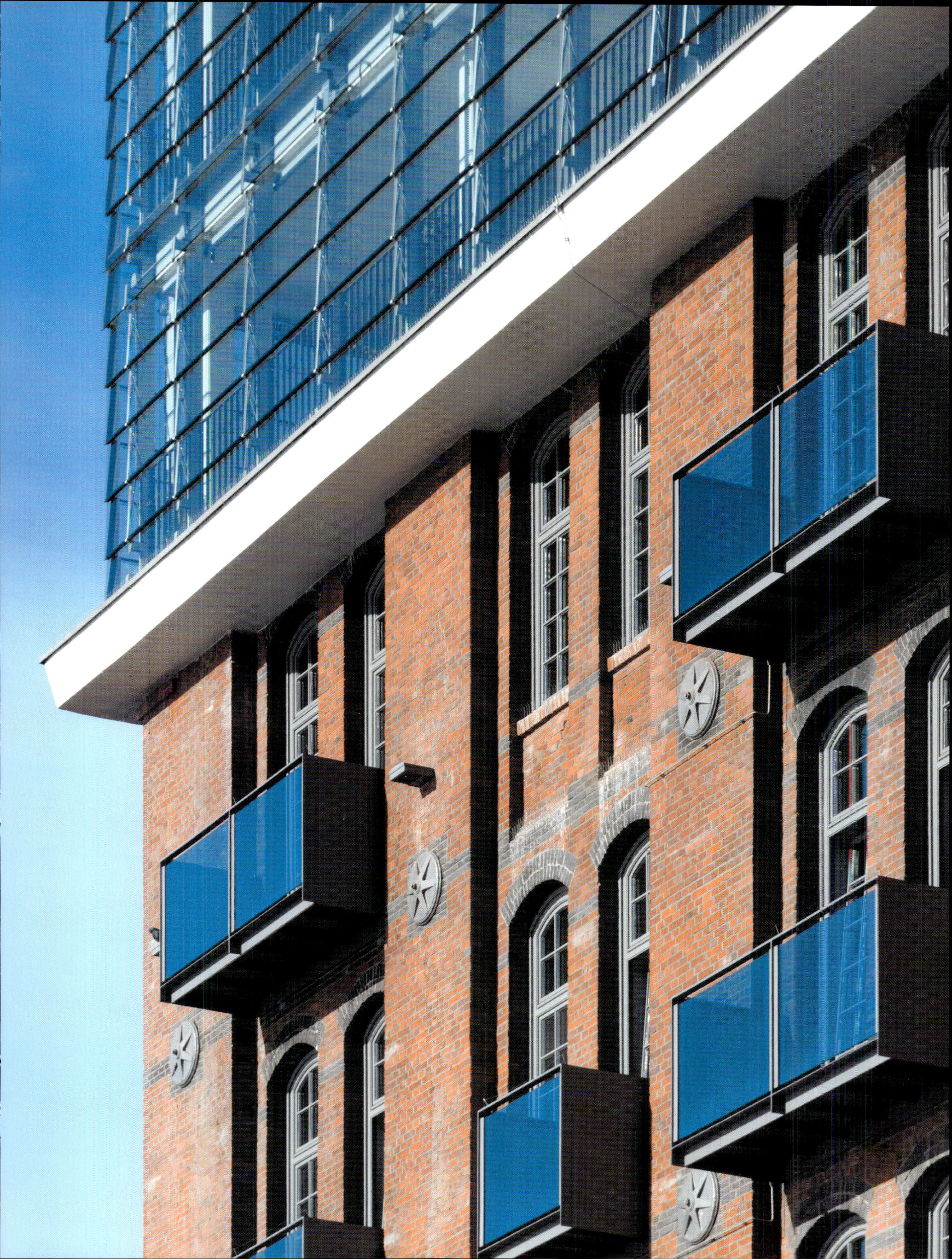

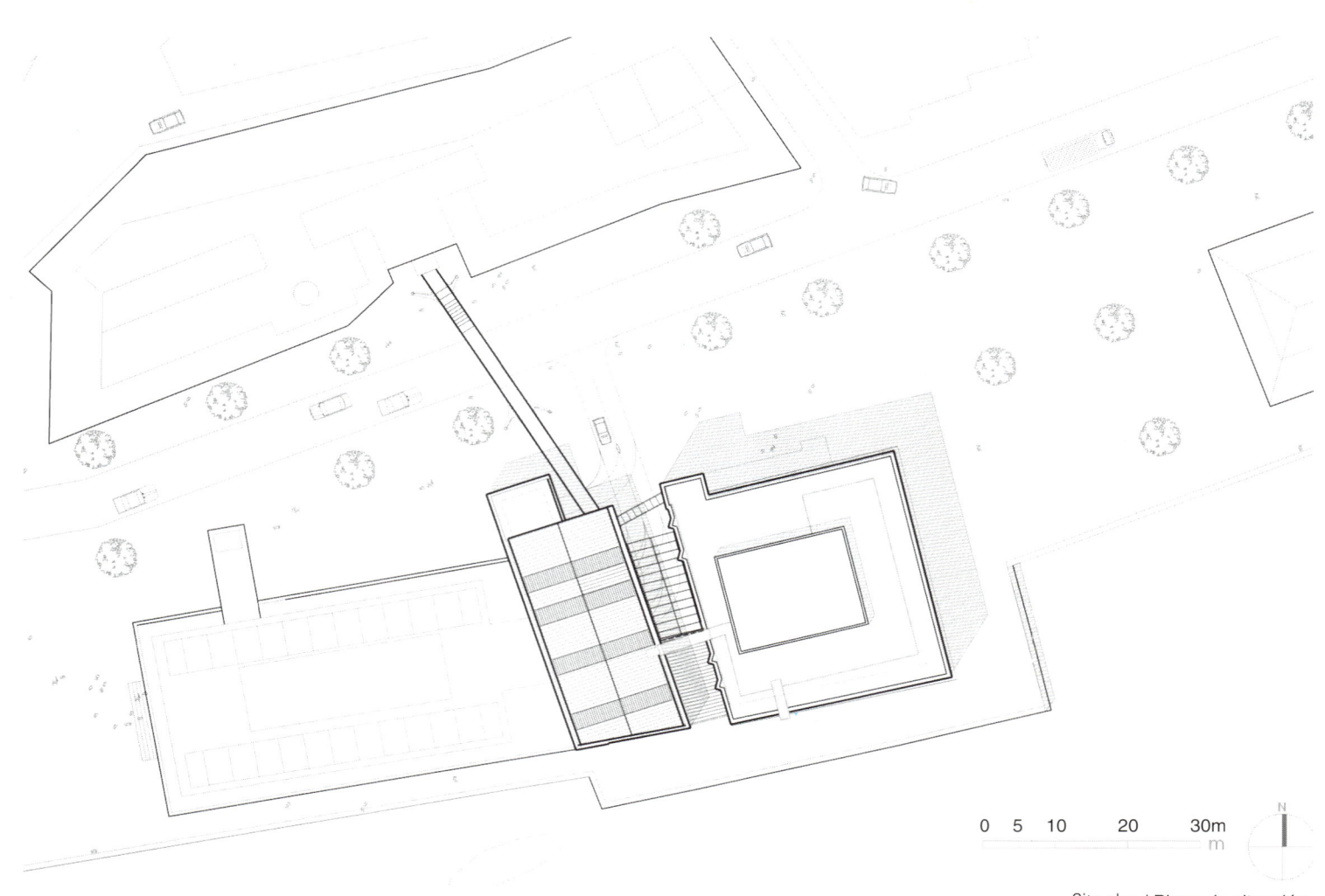

Site plan / Plano de situación

199

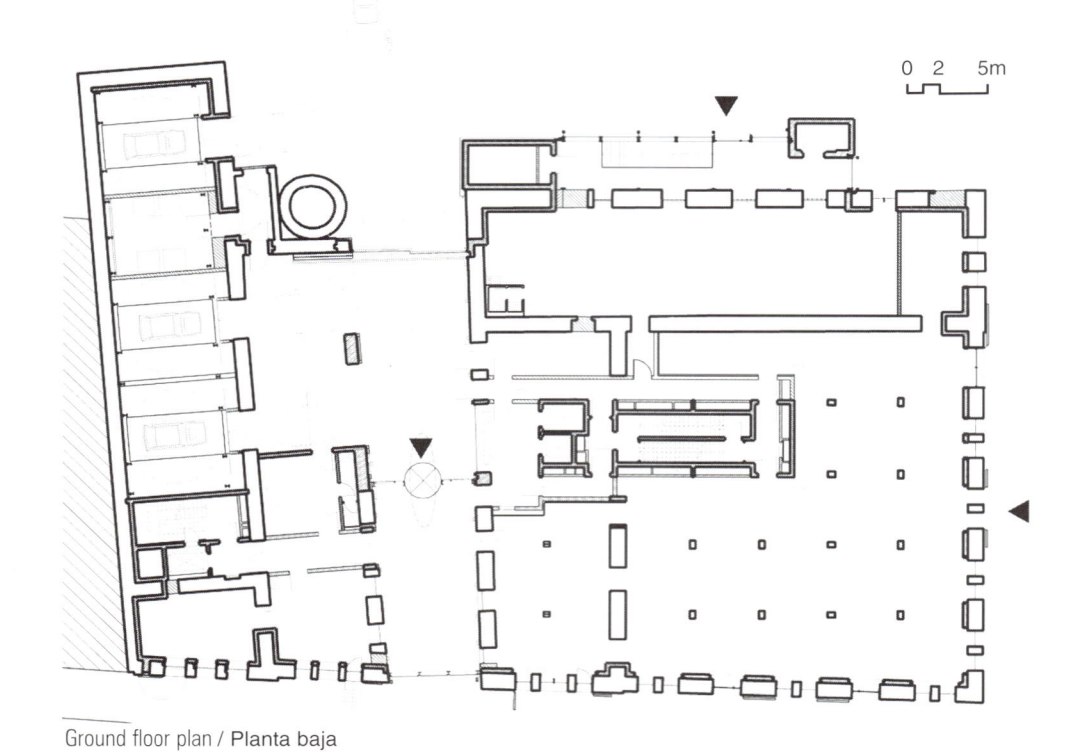

The two buildings are linked by a new bridge. Important safety measures have been added, including: a new fire stair, a bridge from the building to the hillside across the street, and specially hardened glass and steel doors in the parking garage.

Los dos edificios están conectados por un nuevo puente. Se incluyeron importantes medidas de seguridad, como: una nueva escalera para incendios, un puente que va desde el edificio principal hasta la colina del otro lado de la calle, y el uso de cristal endurecido y puertas de acero en la entrada del aparcamiento.

Ground floor plan / **Planta baja**

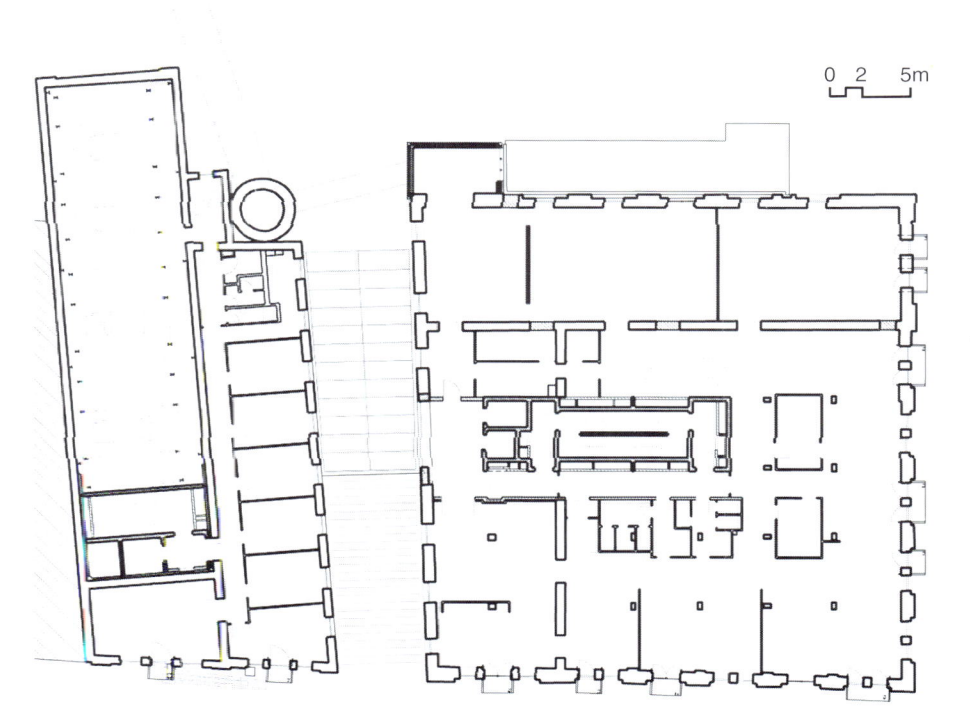

Second floor plan / Planta segunda

201

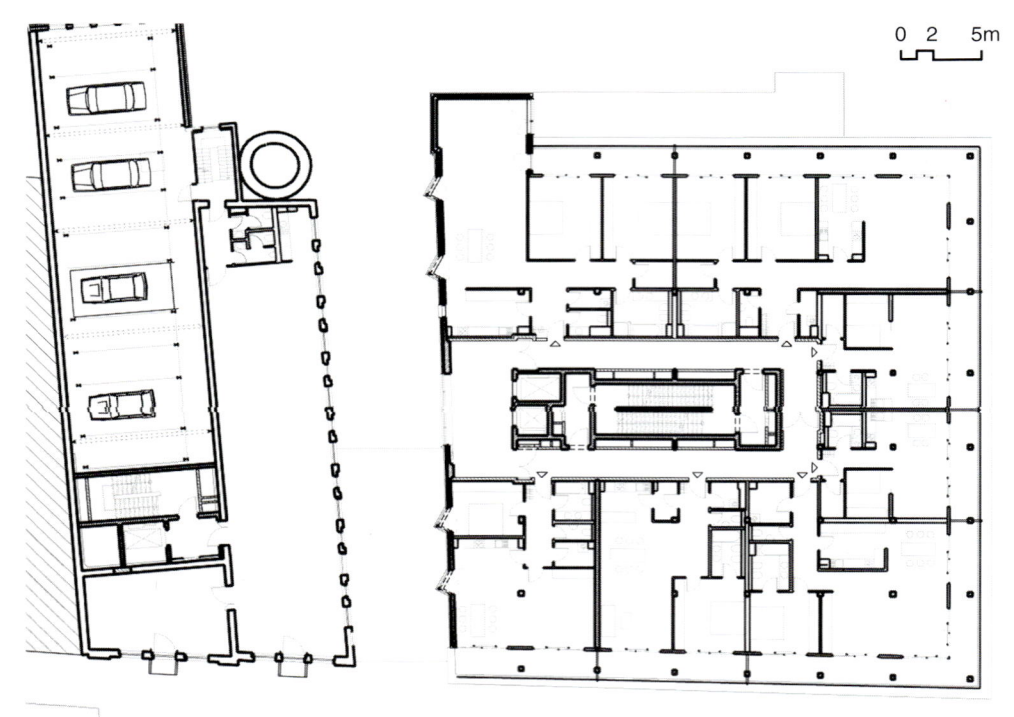

Sixth floor plan / **Planta sexta**

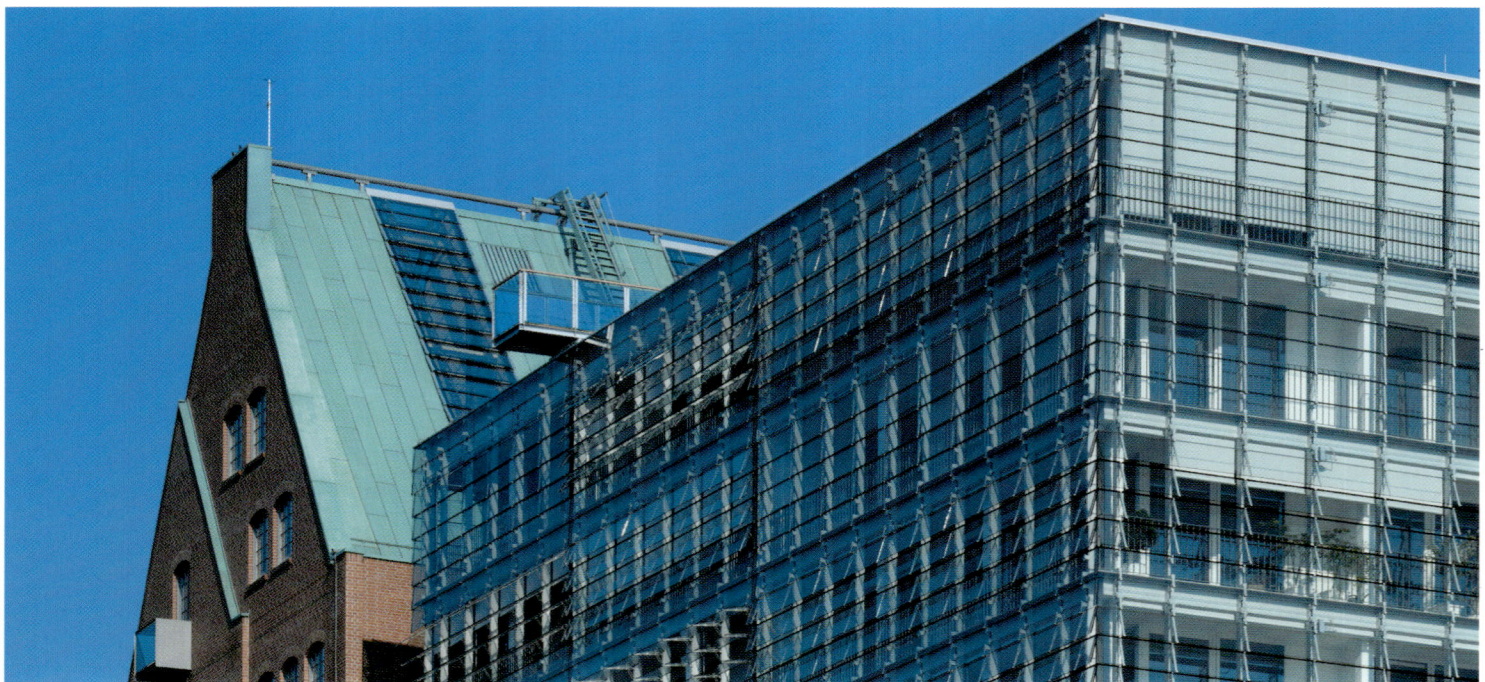

202

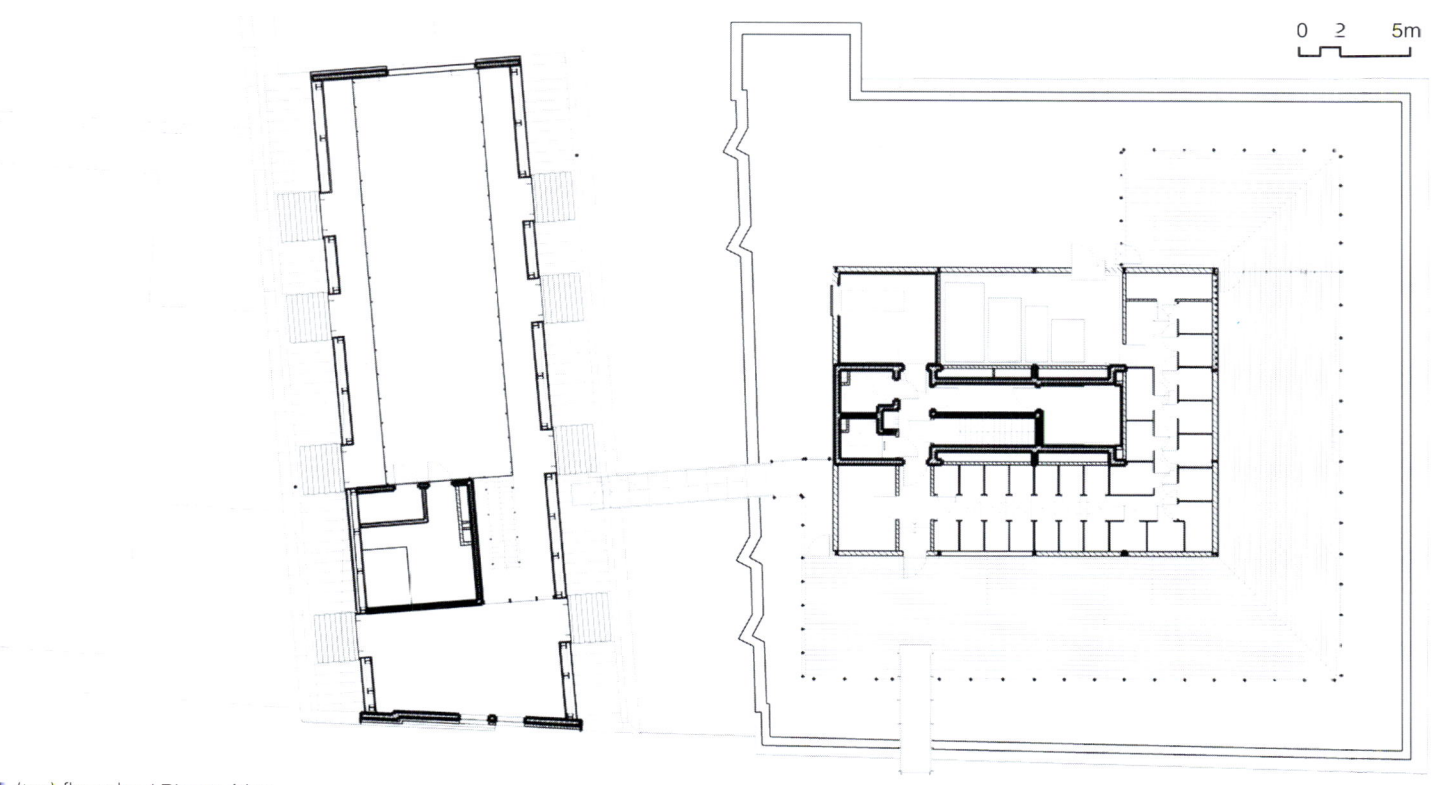

Tenth (top) floor plan / Planta ático

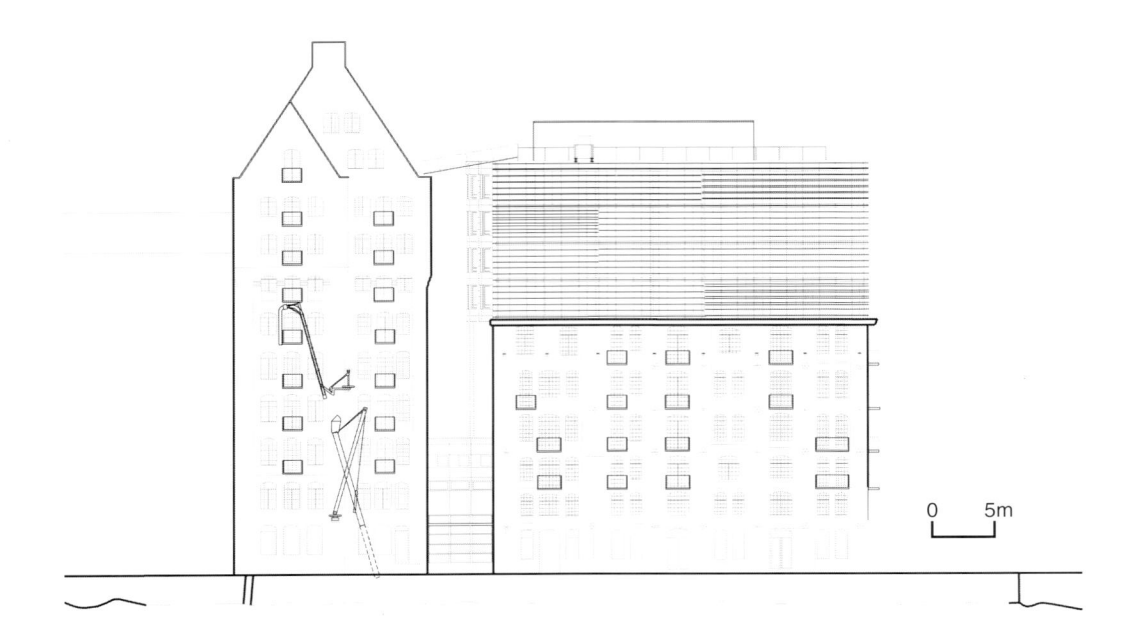

The combination of the warehouse and grain silo created 28 penthouse flats, 700 m^2 of loft and studio offices, a 500 m^2 riverside restaurant, and an automatic stacking system for a 134-vehicle parking garage.

La combinación del almacén y el silo creó 28 apartamentos estilo penthouse, 700 m^2 de oficinas y lofts, un restaurante de 500 m^2 junto al río y un sistema de aparcamiento automático para 134 vehículos.

Riverside elevation / **Alzado frente al río**

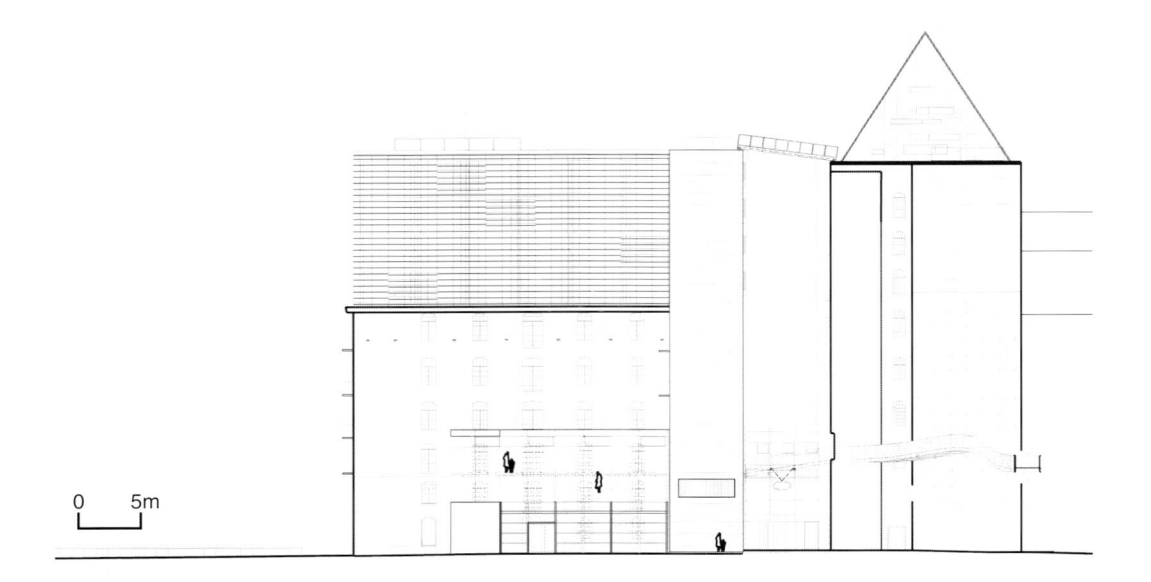

Street side elevation / **Alzado frente a la calle**

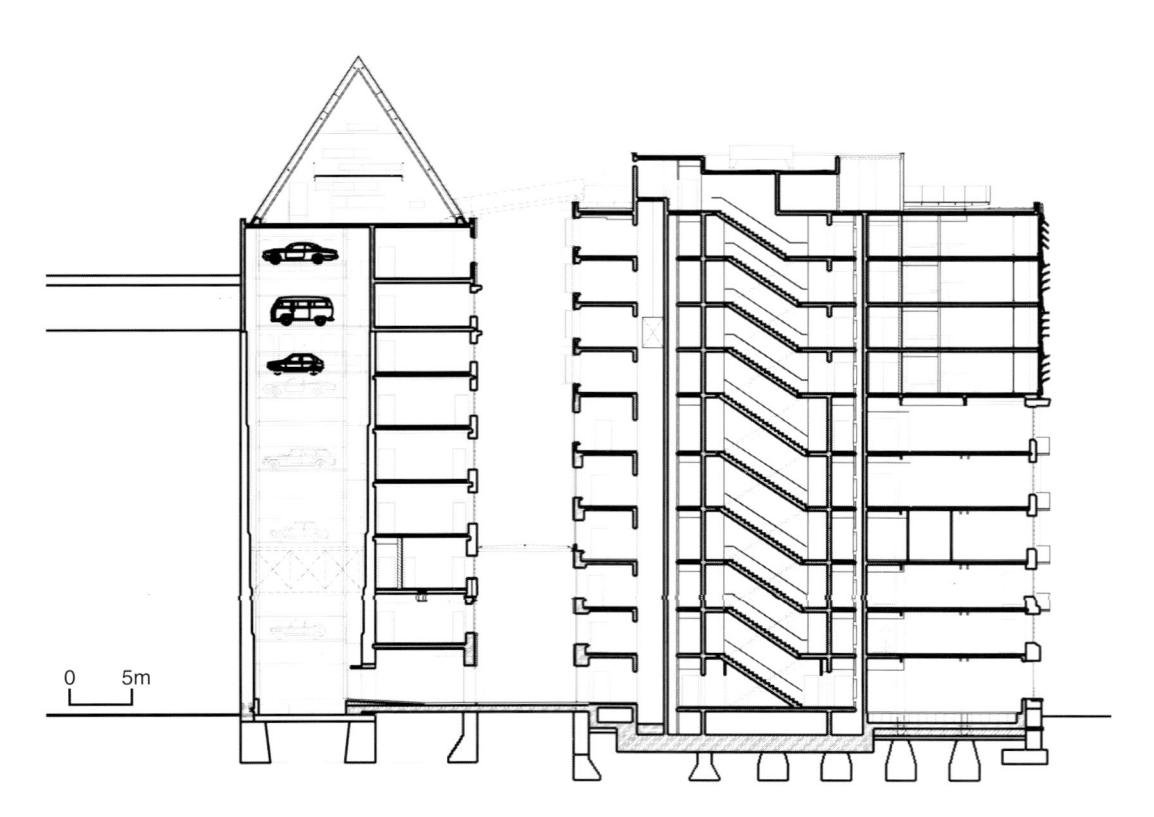

Cross section / **Seccion transversal**

Entrance hall section / Sección por vestíbulo

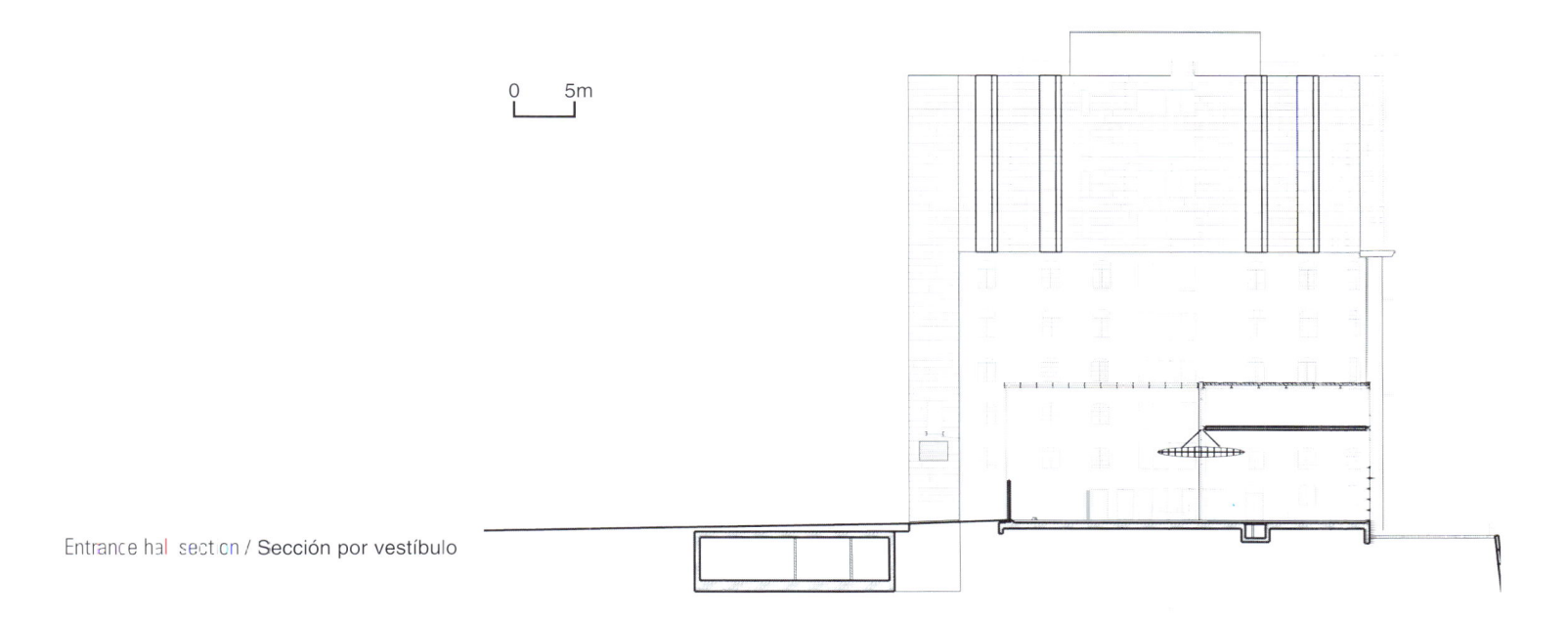

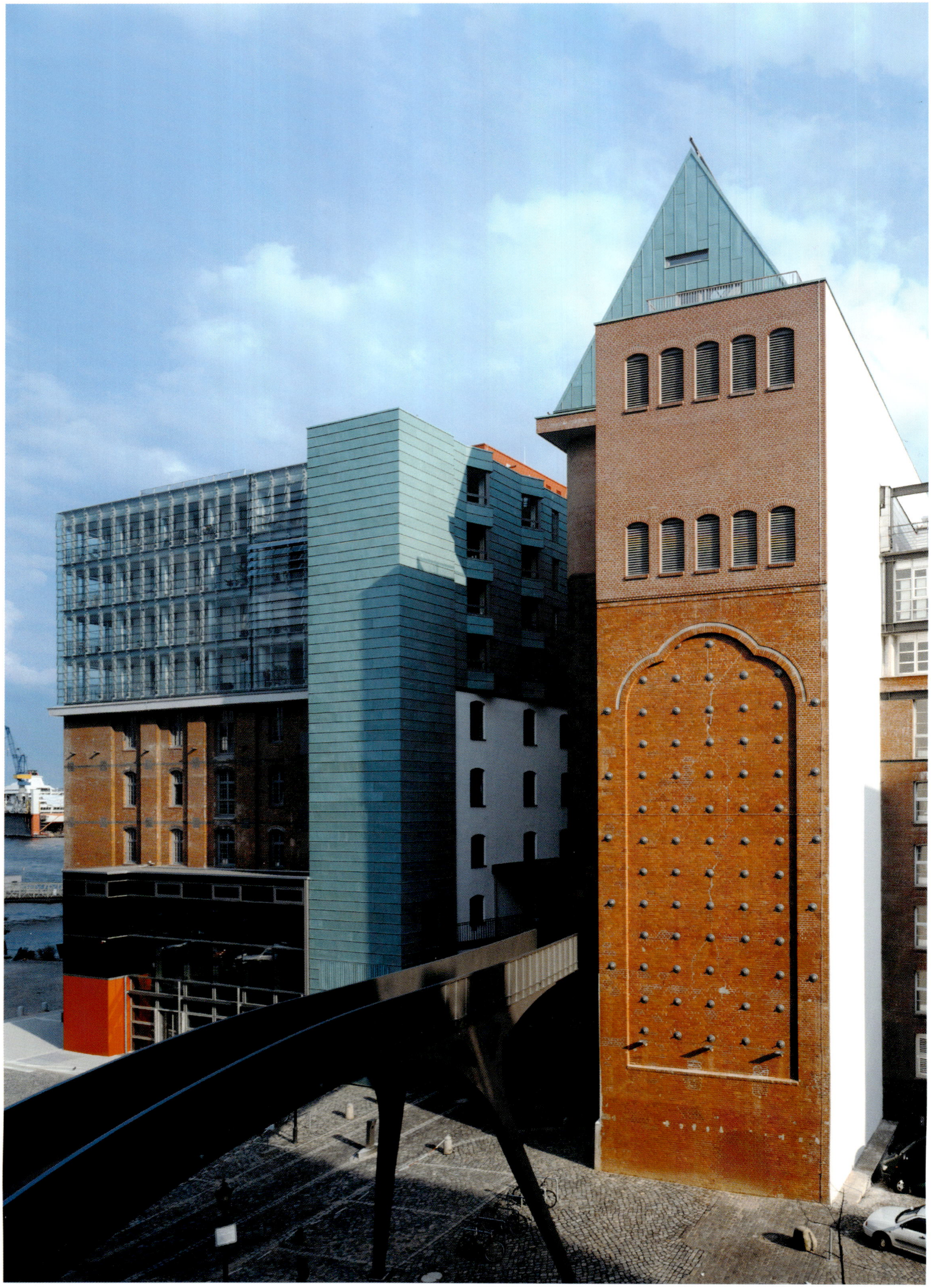

Constructive section
Sección constructiva

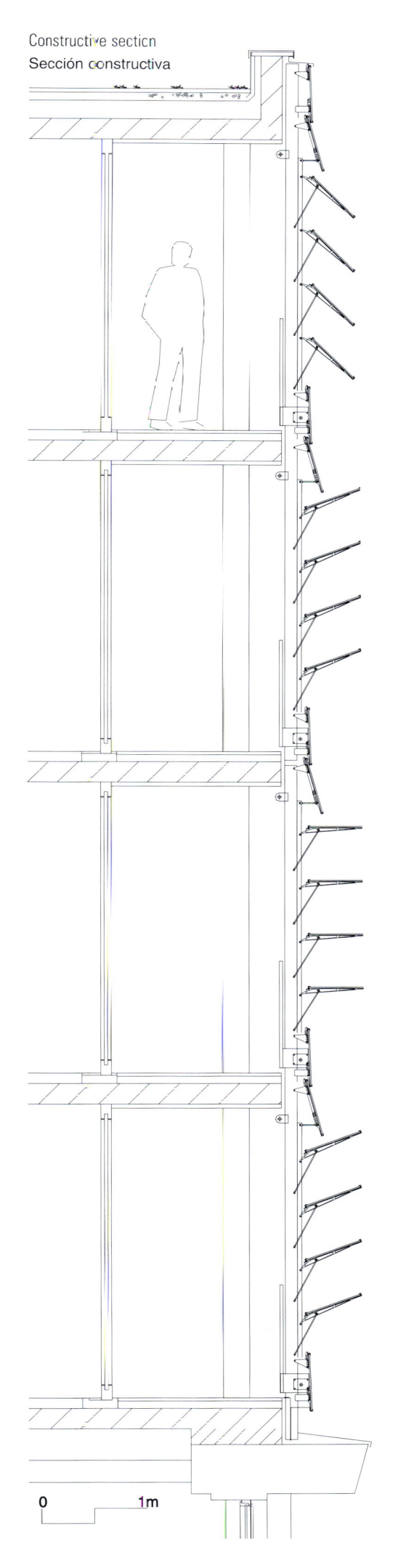

0 1m

Burkard, Meyer.
Housing in Martinsbergstrasse

Basel, Switzerland	Photographs: Reinhard Zimmermann

The dwellings in this four-story apartment block are laid out around a central nucleus, which divides each house into two areas, a bedroom area with a ceiling height of 2.46 m, and a dining/living room area with a height of up to 3.06 m. The common areas that extend from façade to façade change for each floor, from one side of the nucleus to the other, at the same time reducing the height of the ceiling in the rooms. In the living room there is a lookout with no heating or cooling facilities, but which has an insulating glass system connected to the façade, and a service zone that can be opened during the summer. The façade's outer wall and the concrete nucleus, along with the roof, comprise the skeleton, while the remaining walls are non weight-bearing partition walls of reinforced plaster.

The openings on the north and south facades, with a width of approximately 4.6 m, are close to the maximum width allowed because the adjoining Optitherm wall can barely support the weight that it receives. The east and west facades present an interplay between sheet-glass windows and French windows with a deep intrados. As the frames are not visible, the sheet-glass windows give the façade a highly abstracted shine. In the interior they have been fitted with security glass. The intrados and lintel paneling hide the window's sub-structure, as well as the insulation system.

The French windows are wood on the interior, while a screen of anodized aluminum on the outside provides weather-proofing. The lower part serves as a handrail, while the top portion has folding shutters for closing the windows. The intrados has been made using Kelesto, instead of Optitherm, like the exterior wall.

En este bloque de apartamentos de cuatro plantas, las viviendas están dispuestas entorno a un núcleo central el cual divide cada vivienda en dos áreas: una zona de dormitorios con una altura de techo de 2,46 m, y la zona del comedor y la sala de estar con una altura de hasta 3,06 m. El área de las dependencias comunes que se extiende de fachada a fachada cambia con cada planta, de un lado del núcleo al otro, disminuyendo a la vez la altura del techo de las estancias. En la sala de estar encontramos un mirador que no está climatizado, pero dispone de un sistema de acristalamiento aislante conectado a la fachada, y una zona de servicios que se puede abrir en verano.

El muro exterior de la fachada y el núcleo de hormigón constituyen, junto con las cubiertas, el esqueleto, mientras que las paredes restantes se han realizado con tabiques armados de yeso no portantes.

Las aperturas de las fachadas norte y sur, de unos 4,60 m de amplitud, rayan el límite máximo permitido, ya que el muro contiguo de Optitherm apenas puede resistir las fuerzas que recaen sobre él. Las fachadas este y oeste presentan un juego entre ventanas únicamente de cristal y balconeras con un intradós profundo. Las ventanas de cristal proporcionan a la fachada un brillo enorme de elevada abstracción ya que los marcos no son visibles, mientras que en su interior éstas presentan un vidrio de seguridad. Los revestimientos del intradós y el dintel ocultan la subestructura de la ventana, así como el sistema de aislamiento. Las balconeras son de madera en el interior, mientras que en el exterior constan de una rejilla de protección contra la intemperie de aluminio anodizado. La parte inferior hace de barandilla, mientras que la parte superior se compone de dos contraventanas abatibles que permiten su cerramiento. El intradós se ha realizado utilizando Kelesto, en lugar de Optitherm como en el muro exterior.

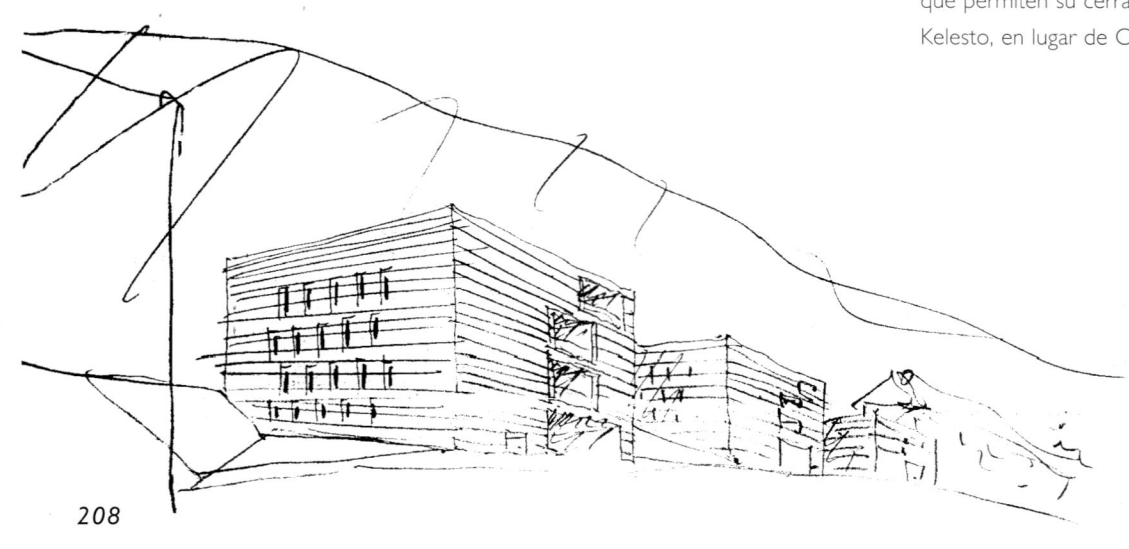

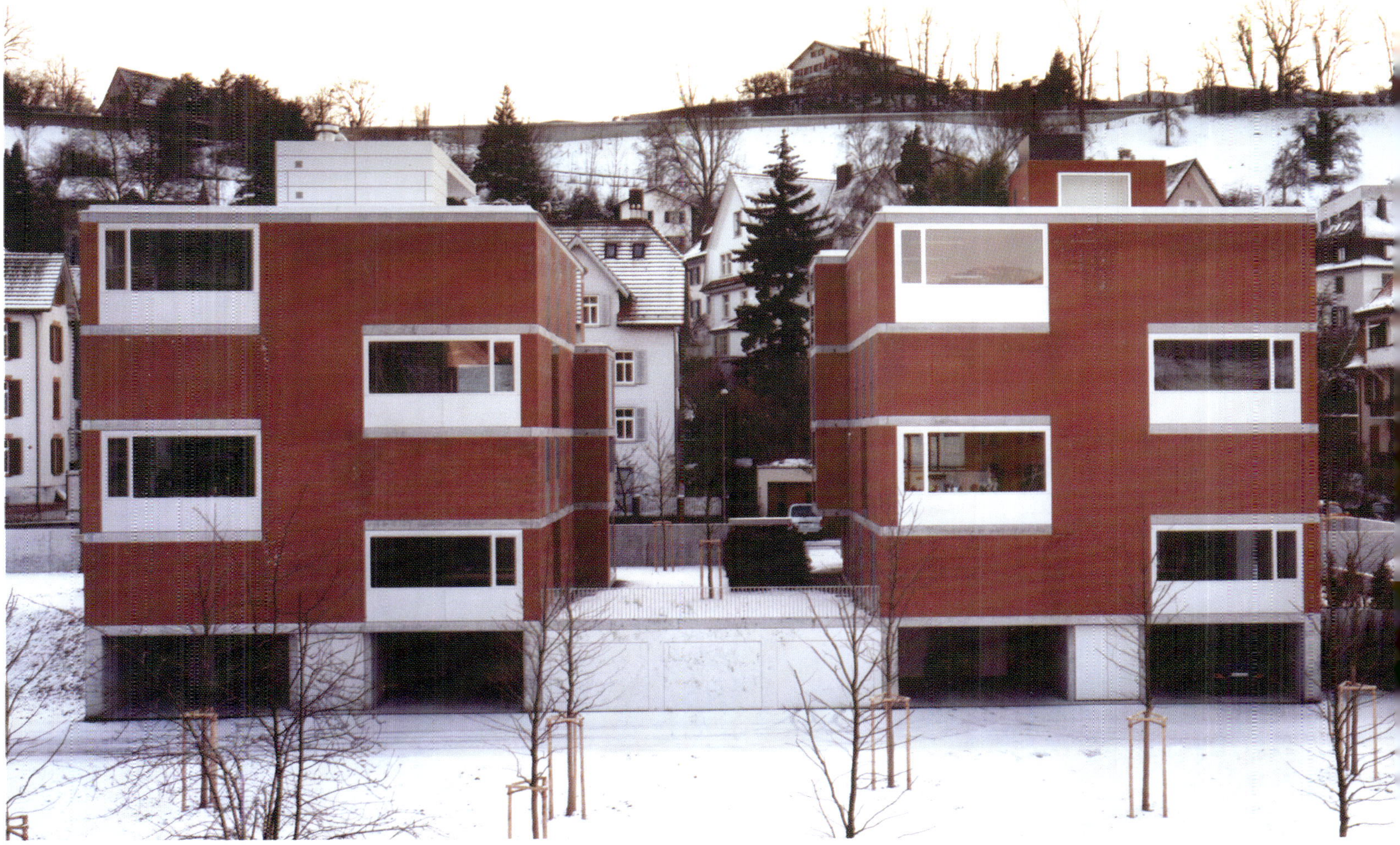

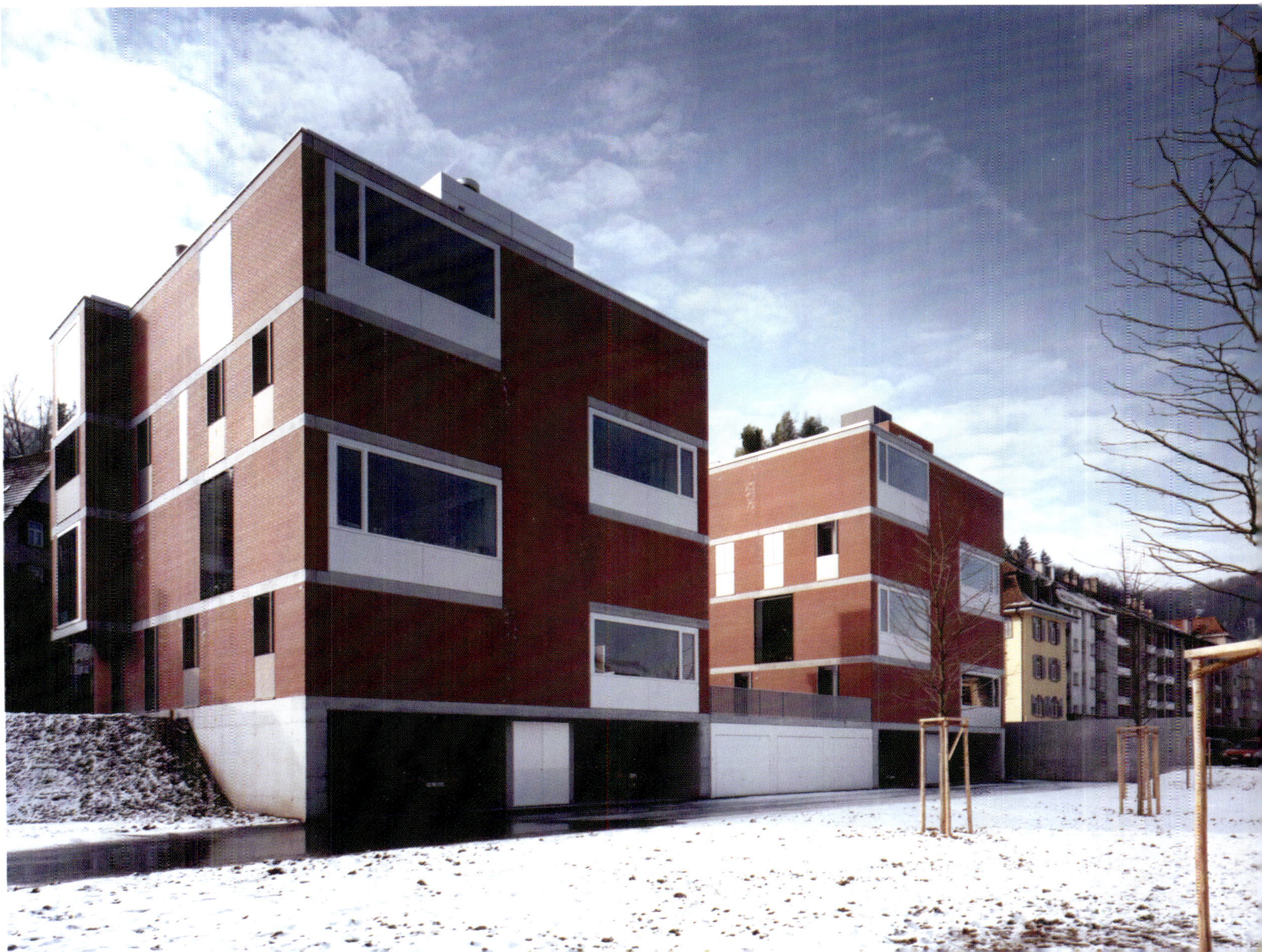

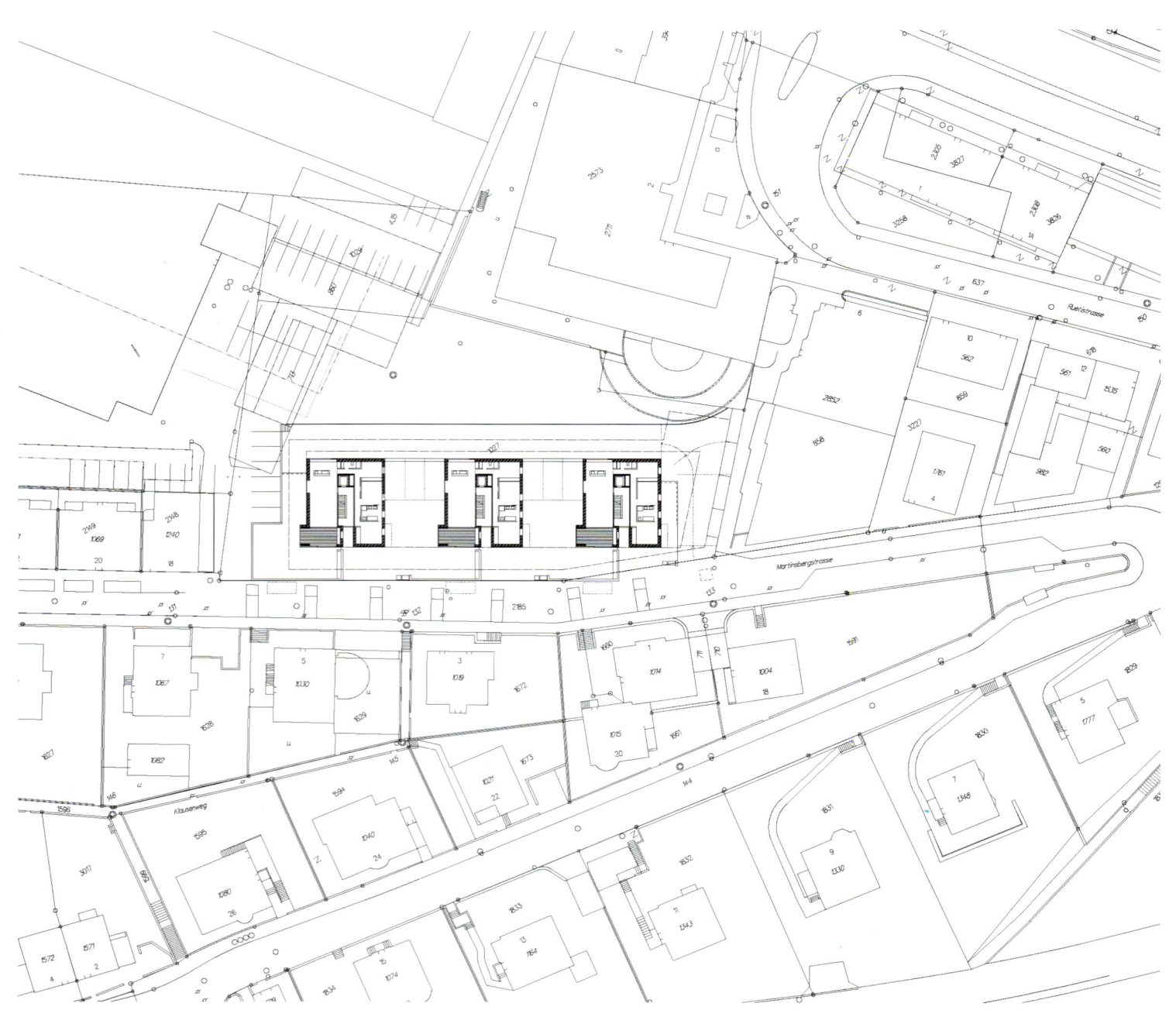

Site plan / Plano de situación

The super-structure occupies the southeastern corner of the Merker district, an industrial sector in the center of the city. The three volumes, out of which two were built in the first phase, reflect the typical early 20th century model for one-family houses along Martinbergstrasse.

La superestructura ocupa la esquina sudeste del distrito Merker, un sector industrial en pleno centro de la ciudad. Los tres volúmenes, de los que en una primera fase se realizaron dos de ellos, reflejan el modelo típico de principios del siglo XX de casas unifamiliares a lo largo de la Martinbergstrasse.

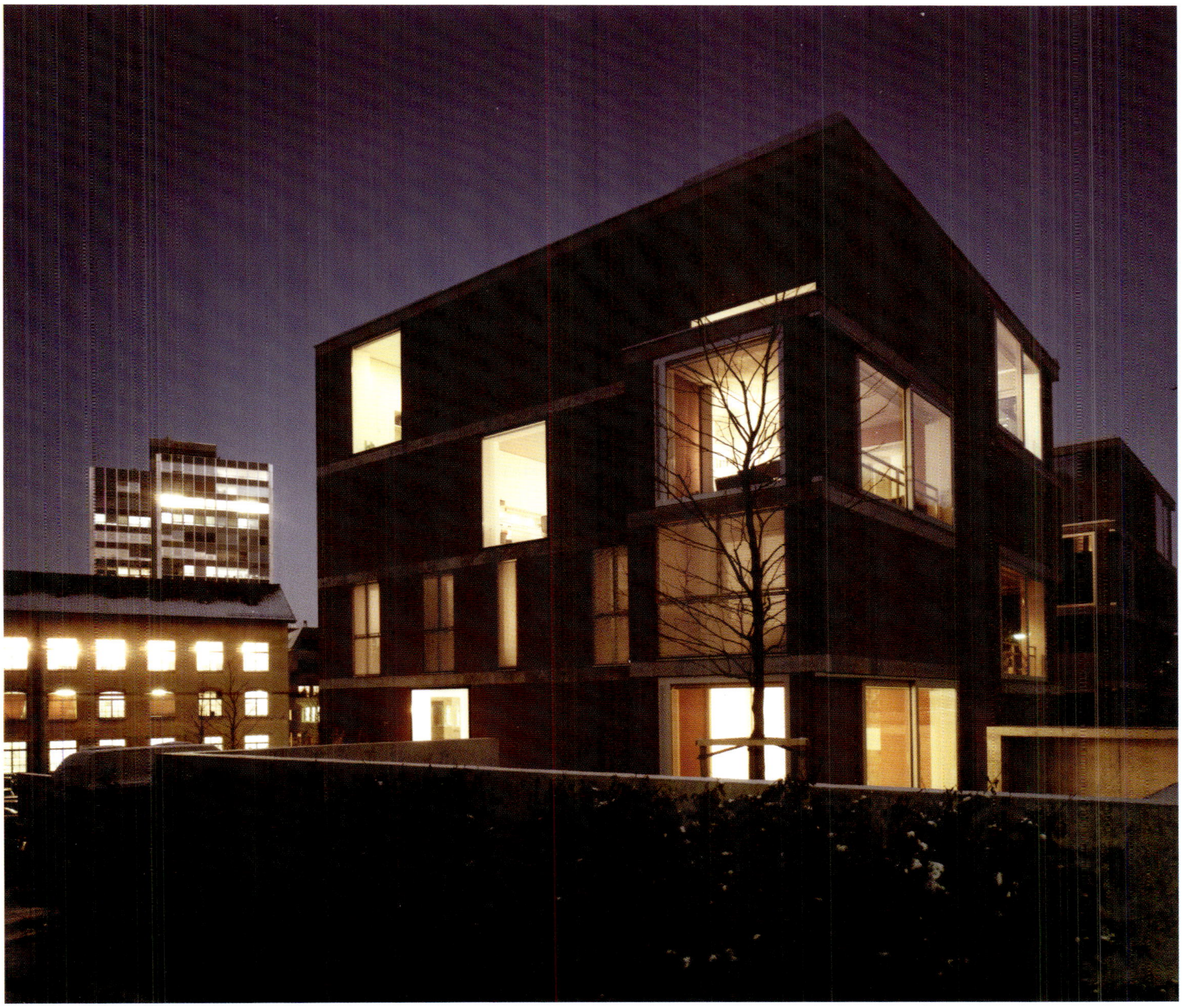

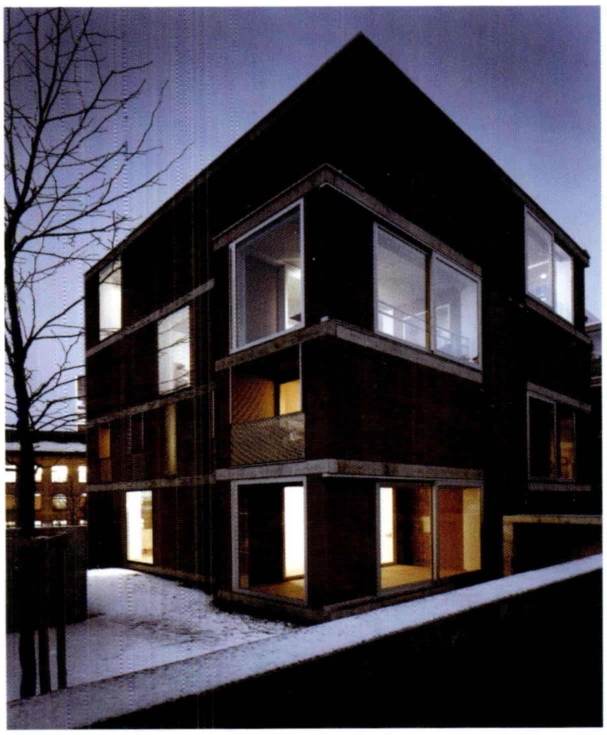

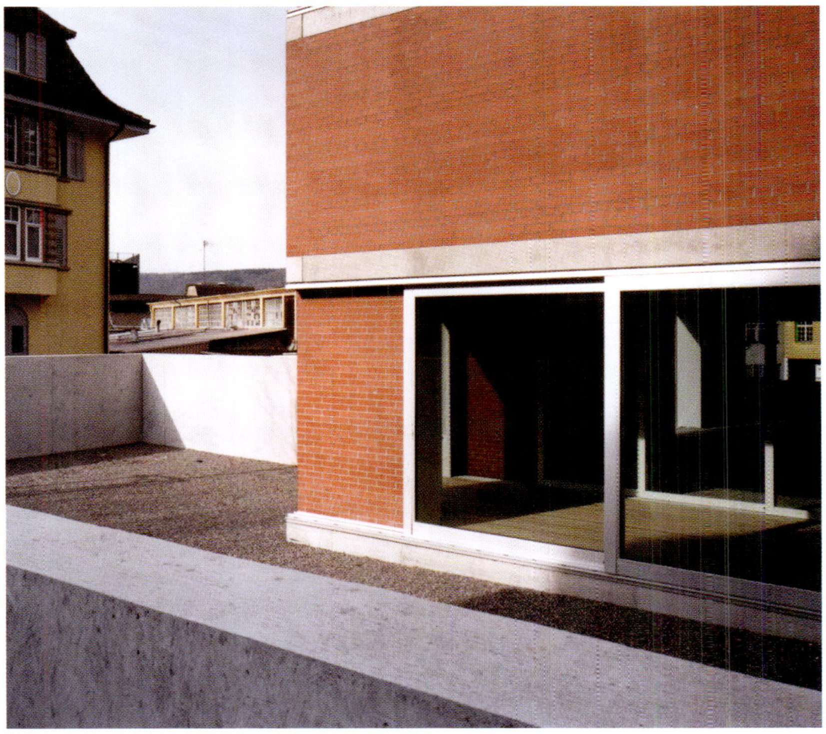

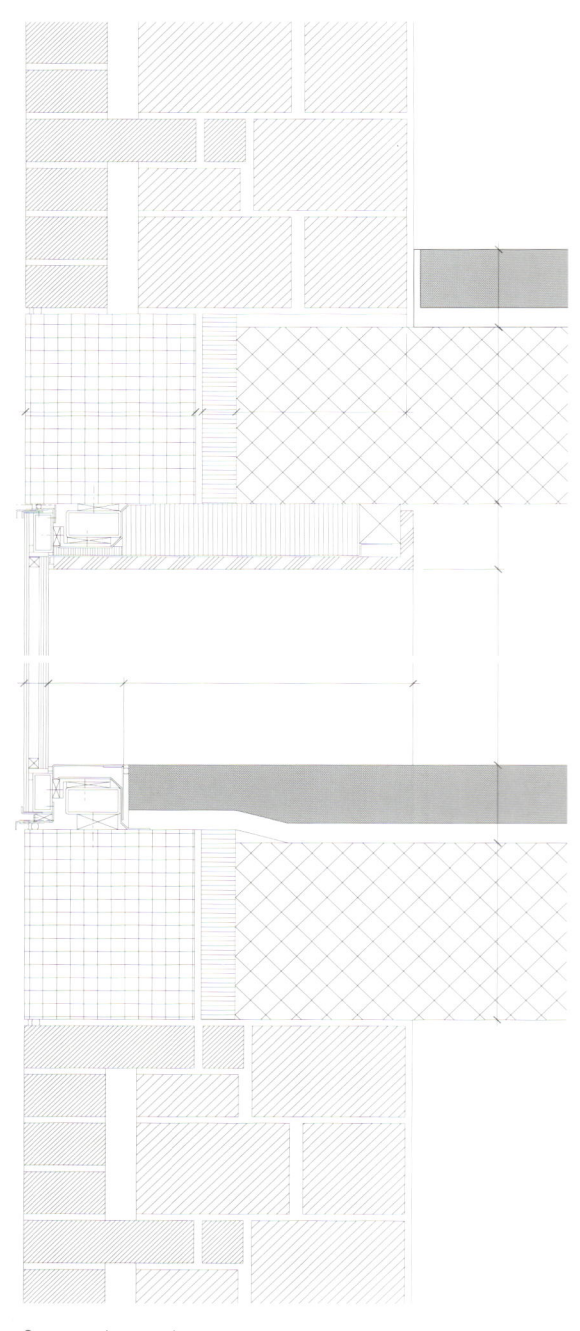

Constructive section / Sección constructiva

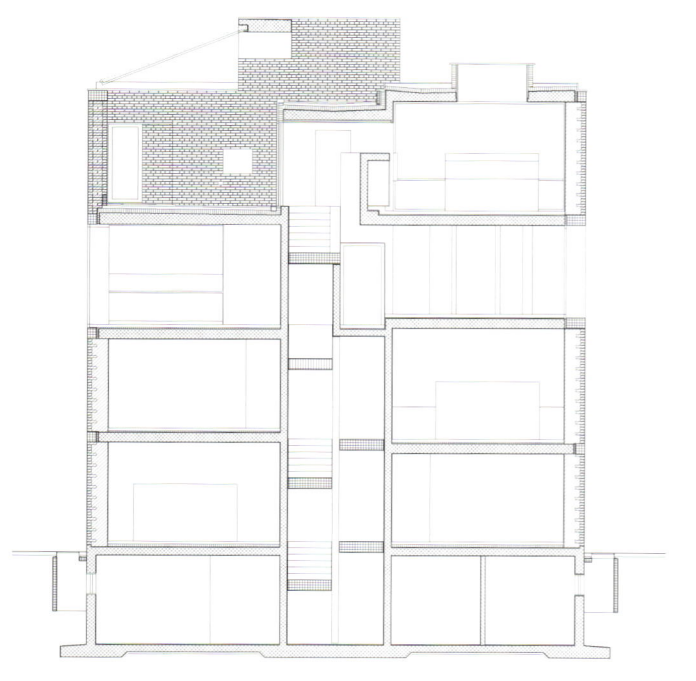

Cross-section / Sección transversal

212

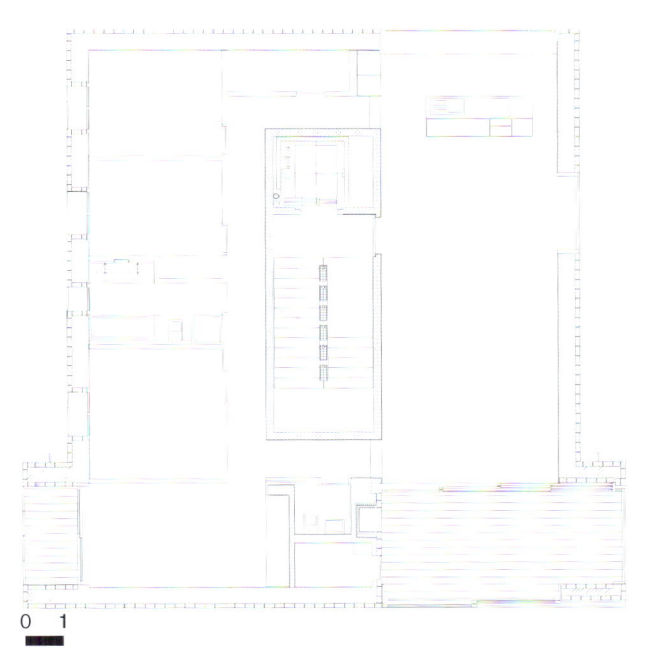

First floor plan / **Planta primera**

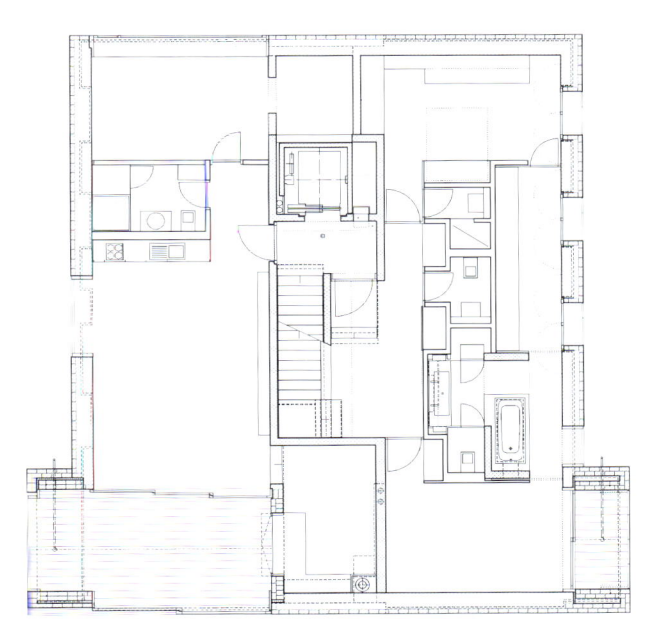

Second floor plan / **Planta segunda**

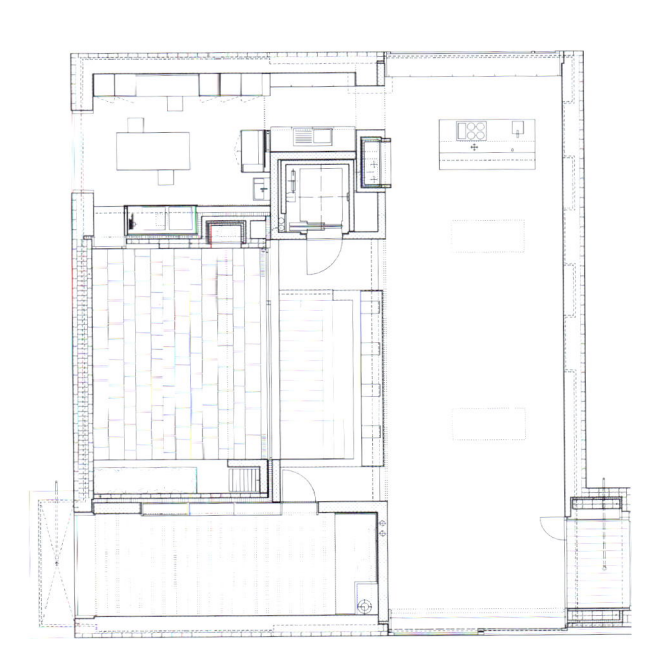

Third floor plan / **Planta tercera**

The facade wall is based on a combination of 40 cm of Optitherm (insulating brick) and 12 cm of Kelesto (under the visible brick). The porosity of this kind of brick expels the humidity towards the exterior, keeping the interior insulated.

El muro de la fachada consta de una combinación de 40 cm de Optitherm (adrillos aislantes) con 12 cm de Kelesto (por debajo de la sinterización del ladrillo caravista). La porosidad de este tipo de ladrillos hace que la humedad sea expulsada hacia el exterior, manteniendo el interior aislado.

213

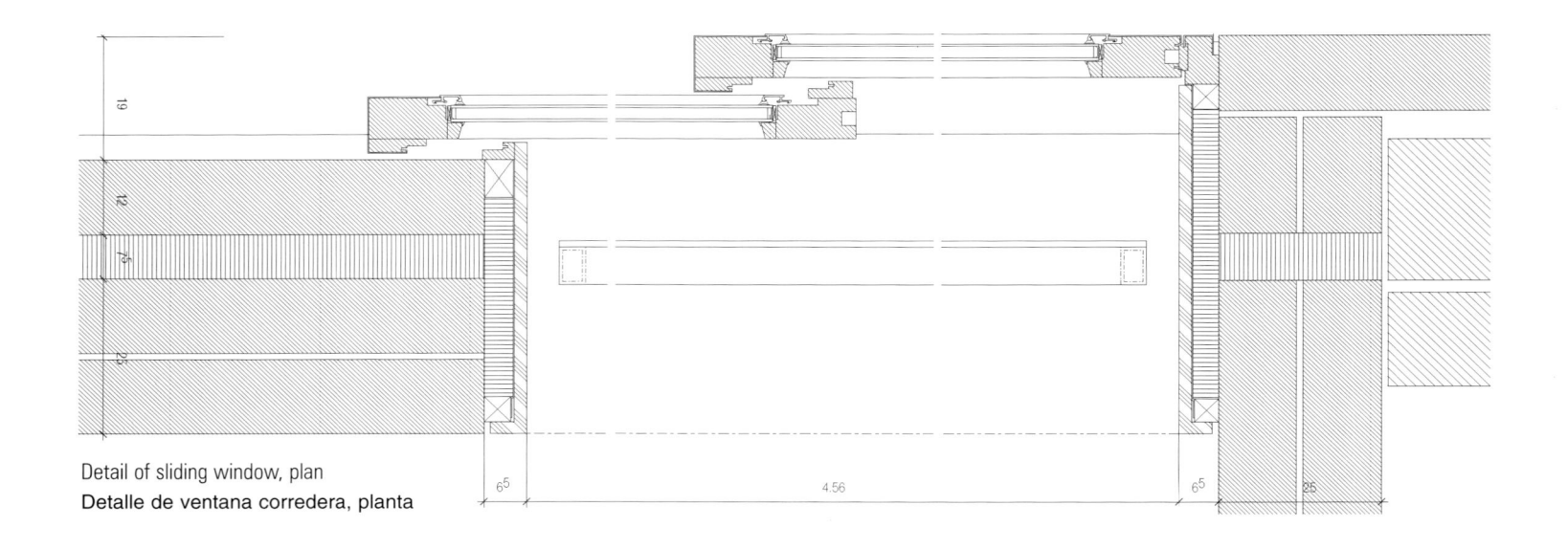

Detail of sliding window, plan
Detalle de ventana corredera, planta

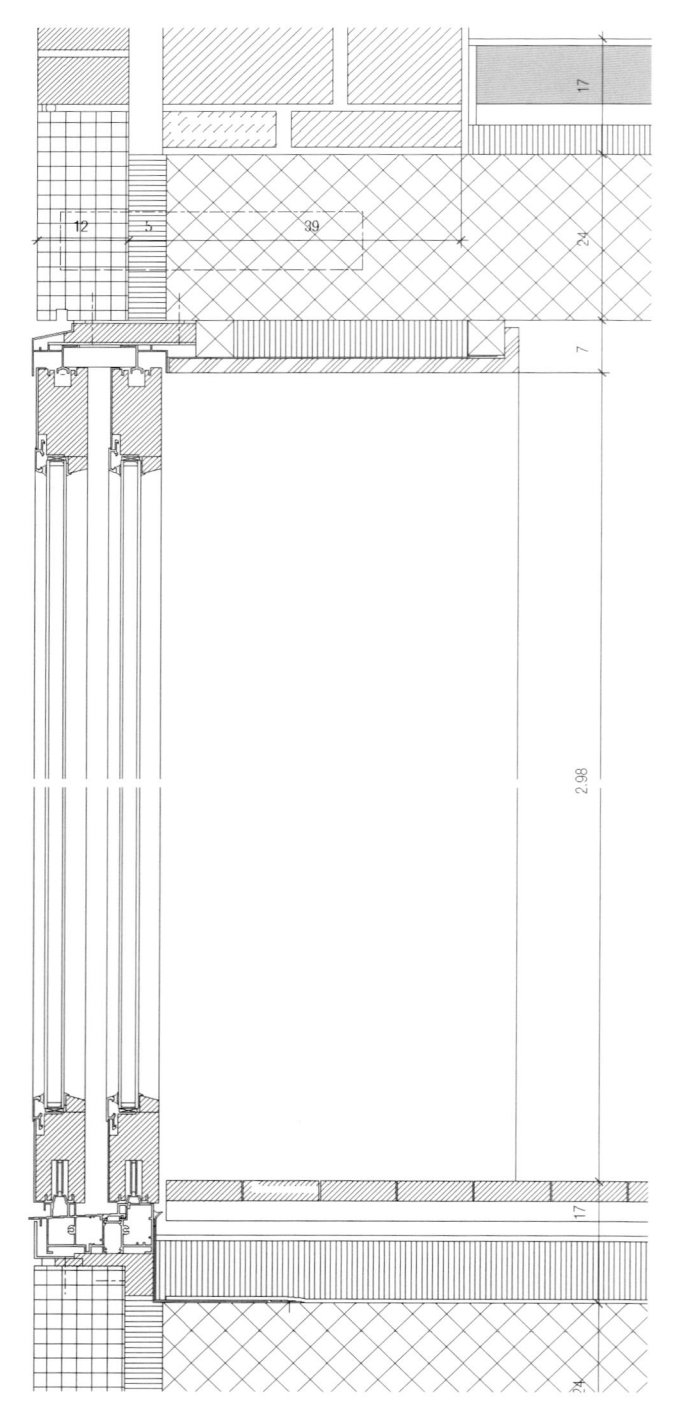

Detail of sliding window, section
Detalle de ventana corredera, sección

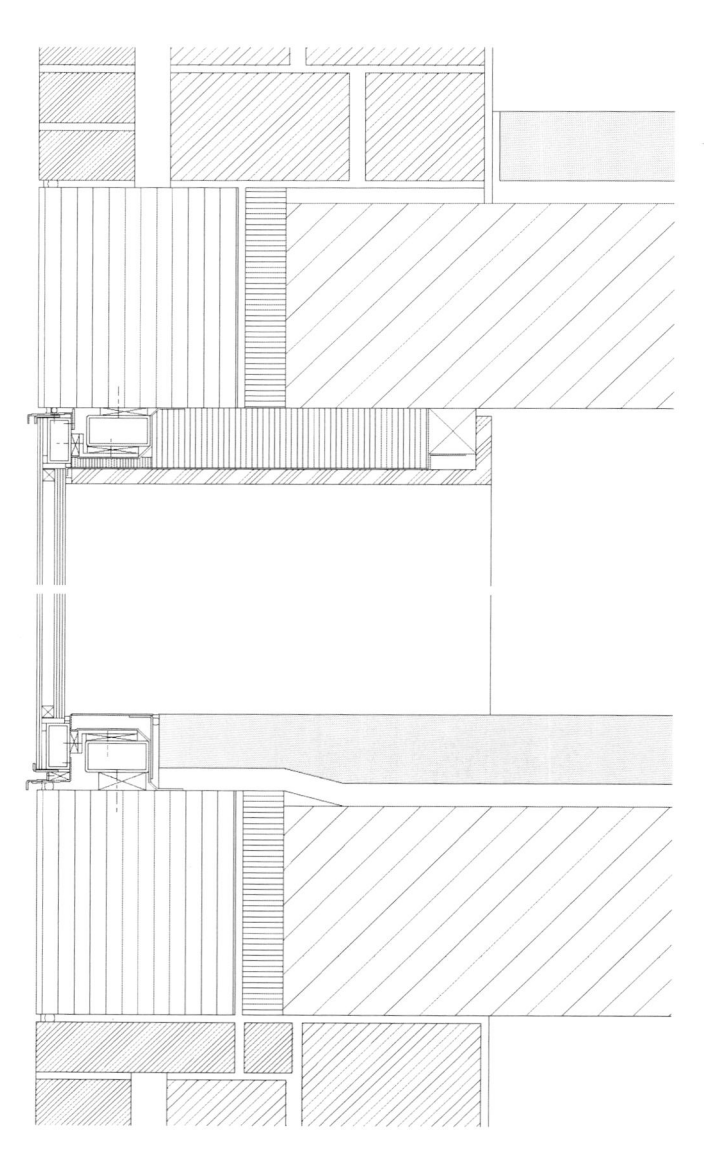

Detail of fixed window, section
Detalle de ventana fija, sección

214

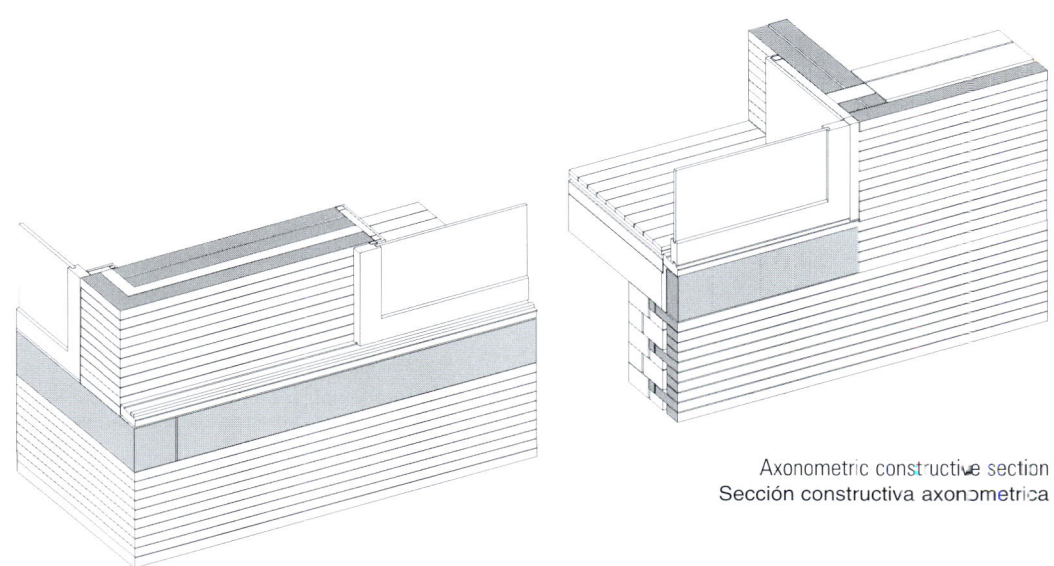

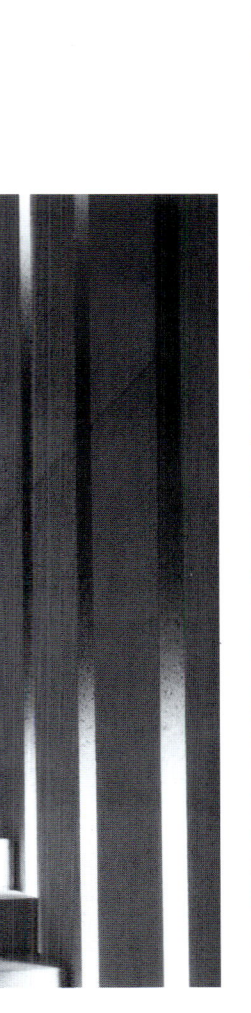

Axonometric constructive section
Sección constructiva axonométrica

215

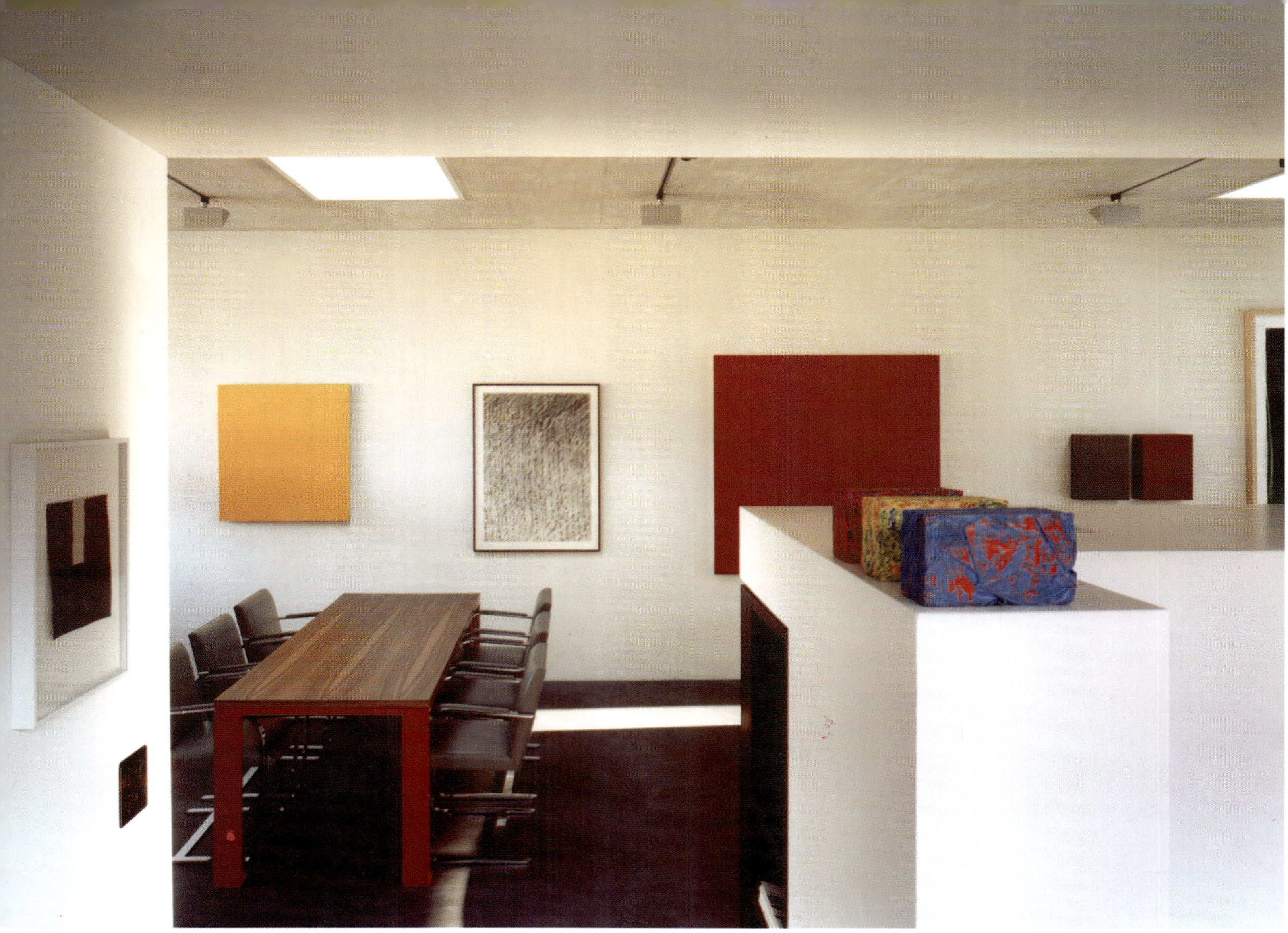

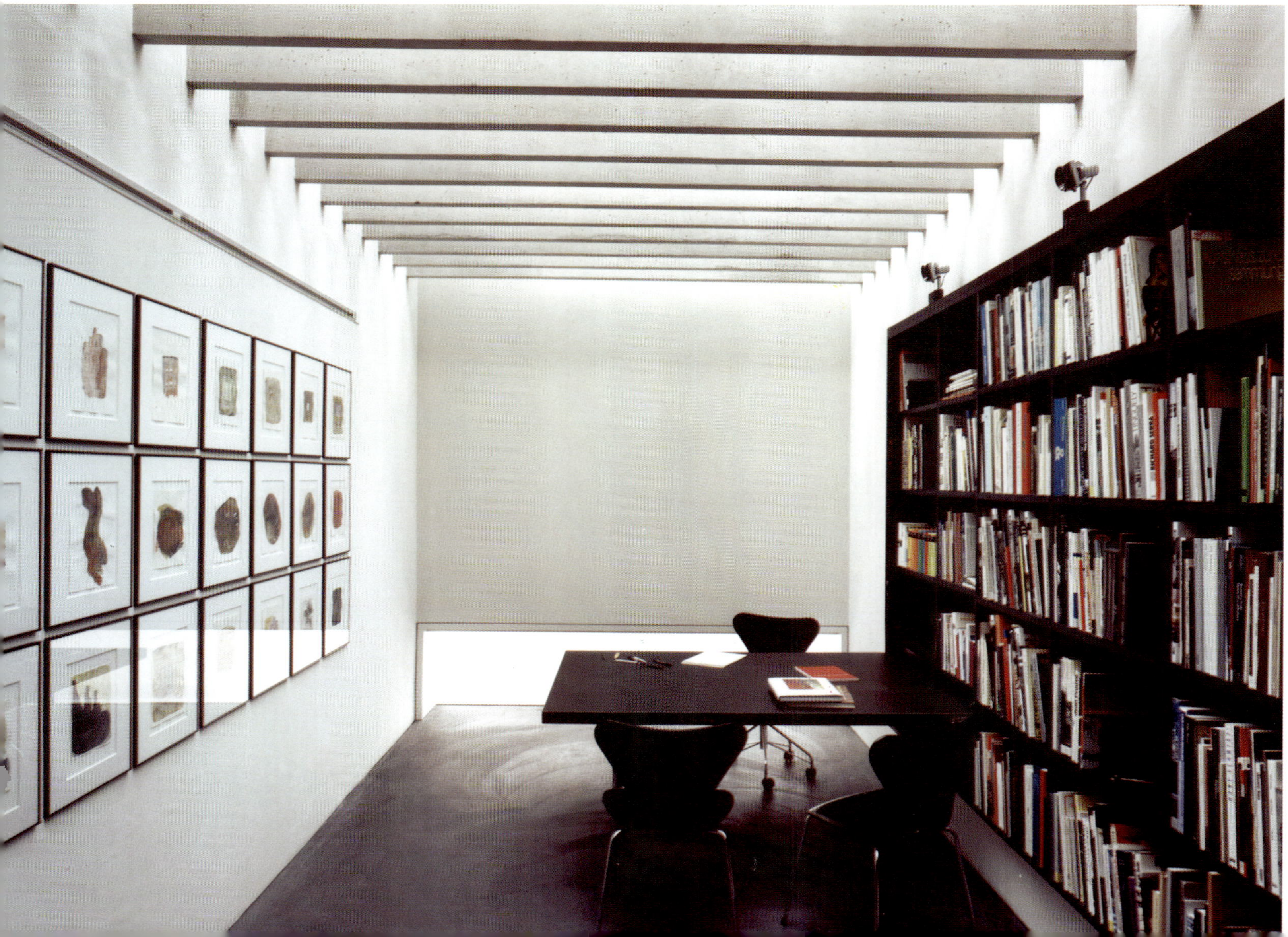

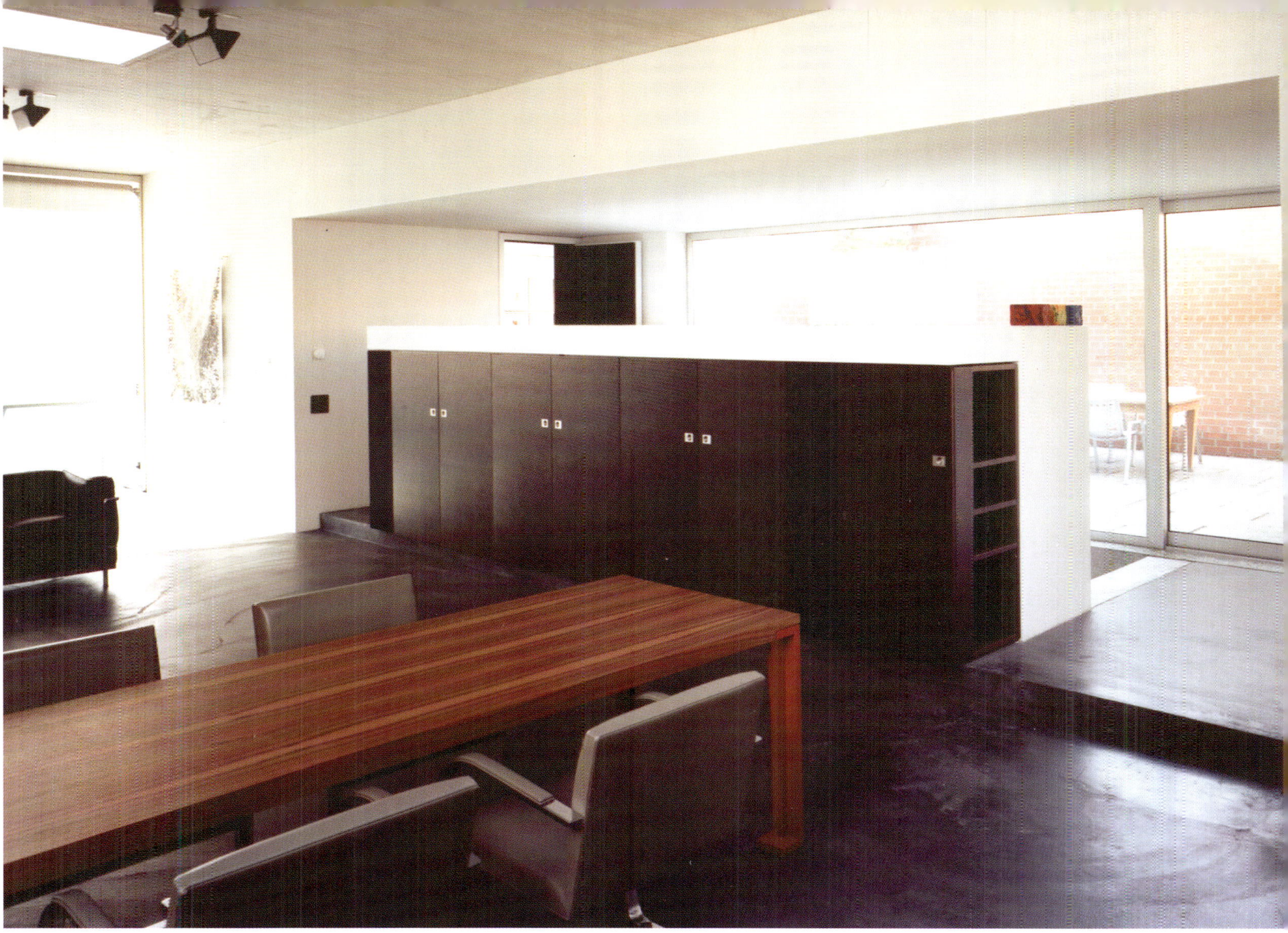
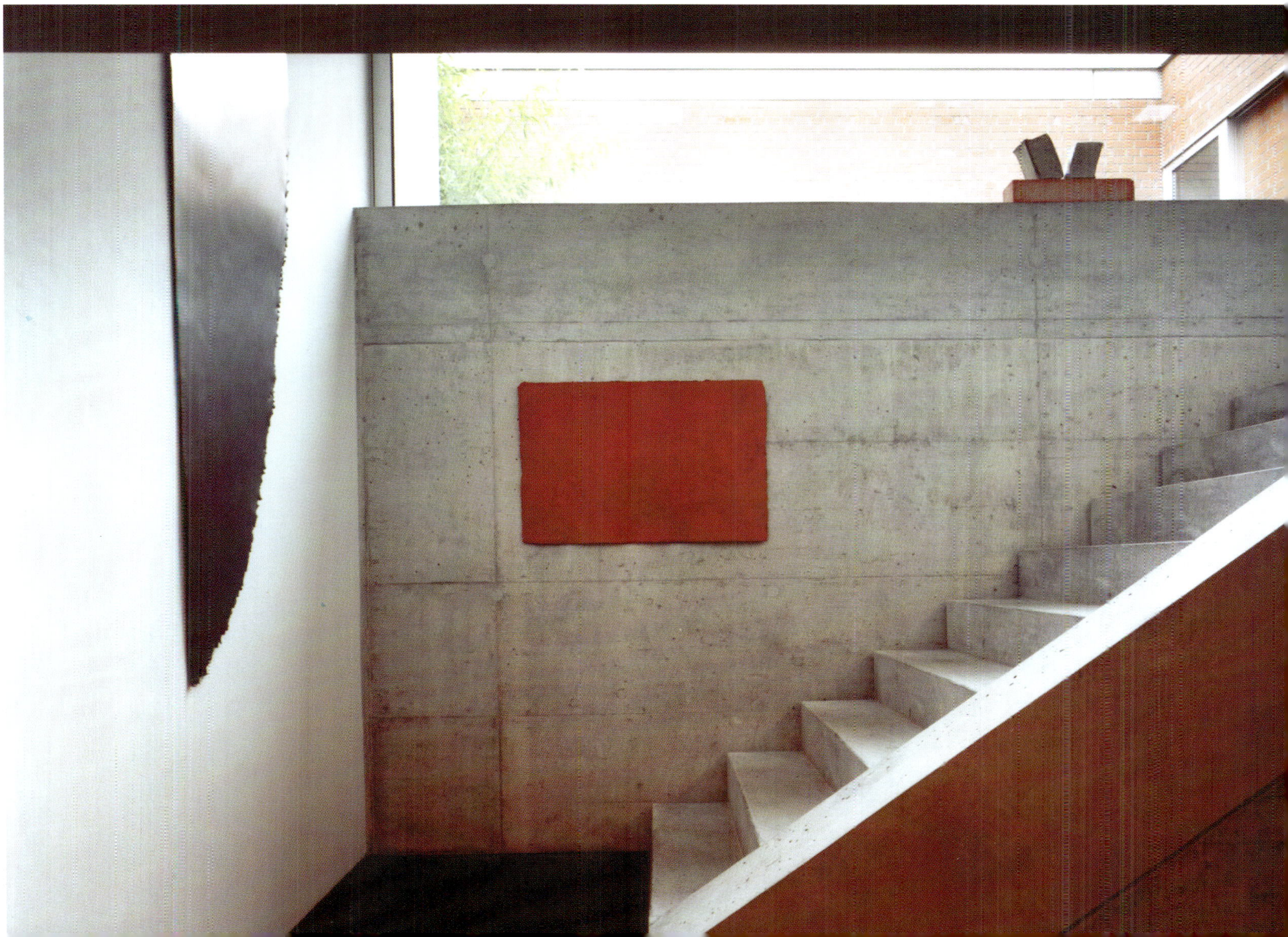

Cino Zucchi

House "D" / Ex-Junghans factory urban renewal

Giudecca Island, Venice. Italy   Photographs: Cino Zucchi

The D building is a new construction which substitutes a utilitarian building on the corner between two canals on Giudecca Island in Venice. An existing brick chimney is integrated into the design as a testimonial to the industrial past. The cubical mass of the new building is excavated on the south side by a triangular court, an intimate space, which leads from the public path to the central core of the vertical distribution. On the ground floor, an extension of the volume on the right wing "embraces" the base of the chimney and guides the pedestrian paths which cross the area.

The building, on a foundation of steel-piles, is built in load-bearing masonry and reinforced concrete. Its four floors host sixteen subsidized housing apartments served by a central stair and elevator. The facades have only three kinds of window openings; their irregular disposition follows the varying floor plans of the apartments, and are arranged to maximize views toward the Redentore apse, the canals and the Laguna. But the result of the window pattern on the facades could also be read as a hyper-reactive reply to the contemporary need of "picturesqueness" which substituted the natural process of additions and modifications of the city over time. The traditional plain white stone window cornice of the historical Venetian architecture, here of different proportions, is transformed into a "graphic" motif which underlines the different depths of the window panes. The white-stuccoed courtyard reveals odd intersections with the eaves of the roof, generating an irregular silhouette, which suggests a less formal inner domestic life. Aside from its specific attributes, generated by the very constrained technical and economic reality of subsidized housing, the project attempts to establish a contemporary attitude toward our urban landscape, which treasures the spatial and formal innovations of the Modern Movement without getting trapped in its moralisms.

El edificio "D" es una nueva construcción que sustituye a un edificio utilitario situado en una esquina entre dos canales, en la isla Giudecca de Venecia. Una chimenea de ladrillo ya existente está integrada en el diseño como testimonio de un pasado industrial. La masa cúbica del nuevo edificio está excavada del lado sur por un corte triangular, un espacio íntimo que lleva desde el camino público hasta el núcleo central de la distribución vertical. En la planta baja, una extensión del volumen en el ala derecha "abraza" la base de la chimenea y sirve de guía para los caminos peatonales que cruzan el área.

El edificio, sobre pilotes de acero, está construido con masonería de carga y hormigón reforzado. Sus cuatro plantas contienen dieciséis apartamentos de viviendas protegidas, accesibles mediante una escalera central y un ascensor. Las fachadas sólo tienen tres tipos de ventanas; su disposición irregular sigue los distintos planos de los apartamentos, y está dispuesta para maximizar las vistas hacia el ábside Redentore, los canales y la Laguna. Pero el resultado del patrón que forman las ventanas sobre la fachada también podría leerse como una respuesta hiperactiva a la necesidad contemporánea de lo pintoresco, que después de un tiempo sustituyó el proceso natural de adiciones y modificaciones en la ciudad. La típica cornisa de piedra blanca de la arquitectura veneciana tradicional cambia aquí las proporciones y se convierte en un motivo "gráfico" que subraya las distintas profundidades de los cristales de las ventanas. El patio interior estucado en blanco revela extrañas intersecciones con los aleros del techo, generando una silueta irregular que sugiere una vida doméstica interna menos formal. Aparte de estos atributos específicos, generados por una realidad técnica y económica muy contenida de las viviendas subsidiadas, el proyecto trata de establecer una actitud contemporánea en relación con el paisaje urbano, el cual atesora las innovaciones espaciales y de forma del Movimiento Moderno sin quedar atrapado en sus moralismos.

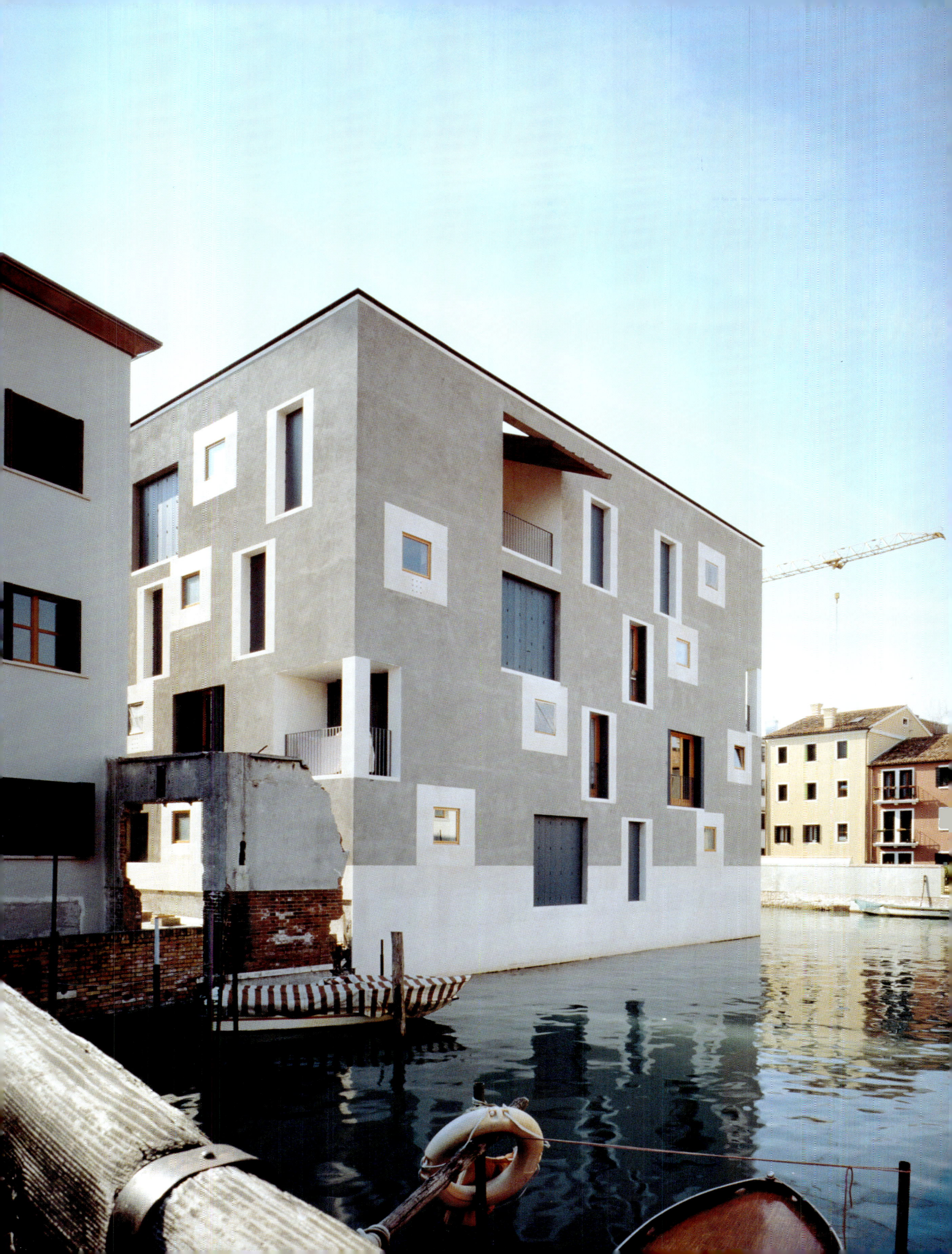

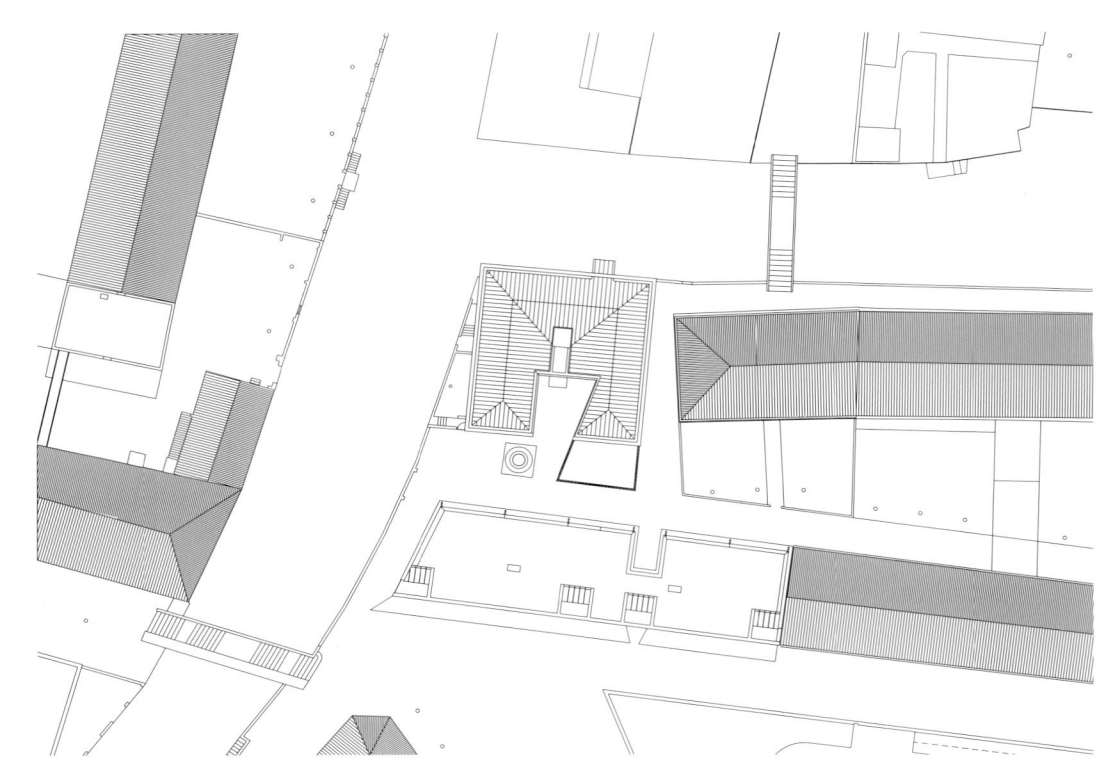

The roof is clad in copper; the facades are covered with natural grey sand plaster and left unpainted. The window sills and lintels and the base cladding are of white Istria stone. Window frames are of hemlock wood and the shutters are comprised of water-resistant plywood painted blue-grey.

El techo está revestido de cobre, las fachadas están cubiertas con yeso natural de color gris arena y no se han pintado. El alféizar, los dinteles y los revestimientos de las bases son de piedra Istria, los marcos de las ventanas son de madera de abeto de Hemlock y las persianas están hechas de contrachapado resistente al agua pintado de color gris azulado.

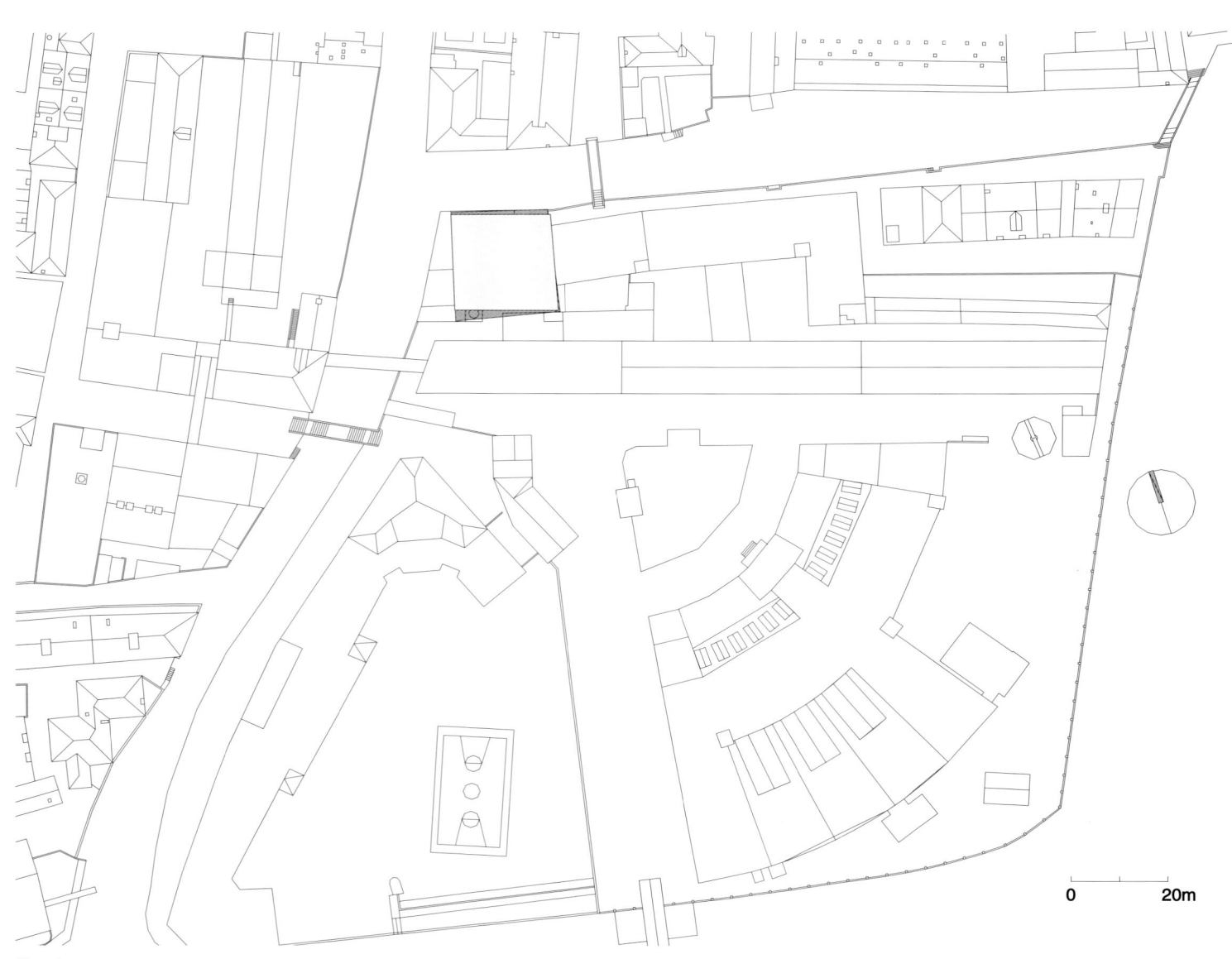

Site plan / Plano de situación

Site plan / Plano de emplazamiento

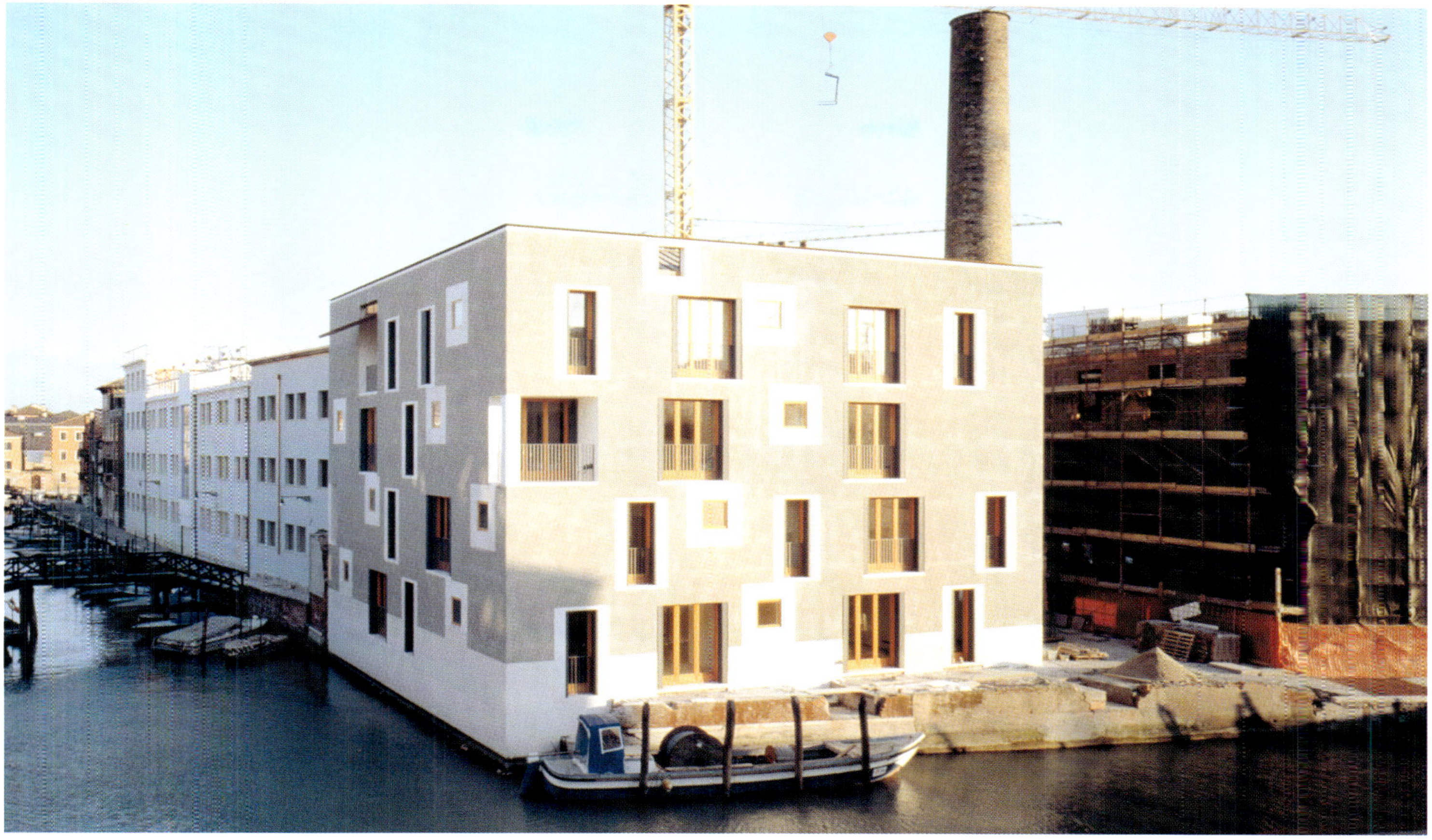

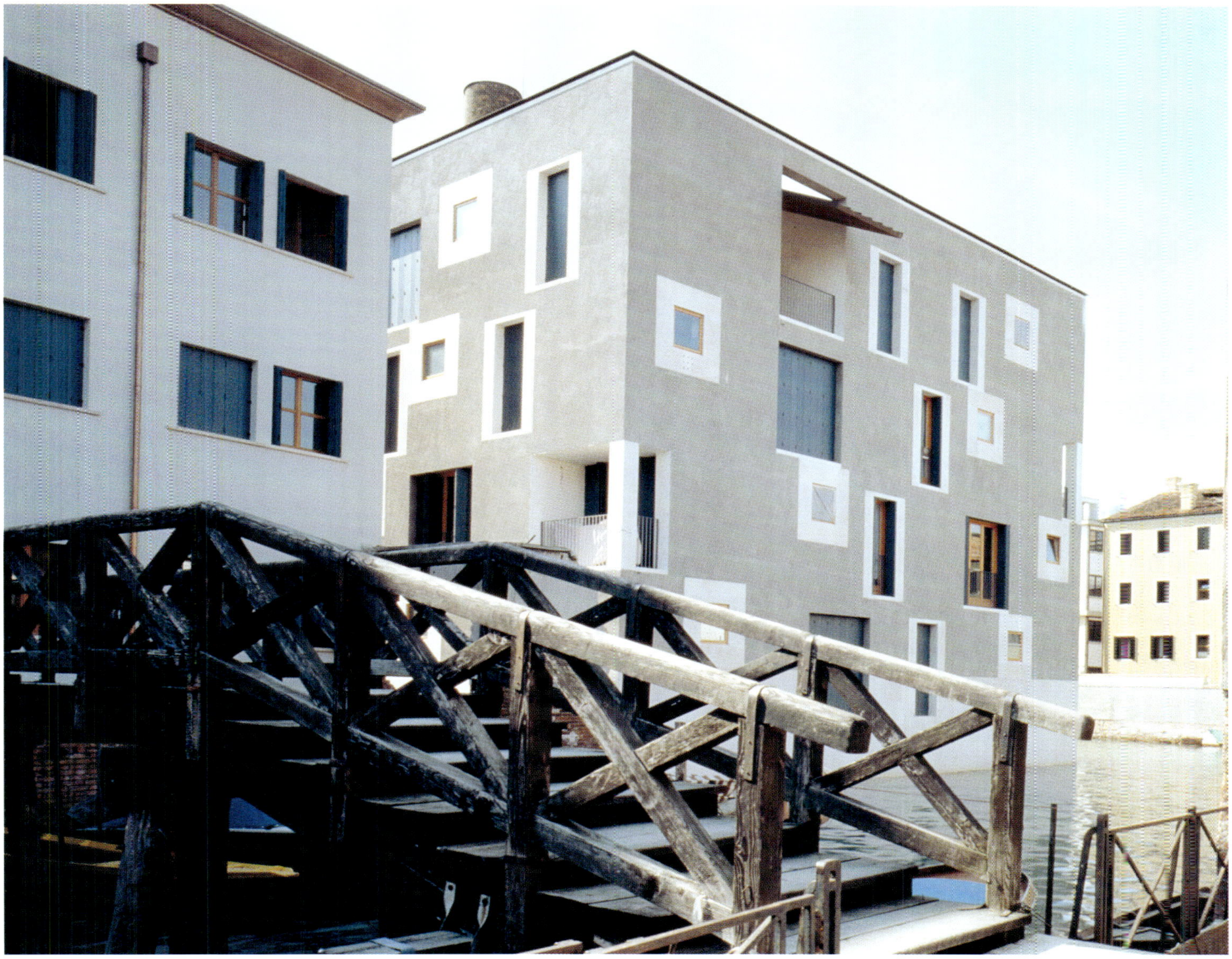

Ground floor plan
Planta baja

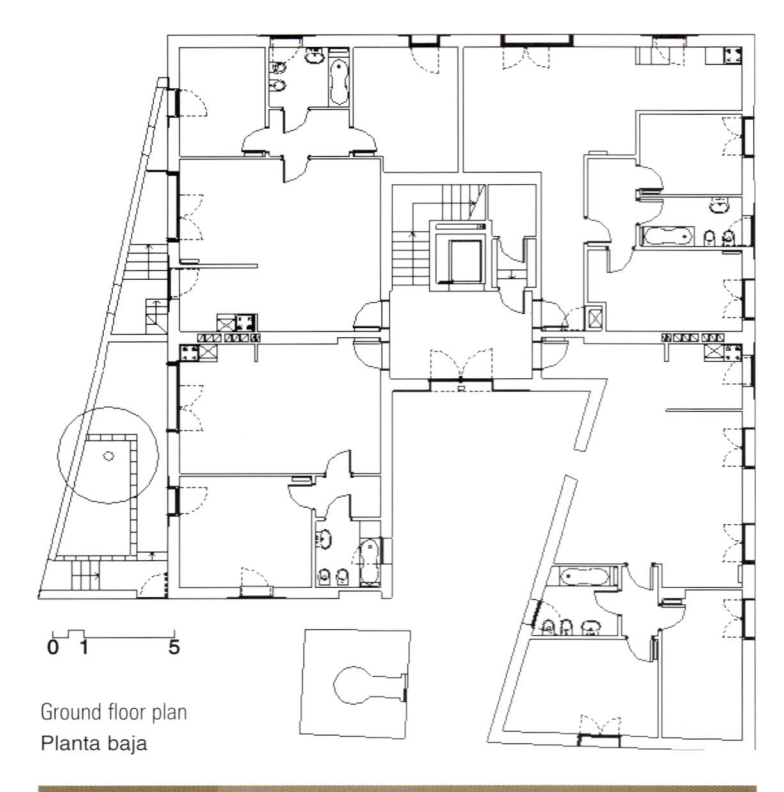

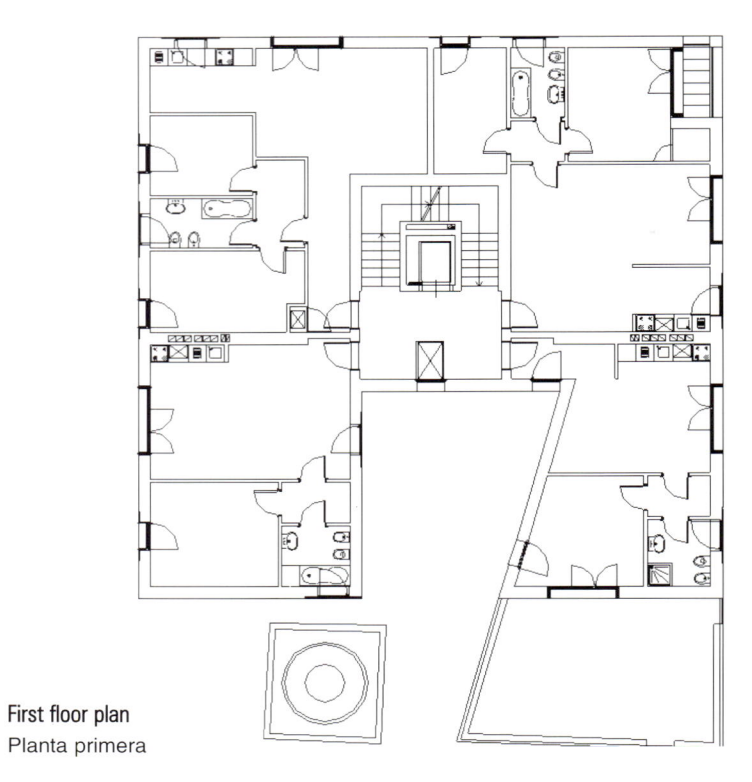

First floor plan
Planta primera

Second floor plan
Planta segunda

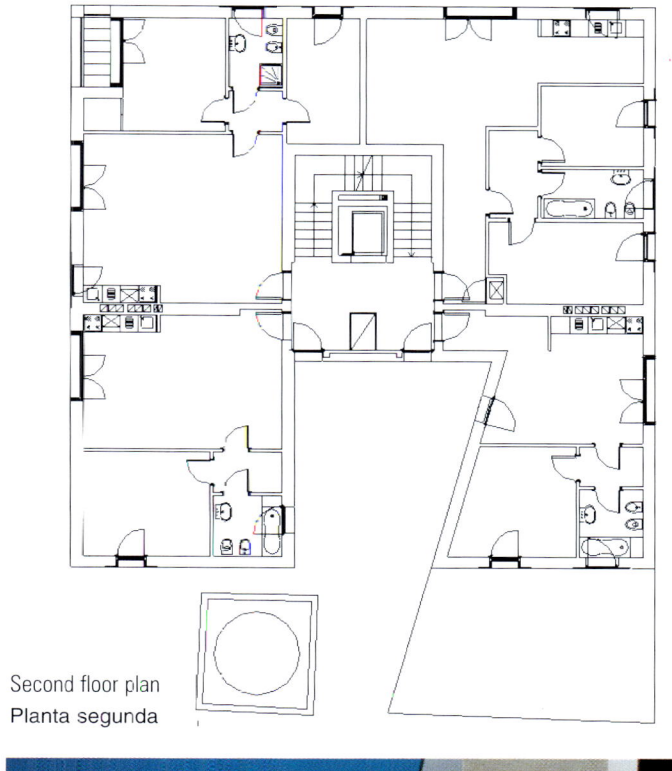

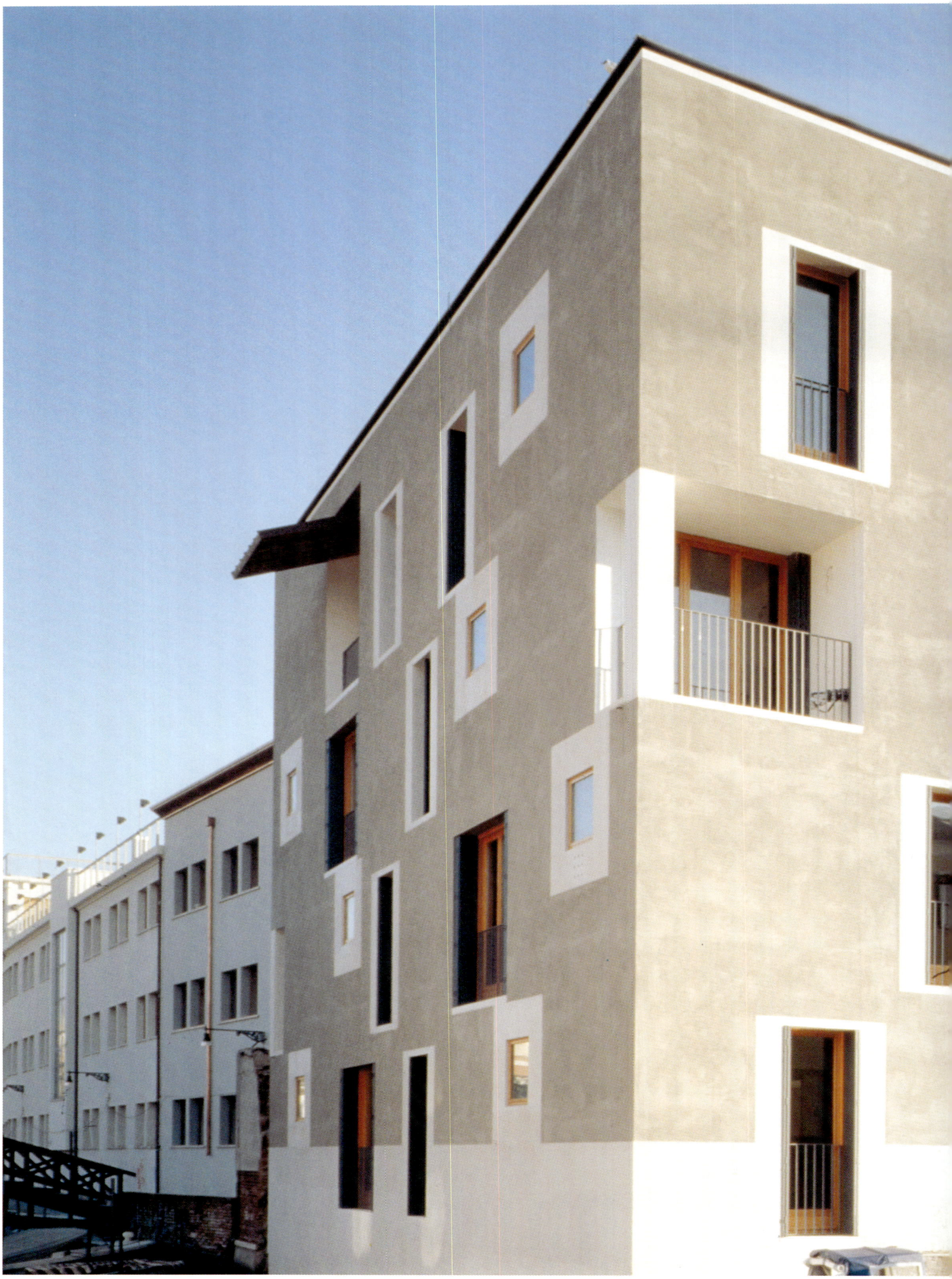

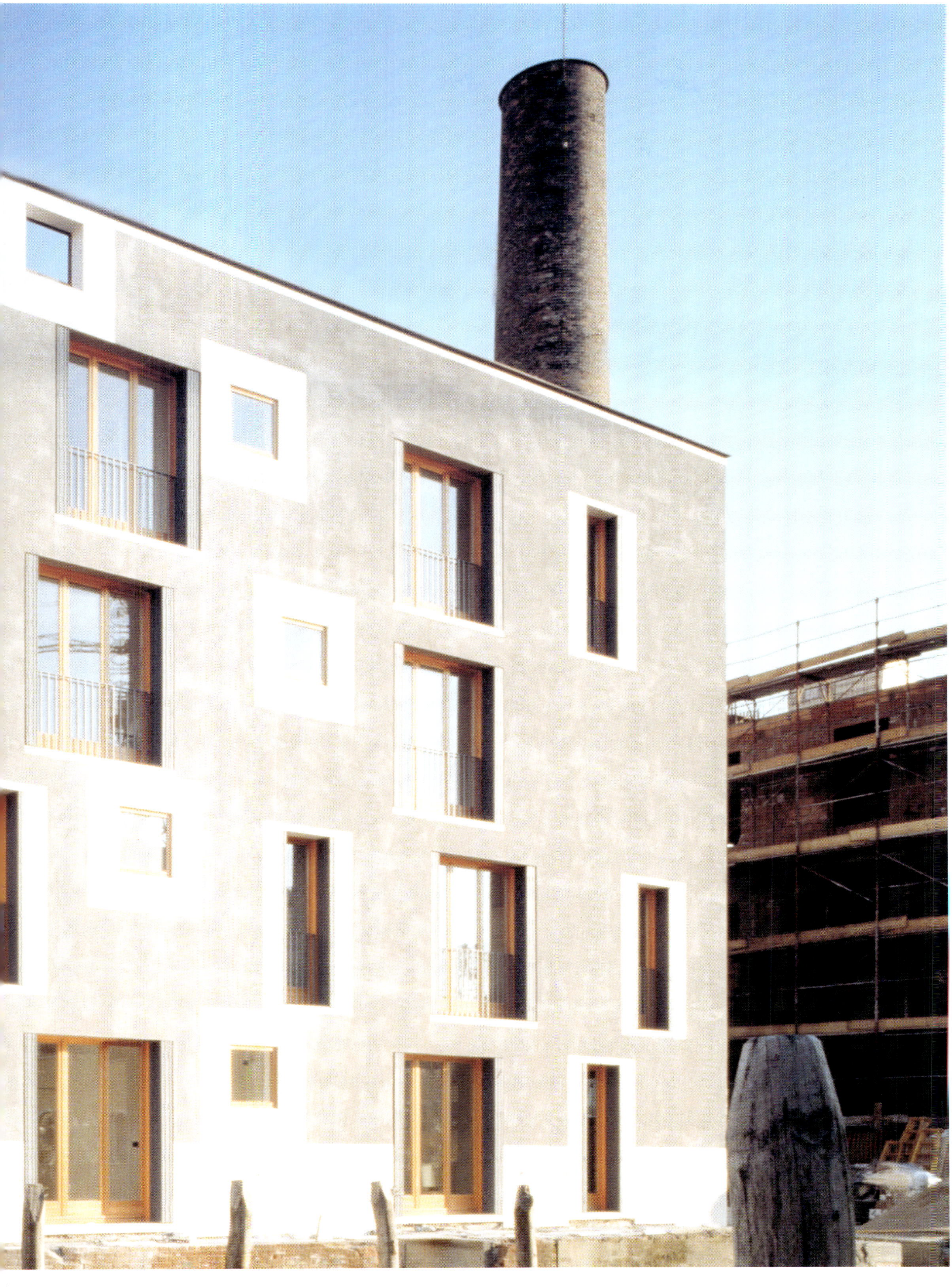

Schemes / Esquemas

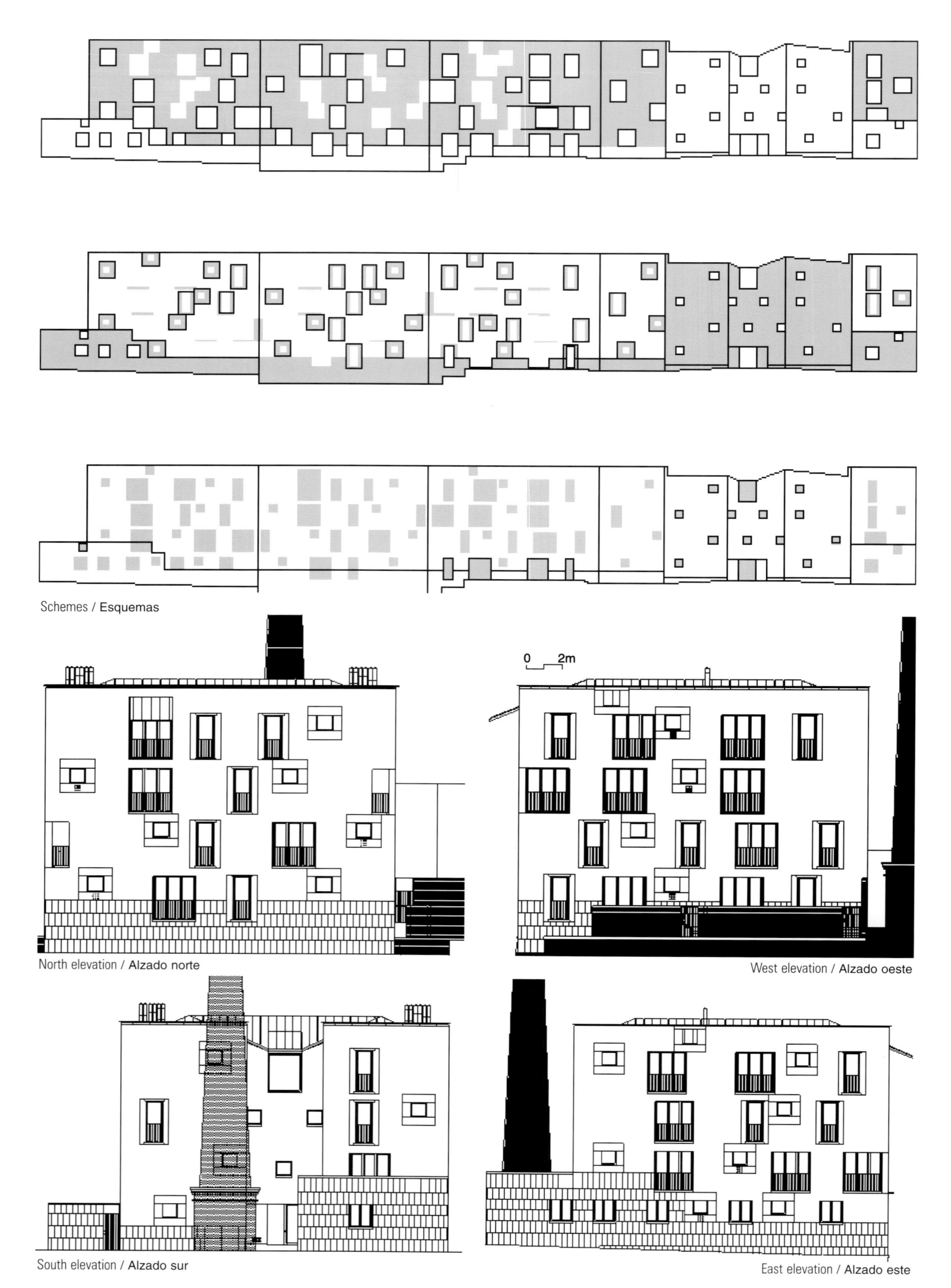

North elevation / Alzado norte

West elevation / Alzado oeste

South elevation / Alzado sur

East elevation / Alzado este

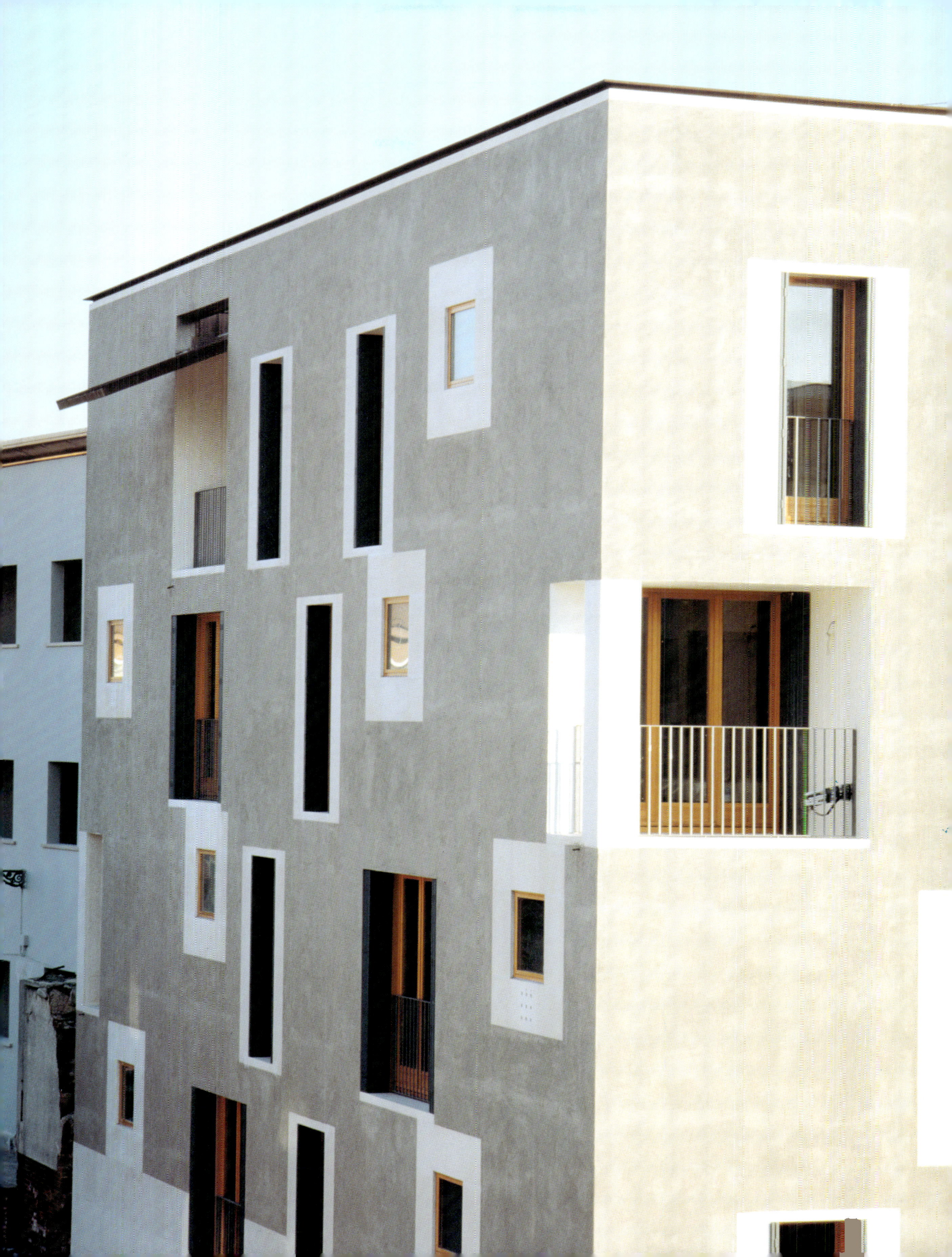

Cross section / Sección transversal

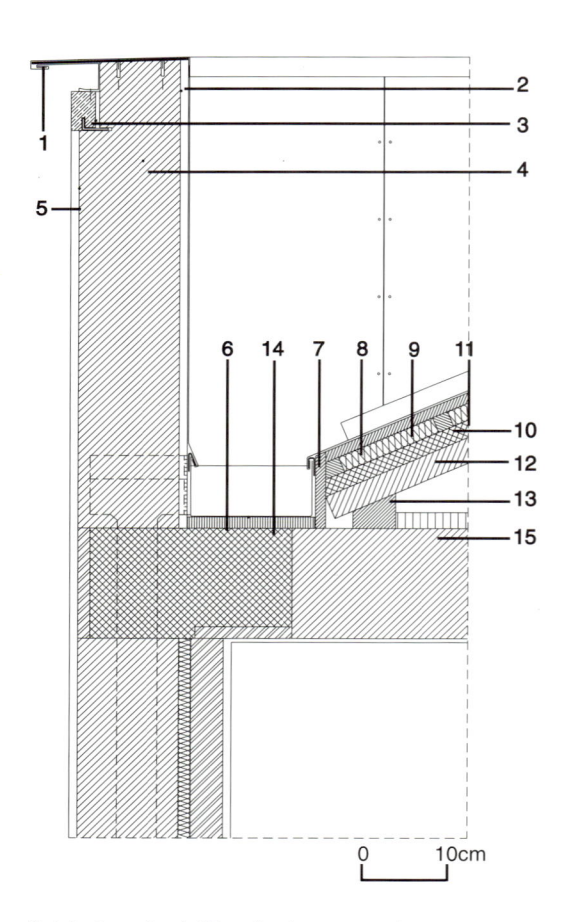

Detail of capping 1 / Detalle de coronamiento 1

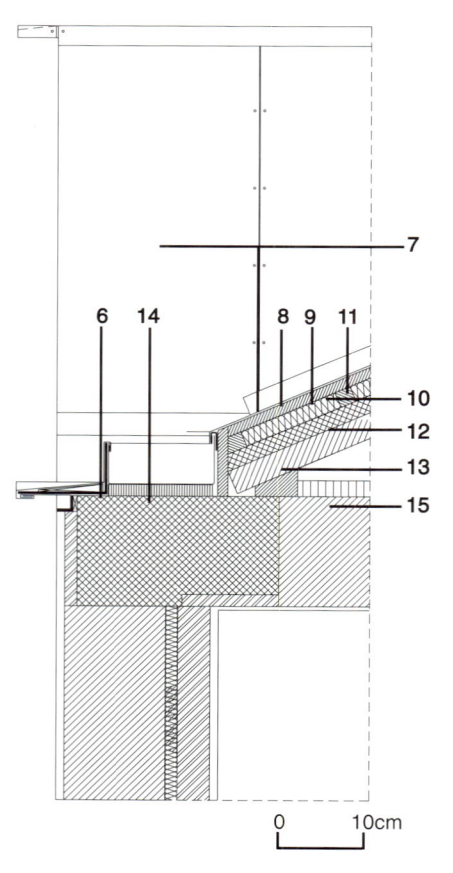

Detail of capping 2 / Detalle de coronamiento 2

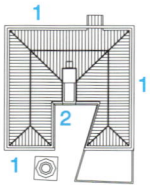

1. 5 mm stainless steel
   Acero inoxidable 5 mm
2. Copper plate cladding
   Revestimento en placas de cobre
3. Trani stone finish
   Remate de piedra de Trani
4. Air brick wall
   Muro de fábrica de ladrillo hueco
5. Grey lime finish
   Revoque de cal gris
6. Copper gutter
   Canalón de cobre
7. Copper plate cladding
   Revestimiento de placas de cobre
8. Layer of roll roofing
   Capa de tela asfáltica
9. Wood planks
   Tablas de madera
10. 4x4x40cm fir strips
    Listones de abeto 4x4x40 cm
11. Macrocellular polyurethane insulation
    Aislante de poliuretano macrocelular
12. Ferrocement with electric-welded mesh
    Mortero armado con red electro-soldada
13. 6cm ceramic pieces
    Piezas cerámicas de 6 cm
14. Bedding with .5% slope
    Masilla de pendiente 0.5%
15. Bedding lightened with 4cm expanded clay
    Masilla aligerada con arcilla esponjada 4 cm

Window details / Detalles de la ventana

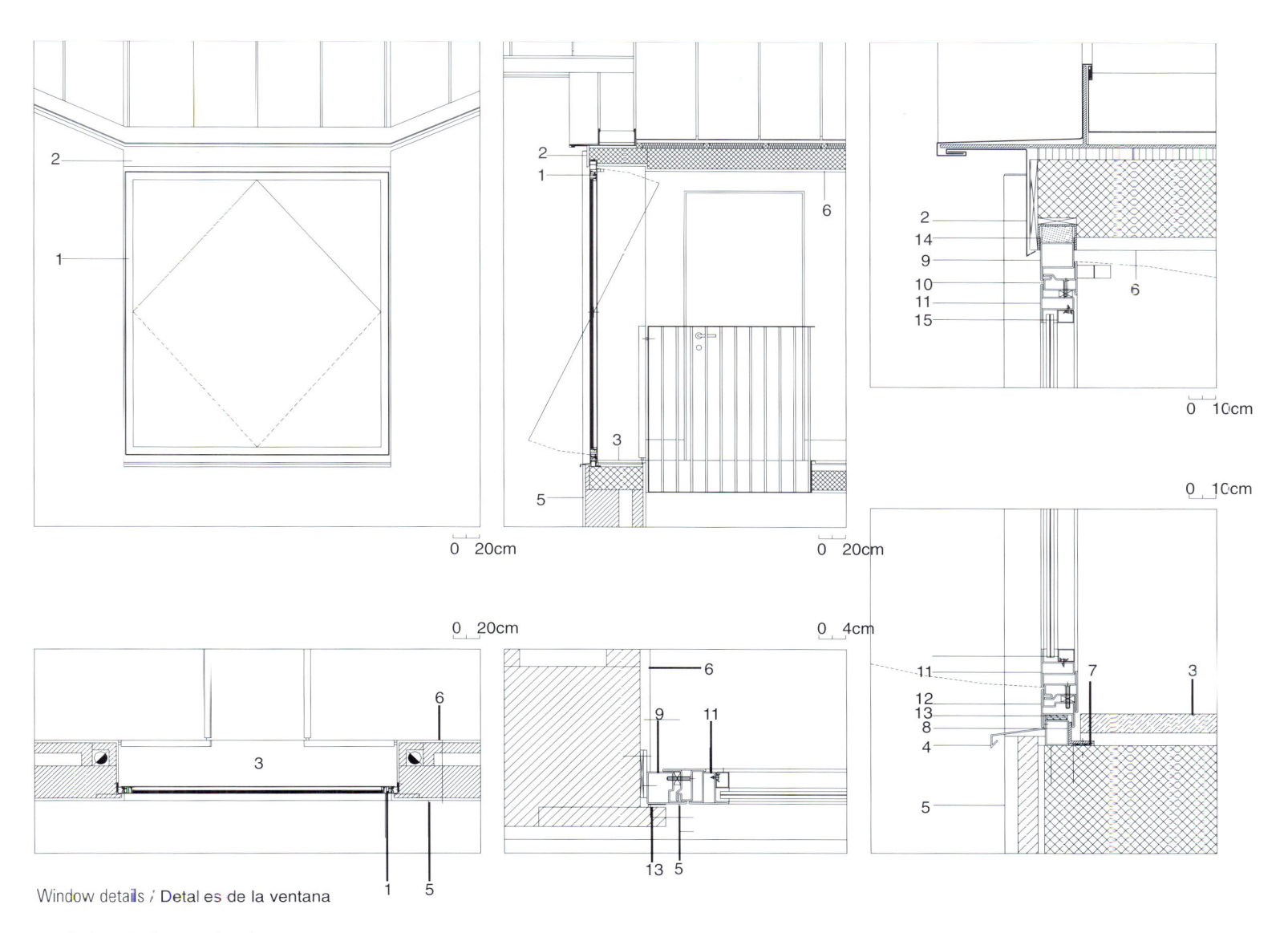

1. Enclosure in zinc-treated steel
   Cerramiento en acero zincado
2. Protective layer of natural copper
   Capa protectora de cobre natural
3. Inner threshold of 2cm-thick Tranilevigata stone
   Umbral interno de piedra Tranilevigata de 2 cm de espesor
4. Protective layer of stainless steel
   Capa protectora de acero inox.
5. White exterior marmorino plaster
   Estucado exterior de tipo marmorino blanco
6. Colored interior marmorino plaster
   Estucado interno del tipo marmorinocolore
7. L 35/35 profile / Perfil en L 35/35
8. 40/35/2 profile / Perfil 40/35/2
9. 01.565 profile / Perfil 01.565
10. 30.600 profile / Perfil 30.600
11. 02.535 profile / Perfil 02.535
12. 32.356 profile / Perfil 32.356
13. Sealing ring / Anillo de estanquidad
14. 40/60/3 U Profile / Perfil en U 40/60/3

229

de Architekten Cie. - Frits van Dongen
the Whale

Amsterdam, The Netherlands   Photographs: Jeroen Musch

The Whale, a housing and shopping complex, is located on Borneo Sporenburg, a former harbor area along the shores of the IJ, near Amsterdam's inner city.

The elegant raised form conceals the enormous program: 214 apartments with business areas underneath and an underground parking garage on a plot as large as a football field.

The points of departure for the design of the Whale were an optimum amount of sunlight as well as views for all the houses. The solution was reached by raising the building on two of its sides so that a diagonal kink was produced in the middle, thus allowing the lower floors to receive sunlight under the actual building. The line of the roof varies in height according to the position of the sun in the sky. Therefore, light has free access into the heart of the building. The result is a redefinition of the closed block: the inner area transforms the traditionally private domain into an almost public city garden.

The Whale's deviating shape, with its many slanting lines, generates an enormous diversity of housing types, with exceptional apartments being located in the lower and upper strips of the building in particular. The diagonal lines are reproduced in the interior of the building in a staggered pattern of galleries. These offer access both to the houses on the same level and to those of the floor above, so that an additional variation in the form of the lower/upper apartments can be obtained. Each of the raised corners is supported by a glass stairway with an elevator.

The Whale emphasizes transparency as opposed to the seclusion of the traditional block. The raised block seems to float, engenders openness in all directions and allows generous views of the island and its surroundings.

The Whale, un complejo comercial y de viviendas, está ubicado en Borneo-Sporenburg, una antigua zona de la bahía a las orillas del río IJ, cerca del centro de Amsterdam.

La elegante forma elevada esconde el enorme programa: 214 apartamentos con áreas comerciales en la parte inferior y un aparcamiento subterráneo que ocupa una superficie del tamaño de un campo de fútbol.

Los puntos de partida para el diseño de the Whale consistieron en tratar de dotar a todos los apartamentos de una cantidad óptima de luz solar así como del máximo de vistas. La solución se alcanzó elevando el edificio en dos de sus lados hasta producir una doblez diagonal en el centro, permitiendo así que las plantas inferiores recibieran luz solar aún estando debajo del mismo edificio. La línea del techo varía su altura en función de la posición del sol en el cielo. De esta manera la luz entra libremente en el corazón del edificio. El resultado es la redefinición de la manzana cerrada: el área interior prácticamente transforma el dominio tradicionalmente privado en un jardín urbano público.

La forma atípica de the Whale, con sus numerosas líneas inclinadas, genera una enorme diversidad de tipos de vivienda, con apartamentos excepcionales especialmente en las franjas inferiores y superiores del edificio. Las líneas diagonales están reproducidas en el interior del edificio en un patrón alternado de galerías. Éstas ofrecen acceso tanto a las casas, en la misma planta, como a aquellas de la planta superior, de tal modo que se puede obtener una variación adicional en la forma de los apartamentos de arriba y de abajo. Cada una de las esquinas elevadas está sostenida por una escalera de cristal con un ascensor.

The Whale enfatiza la transparencia, en vez del aislamiento del bloque tradicional. El bloque elevado parece flotar, engendra aperturas en todas las direcciones y permite unas generosas vistas sobre la isla y sus alrededores.

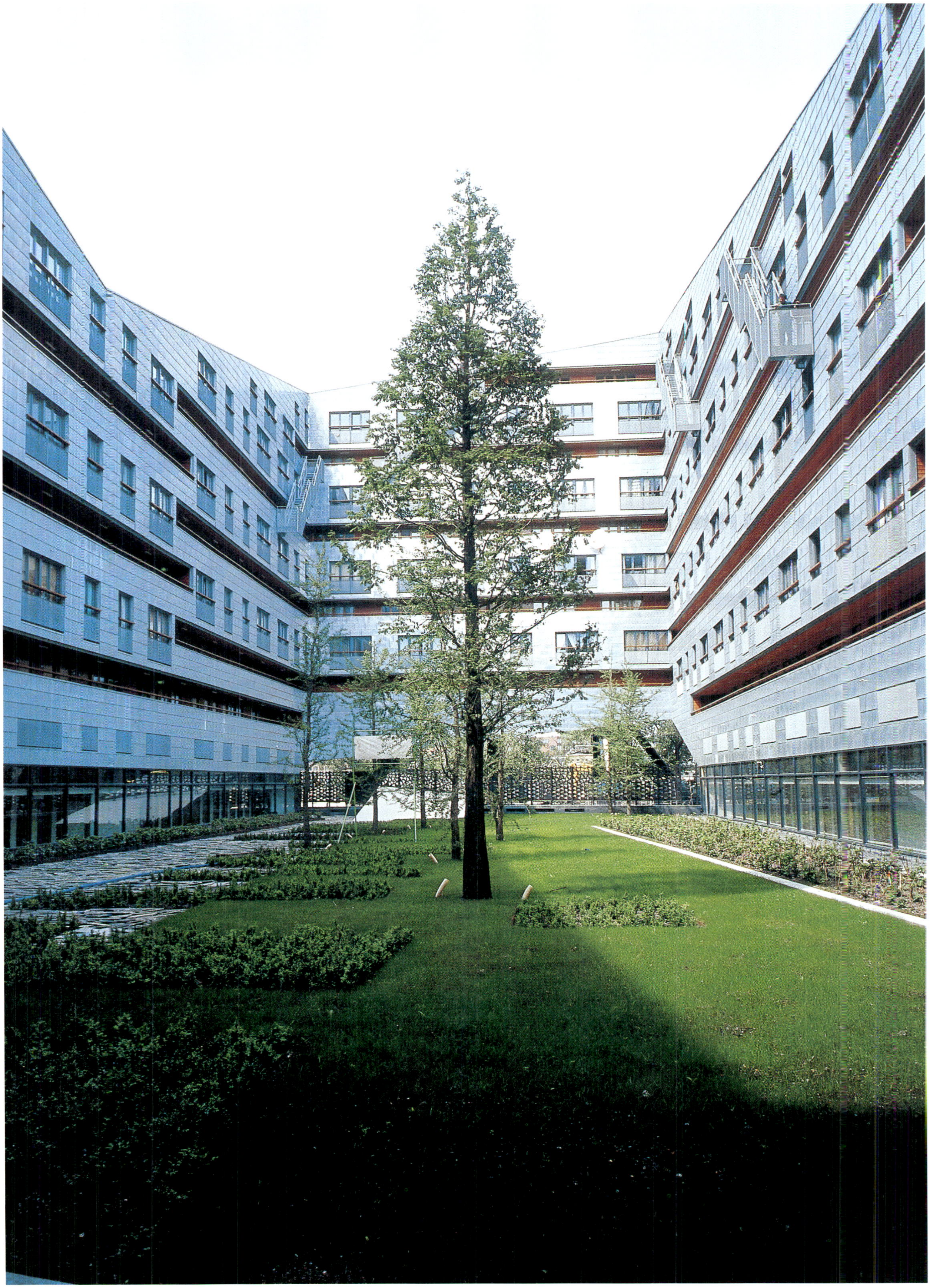

Site plan / Plano de situación

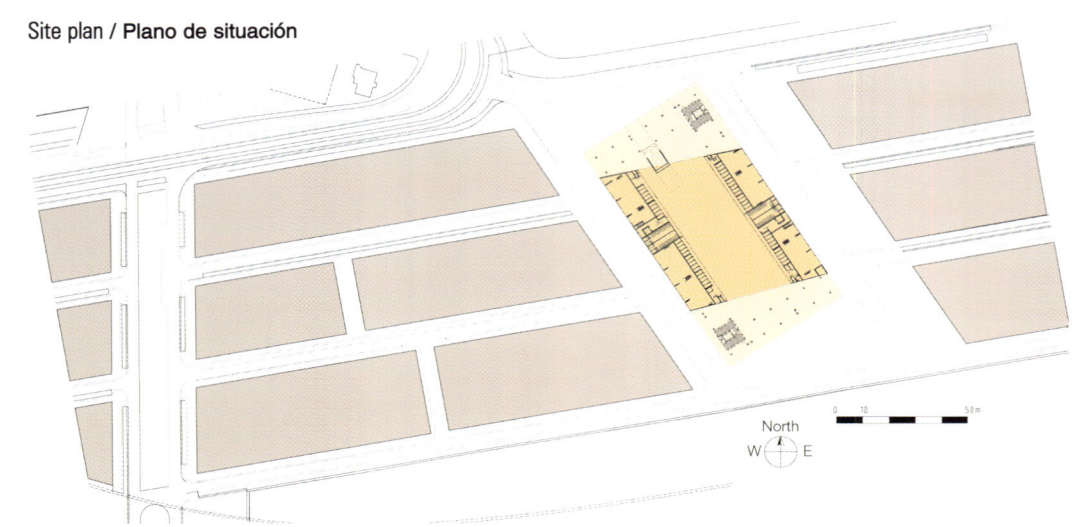

The taut lines of the building are continued in the aluminum roof and zinc frontage material, in which depth is created by the tactility of the façade: a slightly scaly skin of zinc plates with windows equipped with wrought-iron trellis work and wooden Amsterdam railings.

Las tensas líneas del edificio se ven continuadas en el techo de aluminio y el zinc de la fachada, donde se crea profundidad por la tactilidad de la misma: una piel de zinc levemente escamosa con ventanas equipadas con enrejado de hierro forjado y verjas de madera de Amsterdam.

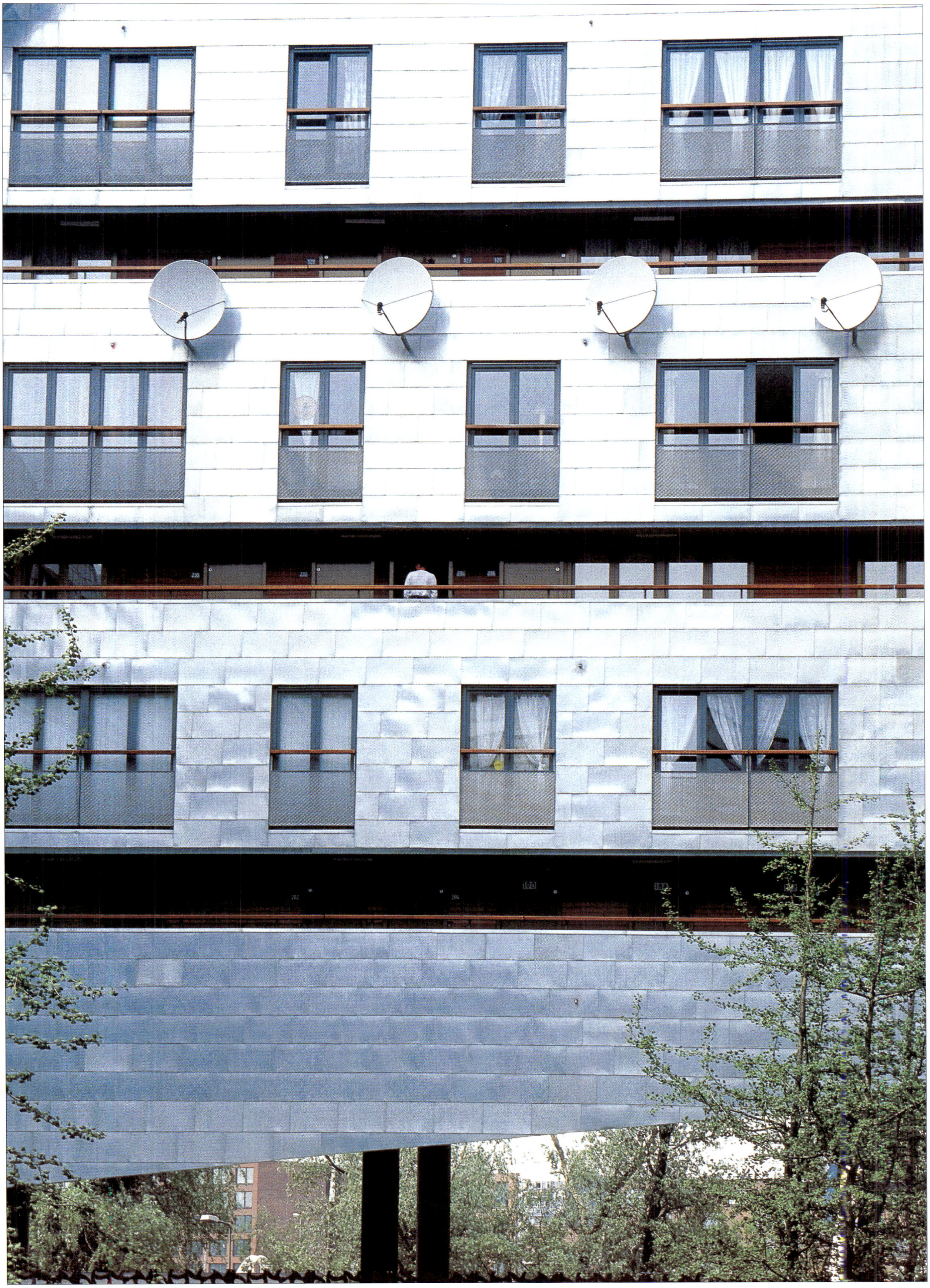

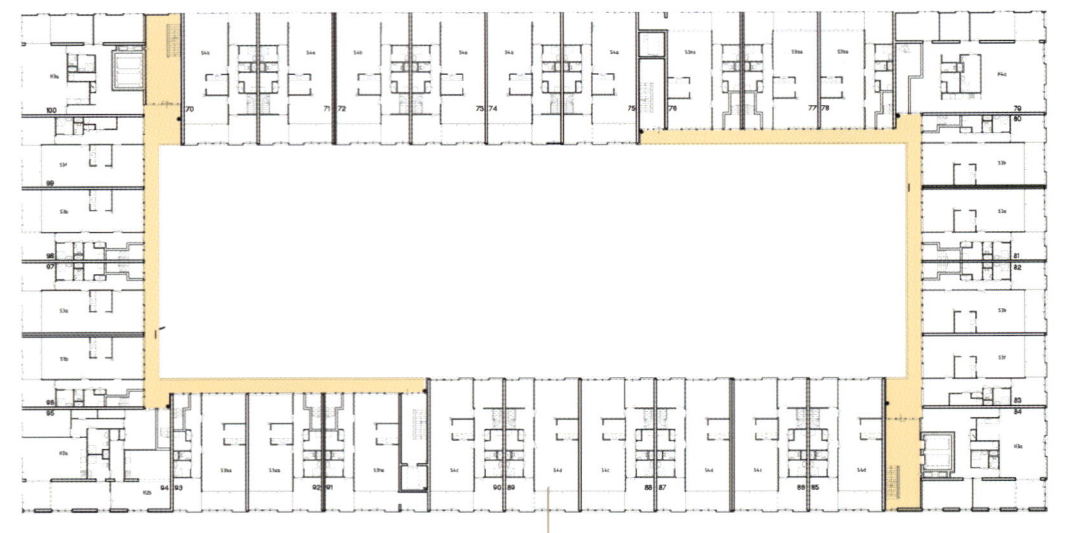

Fourth floor plan / Planta cuarta

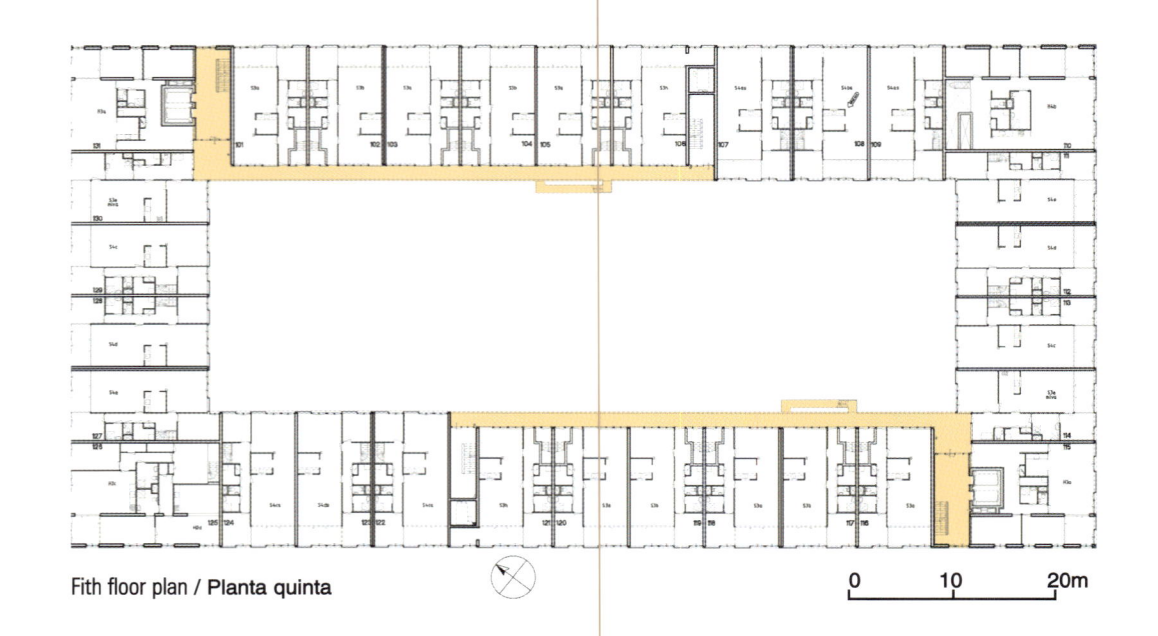

Fith floor plan / Planta quinta

234

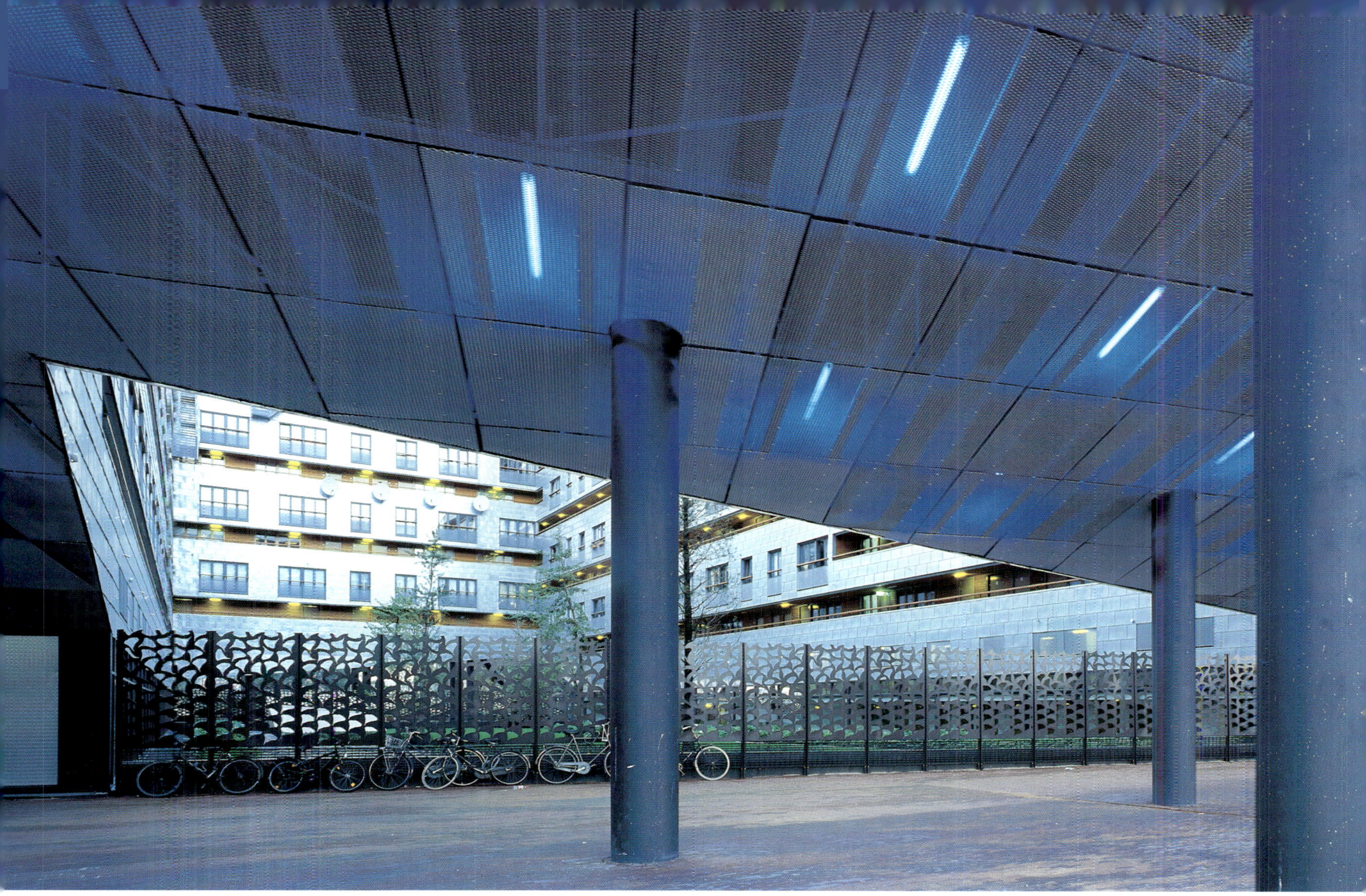

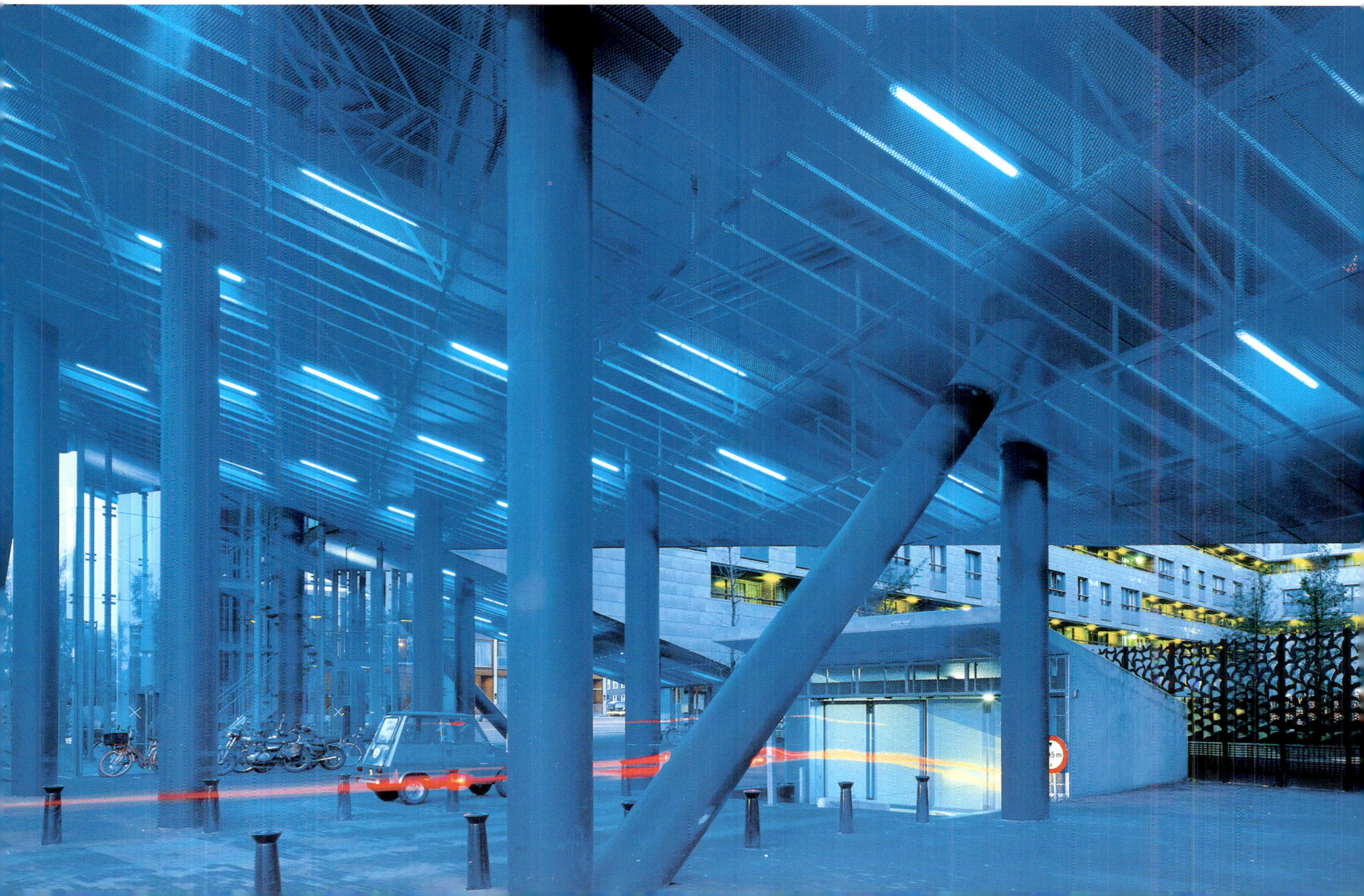

Cross section / Sección transversal   0   10   20m

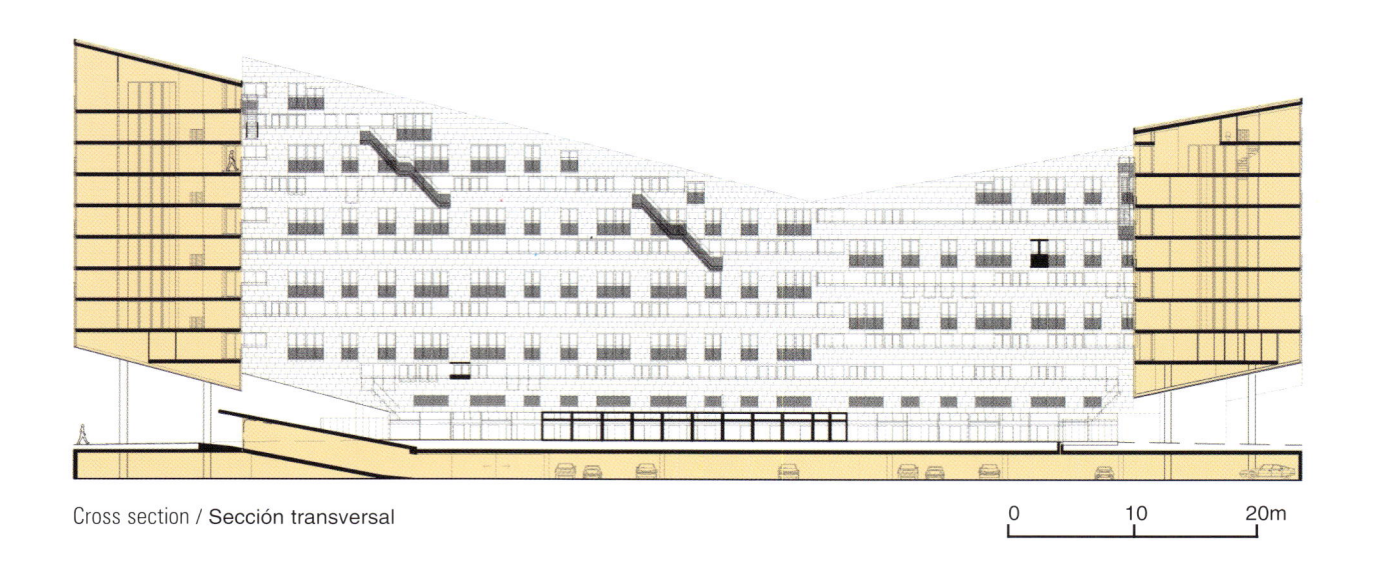

In the interior, the Whale exudes an atmosphere of intimacy. The wooden finishing ensures a warm ambience and also absorbs noise, as does the garden outside. At night, the contours of the building remain visible due to the special illumination on the roofs of the raised extremities.

En el interior, the Whale emana una atmósfera de intimidad. Los acabados de madera aseguran un ambiente acogedor y además absorben el ruido, al igual que el jardín exterior. De noche, la silueta del edificio permanece visible debido a una iluminación especial en las cubiertas de las extremidades elevadas.

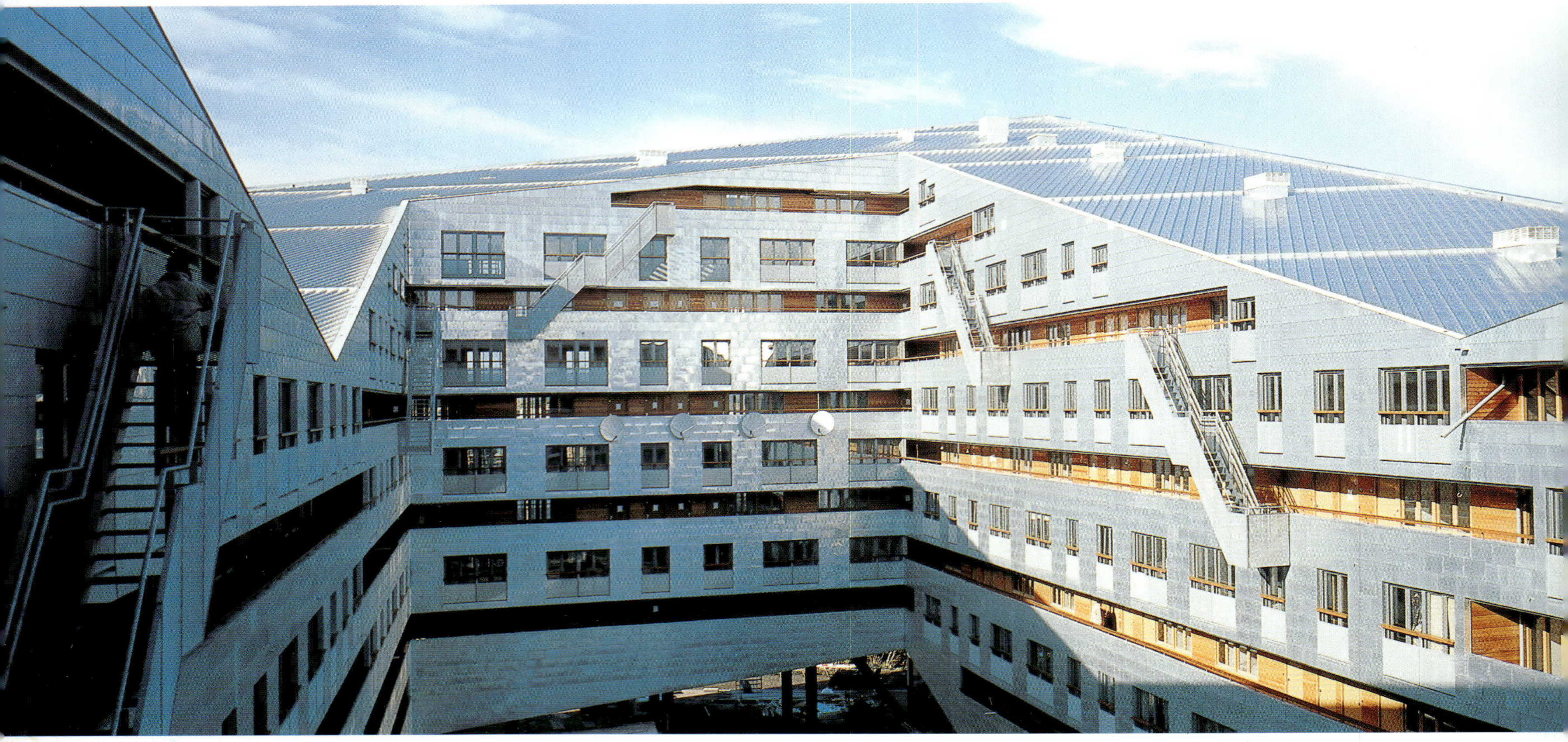

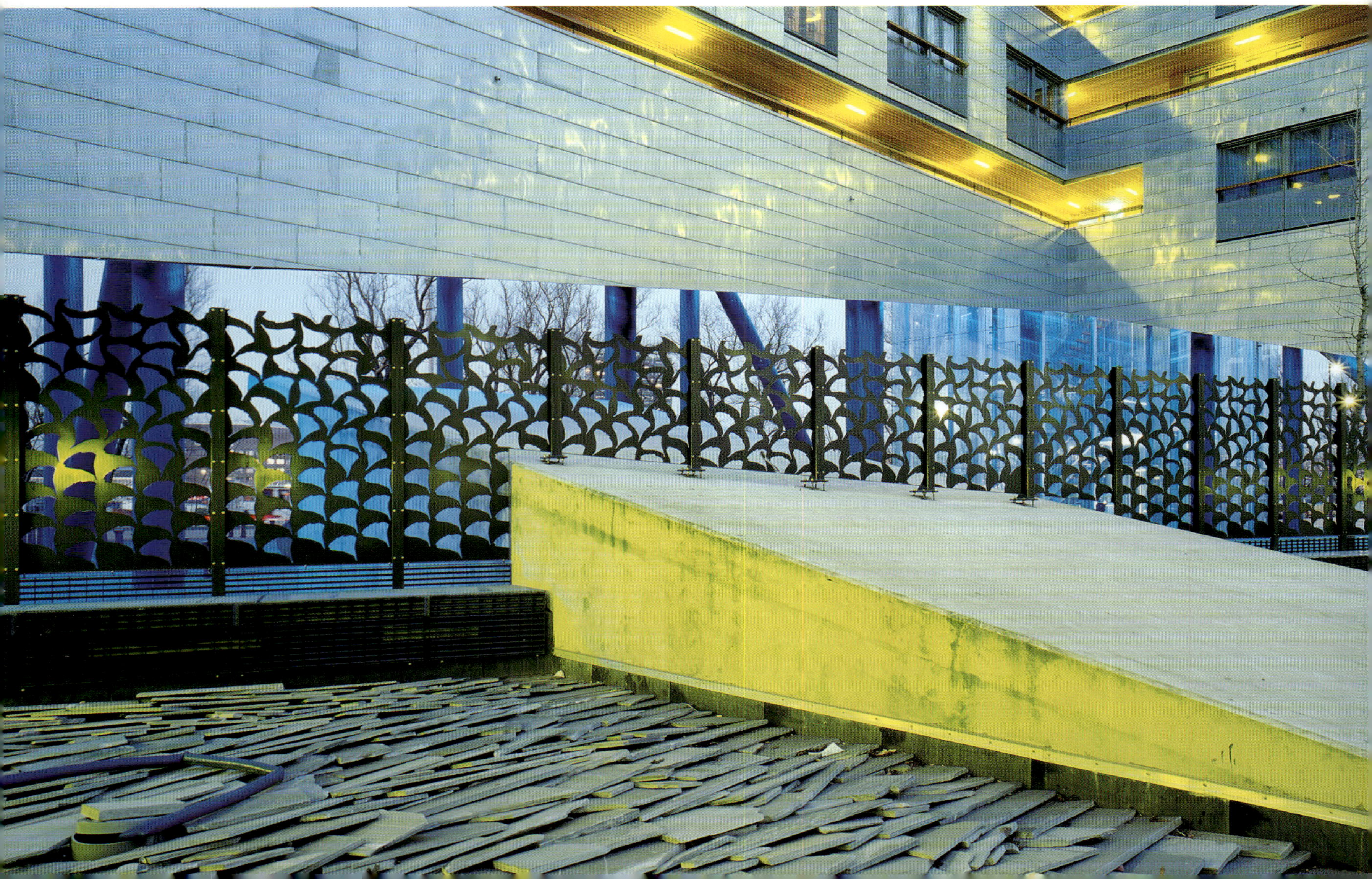